陶行知文库

湖北省公益学术著作出版专项资金项目

丛书主编\周洪宇

陶行知教育学说

TAO XINGZHI JIAOYU XUESHUO

董宝良　主　编
周洪宇　副主编

华中师范大学出版社

新出图证(鄂)字10号

图书在版编目(CIP)数据

陶行知教育学说 / 董宝良主编. — 武汉 ：华中师范大学出版社，2020.10
(陶行知学文库)
ISBN 978-7-5622-9157-2

Ⅰ.①陶… Ⅱ.①董… Ⅲ.①陶行知(1891-1946)—教育思想—思想评论 Ⅳ.①G40-092.6

中国版本图书馆CIP数据核字(2020)第194558号

陶行知教育学说

©董宝良 主编 周洪宇 副主编

责任编辑：梅 杰
责任校对：王 炜 **封面设计：**罗明波
编辑室：学术出版中心 **电话：**027-67867792/3280
出版发行：华中师范大学出版社
社址：湖北省武汉市洪山区珞喻路152号 **电话：**027-67863426(发行部)
网址：http://press.ccnu.edu.cn **电子邮箱：**press@mail.ccnu.edu.cn
印刷：湖北恒泰印务有限公司 **督印：**刘 敏
开本：710mm×1000mm 1/16 **印张：**29
字数：462千字
版次：2020年12月第1版 **印次：**2020年12月第1次印刷
定价：145.00元

欢迎上网查询、购书

“陶行知学文库”编辑委员会

总　　序

周洪宇

陶行知是中国近现代享有盛誉的教育家、思想家、政治家和文学家，也是中国近现代原创力最强、真正形成了自己的教育学说体系、富有世界影响力的教育思想家。2007 年，美国知名学者、哥伦比亚大学教育学院大卫·汉森教授在其主编的《教育的伦理视野——实践中的教育哲学》一书中介绍了世界最具影响力的十大教育思想家，其中唯一的中国教育思想家就是陶行知。该书将陶行知与美国的杜威、意大利的蒙台梭利等世界著名教育思想家并列，足见陶行知在国际学术界的巨大影响力及其被国际人士高度认可。

2020 年是陶行知研究 100 周年，2021 年是陶行知 130 周年诞辰和逝世 75 周年。借此机会，我们与华中师范大学出版社合作，编辑出版“陶行知学文库”丛书 50 余册，约 2000 万字，以深化陶行知研究，推动中国教育改革发展，加快建设中国教育学。

一

“陶行知学文库”丛书的编辑出版具有重大的学术价值与现实意义。2020 年是国家“十三五”教育事业发展规划的收官之年，2021 年是国家“十四五”教育事业发展规划的起步之年。值此重要历史节点，编辑出版“陶行知学文库”丛书意义重大而深远。

其一，这是深化当代陶行知研究的迫切需要。

如果将 1920 年北京大学缪金源所写的关于陶行知学生自治思想研究的文章算为正式起点的话，陶行知研究到现在已有整整 100 年历史。回顾百年陶行知研究，可以发现陶行知研究已经逐步发展为一门国际性的学问，在美国、德国、法国、日本、韩国等国家都有不少学者在进行研究并取得了丰硕成果。陶行知研究是一门中国本土成长起来的学问，它是对中国近现代教育家陶行知的专门研究之学。既然是本土之学，中国人自己首先要研究好，这样才能更好地与国外学术界对话和交流，提高我国在国际学术界的话语权。

深化当代陶行知研究需要建立专业的、系统的、科学的"陶行知学"。所谓"陶行知学"，就是一门以陶行知的家世家庭、个人生平、事业贡献、思想学说、人格精神、历史作用和国际影响为主要研究对象的学问。它涉及陶行知本人及其所处的时代环境、所经历的重要活动和重要事件、所交往的重要人物等，重点是研究陶行知的精神文化世界，对陶行知的历史价值及其局限进行历史反思。透过这种研究来看在当时的时代环境下，以陶行知、鲁迅为代表的中国近现代进步知识分子如何处理中西古今关系，走上一条追求真理、救国救民的历史道路，以及我们今天怎样学习和借鉴陶行知思想，推动当代的教育改革和社会进步。"陶行知学"的具体内容应该包括历史研究、文本研究、理论研究、应用研究、比较研究、海外研究和研究史研究等。就其性质而言，它有应用研究的一面，但主要还是基础研究。换句话说，它就是以基础研究为主、应用研究为辅的一门专门学问。

随着中国经济的快速发展、国际地位的日益提高，中国的学术和文化也要有相应的提升，以适应时代的需要。在当前西方学术文化占据强势地位的情况下，加强与西方学术界对话，发出中国自己的声音，很有现实意义。中国当代陶行知研究的重要任务之一，就是发展陶行知学术文化，形成陶行知学术话语体系，促进中西教育学术交流，在国际上拥有更大的话语权。"陶行知学文库"丛书的编辑出版正有助于此。

其二，这是加快建设当代中国教育学的迫切需要。

陶行知从 20 世纪 10 年代开始撰写教育论文，至 40 年代中期去世前，披阅不停、笔耕不辍，数十年如一日，围绕其独特的生活教育思想，著述达四百万字以上，客观上构建了一个概念清晰、原理明确、主张具体、内容丰富、结构完整的教育理论体系，得到了教育界、学术界的充分肯定。陶行知教育学说由若干概念范畴、基本原理和具体主张组成。具体而言，它以政治理念、哲学观点和文化思想为理论基石，以"生活"范畴为逻辑起点，以"生活即教育""社会即学校""教学做合一"三大原理为教育哲学依据，以民主教育、科学教育、乡村教育、师范教育、幼儿教育、创造教育、全面教育、终身教育等为具体教育主张，将其有机地建构成一个紧密联系、不可分割的整体，而且随着社会形势的变化与教育实践的深入，不断发展变化，具有鲜明的时代特征和特定的历史内涵。

20 世纪上半期，陶行知在反传统教育和反洋化教育的斗争中，在长期的教育实践过程中，通过批判地吸收古今中外各种教育思想精华和总结自己的教育实践经验，创立了具有中国特色、以教育哲学原理为基础、以各类教育主张为内容的一套完整的生活教育学说。他的生活教育学说是在半殖民地中国社会历史条件下中国人民争取解放、自由、平等的教育理论，也是既符合中国国情又适应社会发展和世界潮流的现代教育思想，达到了近现代中国社会教育思想所能达到的最高高度，成为新中国教育思想体系的重要理论来源之一，也是当今与未来中国教育思想发展的一个重要理论资源。“陶行知学文库”丛书的编辑出版是对陶行知教育学说的系统梳理与科学总结，有助于丰富和建设具有中国特色、中国风格、中国气派的当代中国教育学。

其三，这是加快当代教育改革发展的迫切需要。

陶行知早年毕业于世界著名的教育研究机构——美国哥伦比亚大学师范学院，师从 20 世纪著名的哲学家、教育学家、美国哲学学会会长杜威，世界著名教育史学家、世界教育联合会会长孟禄，知名教育学家、“设计教学法”创始人克伯屈等人，并在美国教育行政学权威、美国教育行政学会会长斯特雷耶教授的指导下撰写博士学位论文，研究中国教育。陶行知一方面深受西方先进教育理论的熏陶，另一方面又有长期的中国教育改革实践经历，教育理论功底深厚，教育实践经验丰富，而且善于总结提炼，具有强烈的自觉去系统建构教育理论体系的愿望与能力，被美国最负盛名的汉学家、哈佛大学东亚研究中心主任费正清教授誉为“杜威博士最有创造力的学生”。

陶行知不仅是一位杰出的教育家、思想家、文学家，也是一位活跃的政治家。他始终把教育变革与社会改造紧密地结合在一起，一生致力于中国的民族独立、国家富强、文教发达、社会进步。他的爱满天下的博大胸襟、乐于奉献的伟大情操、炽烈真诚的教育激情、求真务实的思想作风、不屈不挠的刚毅品质、开拓求新的创造精神，是我们今天进一步推进改革开放、实现中华民族伟大复兴宏伟事业、圆美好中国梦最需要的精神财富。“陶行知学文库”丛书的编辑出版有助于深化陶行知研究，把这些精神财富很好地总结和提炼出来，服务于当代中国教育发展改革的需要，特别是服务于十九大尤其是十九届五中全会后中国教育改革发展、建设高质量教育体系、推进教育现代化、建设教育强国、办人民满意教育的迫切需要。

其四，华中师范大学陶行知研究团队四十年的学术积累使之具有可行性与可操作性。

华中师范大学是改革开放以后中国大陆最早开展陶行知研究的重点高校之一，编辑出版了国内外第一套《陶行知全集》(共 8 卷，湖南教育出版社 1984 年、1985 年出版前 6 卷，1992 年出版后 2 卷)，该书 1986 年获得全国优秀畅销书奖，1988 年获得全国第一届优秀教育图书特别奖，1994 年获得第一届国家图书奖，为全国陶行知研究的顺利开展提供了基本条件；1993 年撰写出版了第一本陶行知研究专著《陶行知教育学说》，该书获得 1995 年首届全国高校人文社会科学研究优秀成果一等奖；1985 年和 1988 年分别培养了国内第一个教育史陶行知研究硕士研究生和第一个历史学博士研究生，这为 2000 年华中师范大学获得教育史学博士学位授权点以及此后培养多位以陶行知研究为论文选题的教育学博士奠定了坚实基础。无论是编纂出版陶行知全集、选集，还是编写年谱长编、人物传记、画传；无论是撰写出版专著，发表研究论文，还是组织开展教育改革实验，创新发展陶行知思想；无论是培养人才，建设一支高素质、专业化、创新型研究队伍，还是建立陶行知国际研究中心、举办专题国际学术会议，让陶行知研究走向世界，华中师范大学都走在国内外教育界、学术界的前列，成为举世公认的陶行知国际研究中心。在著名历史学家章开沅教授、著名教育史学家董宝良教授的导航引路下，一批中青年学者脱颖而出，成为当今国内外陶行知研究领域里的中坚力量。华中师范大学陶行知研究团队四十年深厚的学术积累为“陶行知学文库”丛书的编选出版奠定了坚实基础并提供了可能。

二

“陶行知学文库”丛书的编选范围广、体量大、内容丰富，主要是选取改革开放以来华中师范大学陶行知研究团队的陶行知研究成果，既有陶行知的全集、选集等资料整理，又有专题研究、人物传记、比较研究、国际研究、年谱长编和应用研究等。其中全集有《陶行知全集》(新编本)和《陶行知全集》(精编本)，选集有《陶行知教育论著选》、《陶行知教育名篇选》、《陶行知教育名篇精选》(教师读本)、《陶行知教育名论精要》(教师读本)、《陶行知幼儿教育名篇选读》、《生活教育——陶行知英文著作精选》(中英双语)，专题研究有《陶行知教育学说》、《陶行知生活教育学说》、《陶行知生活教育导读》(教师读本)、《陶行知生活教育理论》(英文版)、《陶行知与中国现代文化》、《陶行知与中外文化教育》、《陶行知与中外文化教育再探》、《陶行知研究的学术谱系》、《我与陶行知研究》，人物传记有《平凡的神圣——陶行知》、《山乡社会走出的人民教育家：陶行知》、《人民之子 陶行知》、《陶行知画传》、《陶行知大传——一位文化巨人的四个世界》、《平凡的伟大：教育家陶行知、杨东莼、牧口常三郎的生活史》、《最后的圣者——陶行知新论》、《教育改变世界——陶行知》(英文版)，比较研究有《蔡元培、黄炎培、陶行知的比较研究》《陶行知与牧口常三郎教育思想比较研究》，国际研究有《陶行知研究在海外》、《陶行知研究在海外》(新编本)、《全球视野下的陶行知研究》、《教育交流与社会变迁：哥伦比亚大学与现代中国教育》(此书大篇幅论述陶行知)，年谱有《陶行知年谱长编》，应用研究也正在编写之中。需要说明的是，“陶行知学文库”丛书选收的研究性著述均为华中师范大学陶行知研究团队成员所作，有些优秀之作因各种原因未能纳入其中，不免有遗珠之憾，敬请原作者谅解。

三

本丛书的编选范围与编选体量决定了其以“陶行知学文库”命名，而非简单地取名为“陶行知丛书”或“陶行知研究丛书”。这既体现了丛书命名的科学性与准确性，也彰显了丛书内容的全面性与专业性。“陶行知学文库”丛书由章开沅先生、朱永新先生、董宝良先生担任顾问，周洪宇、周挥辉任编辑委员会正、副主任，申国昌、操太圣、刘从德、刘大伟、刘来兵为编委会委员，齐彦磊任编委会秘书长，陈诗、窦海元、詹淑兰、范青青、戚同欣、郑媛、王亭力、陈海霞、韩旭帆等为编委会工作人员。在丛书的编选过程中，编委会力求以历史唯物主义为指导思想，以历史研究、比较研究、理论研究等为研究方法，做到历史与逻辑相结合、抽象与具体相结合、理论与实践相结合、本土与域外相结合，深化陶行知研究水平，使之更具专业性、系统性和科学性。依此，编委会对丛书的整体进度作了如下安排：丛书共50余册，分三辑出版，2020年出版第一辑10册，2021—2025年出版第二辑22册，2025年之后出版第三辑约20册。

本丛书在编选过程中得到了著名史学家、教育家章开沅先生，著名教育史学家董宝良先生的关心与支持，华中师范大学教育学院喻本伐教授、余子侠教授、申国昌教授、刘来兵副教授和曾在华中师范大学教育学院任教或学习的现深圳大学师范学院熊贤君教授、聊城大学教育学院胡志坚教授、长江大学教育学院陈竞蓉教授、南京晓庄学院陶行知研究院刘大伟副教授、武汉市市场监督管理局蔡幸福博士以及国内外教育界、学术界的其他朋友等均从不同维度为丛书的立意、构思与修改提出了宝贵的意见和建议。同时，"陶行知学文库"丛书编选工作的顺利展开也得益于编委会各位同志的辛勤付出。华中师范大学出版社社长周挥辉、总编刘从德、学术出版中心主任冯会平和编辑张怀东等人，为丛书出版倾注了大量的心血。值此丛书第一辑付梓之际，谨对以上各位同仁致以最诚挚的谢意！

2020年12月18日于武汉东湖之滨远望斋

目录

第四编 陶行知教育学说的评价与借鉴

绪　论

陶行知是我国近现代杰出的人民教育家、教育思想家，是由卓越的民主主义战士转变而来的伟大的共产主义战士，是中国进步知识分子的典范。他在半殖民地半封建的旧中国。在反传统教育和反洋化教育的斗争中，在长期的教育实践的过程中，通过批判地吸收古今中外各种教育思想的精华和总结自己教育实践的经验，创立了具有中国特色的以生活教育理论为主要内容的一整套教育学说。他的教育学说，是半殖民地半封建中国社会历史条件下中国人民争取自由、平等、富强的一种教育理论，是既适合中国国情又符合现代社会发展潮流的一种现代教育思想。为了全面地、历史地了解和研究陶行知及其教育学说，继承和借鉴陶行知留给我们的宝贵的教育遗产，学习和弘扬陶行知的教育改革精神和崇高师德，正确地认识和评价陶行知在中国乃至世界教育史上的重要地位，为当前我国社会主义教育事业的改革与发展提供有益的借鉴，我们编写了这本《陶行知教育学说》。

在编写本书的过程中，我们力求以马克思列宁主义和毛泽东思想为指导，贯彻实事求是精神，坚持历史主义原则，始终忠实于陶行知的教育史迹和他的原文原意，按照他的一贯论述，理解和阐述其精神实质。同时，坚持理论与实践相结合的原则，一方面，既重视他的教育理论又重视教育实践，并注意理论与实践之间的辩证关系；另一方面，把陶行知教育思想的研究与解决当前教育改革和教育事业发展中的实际问题相结合，探讨如何借鉴陶行知教育思想为我国的社会主义教育事业建设服务。

在编写本书的具体方法上，我们主要采取了以下几种：

首先，坚持做到分析与综合相结合。所谓分析，就是我们把通过调查访问收集到的大量有关陶行知及其教育实践的史实和史料，分解成为各个部分、方面或要素，譬如把他的教育思想分解成为幼稚教育、中小学教育、大学教育以及师范教育、职业教育、全面教育、终身教育等，再经过去粗取精，去伪存真，由此及彼，由表及里的分析思考，得出自己的认识。对于陶行知教育思想，通过去粗取精，就从他的各种教育主张中突出了生活教育的主线。经过辨伪存真，不仅可以肯定他早在辛亥革命时期就倾向民主革命，而且还可肯定他在金陵大学学习期间回到家乡参加了徽州屯溪的辛亥革命地方起义①；他后来还明确主张"惟既有国民政治上的革命，同时还须有教育上的革命……同时并进，同时革新"②。注意由此及彼的分析，我们在确定他在政治上成为民主革命战士的同时，也就认识到他的生活教育思想具有民主革命性；再由表及里比较研究，不只看到他早期的教育思想与杜威教育思想的联系，而且弄清了他从办晓庄师范之后，就在教育思想上与杜威有了本质上的区别，因为陶行知是为中国劳苦大众办教育，而杜威办教育是为美国大资产阶级效劳；陶行知提倡的生活教育，强调的是教育与劳苦大众生活相联系，学校与社会相沟通，是真的生活教育，而杜威主张的生活教育，实际上是将资本主义社会生活引入学校，是对社会生活的微缩和模拟，是假的生活教育，学校仍然脱离社会实际生活。

分析与综合总是相互紧密联系的，两者是相反相成的。没有分析，就不可能将陶行知教育思想分解成为各个部分、方面或因素，找出各自的特征，但是缺乏了综合，又不可能将各个部分、方面或因素融合成为一个整体，在认识上只能见木，而不能见林，不能有一个整体认识。因此，我们在写这本书的过程中，不但重视运用分析的方法，同时还重视采用综合的方法，使分析与综合相结合，在取得感性认识的基础上，使之抽象、概括、升华，达到理性认识。正因为如此，我们将陶行知教育思想分解成为生活教育理论和民主教育、全民教育、全面教育、终身教育等方面的具体教育主张，与之同时又将它综合成为陶行知的教育学说，使其升华达到理性认识的高度，建构成为富有生活教育特色的理论体系。

其次，力求使抽象和具体相统一。因为研究陶行知教育学说，不但要分析它的各个组成部分的思想内容，揭示其中的联系，而且要对其学说有本质的认识。这个认识过程，就是由感性的具体上升到理性的抽象的认识过程，再由理性的抽象上升到理性的具体的认识过程。因此，使抽象和具

① 叶淳遐、汪麦浪、殷松年、徐耀威：《陶行知参加辛亥革命地方起义初证》，《徽州实验区》1988 年第 1 期，第 42 页。

② 华中师范学院教育科学研究所主编：《晓庄试验乡村师范学校创校概况》，《陶行知全集》第 2 卷，湖南教育出版社 1985 年版，第 17 页。

体相统一是研究陶行知教育学说的认识过程的重要方法之一。

在研究陶行知教育学说的初始阶段,必须从感性的具体开始,然后才能上升到理性的抽象。正因为如此,我们开始研究陶行知教育学说时,特别重视访问调查,收集整理他的生平及其教育活动方面的史实和史料,以求得丰富我们的感性具体认识。在此基础上,我们采用分析综合方法,使之升华达到对陶行知教育学说有了理性的个别抽象,从其各个方面、因素中,抽象出生活教育、民主教育、终身教育等教育思想和主张。

但是,根据辩证唯物主义的认识过程,从感性的具体到思维的个别抽象,虽然是形成理性认识的必然途径和重要手段,但却不是理论认识的终结。要使理性认识进一步深化和发展,就必须对陶行知教育学说研究从思维的个别抽象发展到理性的具体。只有获得对事物理性的具体认识,才能达到真理性的认识。怎样才能使理性认识从思维的个别抽象继续升华到理性的具体呢?我们采用综合和抽象的思维方法,把从陶行知教育学说感性认识的整体中抽象出来的各个教育思想和主张,在思维中进一步形成为一个整体再现出来,达到理性的具体认识。这样,就使我们明确了:经过思维个别抽象出来的有关陶行知的生活教育、民主教育、终身教育等教育思想和主张,都是他整个教育学说的各个方面、部分、因素;这些具体的教育思想和主张,经过进一步的综合和抽象思维过程,又在思维中形成了陶行知教育学说的理性的具体认识,并从这一教育整体明确了各个教育思想和主张对其整体学说的重要意义:生活教育理论是其核心,民主教育是其思想灵魂,终身教育是其独具特色的原则精神等。这种认识,好像又回复到初始时对陶行知教育学说的认识,其实两者之间的差别巨大,初始与最后虽然都是具体认识,但初始阶段为感性的具体认识,最后是经过个别抽象和综合概括升华成为理性的具体认识。虽然同是具体认识,两者却有本质上的不同,有感性与理性之分。如果说,初始阶段对陶行知教育学说的感性具体认识,多半了解的是他怎样办学、开展教育活动,后来经过思维的个别抽象,也只是认识到其中各个方面部分的一些教育思想和主张,而经过进一步思维的继续抽象和综合过程,最后就形成认识上质的升华,得到了理性的具体认识,在思维中重现了整体的陶行知教育学说。再现了的陶行知教育学说,是理性的具体认识,也不同于原有的思维抽象,只是个别的抽象认识,而是理性认识的深化,认识到了陶行知教育学说的本质特征及其各个教育思想和主张之间的联系。陶行知教育学说在思维中再现出来，就是说从个别抽象达到了理性的具体认识。

又次，注意使逻辑与历史相一致。因为只有运用这种方法，才能增强本书的历史系统性和严密逻辑性。这里所论的历史，是指陶行知教育学说本身的发展过程和人们对其认识的历史过程。这里所论的逻辑，是指对陶行知教育学说中的概念和范畴，具有规律性的概括反映和理论的再现。由于陶行知教育学说有其本身发展的过程，而研究这种教育学说时，就必须坚持历史的观点，要从反映他当时教育活动的文献史料出发，考虑当时的历史条件，进行客观的分析，绝不可凭主观猜测、推理。因为陶行知是历史人物，他的教育学说形成和发展，有着当时的历史条件及其本人政治上、思想上的基础。如果对他的教育学说采取主观猜测、推理办法，而不是坚持历史的发展的观点，是不可能得出科学的认识的。对于陶行知研究来说，在这方面是有过教训的：有人研究陶行知前期的教育学说，认为有教育救国思想，可又不再去注意他后期教育学说的发展，就武断地说陶行知是教育救国论者；还有人只重视陶行知后期的教育学说，于是肯定他是革命民主的教育学说，甚至否认陶行知曾经有过教育救国思想；还有的人，硬说陶行知的生活教育与杜威的生活教育没有什么联系或者认为毫无区别之类。这类研究，就是缺乏历史的、发展的静态研究，他们没有看到陶行知教育学说在其形成和发展过程中，是随着历史的前进和他本人在政治上、思想上不断进步而不断发展变化的。陶行知在政治上有一个从民主革命战士转变成为共产主义战士的发展过程，在哲学思想上有一个由相信唯心主义而逐渐转变成为具有辩证唯物主义基本观点的认识过程，而在教育思想方面，他是由相信美国杜威的实用主义教育理论而转变成为自己创造性地提出与杜威教育思想有本质区别的生活教育理论，从早期教育救国的民主教育思想转变成为要办救国教育的革命民主教育思想，即新民主主义教育思想。可见，对陶行知的教育学说只有坚持历史的观点，才能看出他由前期到后期发展的阶段性，才能对他的教育学说有系统科学的认识。

陶行知的教育学说，在其形成和发展过程中，既有其生活教育和民主教育的内在合乎规律性的反映，也有很多偶然性、非本质的因素；既有符合于辩证唯物主义基本观点的内容，也有唯心主义观点掺杂其间。因此，如果对他的教育学说能够有真正的科学认识，仅用历史的观点研究还不够，还必须采取与逻辑的研究方法相结合。因为只有依据逻辑的研究，才能从陶行知教育学说中撇开那些非本质的、偶然的因素，真正把握住生活教育和民主教育那些本质的、合乎规律性的因素和范畴，才能建构起陶行知教育学说的科学体系。

按照逻辑与历史一致的方法，必须从陶行知生活教育理论发展的历史中，撇开偶然性，把握其中的规律性，以理论的逻辑性展现出历史发展的必然性①。以科学逻辑分析陶行知生活教育理论，是对其生活教育活动的理论概括，是对发展规律的客观反映。陶行知长时期地从事生活教育实践，开展生活教育运动，使他在半殖民地半封建的中国社会中，形成了他自己特有的一套生活教育概念和范畴，构建了生活教育的理论体系。这些概念和范畴，主要有三个大的组成部分：一是“生活即教育”，以“生活”范畴为逻辑起点，以“生活”与“教育”范畴为线索，以“生活教育”范畴作为中心内容，以“终身教育”范畴为逻辑终点；二是“社会即学校”，以“社会”和“学校”为范畴，体现出生活教育沟通“社会”和“学校”的关系；三是“教学做合一”，以“教”、“学”、“做”等范畴阐明生活教育对三者紧密“合一”的逻辑规律。总之，本书力图以历史的与逻辑的相一致方法，建构陶行知生活教育理论的科学体系。

最后，我们还采用了现代的科学研究方法。在诸多的现代科学方法中，我们着重运用了系统方法和结构方法。

从系统方法出发，我们把陶行知教育学说作为一个大的教育理论系统进行研究。我们探讨了这一大的教育理论系统本身的构成诸要素及诸多子系统，确定了要素与要素之间的位置；还探讨了这一大系统与中国当时社会环境的关系，这一系统在中国教育思想发展史中所占的地位及其与中外教育思想的批判与继承、碰撞与融合的关系。

如果说，系统方法注意的是从总体系统和分体系统研究分析，那么，结构方法则强调的是要素与要素之间的关系，认为关系在研究中比要素占的地位更为重要，强调关系在陶行知教育思想体系中具有重大作用。从结构方法来看，研究生活教育理论，占首要地位的并不在于仅仅把“生活即教育”、“社会即学校”和“教学做合一”的三大要素一一论述清楚，而更为注意

---

① 张巨青主编：《科学逻辑》，吉林人民出版社 1984 年版，第 255—257 页。

的是在于把三大要素之间的结构关系搞清楚。因为只有把三大要素之间的结构关系研究清楚了，三大要素才不是彼此孤立的局部，才能从整体上认识生活教育理论。不但如此，从结构方法去研究，本书还注意探讨陶行知的生活教育理论与其民主教育思想的关系，以及与其全民教育、全面教育和终身教育的关系，并通过对这些结构关系的探讨，力求能从整体上把握陶行知教育学说。

综上所述，我们在撰写本书过程中，始终是以马克思列宁主义、毛泽东思想为指导思想，以辩证唯物主义和历史唯物主义为方法论，同时运用了一些现代科学研究方法。我们在本书的框架体系建构上力求有所创新和突破，避免将陶行知教育学说往一般教育学传统模式上去套，尽量突出陶行知教育思想的特色，使之具有浓郁的“陶味”。全书共分绪论、四编十二章。绪论着重阐述本书撰写的指导思想和原则方法，独自成为一个系统；四编十二章是本书的主体，每编是一个子系统，各章均为一个小系统，全书为一个结构完整的大系统。第一编探讨陶行知教育学说的形成，下分两章：第一章是陶行知生平和教育实践；第二章是陶行知教育学说形成的社会条件及其理论来源和思想基础。第二编探讨生活教育理论的范畴原理，下分三、四、五、六四章，分别论“生活即教育”、“社会即学校”、“教学做合一”的范畴原理，揭示生活教育与传统教育、实用主义教育的联系与区别。第三编探讨陶行知教育学说的根本原则和具体主张，下分七、八、九、十四章，分别论述民主教育、全民教育、全面教育和终身教育。第四编探讨陶行知教育学说的评价与借鉴，下分十一、十二两章，分别论述陶行知教育学说在中国教育史总系统中占有的地位和作用及其现实意义。

我们建构的这一陶行知教育学说框架体系，是一次力图有所创新和突破的尝试，未必尽善尽美。我们认为，在如何建构陶行知教育学说的理论体系上，人们完全可以提出自己的设想，无需强求一律。这样做会更有利于在陶行知研究中贯彻百花齐放、百家争鸣的方针，促进陶行知研究的深入发展。

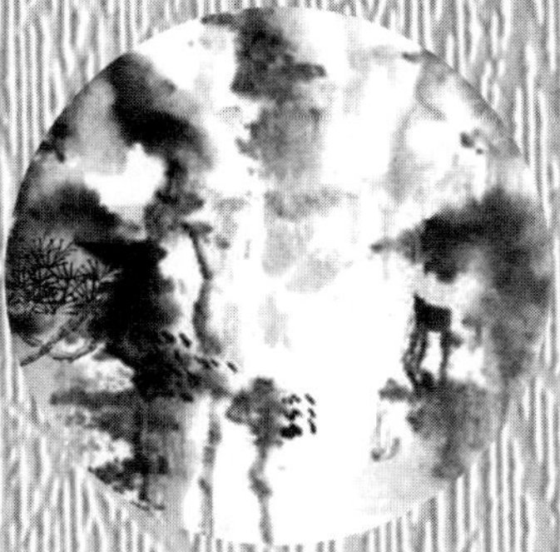

第一编 陶行知教育学说的形成

陶行知教育学说是一个博大精深的教育思想体系,有其产生和发展的过程。研究和掌握这一过程,不但能够搞清它的源流,而且有助于了解其实质。因此,我们将其作为本书开宗的第一编。

陶行知教育学说是他一生以"捧着一颗心来,不带半根草去"的献身精神,致力于民族民主革命和教育革新实践的结晶。由于陶行知教育学说源于他长期政治的和教育的实践,当我们探索这一学说的形成过程时,必须把握住他的全部实践过程,才有助于找出这一学说形成的渊源。列宁曾说:"人的和人类的实践是认识的客观性的验证、准绳。"①因此,当我们探究陶行知教育学说形成时,把研究和了解陶行知的生平和教育实践放在了首位,因为认识源于实践,而实践高于认识。

陶行知生活在中国的近现代历史时期,他的教育学说虽然来自他的政治和教育的实践,但与他生活的社会历史条件紧密相关。反帝反封建是我国近现代的历史任务,爱国救亡和民主革命是这一阶段的历史主题,对于陶行知教育学说形成有着重大影响,我们设置专节,作了重点论述。不但如此,他的教育学说的形成,不仅受到了鸦片战争以来中西文化、教育思想交流的影响,而且受到了五四新文化运动和西方新教育思想传播的影响,其后经过他的思想过滤,弃其糟粕,取其精华,形成了他独特的以生活教育理论为主体的教育学说。他的教育学说,可以说是中西文化、教育思想交流,通过碰撞走向融合的产物。在这一方面,本编通过追溯生活教育的源流,对之作了全面而深入的探讨。

陶行知教育学说的形成,不仅有客观的社会历史、中外文化、教育思想交流的诸多影响,还有他自己主观方面的哲学思想、政治认识和教育观点的接受基础。外因是条件,内因是根据。本编对他的生平和哲学认识,作了详细探讨,目的在于了解和掌握陶行知思想的发展过程:在政治上由一位民主革命家逐渐变成为一名共产主义者,哲学思想上由唯心主义转变到唯物主义,最后升华成为具有辩证唯物主义的基本观点。在这个基础上,本编还探讨了他的生活教育理论发展轨迹和生活教育的性质、特点,为研究他的生活教育原理和他的具体教育主张奠立了理论基础。

---

① 《黑格尔"逻辑学"一书摘要》,《列宁全集》第38卷,人民出版社1959年版,第227页。

第一章　陶行知的生平和教育实践

陶行知是我国近现代教育史上一位伟大的人民教育家。他一生以教育为职志，把从事教育革新与政治革命相结合，在半殖民地半封建的旧中国，为争取民族解放和人民民主而努力奋斗；他坚持教育试验，勇于改革旧教育，探索新教育，创立了生活教育理论，提出一系列教育主张，为我国的人民教育事业和革命事业做出了不朽的贡献。

第一节　战斗的历程　光辉的一生

一、童年生活，求学时代

陶行知原名文濬，后改名知行、行知，1891 年 10 月 18 日（光绪十七年九月六日）诞生于安徽省歙县西乡黄潭源村①。黄潭源村距歙县城西约七华里，在著名风景区黄山之东，位于丰乐河畔，是一处绿水环绕、松竹葱茏的典型的皖南乡村。他的童年和少年时期，就是在这钟灵毓秀之地度过的。

陶行知的童年、少年时期，正处于清末中日甲午战争前后，由于帝国主义的侵略掠夺和清朝末期的腐朽统治盘剥，中国人民生活陷于困苦之中。陶氏宗族到陶行知祖父时，家境已经衰落。到其父时，祖上在休宁县万安镇开设的亨达官酱园，由于营业萧条，出顶给曹氏亲戚。

陶父名位朝，字筱山（亦称笑山），在 1900 年（光绪二十六年）曾任休宁县万安镇册书（掌管田赋契约）②，到 1902 年解职回到黄潭源，靠"陶家坦"

---

① 关于陶行知的生年，学术界有三种看法，即 1891 年、1892 年和 1893 年，本书暂取第一种看法。他的出生地，过去有人误认为"王潭源"，本书根据《陶氏族谱》所载，改为黄潭源村。

② 据歙县陶行知研究会程仁浩、汪麦浪、叶春遐、仇乃桐、徐扬在 1984 年所写调查报告《陶行知先生童少年时代》。另参见朱泽甫编：《陶行知年谱》，安徽教育出版社 1985 年版，第 3 页。

(“坰”,意即低洼地方)的祖田[①],躬耕自食,生活窘迫。陶母曹翠仂,勤劳节俭,操持家务。陶行知童年、少年时期,就是在这样清贫的农家生活中长大的。

陶行知自幼聪敏好学,但因生活贫困,无力入塾读书,只好由其父在劳动之暇,教子认字。他 6 岁时去旸村,蒙馆塾师方庶咸秀才视其颖慧,愿为免费开蒙。1900 年,他随父到万安镇,得入吴尔宽经馆伴读。1902 年,他又随父回到黄潭源,在家自学,有时帮助父母参加一些劳动。为了攻读经书,他曾拜歙县吴朗斋为师,还慕名到离黄潭源 15 华里的航埠头,求教于当时在曹家坐馆的贡生王藻老先生。他学习勤奋,每隔几天,登门求教一次,届期即使遇上雨雪也不间断。有一回天降大雪,等他赶到经馆,王老先生已经开讲,他不便中途入堂,就侍立在门外。这种虚心求教的态度,一时传为佳话,赞为有“程门立雪”之风[②]。由于他勤奋求教,为他的经史儒学,奠立了扎实的基础。

(一)入崇一学堂和广济医学堂,立志学医救国

陶行知童年、少年时期,耶稣会、内地会在他家乡歙县城关建立了教堂,并附设了名为崇一学堂的教会学校。陶父是该会教徒,为解决家庭困难,托人介绍,使陶母得入教堂做佣工。在英人校长唐进贤牧师的帮助和允准下,陶行知于 1906 年得以免费入崇一学堂读书。他在此学习了英文、国文、数学、理化、医药常识等课程,开始接受西方新式教育。

陶行知学习两年以后,崇一学堂因校长唐进贤返回英国而停办,他“只好怀着学医念头冒险去了杭州”[③]。陶行知之所以决心去杭州学医,是因为他看到了中国医学落后,姐姐幼年夭折,并且在崇一学堂学到了一些医学常识,这就促使他萌发了学医救国的动机和理想。

1908 年春,时年 17 岁的陶行知,独自远离家乡,到杭州考入了广济医学堂。但他进到这所由耶稣教会办的广济医学堂后,因不满学校歧视非教

---

① 关于陶行知父亲耕种的祖田多少问题:据中央教育科学研究所编《陶行知年谱稿》的首页载“有地四亩”;歙县陶行知研究会调查报告《陶行知先生童少年时代》中记述“只有一亩多田地”。记载虽然有些不同,但从中可看出:祖田不多,当在四亩以内。

② 张国良:《再记我所知道的陶行知先生》,《行知研究》1984 年第 11 期。

③ 董宝良主编,喻本伐、周洪宇选编:《我的生活经历和今后打算——致罗素的信》,《陶行知教育论著选》,人民教育出版社 1991 年版,第 8 页。

徒学生，规定不信教者不得享受免费实习待遇，入学“三天之后”[①]，遂愤而退学。

陶行知退学后，流落到居于苏州的表兄张志自处，生活遇到困难，以致他和表兄“把衣服当得三百文过一日”[②]。其后，他“回到了徽州，专心于英语学习，直到次年”[③]。

（二）就读于金陵大学，参加辛亥革命地方起义

陶行知“学医救国”的心愿，虽然因他从广济医学堂退学而轰毁，但他并没有从此消沉，反而更加积极攻读外语，以便进入一个更好的学校。

有一次，他到上海，巧遇崇一学堂校长唐进贤，经其介绍，在 1909 年秋考入南京汇文书院。次年春，汇文书院与宏育书院合并，成立金陵大学，陶行知即从汇文书院直接升入金陵大学文科。陶行知在金陵大学勤奋学习，各门功课成绩优异，崭露头角。课余，他喜欢研究王阳明学说，深受其“知行合一”学说的影响，以致在 1910 年将自己的原名文濬，改成为知行。

陶行知热爱祖国，关心政治，注意时局变化。当武昌辛亥革命起义的胜利消息传到南京，他热情拥护。他信仰孙中山的三民主义学说，主张民主共和。他在校内，宣传民族民主革命思想，积极组织和参加爱国演说会。他一度回到家乡，参加了徽州屯溪阳湖余家庄的辛亥革命地方起义[④]。半年以后，陶行知回到金陵大学继续学习，积极从事有助于辛亥革命的活动。1912 年，他曾邀请苏州东吴大学学生来南京联合举办运动会，为募“爱国捐”发售门票，帮助辛亥革命伟人黄兴所领导的南京临时政府留守机关解决财政困难。他先后担任金陵大学学生学报《金陵光》的中文版编辑和主笔（即主编），发表了近 20 篇文章和译文，其中有他的处女作《〈金陵光〉出版之宣言》和毕业论文《共和精义》。他在《共和精义》中，着重论述了民主共和思想的精髓所在，认为“自由、平等、民胞”是民主共和的三大信条。他

---

① 董宝良主编，喻本伐、周洪宇选编：《我的生活经历和今后打算——致罗素的信》，《陶行知教育论著选》，人民教育出版社 1991 年版，第 8 页。

② 华中师范学院教育科学研究所主编：《破晓》序，《陶行知全集》第 2 卷，湖南教育出版社 1985 年版，第 590 页。

③ 董宝良主编，喻本伐、周洪宇选编：《我的生活经历和今后打算——致罗素的信》，《陶行知教育论著选》，人民教育出版社 1991 年版，第 8 页。

④ 叶淳遐、汪麦浪、殷松年、徐耀威：《陶行知参加辛亥革命地方起义初证》，《徽州实验区》1988 年第 1 期，第 12 页。

在该文中，还特别写了《共和与教育》一节，强调了教育在实现民主共和政治中的重大功能，表露出他最初的教育救国思想，认为“人民贫，非教育莫与富之；人民愚，非教育莫与智之；党见，非教育不除；精忠，非教育不出”①。由此可见，这位人民教育家早在金陵大学读书时就已非常重视教育了。

陶行知在金陵大学学习期间，既信仰孙中山的革命学说，又因金陵大学是美国基督教会在中国办的大学，也受到了基督教的影响。据他本人回忆，他在金陵大学念书的时候，曾参加基督教会。下面引述的是他的一段原话：

“在包文博士(Dr. Bowen)和亨克博士(Dr. Henke)的指导下，又深受詹克教授(Prof. Jenk)的《基督教的社会意义》一书观点的影响，我于1913年成为一个基督徒。”②

1914年6月，陶行知以名列榜首的优异成绩，毕业于金陵大学文科。黄炎培时任江苏省教育会副会长，应邀参加毕业典礼并颁发毕业证书。黄炎培后来回忆当时情景，赞扬陶行知为“秀绝金陵第一声”③。

陶行知从金陵大学毕业后，为寻求救国之道，决心去美国深造。

(三)赴美留学，决心攻读教育

1914年秋，陶行知以“百扣柴扉十扇开”的精神，向亲友筹措留学费用，并得到金陵大学美人校长包文的帮助，实现了乘长风破万里浪的心愿，坐海轮离开上海，踏上去美航程。

1914年9月22日，他进入了美国伊利诺斯州厄巴纳的伊利诺斯大学的研究院，攻读市政。

1915年夏末，陶行知获得了政治学硕士学位。在伊利诺斯大学的后半年，他担任了学生俱乐部干事。

1915年9月，陶行知进入哥伦比亚大学师范学院，攻读教育。他为什么从学市政而转攻教育呢？这与他在伊利诺斯大学所学课程和在伊利诺

---

① 华中师范学院教育科学研究所主编：《陶行知全集》第1卷，湖南教育出版社1984年版，第51页。

② 董宝良主编，喻本伐、周洪宇选编：《我的生活经历和今后打算——致罗素的信》，《陶行知教育论著选》，人民教育出版社2011年版，第7页。

③ 黄炎培：《哭陶行知先生》，《陶行知先生纪念集》，陶行知先生纪念集委员会1947年编印。

斯大学担任教育课程的哥伦比亚大学哲学博士考夫曼教授（Prof. Coffman）的影响有关。“陶在伊利诺大学的第一个学期修了考夫曼的教育行政课，于是便被引入了进步主义教育和师范学院。”[①]陶行知在伊利诺斯大学共修了三个学期课程，开始主攻政治，第一学期共修四门课程：政治学和公法研究、市政、美国的性质和教育行政课。第二学期，也是四门，均属政治性质的课。到第三学期，他仍修四门，但几乎都是教育课程，如“单位等级与规范、教育研究方法、中学课程、教育心理学研究”[②]。他通过学习市政课程与教育课程，在考夫曼教授影响下，逐渐将专业兴趣由市政转到教育方面来了，而对未来的职业也有根本性的转变，由从政转为从教，决定将毕生精力致力于教育行政。他深信：没有真正的公众教育就不可能建立真正的民主共和国，而且认为哥伦比亚大学师范学院是他攻读教育的理想学校，这是他由伊利诺斯大学转入哥伦比亚大学的主要原因。正如他所表示“我的毕生志愿是通过教育而非武力来创建一个民主国家。在目睹了我们突然诞生的共和国的种种严重弊端之后，我坚信没有真正的公共教育就不可能有真正的共和国”。他还认为“我毕生献身于教育行政的想法更为具体化了。遍览所有的大学，再次确认还是哥伦比亚大学师范学院对我最合适”[③]。他在哥伦比亚大学师范学院，是在司特雷耶教授（Prof. Strayer）的指导下深造的，为约翰·杜威和保罗·孟禄两位著名教授所赏识，还与威廉 H. 基尔伯特里克、哈罗德·罗哥、唐纳德 G. 特威克斯伯里等教授，有很密切的交往。他在哥伦比亚大学修习的课程有：在 1915—1916 学年中，第一学期：美国公共教育管理、学校与社会、教育史、教育哲学、财政学；第二学期：美国公众教育管理、教育史、教育哲学、财政学、进步社会的教育、中学原则。在 1916—1917 学年中，第一学期：教育史、教育社会学实习、国外学校系统的社会基础；第二学期：教育社会学实习、教育史、教育社会学研究、国外学校系统的社会基础[④]。

---

① ［美］休伯特·O. 布朗：《中国教育中的美国进步主义：陶行知个案》，［加］许美德、［法］巴斯蒂主编：《中外比较教育史》，上海人民出版社 1990 年版，第 191 页。

② 《陶行知在美国的教育经历》，《行知研究》1983 年第 7 期，第 66 页。

③ 董宝良主编，喻本伐、周洪宇选编：《我的生活经历和今后打算——致罗素的信》，《陶行知教育论著选》，人民教育出版社 2011 年版，第 8 页。

④ 《陶行知在美国的教育经历》，《行知研究》1983 年第 7 期，第 66 页。

陶行知在哥伦比亚大学留学期间，积极参加了学生的各种活动。他是留美中国学生联合会的负责人，还是留美学生的《中国学生季刊》的发起人之一。

陶行知在美留学期间，因其父在1915年1月逝世，缺乏经济来源，"经济状况窘迫至极"，后来虽然得到了中国政府授给的部分奖学金，再加上其他资助，也远不足以应付继续深造的需要。经过孟禄博士惠意介绍，才得到罗素院长批准，使他获得了利文斯顿奖学金，方得以顺利地完成学业。他对此甚为感激，并对罗素院长表示："我回国后将与其他教育工作者合作，为我国人民建立一套有效的公共教育体制，使之紧步美国人民的后尘，保持和发展一种真正的民主制度。它将是唯一正义与自由的现实的理想国。"①

1917年夏，陶行知在哥伦比亚大学获得了"都市学务总监资格凭"证书。同年秋，离美返国。

二、提倡教育革新，开展平民教育

1917年秋，陶行知由美返国，应南京高等师范学校之聘，任教育学专任教员，先后主讲"教育学"、"教育行政"、"教育统计"等课，传授西方新教育理论。从1918年起任教务主任，其后又兼任教育专修科主任。1921年12月，南京高师并入东南大学，任东南大学教授、教育科主任和教育系主任。与此同时，他还积极参与了组织教育社团活动：1919年1月参与组建了中华新教育共进社，出任该社《新教育》杂志编辑，后于1921年12月出任该杂志主干（即主编）；同年12月21日，中华教育改进社成立，推蔡元培、范源濂等九人为董事。陶行知在1922年2月，被聘为中华教育改进社主任干事。1923年7月底，他辞去东南大学教职，专门从事中华教育改进社工作。

在此期间，陶行知开展了大量的教育实践活动：

（一）改革旧教育，提倡新教育

他在南京高师担任教务主任期间，主张采用试验主义教育方法，反对一仍旧习，仪型他国，认为"欲教育之刷新，非实行试验方法不为功"②。他

---

① 董宝良主编，喻本伐、周洪宇选编：《我的生活经历和今后打算——致罗素的信》，《陶行知教育论著选》，人民教育出版社2011年版，第8页。

② 华中师范学院教育科学研究所主编：《试验主义之教育方法》，《陶行知全集》第1卷，湖南教育出版社1984年版，第62页。

反对旧式的传统教育和洋化教育，主张实行教育改革。他在五四运动前夕，于南京高师教务会议上提出了把“教授法”改为“教学法”的建议，当时遭到反对而未能通过，直到五四运动爆发，趁反对者无暇坚持，毅然将教授法均改为教学法。他在五四运动期间，还提出了“改良课程案”，计划将全校课程的必修制改为选修制。他对南京高师还有一项具有历史意义的改革，是他在1919年12月17日提出的《规定女子旁听办法案》，并得到实行。1920年6月29日，他主持教务会议，又通过了一项《南京高等师范学校招收特别生办法》，使南京高师首次招收了女特别生。1920年，南京高师与北京大学相约，正式招收本科女生8名、女旁听生50名入学，而北京大学在这一年“仅接收了几位旁听生”①，未能招入本科女生入学。因此，陶行知可说是我国大学开放女禁的最早实行者。

陶行知在五四运动期间，一方面坚决反对旧教育，主张教育改革，另一方面积极提倡新教育，介绍西方的教育思想。但他当时欢迎的新教育思想，主要是美国杜威所倡导和推行的民主主义和实验主义的教育思想。他后来虽然对杜威的这些教育思想进行了扬弃，可在“五四”前后却向国内教育界加以介绍和宣传。这可能是因为他当时着重在反对中国的传统教育，需要吸取西方的新教育思想作为理论武器。他在“五四”前夕，与胡适、蒋梦麟一起，代表北京大学、南京高等师范学校、新教育社等团体，邀请他在美国留学时的导师杜威来华讲学，并陪同杜威到南京高师演讲。1919年3月，他为欢迎杜威来华，发表了《介绍杜威先生的教育学说》②一文。其后，他在1921年9月，又邀请了他在美国留学时另一位导师孟禄来华讲学，并陪同孟禄到各地访问、演讲，为之担任翻译。

就在陶行知把美国的民主主义和实验主义教育思想当作新教育理论向国内介绍的同时，他还向国内教育界介绍了在德国社会民主党领导下的普鲁士教育改革，在1919年3月发表了《普露士教育基本改革》一文。陶行知在文章中所说的“普露士”，即通译的普鲁士；所提的社会民主党，是马克思参与创建的无产阶级政党，与后来分化了的社会民主党不同。他在文

---

① 张蓓蘅：《我成为中国首届男女同校女生之追忆》，《南京大学学报》(《高教研究与探索》)1987年第2期，第20页。

② 华中师范学院教育科学研究所主编：《陶行知全集》第1卷，湖南教育出版社1984年版，第102页。

章中指出“德国自从拉撒尔(Lassalle)、马克思(Marx)提倡社会主义以来，五六十年间，社会民主党(Social Democrats)就逐渐膨胀”，成为了德国的最大政党；到第一次世界大战以后，“君主推翻，限制全消，社会民主党就一跃而为全国政治的中枢”①。在他看来，由马克思参与创建的德国社会民主党执掌了普鲁士政权后，对教育进行了全面深入的改革。仅对课程的社会主义改革来说，陶行知在文章中就介绍了如下一些：德育方面，实行宗教与教育分立，把宗教一科不列入正课，以修身代之；体育方面，一律废除宣扬军国主义的兵操；社会主义方面，规定“在大学校内添设社会主义一科，以资研究”②。他形容普鲁士的教育改革像一阵“狂风”，并满怀激情地寄希望于这阵“狂风”吹到东方的中国来，使平民主义的教育“能够开花结果，为东亚放一异彩”③。尽管陶行知在当时不可能对马克思和普鲁士教育的社会主义改革有真正的了解，但他以其作为西方的新教育思想给予热情介绍和欢迎，这无疑会有助于中国教育界在“五四”时期对马克思和普鲁士社会主义教育改革的认识。

陶行知热爱祖国，反对帝国主义侵略和封建军阀政府的卖国投降，积极支持并参加了五四运动。1919 年 5 月 9 日，在南京小营演武厅召开的声援北京五四运动大会上，他痛斥卖国贼，要求政府拒绝在巴黎和会上签字。他的爱国革命行动，博得学界信赖，在 5 月 13 日召开的南京学界联合会成立大会上，被推选为会长。他在五四运动的反帝反封建斗争中，深受民主与科学思想的洗礼，有力地促进了他的平民教育思想和科学教育思想的发展。

(二)创办暑期学校和安徽公学，进行办学试验

陶行知在担任南京高师教务主任期间，为提高教育行政人员和小学教师的教学水平，在 1920 年夏，举办了南京高师第一届暑期学校。学员由各省市选派，四方来学者踊跃异常，多达 1041 人④。讲习一个月，盛极一时。

---

① 华中师范学院教育科学研究所主编：《陶行知全集》第 1 卷，湖南教育出版社 1984 年版，第 105—108 页。

② 华中师范学院教育科学研究所主编：《陶行知全集》第 1 卷，湖南教育出版社 1984 年版，第 108—109 页。

③ 华中师范学院教育科学研究所主编：《陶行知全集》第 1 卷，湖南教育出版社 1984 年版，第 108—109 页。

④ 龚放：《南高师的暑期学校》，《南京大学学报》(《高教研究与探索》)1987 年第 2 期，第 71 页。

我国现代著名马克思主义教育理论家杨贤江曾撰文指出“我国有暑期学校，始自民国九年南京高等师范”①。

陶行知自担任中华教育改进社主任干事以后，在从事社务活动的同时，与安徽旅宁同乡会和旅宁同学会一起，创办了私立南京安徽公学，公推他与姚文采为正、副校长。1923年秋季开学，地址在南京市灯笼巷，后迁至白下路上江考棚。在领导和管理安徽公学过程中，他进行了许多改革，主要有三个方面：首先，要求师生“共生活，共甘苦”，认为：只有共学、共事、共修养，才是真正的教育。其次，希望师生不做人上人，要做人中人。再次，鼓励师生勤俭节约，爱惜光阴和金钱。

陶行知提倡乡村教育运动以后，于1928年在安徽公学提出了把学校迁到乡下去办的主张，但遭到了校董会的反对，使他改革中学教育试验未能实现。后来，他参加安徽公学的校务活动逐渐减少，而把主要精力投入到创办晓庄师范学校的工作中②。创办安徽公学，是陶行知早期的重要办学活动，对他的教育思想发展具有承前启后的重大意义。

(三)创办昆明学校，开展平民教育活动

在高举民主与科学两面大旗的“五四”文化启蒙运动的影响和推动下，陶行知开始重视为平民办学。1920年，他了解到南京市玄武湖的五个岛上，散居数百户渔民，有150多名儿童，由于地处偏僻，交通不便，不能入校读书。他决定在其中的长洲岛(即环洲)上，创设一所平民初级学校，于1921年3月开学。初办时学生有36名，三年后增至50多名。因玄武湖曾名昆明池，故定名为昆明学校。昆明学校的创办，可以说是他进行平民教育和乡村教育的最早试验③。

陶行知担任中华教育改进社主任干事后，把主要精力用在推行平民教育上。他与朱其慧、黄炎培等，在1923年6月，组织成立了南京平民教育促进会，并与朱经农合编《平民千字课》课本。同年8月26日，又与朱其慧、晏阳初等成立了中华平民教育促进会总会，公推朱其慧为会长，陶行知为董事会执行

---

① 龚放：《南高师的暑期学校》，《南京大学学报》(《高教研究与探索》)1987年第2期，第71页。

② 仲兰邨：《回忆陶行知先生》，《重庆师范学院学报》，1981年第4期，第67页。

③ 包仁娟、王运来：《在金大、南京、东大求学与执教时期的陶行知》，《南京大学学报》(《高教研究与探索》)1987年第2期，第44页。

书记及安徽省董事之一。后经陶行知建议,聘请晏阳初出任该会总干事。

陶行知认为“平民教育,是一个平民读书运动”,“是将来普及教育的先声”①。他为有助于开展平民读书,提倡“即知即传”,创造出连环教学法,开办平民读书处。他在南京期间,不仅在自己家中成立了以其父号命名的“笑山平民读书处”,还在大方栈、小乐意、万全楼等店铺以及郭秉文、姚文采、郑晓沧、陆志韦、徐则陵、廖茂如、陈鹤琴等家中,劝办读书处,亲自进行平民教育试验。在1923年下半年,他奔走于冀、察、浙、皖、赣、豫、鄂等省,推行平民教育。他在一封信中说:“知行这三天以来,立志凡我脚迹所到的地方,就是平民教育到的地方。我们不久就要把平民教育输入军队里、善堂里、工厂里、监牢里、尼姑庵里、济良所里。我们要叫黑暗的地方大放光明。”②他所以这样做,是因为他心中怀有一个伟大的理想,就是要通过平民教育,打通层层叠叠的横阶级和深沟坚垒的纵阶级,“要用四通八达的教育,来创造一个四通八达的社会”③。

三、为中国教育探寻生路

陶行知在推行平民教育过程中,逐渐认识到仅靠在城市开展平民教育,是不可能普及教育的。早在1924年10月,他就指出:“中国以农立国,十有八九住在乡下。平民教育是到民间去的运动,就是到乡下去的运动。”④他认为,要想普及教育,必须使平民教育下乡,开展乡村教育运动。他还发现,中国向来不重视乡村教育,即便在乡村办了少数学校,又都走错了路。“他教人离开乡下向城里跑,他教人吃饭不种稻,穿衣不种棉,做房子不造林;他教人羡慕奢华,看不起务农……”⑤他认为这种乡村教育,没

---

① 华中师范学院教育科学研究所主编:《平民教育概论》,《陶行知全集》第1卷,湖南教育出版社1984年版,第488页。

② 华中师范学院教育科学研究所主编:《作十万新民,寿六旬王母——致程仲沂》,《陶行知全集》第5卷,湖南教育出版社1985年版,第42页。

③ 华中师范学院教育科学研究所主编:《创造一个四通八达的社会——致陶文渼》,《陶行知全集》第5卷,湖南教育出版社1985年版,第55页。

④ 华中师范学院教育科学研究所主编:《平民教育概论》,《陶行知全集》第1卷,湖南教育出版社1984年版,第494页。

⑤ 华中师范学院教育科学研究所主编:《中国乡村教育之根本改造》,《陶行知全集》第1卷,湖南教育出版社1984年版,第653页。

有与农业携手，没有用穷办法办学，走的是一条死路，必须悬崖勒马，去另找生路。那么，“生路是什么?”他发现生路“就是建设适合乡村实际生活的活教育”①。

陶行知为了探寻中国教育的生路，一生进行了不懈的努力，先后开展了乡村教育、普及教育、国难教育、战时教育、全面教育和民主教育六大运动，办了晓庄师范、山海工学团、育才学校和社会大学等学校，提出了生活教育理论，为中国现代教育改革和新民主主义的教育建设作出了卓越的贡献。

(一)开展乡村教育运动，创办晓庄师范学校

陶行知的乡村教育思想，早在1924年已经提出了，而他开展乡村教育运动，则是从1926年开始的。他在同年1月发表了《师范教育下乡运动》一文，为乡村教育确定了基本任务:“乡村师范学校负有训练乡村教师、改造乡村生活的使命。”②

陶行知开展乡村教育运动，是把培养乡村教师、改造乡村生活等教育都包括在内的，诸如创办乡村幼稚园、乡村小学、乡村师范等。他最早从事乡村教育的试验，是在1926年10月间，发表了《创办乡村幼稚园宣言书》，举办了乡村幼稚园。他逐渐认识到，“自然社会里的生活产生活的中心学校，活的中心学校产生活的师范学校，活的师范学校产生活的教师，活的教师产生有生活力的国民”③。在他看来，乡村教师是改造乡村的灵魂，创办乡村师范学校是搞好乡村教育运动的关键。他为了改革乡村，绘制出了创设乡村师范、改造全国乡村生活的蓝图，指出:“要筹募一百万元基金，征集一百万位同志，提倡一百万所学校，改造一百万个乡村。”④他的教育信条，就是向农民“烧心香”，作奉献，普及乡村教育，为中华民族创造出一个伟大的新生命。

---

① 华中师范学院教育科学研究所主编:《中国乡村教育之根本改造》，《陶行知全集》第1卷，湖南教育出版社1984年版，第653页。

② 华中师范学院教育科学研究所主编:《陶行知全集》第1卷，湖南教育出版社1984年版，第601页。

③ 华中师范学院教育科学研究所主编:《中国师范教育建设论》，《陶行知全集》第1卷，湖南教育出版社1984年版，第641—642页。

④ 华中师范学院教育科学研究所主编:《中华教育改进社改造全国乡村教育宣言书》，《陶行知全集》第1卷，湖南教育出版社1984年版，第646页。

为了实现他的以教育改造中国乡村的乡村教育运动，他决心创办一所试验乡村师范学校。从1926年底开始筹备，1927年1月中旬得到江苏省教育厅批准设立的回函，把校址确定在南京郊区迈皋桥附近的晓庄（原为小庄），学校定名为晓庄试验乡村师范学校。学校设董事会，公推袁观澜（改选后为蔡元培）任董事长，陶行知任董事会秘书兼校长。陶行知主编的《乡教丛讯》，在1927年1月1日创刊。

晓庄师范入学考试前后，正是国民革命军进抵古城南京，直系军阀溃窜之时。在兵荒马乱的局势下，竟有愿意献身乡村教育的13名考生，从上海、江苏、浙江、安徽、湖北、江西和北京等地，来晓庄师范投考，他们是：操震球、戴邦杰（伯韬）、王义田（洞若）、王琳、李楚材、程本海等。3月11日考试，3月15日举行开学典礼。学校开初，仅设两院：第一院是乡村小学师范院，赵叔愚任院长；第二院是乡村幼稚师范院，陈鹤琴任院长。学校设有燕子矶、尧化门和晓庄三所中心小学。其后增设有神策门和吉祥庵中心小学。1928年后，又增设了三元庵、黑墨营、大象房、万寿庵等中心小学。

另外，还办有中心幼儿园（即特约鼓楼幼儿园）和自办燕子矶、晓庄幼稚园等三所。随着晓庄师范事业的发展，逐渐还设有劳山中学、实验民众学校、民众教育研究会、《乡教丛讯》半月刊编辑部、晓庄剧社、晓庄商店等。劳山中学创办于1929年夏，是为解决中心小学毕业生升学而设，教师均由晓庄师范指导员和学生兼任，第一期招收学生40余人①。

晓庄师范在1928年8月1日改名为晓庄学校。学校按照陶行知创立的“生活即教育，社会即学校”和“教学做合一”的生活教育理论组织学校活动。学校不分班级，也无上下课制度，分设五种教学做：一是中心小学工作教学做，二是分任教务行政教学做，三是征服自然环境教学做，四是改造社会环境教学做，五是学生生活教学做。他把教育与生活、生产劳动结合起来。学员在指导员指导下过生活，在做上教，在做上学。

陶行知在晓庄学校试验生活教育，收到了良好效果，来校参观访问者络绎不绝，甚至有一些地方希望他派出师生去协助办学。1928年4月，陶

---

① 王琳：《记晓庄学校——兼忆人民教育家陶行知先生》，《过去的学校》（回忆录），湖南教育出版社1982年版，第432—440页。

行知受浙江省委托创办湘湖师范学校，派去学生任教。1929年春，又应淮安徽州同乡会邀请，派去学生创办新安小学，陶行知兼任校长。由于陶行知对于中国教育革新作出了卓越的贡献，上海圣约翰大学在1929年12月4日授予他科学博士荣誉学位。

陶行知办晓庄师范，主张办成“自由园地”。他在校内，不但准许国民党员、国家主义派分子公开出入，而且还积极支持进步师生的革命活动。“四一二”反革命政变后，许多的年轻共产党员，如刘焕宗(即刘季平)、石俊等，为免遭国民党反动派迫害，先后转入晓庄学校就学。1928年夏，晓庄学校成立了地下中共党支部，之后不久，又成立了地下共青团支部。中共地下党团支部的成立，为晓庄学校播下了革命的火种。晓庄学校因地处南京远郊，偏僻荒凉，不时受到土匪骚扰，为保卫学校和周围地方，陶行知组成了联村自卫团。除了收得一些土枪大刀之类武器外，还得到了冯玉祥(时任国民党军政部长)赠送的步枪十支、手榴弹数十枚，并派六名军人帮助晓庄师范进行军事训练。这些活动，引起了蒋介石的疑忌，隐伏了封闭晓庄师范的杀机。

1930年4月初，晓庄学校师生在中共地下党团支部的领导下，为声援下关和记工厂工人反对英商压迫剥削的斗争和反对日本帝国主义军舰停泊南京的侵略行为，举行了声势浩大的游行示威。陶行知对师生的这一正义的革命行动，大力支持，可是国民党反动派对晓庄学校师生的反帝爱国行动，却气急败坏，污蔑是共产党操纵学生闹事。1930年4月8日，国民党政府密令教育部，停办晓庄学校。陶行知对此义愤填膺，写了《护校宣言》，无情地揭露了国民党反动派假革命的真面目。1930年4月12日，国民党南京卫戍司令部派出一个团的兵力，以“违背三民主义，散发反动传单，勾引反动军阀，企图破坏京沪交通”的所谓罪名，查封了晓庄学校，并以“勾结叛逆，阴谋不轨”、“密布党羽，冀图暴动”①的莫须有罪名，通缉陶行知。陶行知闻讯后，先避居上海，后逃亡日本。

(二)发起普及教育运动，提倡“科学下嫁”，创办工学团

1931年春，陶行知从日本潜回上海，受史量才之聘，任《申报》总管理处顾问。他为继续探寻中国教育的生路，让全国人民都能受到教育，发起

---

① 辛元、谢放:《陶行知与晓庄师范》，江苏教育出版社1986年版，第81—82页。

了普及教育运动。1933 年 1 月，他在上海成立了中国普及教育助成会。在他看来，中国是个穷国，普及教育必须采取穷办法，向劳苦大众普及他们所需要的粗茶淡饭教育。

在普及教育运动时期，陶行知对普及教育采取的内容和方法主要有以下几个方面：

1. 开展“科学下嫁”。

他在亡命日本期间，考察日本工业，认为其所以发达，根本原因在于重视科学技术，培养科技人才。为了使中国效法日本走工业化道路，他潜回上海后决心开展“科学下嫁”运动，普及科学知识，培养科技人才。他深感中国科技不发达，并且都为资本家及其子女所独占，而人民大众及其子女却享受不到。他要把近代科学知识技术，变得同阳光和空气一样，连拾垃圾的穷孩子、烧饭的老太婆都能享受得到。

他开展“科学下嫁”活动受到史量才的大力支持，捐助他十万元作为基金。

1931 年夏，陶行知在上海摩西路，创办自然学园，力图把科学知识技术下嫁给劳苦大众。参加人员主要有高士其、丁柱中、吕镜楼、戴伯韬、董纯才、陶宏、方与严等，他们编辑了《儿童科学丛书》和《大众科学丛书》。陶行知本人编写了三册科普读物，即《儿童度量衡》《空气的把戏》和《肥皂的把戏》。他在国内建立了一个小型实验室，还经常组织园内人员到小学做玩科学把戏的示范。

为了推动“科学下嫁”，他还在 1932 年 5 月，创办了儿童科学通讯学校。创校的旨趣是依据生活教育思想，补充小学教师、师范生、儿童家长、识字青年和儿童的科学智能。学校办了三四年，参加学习的少年儿童百余人，后因经费困难停办。

陶行知在办儿童科学通讯学校的同时，还为有些不识字或者没有机会上学的人，创办了空中学校。他与上海一家私人广播电台联系，开设讲座节目，每天广播科普知识 20 分钟。

陶行知自九一八事变之前半月开始，到 1932 年 1 月为止，除了开展“科学下嫁”活动外，还以《申报》“自由谈”专栏为阵地，用“不除庭草斋夫”作笔名，连续发表九十几篇文章，其中的绝大多数内容，集中揭露和抨击国民党反动派独裁卖国的罪行，就像投枪匕首一样刺向敌人。

2. 创办工学团。

陶行知在国民党反动政府阻挠下，恢复晓庄学校已经无望，于是他在《古庙敲钟录》教育小说中提出了普及教育的新构想，决心创办工学团。在他看来，“乡村工学团是一个小工场，一个小学校，一个小社会”[①]。乡村工学团实际上是一种把工场、学校、社会打成一片的教育组织，是改造乡村的富有生命力的社会新细胞。它以“工以养生，学以明生，团以保生”为宗旨，对人民大众实施普遍的军事、生产、科学、识字、民权、生育六大训练，以便造就中华民族的健全分子。

1932 年 10 月 1 日，山海工学团正式开学，地址在上海与宝山县交界处的孟家木桥，为总团团部。山海工学团又名私立山海实验乡村学校，因为不称学校，国民党政府就不准注册。同年 11 月立案，马侣贤任团长。至 1935 年 8 月以后，改由张世德（即张劲夫）任团长。山海工学团除总部外，还在周围建有侯家宅（红庙）、沈家楼、萧场、北孙宅、大桥头、赵港巷、郭家桥等工学团。

山海工学团以招收农民子弟为主，招生原则是来者不拒，不来者送上门去。学员由二十几名增至四五十名。上午上普通课，授以国文、算术、自然、历史等课，下午到两节课后参加生产劳动，边劳动边学习。团内举办的生产事业，有木工、藤工、种菜、养鱼、养鸡、养蜂、织布、摇袜等，请师傅作技术指导。每周星期五举行“同乐会”，师生与农友欢聚一堂，开展文娱活动。

山海工学团成立有茶园，每晚农友们到茶园边喝茶边谈心。在侯家宅（红庙）工学团的共和茶园中，儿童团员社健（即张健）经常为农友讲故事，深受欢迎，农友亲切地称呼他为“小先生”[②]。陶行知对于“小先生”这一新生事物极为重视，按照“即知即传”原则，创造了“小先生制”，写了《小先生》等文章，作为普及教育的好方法加以推广。由于“小先生制”适合普及教育的需要，很快就被各团采用。山海工学团是“小先生制”诞生的故乡，它不胫自走，很快在国内二十几个省市普及教育中得到推广，还对东南亚一带普及教育产生很大影响。1936 年春，山海工学团为了提高“小先生”的文化科学知识水平和教学能力，开办了“艺友班”，分甲乙两班，半天学习，半

---

① 华中师范学院教育科学研究所主编：《乡村工学团试验初步计划说明书》，《陶行知全集》第 2 卷，湖南教育出版社 1985 年版，第 593 页。

② 严竟成：《“山海”初期的战斗生活追忆》，《行知研究》1982 年第 6 期，第 35 页。

天工作。

九一八事变后，国难当头，国民党反动派卖国投降并对进步人士加以迫害，促进了陶行知政治思想的进步。他选择协助他办工学团的师生，多半是地下共产党员。像王洞若、张劲夫等，就是中共地下党派他们去协助陶行知办学的。在此期间，陶行知与共产党员是精诚合作的。由于陶行知在政治思想上的进步和中国革命形势发展的需要，他把山海工学团办成了由“上海地下党领导下的一个新民主主义教育的据点”①。这可从下述两个方面得到证明：一是他邀请到山海工学团讲学的几乎都是当时著名的爱国人士和革命者，如钱亦石、邹韬奋、艾思奇、钱俊瑞、李公朴等。此外，田汉到山海工学团拍过电影，冼星海在山海工学团执教，聂耳、张曙等也常来教唱歌曲。二是他准许在山海工学团内建立革命组织。中共地下党在工学团建立的公开革命组织，就有“左翼教育工作者联盟”（简称“教联”）和“中国青年反帝大同盟”（简称“中青”）。这两个革命组织，是中共地下党的外围组织。后来，陶行知发起建立“国难教育社”，就是由“教联”和“青联”合并组成的。一二·九运动后，山海工学团成立了中共地下党团组织，代表上海临时工委领导山海工学团党团组织的是王洞若。由此可见，陶行知与山海工学团中共地下党的关系是非常密切的。

陶行知在办山海工学团的同时，还派出学员办了北新泾晨更工学团、朱家角工学团、报童工学团和流浪儿工学团等。此外，他还热情支持和赞扬于 1932 年 10 月由小孩子自动组织建立的儿童自动学校，称赞说：“有个学校真奇怪，大孩自动教小孩。七十二行皆先生，先生不在如学在。”②

山海工学团因七七抗战爆发，被迫暂时停办。它虽然只办了近五年时间，却为中国革命培养了上百名干部，并教育了周围众多的工农大众，提出了“小先生制”，这是陶行知对中国教育改革、为中国教育探寻生路作出的巨大贡献。

陶行知在办工学团时期，虽在白色恐怖条件下，他却始终站在人民大众和共产党一边，积极从事革命和救亡活动。1932 年冬，他知道晓庄时期

---

① 张健：《山海工学团是党在白区教育的一个据点》，《行知研究》1982 年第 6 期，第 8 页。

② 华中师范学院教育科学研究所主编：《自动学校小影》，《陶行知全集》第 4 卷，湖南教育出版社 1985 年版，第 186 页。

学生刘季平因是中共地下党员被捕，不顾个人安危，千方百计请律师救援，刘季平方免生命危险。1933 年 3 月 14 日，他与蔡元培、叶恭绰、李公朴、陈望道等一百余人，发起纪念马克思逝世五十周年大会①。同年 11 月，在他支持下，由新安小学学生组成的“新安旅行团”，开始到沪参观访问，后来徒步行程五万里，宣传抗日救国斗争。1934 年，他参加了中共领导的外围组织“苏联之友”的秘密集会②。1935 年，中共上海地下党从中央到支部完全被破坏以后，他作为非党共产主义者之一，坚持“宣传共产党的救国主张，宣传共产主义的世界观”③。

(三)推行国难教育和战时教育，出访 26 国，创办中华业余补习学校

1. 积极参加抗日救国斗争，发动国难教育。

一二·九学生爱国运动，有力地推动了全国抗日救亡运动的发展。1935 年 12 月 12 日，陶行知与宋庆龄、沈钧儒、邹韬奋、李公朴等发起组织上海文化界救国会，发表宣言，响应中国共产党“八一宣言”的号召，要求“停止内战，一致抗日”，共赴国难。他将“生活教育社”、“山海工学团”作为团体会员，加入了救国会。他出于爱国的赤诚，自觉地把自己的教育工作与抗日救亡斗争结合起来。1936 年 1 月，他在寒假教师讲习会上，提出了国难教育口号，拟订了国难教育方案。他在《大众的国难教育方案》中，规定国难教育的目标：“甲、推进大众文化。乙、争取中华民族之自由平等。丙、保卫中华民国领土与主权之完整。”④1936 年 1 月 23 日，他发起成立了国难教育社。国难教育社成立时，发表了《国难教育社成立宣言》和拟订了《国难教育社工作大纲》。在宣言中，陶行知和他的志同道合者们，指出：国难教育是民族斗争中最重要的工作，绝不是少数人能够担负起来的，因为抢救中华民族的危亡，是每一个不愿意做亡国奴或汉奸的中国人所应有的责任。他们还认为：“执行国难教育的工作，最主要的，就在暴露并廓清‘奴化教育’和‘买办教育’的理论，就在暴露并廓清一切歪曲事实麻醉大众的

---

① 朱泽甫：《陶行知年谱》，安徽教育出版社 1985 年版，第 230 页。

② 朱泽甫：《陶行知年谱》，安徽教育出版社 1985 年版，第 264 页。

③ 陆定一：《陆定一同志在全国政协五届五次会议中的发言摘要》，《光明日报》1982 年 12 月 10 日。

④ 华中师范学院教育科学研究所主编：《上海文化界救国会国难教育方案》，《陶行知全集》第 3 卷，湖南教育出版社 1985 年版，第 9 页。本篇收入《中国大众教育问题》一书时，改名为《大众的国难教育方案》。

理论，只有这样，我们才能够统一我们的阵营，用同一的步调，向着民族解放斗争的伟大工作迈进。”①在《国难教育社工作大纲》中，拟订了十六项工作要点，其中主要有：开办大众学校、读书会、时事研究会；开办新文字补习班；开办国难教育讲习班；举办军事、防毒救护、运用交通工具等常识技术讲习班；举办国难演讲、旅行演讲；组织巡回电影开映团、演讲团、歌唱团、戏剧团，组织弄堂、马路和乡村等流通图书馆；出版大众社会小丛书、大众自然小丛书，出版大众剧本、诗歌、小说、唱本、连环画等；出版大众国难读本、各级学校国难补充教材等②。陶行知所主持的国难教育社，后来在沪东、沪西和浦东开办了不少工人夜校、识字班和训练班，使国难教育运动不断发展扩大。

2. 从事国民外交，出访 26 国。

1936 年 5 月底到 6 月初，中国各界救国联合会（简称“全救会”），在上海成立，陶行知被选为执行委员。同年 7 月，陶行知应世界新教育会议的邀请，去伦敦参加第七届年会，同时受“全救会”委托，担任“国民外交使节”，出访欧美亚非 26 国，争取侨胞和国际友人支援中国的抗日救国斗争。历时两年零一个月，行程十万八千公里。

陶行知出国时，途经中国香港，与沈钧儒、邹韬奋、章乃器联名发表了《团结御侮的几个基本条件与最低要求》的共同声明，表示赞同中共和红军提出的“停止内战，联合各党各派，共同抗日救国”的主张，鼓舞了全国人民，震动了国内外。中共中央主席毛泽东回信，对他们表示敬意，并愿与之亲密合作③。

陶行知到达欧洲，利用参加各种会议的有利机会，大声疾呼，宣传抗日救国。他在伦敦参加了世界新教育会议第七届年会，后到日内瓦参加了世界青年和平大会，还到布鲁塞尔参加了世界和平大会，并在会上被选为世界和平大会中国执行委员。他到法国、美国等国的许多城市，展开访问、募

---

① 华中师范学院教育科学研究所主编：《国难教育社成立宣言》，《陶行知全集》第 3 卷，湖南教育出版社 1985 年版，第 755 页。

② 华中师范学院教育科学研究所主编：《国难教育社工作大纲》，《陶行知全集》第 3 卷，湖南教育出版社 1985 年版，第 760 页。

③ 毛泽东：《致章乃器、陶行知、沈钧儒、邹韬奋》（1936 年 9 月 18 日），《毛泽东书信选集》，人民出版社 1983 年版，第 63 页。

捐等外交活动，所到之处进行演讲，介绍中国人民的抗日斗争形势，揭露日本帝国主义侵略罪行。可是，就在他出国访问之时，中国“全救会”领导人沈钧儒等“七君子”以“爱国罪”被捕入狱，他在美国联络著名学者杜威、爱因斯坦、孟禄等16人，联名于1937年2月给蒋介石打电报，救援被捕人士。由于陶行知为抗日救国奔走呼号，所以他被国民党反动派视为犯有“危害民国”罪，虽在国外仍然受到通缉。然而，这一切对他的抗日救国外交活动没有丝毫影响，不但如此，他的抗日反蒋斗争意志更加坚强。他为得到国际友人对中国抗日救国活动的支援，于1937年12月发动杜威与甘地、罗曼·罗兰、罗素、爱因斯坦联合发表宣言，支援中国抗战，谴责日本对华侵略。他还在华侨中做团结工作，推动组织华侨救国联合会，支援祖国抗日战争。他在美国发动洗衣馆华侨老板开展抗日救国活动，在洗好的衣服中，放入“请不要购买日本货”小纸片，抵制购买日货，并向华侨动员认购抗日救国公债，效果极好，认购踊跃，几个大城市都达到几百万美元之多。他为用事实说明美国人必须禁运军事物资给日本，曾在1937年11月与爱国华侨胡敦元等一起，组织了一个“中华经济研究社”。根据研究得到的材料，他在1938年5月4日，在洛杉矶5000人集会上大声疾呼：“日本在中国杀死一百万人的时候，有五十四万四千人是美国军火帮助杀死的。”然后他号召：“凡不愿做帮凶的人请站起来！”[①]全场一齐站起，表示禁运决心，这对制止美国向日本运销军事物资起到了重大作用。1938年8月，他访问加拿大，历时一个月，先后在17个大城市发表了抗日救国演讲，他得到华侨的捐赠很多，都汇到了香港保卫中国同盟，还托宋庆龄购买医药用品转交给了在延安的白求恩医疗队[②]。

陶行知在访问26国和两个地区期间，先后三次拜谒马克思墓。1936年10月，他到伦敦，去墓前瞻仰并摄影留念，还写下了一首景仰马克思的诗：“光明照万世，宏论醒天下。‘二四七四八’，小坟葬伟大。”[③]1938年2月，

① 杨明远：《陶行知二十六国行——爱国主义的凯歌》，《行知研究》1983年第9期，第8—9页。

② 杨明远：《陶行知二十六国行——爱国主义的凯歌》，《行知研究》1983年第9期，第8—9页。

③ 华中师范学院教育科学研究所主编：《马克思墓》，《陶行知全集》第4卷，湖南教育出版社1985年版，第414页。注：“二四七四八”，是马克思墓号数。

他与吴玉章一起出席伦敦世界反侵略大会期间，又一同参拜了马克思墓。同年6月，他离美返国，途经伦敦，与返国的留美人员李信慧一道，再次拜谒了马克思墓。可见，他崇敬马克思的感情是非常深厚而真挚的。

3. 提倡战时教育运动，创办中华业余补习学校。

七七事变后，全国抗战开始，陶行知及时地提出将国难教育运动改为战时教育运动。生活教育社同志遵照他提出的战时教育主张，将《生活教育》杂志改版为《战时教育》①。八一三事变以后，山海工学团撤到上海，组织了战时服务团，成立了孩子剧团，为宣传抗日救国奔走。1938年2月12日，抗战教育研究会在武汉成立，负责领导战时教育运动。按照陶行知战时教育思想，提出了“战时教育工作的总路线：(甲)在战时工作的组织中进行教育。(乙)将民众组织起来进行教育”②。

陶行知虽然尚在国外，但很关心国内战时教育运动的发展。他了解到某一大学校长有不知办战时教育之语，还在搞平时教育那一套，在气愤之下，于1938年5月9日写下了《笔伐平时教育》③一诗。后来，他在《桂林战时民众教育工作人员须知》中，不仅引用了这首诗，还对这首诗的含义进行了阐释，认为：“中华民国是我们的妈妈，现在被瘟神危害，我们要救妈妈的教育，不要袖手旁观的教育。”当有人反对开展战时教育时，他明确指出：“有战时的生活便不得没有战时的教育。例如空袭时的生活便须要空袭时之教育。”④在他看来，战时民众教育是“生活为抗战，抗战即生活”，“已知教不知，能者教不能”⑤。

为办好战时民众教育，他提出了五项原则：(一)社会与学校应打成一片，以构成全民抗战之事实；(二)生活与教育联为一气，养成民众战时之生

---

① 华中师范学院教育科学研究所主编：《把战场变作学堂——致白桃、季平》，《陶行知全集》第5卷，湖南教育出版社1985年版，第330页。

② 中华平民教育促进会抗战剧团编辑部：《战时教育》第1卷第1期，中华平民教育促进会抗战剧团1938年版。

③ 华中师范学院教育科学研究所主编：《陶行知全集》第4卷，湖南教育出版社1985年版，第456页。

④ 华中师范学院教育科学研究所主编：《陶行知全集》第3卷，湖南教育出版社1985年版，第299页。

⑤ 华中师范学院教育科学研究所主编：《谈战时民众教育》，《陶行知全集》第3卷，湖南教育出版社1985年版，第252页。

活；(三)节省时间以办战时民众教育；(四)节省经济，以最少数之经费，办多数之学校；(五)即知即传，对于抗战一切问题，以其所知者，即时传达给别人。他认为，战时教育要从岩洞教育入手，在躲避空袭时，在岩洞中讲抗战故事，演戏唱歌，作时事报告等，方法要深入浅出，运用实物说明，总之，“一切教法根据抗战建国之需要”①。

1938年8月30日，陶行知出访归国，途经香港，决心创办中华业余补习学校。抵港的第二天，他发表了归国三愿：一是创办晓庄研究所，二是办难童学校，三是在港创办店员职业补习学校。这第三愿，立刻在港付诸实施，经过筹备后于11月1日开学，陶行知任董事长，吴涵真任校长。

该校开办的目的，在于便利在港失学、失业有意求长进的青年业余学习，提高他们对祖国的热爱情感和抗日战争的认识。每晚上课，一期三个月。

1938年10月1日，陶行知回到武汉，被选为参政会的参政员，同月29日赴渝参加参政会第二次会议。

同年12月15日，生活教育总社在桂林正式成立，2000多人参加，陶行知被选为理事长。

(四)提倡全面教育，创办育才学校

1939年，抗日战争进入全面抗战阶段。他在3月15日于香港中华业余学校演讲时说：“这阶段的战争特征是把战争的形势展开成全面，它已不是点线的战争，而是各方面的全面战争了。”②教育要跟着战争展开而开展，需要进行全面教育。他认为全面教育要包括下述七个方面：

第一，从空间来说，不能只办自己的后方教育，还要把教育扩大到敌人后方去，扩大到全中国、全世界去。

第二，从教育对象说，不只是着重青年教育，而且要顾到老年人和小孩子教育。

第三，要注意到随战争开展而产生的特殊生活，就要有特殊的生活教育，如因抗战有了伤兵，我们就要有伤兵教育；有了难民，就要有难民教育。

---

① 华中师范学院教育科学研究所主编：《桂林战时民众教育工作人员须知》，《陶行知全集》第3卷，湖南教育出版社1985年版，第302页。

② 华中师范学院教育科学研究所主编：《全面抗战与全面教育在香港中华业余学校的演讲》，《陶行知全集》第3卷，湖南教育出版社1985年版，第317页。

第四，全面教育还是跟着老百姓跑，又跟着老百姓教的教育，如老百姓躲避空袭进入山洞，就要开展山洞教育。

第五，全面教育的行为是服务，而服务的行为也就是教育，在帮助老百姓、小孩子中进行以身作则的教育。

第六，全面教育要有高深的研究，也要顾到目前需要的实用技术，既需要用五年或七年去培养高级医生，又要顾到只需训练几个月就可上前线治疗一般如痢疾等疾病和会简易止血、救护伤员的救护医生。

第七，全面教育是穷干而不是浪费干的教育，是合作干而不是分裂干的教育，是快干而不是慢干的教育，是大规模干而不是小规模干的教育，是真干而不是假干的教育。

总之，全面教育是战时教育向深广发展的教育，是为全面抗战服务的全面性的战时教育。

在开展全面教育运动时期，陶行知为实现"办难童学校，收容教养在战争中流离失所的苦难儿童"①，于出国访问之后，在离重庆不远的合川县草街子古圣寺创办了育才学校。他为什么要为难童办育才学校呢？一是他在普及教育运动中，常常发现老百姓中有许多穷苦孩子有特殊才能，只因没有得到培养机会而枯萎了；二是他出访归国，路过长沙、武汉时，看到难童中有一些富有特殊才能的幼苗，需要救护培养，免于枯萎；三是他到重庆保育院参观，听说有不少阔人和教授们去挑选难童做干儿子，他们不管有无才能，只挑选那些面孔漂亮、身材秀美的儿童，给另外一些孩子的心灵上留下了难堪的侮辱。他认为，如果难童中有特殊才能的儿童幼苗，没有得到培养的机会就枯萎了，这是民族的损失，人类的憾事，为了补偿这种缺憾，便产生了创办育才学校的动机②。

1939 年 7 月 20 日，育才学校在重庆北碚借北温泉小学校舍开学，学生有 40 人。7 月 25 日，迁入凤凰山古圣寺，上课后学生增至 71 人。到 1944 年冬，学生达 300 人左右。按照学生的才能和爱好，学校分设音乐、戏剧、绘画、文学、社会、自然科学六个专业组，1944 年又成立了舞蹈组。

---

① 戴伯韬：《陶行知的生平及其学说》，生活·读书·新知联合发行所 1949 年版，第 109 页。

② 华中师范学院教育科学研究所主编：《育才学校创办旨趣》，《陶行知全集》第 3 卷，湖南教育出版社 1985 年版，第 376—379 页。

请来担任各专业组主任的学者专家有：文学组为魏东明(后为艾青)，音乐组为贺绿汀(后为李凌)，绘画组为陈烟桥，戏剧组为章泯，社会组为孙铭勋，自然组为孙锡洪(后为刘博禹)，舞蹈组为戴爱莲。教学以班级授课为主，集体探讨、社会调查为辅。陶行知重视培养学生的创造精神和研究能力。1941 年 9 月，他在育才学校实行"幼年研究生"制，选拔幼年研究生 27 名，取得了良好成果：完成研究报告 10 多种，剧本 4 部，歌曲 27 首，制成科学仪器 30 余种[①]。陶行知创办育才学校，始终得到中国共产党的支持和帮助。协助他办育才学校的中共党员就有：王洞若(研究部主任)、帅昌书(指导部主任)、孙铭勋(社会科学组主任)，还有贺绿汀、魏东明等许多同志。1939 年 9 月，中共南方局选派从延安马列学院毕业的中共党员廖意林到育才学校工作[②]，后任中共育才学校地下党支部书记。1940 年 9 月间，国民党密谋掀起第二次反共高潮，迫害进步人士。为了帮助陶行知作好应变工作，周恩来、邓颖超等在 9 月 23 日专程到陶行知的北碚旧碉堡家中拜访[③]。翌日，周恩来、邓颖超又特地到古圣寺育才学校访问，还在欢迎会上向师生作了重要讲话。可见，陶行知办育才学校是密切与中国共产党合作的。

皖南事变后，由于国民党的经济限制和政治迫害，加上物价飞涨，陶行知所办育才学校，经费到了难以维持的地步。有几位好心朋友劝他丢下育才学校，何必抱着石头游泳呢？他却表示："我不是抱着石头游泳，而是抱着爱人游泳，越游越起劲，要游过急流险滩，达到胜利的彼岸。"[④]他还向全校师生表示：武训是一个乞丐，还创办了三个义塾，要跟武训学，做一个"集体的新武训"。这是他在 1941 年 4 月 6 日的寅会(即早会)上宣布的，于是他决定以 4 月 6 日为"育才兴学节"。

为解决育才学校的经费困难，陶行知提出了开源节流的口号。为了节流，把每天三餐改为早晚两餐稀饭、一小碟蚕豆；中午一餐干饭，两个素菜。对于开源，一是邀请名人进校写字作画义卖；二是派出去义演、办画展，收取门票；三是效法陕北南泥湾垦荒生产，这是他从周恩来派徐冰送给他的

---

① 华中师范学院教育科学研究所主编：《培养人才幼苗的六字诀和十字诀——致赵冕》，《陶行知全集》第 5 卷，湖南教育出版社 1985 年版，第 763 页。

② 吕长春、赵义熙：《育才学校大事纪要》，《行知研究》1984 年第 10 期，第 9 页。

③ 朱泽甫：《陶行知年谱》，安徽教育出版社 1985 年版，第 416 页。

④ 朱泽甫：《陶行知年谱》，安徽教育出版社 1985 年版，第 426 页。

陕北垦荒照片中受到的启发,派学生到澄江镇光铁坡办农场,垦荒三十几亩,种菜种粮自救。陶行知在育才学校,实行生活教育和创造教育,学生学习成绩,出现了奇迹。著名历史学家翦伯赞在育才学校两次系统地讲授过中国通史的课,他有这样的感受和看法:“在这两次讲学中,我发现了陶行知生活教育的奇迹。十几岁的孩子,能够在座谈会上面谈时局,从国内到国际,从政治到军事,明如指掌,能够进行文学创作,能够自编剧本,自己导演;能够自己作曲、作歌;能够写生、速写,能够画出星宿的图谱。”①

陶行知办的育才学校,为民族民主革命培养了大批革命干部,仅在1949年以前输送到延安和各个解放区的毕业生,就达全部学生的三分之一②。其中,徐永培、陈尧楷、徐相应等十几名学生,是在与敌人战斗中牺牲或是从事革命工作被敌人逮捕遭到杀害的烈士。陶行知所办的育才学校是在国统区为民族民主革命培养干部的革命学校。

(五)实行民主教育,创办社会大学

抗日战争胜利后,国内阶级矛盾上升成为了主要矛盾。国民党反动派为了实行一党专政,独霸天下,推行了一条独裁统治的路线,而代表劳苦大众利益的中国共产党,则奉行一条真正民主的革命路线,开展反对独裁统治的民主革命运动。陶行知拥护共产党的主张,站在民主革命运动的前列,无私无畏,奔走呼号。他认为民主是中国的起命仙丹,是精神上的维他命,是政治上的盘尼西林,能够肃清中国的独裁专制病症。根据他的理解,这种真正的民主路线,就是新民主主义路线。他指出:“近人毛泽东先生写的《新民主主义》,和中国民主同盟临时全国代表大会所通过的纲领,都系实现真正民主的路线。”③他为使教育服务于民主革命运动,提出了民主教育运动,以取代他以前主张的战时和全面的教育运动。1945年10月31日,他将《战时教育》改为《民主教育》,并于同年11月1日出版。可见,他提出的民主教育运动,是他探寻新教育生路的一个新的阶段。

陶行知提出的民主教育运动,其民主教育的主要内涵是什么呢?他认

---

① 翦伯赞:《记古圣寺》,《行知研究》1984年第10期,第26页。

② 伍育人:《铁的事实,血的见证》,《陶行知教育思想研究》第2辑,上海市陶行知教育思想研究会1980年12月编印,第63—66页。

③ 华中师范学院教育科学研究所主编:《民主》,《陶行知全集》第3卷,湖南教育出版社1985年版,第567页。

为:"民主教育是人民的教育,人民办的教育,为人民自己的幸福而办的教育。"①在他看来,这种教育"要求教育机会均等",反对国民党一党独裁的"党化教育",是"教人民肃清法西斯细菌,以实现真正的民主"②的教育。他还认为,唯有达到使绝大多数之劳苦大众及其小孩得以享受教育,否则不能算是真正的民主教育。陶行知提倡民主教育,并不是始自于抗日战争胜利以后,而是继承和发扬五四运动的民主与科学精神的一贯主张,作为他反对国民党反动派独裁专制斗争的一个重要组成部分。只是到了抗日战争胜利后,反对国民党反动派独裁专制成为了主要问题,他才相应地提出了民主教育运动,与他以前提出的乡村、普及、国难、战时和全面教育运动相衔接,成为了他生活教育的六大运动之一,而显得格外突出、重要。

怎样实施民主教育,陶行知在 1945 年 5 月就曾拟订并发表了《实施民主教育的提纲》。在这一提纲中,关于实施民主教育方法,他主张运用穷办法。就在这个提纲中,谈到了"增设补习大学及夜大学"③,作为实施民主教育的一项重要措施。

陶行知提出创办重庆社会大学,是在他举办的民主讲座基础上萌发起来的。他为促进当时反对国民党独裁专制和发动内战的民主运动进一步开展,每周星期六在重庆管家巷 28 号育才学校驻渝办事处举办民主讲座,周恩来曾来讲过形势和任务问题。许多来听讲的进步青年,希望能够进一步组织起来,得到系统的学习。青年们的要求,得到了中共中央南方局负责"青运"的刘光支持,派金秀堤等在 1945 年 12 月向陶行知汇报。陶行知当即同意创办一所以培养在业青年为主的文科夜大学,他后来对人说:"我这个计划是已经有了十年,从前未提出来,是因为在那么一个政治的环境里不可能。现在,政协会成功了,而且这一计划也正符合了政协决议中的要求,才试办。"④

---

① 华中师范学院教育科学研究所主编:《民主教育》,《陶行知全集》第 3 卷,湖南教育出版社 1985 年版,第 569 页。

② 华中师范学院教育科学研究所主编:《民主教育》,《陶行知全集》第 3 卷,湖南教育出版社 1985 年版,第 569 页。

③ 华中师范学院教育科学研究所主编:《陶行知全集》第 3 卷,湖南教育出版社 1985 年版,第 544 页。

④ 华中师范学院教育科学研究所主编:《谈社会大学》,《陶行知全集》第 3 卷,湖南教育出版社 1985 年版,第 594—595 页。

社会大学的筹办，是根据陶行知提出的“四自”精神进行的，就是“自己来发起，自己来筹款，自己选校董，自己选校长”。筹备组邀请冯玉祥、张澜、沈钧儒、史良、李公朴等11人为校董，公推冯玉祥为董事长、陶行知为校长、李公朴为副校长兼教务长。由于中国共产党和政协的支持，各界进步人士的襄助，很快聘齐了教授，多半是党内专家学者和社会名流。

其中主要有：吴玉章、郭沫若、翦伯赞、邓初民、华岗、王昆仑、许涤新、侯外庐、沙千里、张友渔、章汉夫、潘菽、艾芜、何思敬、章乃器、宣谛之、孙起孟、田汉、何其芳、胡风、宋云彬、陶行知等，近60名；来作专题报告的还有：秦邦宪、邓发、于怀（乔冠华）、黄齐生、冯玉祥、柳湜、章伯钧、梁漱溟等。当时“社会大学”教师阵营之壮观，实为国内罕见[①]。

社会大学在1946年1月15日于重庆管家巷28号开学。冯玉祥、张澜、沈钧儒、史良、饶国模等董事参加了开学典礼并讲了话，周恩来莅临。社会大学是陶行知在党的支持和帮助下创办的一所新式的革命大学，是他生活教育理论又一次创造性的实践。这所大学是夜大学，为帮助在业青年有志于业余进修、系统学习革命理论而设，它与推进民主教育运动紧密结合。

社会大学以四个月为一学期，一年三个学期，二年八个月结业。第一期设有政治、文学、教育和新闻四个系。学员有197人（其中女生67名）。

社会大学的办学宗旨，是陶行知所理解的新的大学之道：“在明民德，在亲民，在止于人民之幸福。”[②]根据这种教育宗旨，社会大学以人格教育、知识教育、组织教育、技术教育四项作为教育方针。人格教育是四项教育的核心，目的在于培养正确的宇宙观和革命的人生观[③]。

陶行知在创办社会大学过程中，存在着尖锐的斗争，遭到国民党反动派的蓄意破坏。开学只有一个月，国民党政府就训令重庆市教育局对社会大学进行“观察”。他们探查到社会大学学生在震惊中外的“较场口事件”

---

① 昆明社会大学教务处主编：《社会大学大事纪略》，《社会大学1946—1985纪念》，昆明北门出版社1984年版，第88页。

② 华中师范学院教育科学研究所主编：《社会大学运动》，《陶行知全集》第3卷，湖南教育出版社1985年版，第586页。

③ 昆明社会大学教务处主编：《社会大学的创办经过和它的实践》，《社会大学1946—1985纪念》，昆明北门出版社1984年版，第29页。

中担任了政协代表和民主人士的安全保卫等工作，并在事件后参加了后援会等情况后，故意对社会大学百般挑剔，扬言不够三个学院不能称大学，又以无立案手续、设备简陋为由，肆意要停办社会大学。陶行知对于挑剔者予以严词驳斥："'简'则有之，我们承认。只有'简'才容易行。特别是在中国，不需要洋房、基金、立案之类的东西，需要的是新的大学之道。"然后，他还指出："说我们'陋'则不同意。《陋室铭》说，君子居之，何陋之有？我们'社会大学'有热心的教授，有好学的青年，有新的大学之道，君子办之，何陋之有？"①陶行知就这样大义凛然地驳倒了挑剔者们的谬论，戳穿了国民党政府要停办社会大学的阴谋，使社会大学沿着新的大学之道胜利前进！

1946 年 4 月 29 日晚，社会大学举行第一期放学（即结业）典礼。到 4 月中旬，陶行知在社会大学培养的学生，相继去沪、宁、汉、平、粤等地，从事民主革命运动；其中有些奔赴延安、苏北、华北、东北等解放区，投身于人民解放战争。

1946 年 4 月 11 日，陶行知为筹办上海社会大学和育才学校迁校，由重庆飞往南京。重庆社会大学虽然仍续办一段时期，终因国民党反动派不容，仅办了两期，在 1947 年 3 月 1 日被国民党政府查封。

陶行知为中国教育探寻生路，勇于开拓，历尽艰辛，先后开展了乡村、普及、国难、战时、全面和民主等六大教育运动，创办了晓庄师范、山海工学团、中华业余学校、育才学校和重庆社会大学，创立了生活教育学说，为中国新教育奠立了基石。

四、民主战士的最后呐喊

陶行知在 30 年代初，由于反对国民党反动派独裁卖国，支持晓庄学校师生反帝爱国民主斗争，遭到了国民党政府的通缉。30 年代中期，为抗日救国，出访 26 国，营救被捕的"七君子"，虽身在国外，又遭到国民党政府的通缉。陶行知在爱国民主运动中，屡遭国民党反动派的威胁和迫害，得到中国共产党的支持和帮助，使他从一位爱国主义者逐渐成为了一位民主革命战士、共产主义者。1944 年 10 月，他参加了刚组建的中国民主同盟，次

---

① 昆明社会大学教务处主编：《社会大学大事记略》，《社会大学 1946—1985 纪念》（附一），昆明北门出版社 1984 年版，第 91 页。

年被选为中央常务委员会委员兼教育委员会主任，主办《民主》星期刊。

陶行知对中国共产党的感情深厚，对中共领导人非常敬佩和信赖。在抗日战争期间，每当国内形势发生突然变化之时，他为了明确前进的方向，经常到中共中央中南局重庆驻地向周恩来请教。有时为了对付国民党特务的监视，还让夫人吴树琴陪同他一起到曾家岩“周公馆”。有一次，他深有感触地对夫人说：“去时腹中空，回时力无穷。”[①]抗战胜利后，为了防止内战，实现和平建国，毛泽东率领中共中央代表团，到重庆同国民党谈判。陶行知作为人民团体的代表，在谈判期间，曾多次受到毛泽东的接见。10月11日，当毛泽东飞返延安时，他带领育才学校师生到机场欢送，并在机场与毛泽东合影留念，此举充分表明了他对中国共产党的深情厚谊。陶行知在争取和平、反对内战、争取民主、反对专制的斗争中，是立场坚定、爱憎分明的。当他看出，《双十协定》墨迹未干，而国民党反动派就肆意撕毁协定，压制民主，发动内战，就立即投入维护协定，反对破坏和谈的斗争。他以诗歌为武器，在1945年10月写出《立刻停止内战》一诗，严厉指出：“老板应该有主张：立刻停止放枪”，“谁再放第一枪，便是内战罪犯。还要实行民主，团结才有保障”[②]。11月1日，又写出《民主》一文，为了反对假民主，特别指出什么是真正民主，认为真正民主要包含政治民主、经济民主、文化民主、社会民主和国际民主诸方面。他在文章最后喊出：“民主第一，人民万岁！”[③]

陶行知为争取和平，制止内战，面对国民党特务的暴行，毫无畏惧，视死如归。1945年12月1日，昆明的大中学生举行了反内战的大示威游行，国民党反动派竟出动大批军警镇压手无寸铁的学生，打死四人，打伤十余人，造成了轰动全国的昆明“一二·一”流血惨案。陶行知于12月7日写出《昆明因反内战被杀》一诗，其中写道：“流反内战血！学生在流血！先生在流血！人民在流血！流吧！流成血的鸿沟，满鸿沟是血，使内战魔渡不过去，叫中国不致毁灭。”[④]12月9日，重庆市各界人士举行了“陪都公祭

---

① 吴树琴：《周总理对陶行知先生的关怀》，《行知研究》1980年第1期，第12页。

② 华中师范学院教育科学研究所主编：《陶行知全集》第4卷，湖南教育出版社1985年版，第666页。

③ 华中师范学院教育科学研究所主编：《陶行知全集》第3卷，湖南教育出版社1985年版，第568页。

④ 华中师范学院教育科学研究所主编：《陶行知全集》第4卷，湖南教育出版社1985年版，第674页。

‘一二·一’死难烈士大会”。在这天的育才学校寅(早)会上,他悲愤地向师生讲了话,控诉了国民党反动派制造流血惨案的暴行,并坚定地向师生宣布:今天是陪都公祭昆明“一二·一”死难烈士的日子,我要去参加祭礼的。我于昨晚,就把我的破布烂梅花诗稿整理好了。于是他表示:“我是可以交待了。无顾虑的去参加祭礼了,参加是危险的,我是要去参加的。”①同一天,他从重庆育才学校办事处给住在北碚的夫人留下了遗嘱信:“我现在拿着昨晚编好的诗歌全集,去交给冯亦代先生出版,然后再到长安寺去祭昆明反内战被害烈士。也许我们不能再见面。这样的去,是不会有痛苦,望你不要悲伤。”②12月11日,又给他夫人写一信,其中说:“九日写一遗嘱与您”,又说:“这次我预备死而不死,今后尚有为民族、人类服务之机会。”③他深信,这是真正的幸福,而且要为之加倍努力,不负于这种幸福。从他对育才学校师生的讲话和给夫人的遗嘱信中,我们可以看出他为制止内战、争取民主,表现出的一位民主战士将生死置之度外的气概。

陶行知为促进开好有利于实现和平、民主的政治协商会议,不顾个人安危,全力以赴。在会议开幕前夕,他满怀希望写了《新年的希望》一诗,欢迎和平年来到,欢迎民主年来到,欢迎联合政府年来到④。当1946年1月开会期间,他为促进将政治协商会议开好,与李公朴等组织民主协进会,在重庆沧白堂举行民主讲座,每晚请会议参加者报告政协讨论情况。育才学校、社会大学师生成批到此听讲,而国民党特务却常来骚扰会场。2月1日,特务公然向主席台扔石头,打伤讲演者和听众多人。陶行知组织育才学校、社会大学师生,保护中共代表王若飞和民主人士。第二天,他写出《大闹沧白堂有感》一诗,愤怒地呐喊:“主人要谈话,公仆捧石头;纵被石打死,死也争自由。”⑤2月10日,因政协通过了有利于和平、民主的协议,重

---

① 方与严:《人民教育家与大众诗人·序言》,教育出版社1950年版。

② 华中师范学院教育科学研究所主编:《视死如归——致吴树琴》,《陶行知全集》第5卷,湖南教育出版社1985年版,第936页。

③ 华中师范学院教育科学研究所主编:《预备死而不死——致吴树琴》,《陶行知全集》第5卷,湖南教育出版社1985年版,第937页。

④ 华中师范学院教育科学研究所主编:《陶行知全集》第4卷,湖南教育出版社1985年版,第691页。

⑤ 华中师范学院教育科学研究所主编:《陶行知全集》第4卷,湖南教育出版社1985年版,第719页。

庆市各界群众数万人在较场口举行庆祝政协胜利闭幕大会。陶行知组织育才学校、社会大学师生百余人参加大会，他被选为大会主席团成员之一。庆祝大会刚开始，即遭到军警特务破坏，他们大打出手，致使郭沫若、李公朴等以及育才学校、社会大会师生多人被打伤。“较场口事件”暴露了国民党反动派坚持独裁制造内战的反动面目。他从这一事件中，明白了一个革命道理：民主是需要用血和生命去争取才会得来的。

陶行知在为和平民主而斗争的过程中感到，取得中国共产党的支持和帮助，是非常重要的，所以，他在后期，随时不忘与党组织联系。1946 年 4 月18 日陶行知由重庆回到上海，中共地下党即与之取得了联系，并派方友竹（方明）帮助他工作。在上海市地下党安排下，陶行知与周恩来见了面。五月初，陶行知与夫人一起去南京，特到梅园看望了周恩来。周恩来向他们介绍了当时的形势和发展前途，还嘱咐他们临走时要注意后面的“尾巴”①（跟踪特务）。

陶行知回到上海，把推进民主革命运动作为他的主要任务。他认为，政治不民主，什么都谈不到。他日夜忙着讲演，为推进和平民主运动奔走呼号。6 月 8 日，陶行知与上海文化界马叙伦、马寅初、周建人、茅盾、巴金、章乃器等 164 人联名致书蒋介石、马歇尔等，反对内战，呼吁和平。同月 21 日，大同大学召开反内战要和平大会，陶行知与吴晗应邀演讲。特务呼喊反动口号进行捣乱，并切断了扩音器电源。陶行知利用喊口号间歇，讲完预定内容，使特务黔驴技穷。6 月 23 日，上海十万人在北站广场，举行欢送上海各界争取和平、反对内战请愿团马叙伦等 11 位代表到南京请愿，陶行知在大会上发表演讲，大声呼吁“八天的和平太短了，我们需要永久的和平！假装的民主太丑了，我们需要真正的民主！我们要用人民的力量，制止战争，争取永久的和平！我们要用人民的力量，反对独裁，争取真正的民主”②！当时特务挑衅，企图制造流血惨案，只因十万群众严加防范，未能得逞；特务终于在南京下关车站，殴伤代表，制造了“下关事件”，并进行歪曲事实真相的报道。6 月 26 日，陶行知代表上海 54 个反内战团体举行答中外记者招待会，揭露国民党反动派制造南京下关血案暴行，要求

① 吴树琴：《周总理对陶行知先生的关怀》，《行知研究》1980 年第 1 期，第 13 页。

② 冯皓：《回忆陶行知先生》，上海陶行知教育思想研究会编：《陶行知教育思想研究》，1980 年第 1 辑。

美军立即撤离中国，美国应停止对中国反动政府的一切援助。陶行知回到上海，不到一百天中，就以“反内战，要民主”为内容，演讲一百多次。

国民党反动派对于民主战士陶行知的正义呐喊，恨之入骨，暗伏杀机。当 1946 年 7 月中旬，传来了李公朴、闻一多先后在昆明遭到国民党特务暗杀的噩耗，陶行知非常悲痛，写下了《追思李公朴先生》一诗，指出：“杀你的人是杀民主，杀和平，杀害中华民族的生存。”还表示：“和平最急！民主第一！我们要做到安居乐业，人民万岁，追悼才算完毕！”[①]这时，陶行知已知他被国民党特务列在暗杀黑名单上的第三名，当了“黑榜探花”，随时有遇害的可能。郭沫若、翦伯赞等劝他要注意安全，陈家康还特地到他住所忠告他：“你们的门前，目前就有特务监视着，最好暂时不住这里，并须提防无声手枪。”他斩钉截铁地回答：“我等着第三枪！”这表现出他为民主革命而视死如归的大无畏精神。他为摆脱特务监视，从胜利饭店迁到朋友家里住。

他深知处境危险，更加努力为争取和平民主大声疾呼，夜晚整理诗稿，随时准备就义。7 月 16 日，他写了具有遗嘱性质的《致育才学校全体师生》的信，表示：“公朴去了，昨今两天有两方面的朋友向我报告不好的消息。如果消息确实，我会很快地结束我的生命。深信我的生命的结束，不会是育才和生活教育社之结束。我提议为民主死了一个就要加紧感召一万个人来顶补，这死了一百个就是一百万人，死了一千个就是一千万个人。”[②]这位民主革命家、教育家，最终因为受刺激过深，劳累过度，在 7 月 25 日，突患脑溢血逝世，终年 55 岁。

周恩来获悉陶行知病逝的噩耗，即赶去向其遗体告别，并给中共中央发了电报，指出：“十年来，陶先生一直跟着以毛泽东同志为代表的党的正确路线走，是一个无保留追随党的党外布尔什维克。”

紧接着，周恩来指出：“假使陶先生临终能说话，我相信他必继韬奋之后请求入党。”[③]

---

① 华中师范学院教育科学研究所主编：《陶行知全集》第 4 卷，湖南教育出版社 1985 年版，第 743 页。

② 华中师范学院教育科学研究所主编：《陶行知全集》第 5 卷，湖南教育出版社 1985 年版，第 965 页。

③ 周恩来：《对进步朋友应多加关照》（一九四六年七月二十五日），《周恩来选集》上卷，人民出版社 1997 年版，第 238 页。

8月11日，延安各界代表两千余人举行陶行知先生追悼会，毛泽东题写挽词："痛悼伟大的人民教育家陶行知先生千古。"陆定一代表中共中央追悼陶行知时指出："陶行知所走的道路，是正确的，这正是伟大的民主主义者像鲁迅先生、邹韬奋先生等所走的同样的道路。"①

1986年10月，江泽民在中国陶行知研究会、基金会在沪纪念陶行知诞辰95周年大会上讲话说："陶行知的一生，是由卓越的民主主义战士进而成为伟大的共产主义战士的典型，是中国进步知识分子的典型。"最后，他号召与会者："今天我们纪念陶行知先生，就要学习他振兴中华、追求真理、献身人民的精神，投身于两个文明的建设，为全国的社会主义现代化建设贡献力量。"②

第二节　陶行知教育实践的主要特点

一、教育始终为政治斗争服务

陶行知教育实践的主要特点之一，就是教育与政治斗争相配合，为政治斗争服务。回顾陶行知一生，透过他的教育实践活动，可以清楚地看出他把教育服务于政治斗争这条红线，贯彻于始终。他在早期开展平民教育活动，之所以那样热心，连过年都不回家，这是因为他胸中怀有一个伟大的理想，要通过推行平民教育，使全国人民都能受到教育，把横的阶级、纵的阶级都打通，"要用四通八达的教育，来创造一个四通八达的社会"③。1927年后，他提倡生活教育运动，随着革命形势变化，他为把生活教育配合政治斗争，体现政治斗争发展不同阶段的特殊性，先后提倡了六大教育运动，即：乡村、普及、国难、战时、全面和民主等教育运动。抗战以后，为使生活教育运动配合民族民主革命斗争，他变换教育的服务目标和内容就最为明显。九一八和一·二八事变以后，他认为当时的政治中心是国难当

① 陆定一：《悼人民教育家陶行知先生》，《陶行知先生四周年祭》上集，新北京出版社1950年版，第6页。

② 江泽民：《中国进步知识分子的典型》，《教工》1987年第1期。

③ 华中师范学院教育科学研究所主编：《陶行知全集》第5卷，湖南教育出版社1985年版，第55页。

头，要救亡图存，于是他推行国难教育；七七事变后，他为了生活教育能与抗战紧密配合，又及时地推行了战时教育；抗战后期进入到全面抗战时期，他又将战时教育改为全面教育；到抗战胜利后，为反对国民党专制独裁，开展了民主运动，他又与之相适应，将全面教育改成为民主教育。他不仅倡导教育运动是如此，而且在办学活动中，也同样将学校教育始终服务于政治斗争。他创办晓庄师范，是为了培养向着农民“烧心香”的改造社会的乡村教师、教员，并且在办学过程中支持师生民主革命活动和反对帝国主义斗争；他创办山海工学团是为中华民族寻找救命圈，最后办成了党在白区教育的一个革命据点；他创办育才学校，旨在培养难童中有特殊才能的幼苗不致枯萎，最后把育才学校办成为一所为民主革命输送人才的革命阵地；他办重庆社会大学旨在让在职青年系统学习革命理论，最后办成了为党造就革命人才的摇篮。

陶行知办教育为什么能始终与政治斗争结合、为政治斗争服务呢？这是因为他对文化教育与政治斗争的关系，有着正确认识的结果。人们的行动，是受着思想认识所支配的。他早在金陵大学所写毕业论文《共和精义》中，就已认识到教育与政治存在着不可分割的关系，他指出：“党见，非教育不除；精忠，非教育不出。教育良，则伪领袖不期消而消，真领袖不期出而出。”他特别重视教育对建设共和国的重要作用，他肯定说：“教育实建设共和最要之手续，舍教育则共和之险不可避，共和之国不可建，即建亦必终归于劣败。”[①]到1927年，他论述《晓庄试验乡村师范学校创校概况》时，则认为：“惟既有国民政治上的革命，同时还须有教育上的革命。政治与教育原是不能分离的，二者能同时并进，同时革新，国民革命才有基础和成功的希望。”[②]在一二·九运动以后，他更进一步认识到：“教育没有独立的生命，它是以民族的生命为生命。唯有以民族的生命为生命的教育，才算是我们的教育。”[③]在此期间，他在《文化解放》一文中，还深刻地阐述了文化教育

① 华中师范学院教育科学研究所主编：《陶行知全集》第1卷，湖南教育出版社1984年版，第51页。

② 华中师范学院教育科学研究所主编：《陶行知全集》第2卷，湖南教育出版社1985年版，第17页。

③ 华中师范学院教育科学研究所主编：《国难教育方案之特质》，《陶行知全集》第3卷，湖南教育出版社1985年版，第19页。

与政治的辩证统一关系。他首先肯定,大众文化教育的普及是要等到整个政治变成大众的政治;然后他又认为,大众的政治绝不是凭空从天上掉下来的,而是要靠着大众继续不断奋斗才能实现,但是"这奋斗是要运用文化的武器以转变大众的思想才能保证胜利"①。

到 1939 年 3 月所写《告生活教育社同志书》中,他就更加明确地指出:教育是政治斗争的工具,他说:"教育不是玩具,不是装饰品,不是升官发财的媒介。教育是一种武器,是民族、人类解放的武器。"②可见,让教育始终为政治斗争服务,是陶行知教育思想和教育实践的一个重要特点。

二、教育与生活的紧密结合

陶行知教育活动的主要特点之二,就是他重视教育与生活的紧密结合。在他看来,人的生活本身,就有教育的作用。他在《生活教育之特质》一文中,指出:"生活与生活一磨擦便立刻起教育的作用。磨擦者与被磨擦者都起了变化,便都受了教育。"他认为,传统教育的最大的弊病是教育与生活的脱离,使学生读死书、死读书、读书死,而他为克服传统教育弊病提出的生活教育,就是使教育与生活紧密结合,让学生读活书、活读书、读书活。所以,把旧教育看成是死教育,就是脱离生活的教育,而把生活教育名之为活教育,就是同生活密切联系的教育。他要求教育要与真的生活相结合,而不是同假的生活相结合。他认为美国杜威主张"教育即生活",还只是把社会生活引入学校,仍然是鸟笼式的生活,绝不是自然与社会的真生活。他说:"鸟笼毕竟还是鸟笼,决不是鸟的世界。"③他主张把鸟放到树林中去过真正的自然生活。因此,他要求打破鸟笼,拆除学校围墙,过真正的生活,提出了"生活即教育"。他主张过什么生活,就进行什么教育。教育也只有通过生活来进行,在生活中进行教育。

---

① 华中师范学院教育科学研究所主编:《陶行知全集》第 3 卷,湖南教育出版社 1985 年版,第 76 页。

② 华中师范学院教育科学研究所主编:《陶行知全集》第 3 卷,湖南教育出版社 1985 年版,第 338 页。

③ 华中师范学院教育科学研究所主编:《生活教育》,《陶行知全集》第 2 卷,湖南教育出版社 1985 年版,第 633 页。

生活教育，主要过哪些生活呢？他创办晓庄师范学校，提出的生活主要是：健康的生活、劳动的生活、科学的生活、艺术的生活、改造社会的生活。晓庄师范学校学生，说他们在晓庄学校学习，也可说在晓庄过上述的生活，是通过在生活中的教学做进行学习。因此，这所学校与传统学校不同，既无围墙，也无上下课制度。一天的教学从生活开始，按照学习计划，在指导员指导下，有计划、有组织地过学校生活：有的下田耕耘，有的上山砍柴；有的到图书馆（书呆子莫来馆）读书和研究，有的到大礼堂（犁宫）听讲；有的在办公室中办公，有的到中心小学上课；有的到茶园读报、讲故事，有的演戏或绘画。总之，使教育与生活结合在一起，通过教学做合一方法进行生活教育。

教育与生活紧密结合，是陶行知一贯的教育主张和教育实践。譬如，他办的山海工学团，是工场、学校、社会打成一片的教育组织，学生一边读书，一边过劳动生活，进行军事、生产、科学、识字、民权、生育六大训练，使教育与生活、劳动紧密相结合。又譬如，他办育才学校，虽然重视了普通知识和专业技能的学习，但仍注意教育与集体生活相结合，让学生在集体中过集体生活、过文化生活、过康乐生活、过卫生生活、过服务生活、过劳动生活。让学生参加一切力所能及的劳动，诸如帮厨、背米、种菜、养猪等，通过生活、在生活中接受生活教育。总之，教育与生活紧密结合，是陶行知生活教育实践的另一个重要特点。

三、走中国化的办学道路

陶行知教育实践的主要特点之三，是从中国的教育实际出发，走中国化的办学道路。他在《〈中国教育改造〉序言》中，曾下了这样的决心：“凡是为外国教育制度拉洋车的文字一概删除不留，所留的都是我所体验出来的。”这既是他选择教育文章的原则，也是他办学所采取的方针。

陶行知从爱国主义出发，通过他早年开展平民教育的实践和教育调查，他发现中国教育最主要的弊病是“沿袭陈法”和“仪型他国”。“沿袭陈法”就是推行传统教育，“仪型他国”就是照搬照抄的洋化教育。在他看来，传统教育是“老八股”，洋化教育是“洋八股”，两者虽有土与洋的区别，但本质都是相同的，都是“八股教育”，也就都是脱离中国教育实际、脱离民众生活的教育。正如他在《生活工具主义之教育》中所说：“‘老八股’与民众生活无关，‘洋八股’依然与民众生活无关。”[①]这种“八股教育”给予青少年唯一的东西是脱离中国生活实际的书本知识；它所培养出来的学生，是不懂人民疾苦、不事生产劳动的书呆子；这种教育，在农村使富的变穷，穷的变得更穷。他认为中国教育必须进行根本改造，因为中国教育已经到了山穷水尽的关头，必须寻找一条生路。他一生在为中国教育寻找生路的过程中，既反对“沿袭陈法”，也反对“仪型他国”，走的是中国化的办学道路。

陶行知走中国化的办学道路，在办学过程中，从教育内容到组织形式，既不“沿袭陈法”，也不“照搬外国”，是从中国教育实际出发，根据中国劳苦大众的需要，创造性地办学，具有中国的特色。他创办晓庄师范，是他走中国化办学道路的最好说明。他采取师生边劳动建校边开学，入学考试不仅考知识，还破天荒地让考生开垦一小块荒地才算合格。学生入学后，采取教学做合一方法，不仅学习，还要做事，还要教中心小学课程，过健康的、劳动的、科学的、艺术的和改造社会的生活，主张手脑双挥，实行又劳力又劳心，在劳力上劳心。学校既无大门，又无围墙，使它与社会相沟通，经常与劳苦大众接触。正如他在《诗的学校》中所描写的那样：“宇宙为学校，自然是吾师。众生皆同学，书呆不在兹。”他为创办这种具有中国特点的学校，不怕别人说三道四，而认为没有照搬照抄就好。所以，他在诗中还说：“谁说非学校？就算非学校。依样画葫芦，未免太无聊！”[②]

陶行知不但不照抄照搬传统教育，并能创造性地利用传统教育的文化内容，增强他在教育思想中的中华民族传统文化风格，有助于走中国化的办学道路。他对中国儒学经典，不但没有全盘否定，还加以改造利用。他巧妙地利用了《大学》中的章句，将“大学之道，在明明德，在亲民，在止于至善”，取其形式，去掉封建内容，加入了为人民服务的思想，改造成为“大学之道：在明民德，在亲民，在止于人民之幸福”[③]。他对《孟子》中的“富贵不

① 华中师范学院教育科学研究所主编：《陶行知全集》第 2 卷，湖南教育出版社 1985 年版，第 76 页。

② 华中师范学院教育科学研究所主编：《陶行知全集》第 4 卷，湖南教育出版社 1985 年版，第 115—117 页。

③ 华中师范学院教育科学研究所主编：《社会大学运动》，《陶行知全集》第 3 卷，湖南教育出版社 1985 年版，第 586 页。

能淫，贫贱不能移，威武不能屈”给予了新的解释，还加上了“美人不能动”[1]一句。他这样创造性地利用传统文化之处很多，这并不是偶然的，是与他怀有改造利用传统文化思想所分不开的。众所周知，陶行知是反对传统教育和洋化教育的旗手，但他反对的是照抄照搬的“八股教育”，而他并不反对改造利用优秀的文化教育历史遗产，他主张：“必须通过现生活，从现生活中滤下来，才有指导生活的作用。”[2]他在《告生活教育同志书》中，就曾这样说过，“反洋化教育的用意并不是反对外来的知识”，“反传统教育也不是反对固有的优点”[3]。他的目的在于走中国化的办学道路，建立争取自由平等的教育理论方法。

陶行知在《教育改进》一文中认为，“从外国贩来整套之理想与制度不能适合国情，不能消化”[4]，他从中国教育实际出发谋求改进。他走中国化的办学道路，创造出来适合中国劳苦大众及其子女便于受教的教学体制和教育制度。

从教育制度来看，他发现了适合中国国情的多轨学制。他的多轨学制，便于中国劳苦大众及其子女受教，并可依据受教育的才能差异，学习进度快慢，可以随时换轨。这在小学的体制中，表现最为明显。他在《中国普及教育方案商讨》一文中，提出：“小学校或全日，或半日，或二小时，或一小时，依据各地情形而定，不拘一法。”[5]他提倡多轨制，还体现在他办学的多层次、多种形式上。从他自己所办学校来看，就有各级各类的学校，这里有幼稚园、中心小学、劳山中学、安徽公学、育才学校、社会大学，可以说从幼稚园到大学都有，另外还办有晓庄师范、山海工学团、儿童科学通讯学校，可以说，不仅有普通教育，还有师范教育、职业教育、社会教育等。在他的

---

① 华中师范学院教育科学研究所主编：《为民主斗争前仆后继——致育才同学会上海分会全体同学》，《陶行知全集》第 5 卷，湖南教育出版社 1985 年版，第 964 页。

② 华中师范学院教育科学研究所主编：《生活教育之特质》，《陶行知全集》第 3 卷，湖南教育出版社 1985 年版，第 27 页。

③ 华中师范学院教育科学研究所主编：《陶行知全集》第 3 卷，湖南教育出版社 1985 年版，第 338 页。

④ 华中师范学院教育科学研究所主编：《陶行知全集》第 2 卷，湖南教育出版社 1985 年版，第 225 页。

⑤ 华中师范学院教育科学研究所主编：《陶行知全集》第 2 卷，湖南教育出版社 1985 年版，第 809 页。

思想中，非常重视称之为“文化细胞”的“工学团”，让工厂（农场）、商店、街道都办成工学团，形成文化网，建设成为文化新村。他的中心思想，是要在中国这个大而贫的国度里，找到用穷办法普及教育之路。他开拓的多轨学制，是走中国化办学道路的可喜成果。

四、诚心诚意地为劳苦大众服务

陶行知教育实践的主要特点之四，是他诚心诚意地为中国劳苦大众服务。他一心为劳苦大众及其子女办学，是引导他不断前进的原动力。他幼年时，家境清寒，尝过上学难的滋味，深知劳苦大众及其子女求学之不易。他从救民、为民的思想出发，一心为劳苦大众及其子女办学。郭沫若在《〈行知诗歌集〉校后记》中，赞扬陶行知说：“他的人民意识觉醒得比任何人快而且彻底。”[①]茅盾于纪念文章《在人民的立场》中认为：“他的教育理论在我看来，可以用一句话来概括：适应人民的要求而又提高人民的要求”，而“晓庄师范、山海工学团、育才学校，都是陶先生实验他的理论的事业”[②]。

陶行知办学的根本原则之一，就是人民第一，人民至上，为人民服务。他留美归国的志愿，就是让中国人民都能受到教育。他已身为大学教授，但却热衷于从事平民教育。当他知道作为平民中百分之八十的农民住在乡村里时，他宁可不当大学教授，到乡下去办晓庄师范，为改造中国农村，向农民“烧心香”，为农村培养有科学的头脑、有农民的身手、立志改造社会的乡村教师。办晓庄师范受阻，他并未灰心，继续进行试验，创办了山海工学团。抗战爆发，他为使难童中有特殊才能的幼苗不致枯萎，办起育才学校。他后来又创办了重庆社会大学，就是想采取业余进修办法，让那些不能脱离工作岗位而又想继续学习的贫困青年得到学习的机会。他办大学的目的，就是“在明民德，在亲民，在止于人民之幸福”[③]。他在《新闻大学》中祝贺《新华日报》有为人民办学思想，也正是他的自我写照：“跟人民学习，向人民报告，为人民服务，代人民呼号，教人民进步，作人民响导，这就

---

① 华中师范学院教育科学研究所主编：《陶行知全集》第 4 卷，湖南教育出版社 1985 年版，第 820 页。

② 生活教育社：《陶行知先生四周年祭》，新北京出版社 1950 年版，第 68 页。

③ 华中师范学院教育科学研究所主编：《社会大学运动》，《陶行知全集》第 3 卷，湖南教育出版社 1985 年版，第 586 页。

成了人民大学校。”[①]陶行知认为，想要教人民进步，作人民的响导，教育者必须首先受教育，拜人民为老师，虚心向人民学习。他的名言是：“民之所好好之。民之所恶恶之。教人民进步者，拜人民为老师。”[②]他以人民的好恶，作为自己办学应遵循的准绳。他一生为人民利益而奋斗，用自己的心血谱写一曲为人民的史诗。他要求教师向人民学习，要诚心诚意地从各个方面学习，要学习人民的思想感情，学习人民的道德修养，甚至要学习人民的语言。

总之，陶行知诚心诚意向人民学习、为人民服务、为人民办学的精神，是他教育实践的重要特点，他确实是一位伟大的人民教育家，人民大众的导师。

① 华中师范学院教育科学研究所主编：《陶行知全集》第 4 卷，湖南教育出版社 1985 年版，第 708 页。

② 华中师范学院教育科学研究所主编：《民之所好三首》，《陶行知全集》第 4 卷，湖南教育出版社 1985 年版，第 660 页。

第二章　陶行知教育学说的形成

陶行知教育学说，主要指的是他所创立的生活教育理论体系。这一理论体系的发展轨迹是："教学做合一"思想的提出，到"生活即教育"、"社会即学校"理论的确立。早在1918年，陶行知就有了生活教育的主张，1919年发表了《教学合一》一文，1922年，形成了教学做合一的教育概念，1925年在一次演讲中明确提出了教学做合一原理。1927年创办晓庄师范学校以后，经过试验，将"教学做合一"与"生活即教育"、"社会即学校"结合成为一个完整的理论体系。生活教育理论的形成，是陶行知执著试验，披荆斩棘，勇于创造，开拓新路的结晶。

陶行知生活教育学说，是中国近现代教育史上具有国际影响的重要教育原理。它作为社会现象，其形成绝非偶然，不但有其社会历史条件，而且有它自身发展的理论来源和思想基础。

第一节　生活教育产生的社会历史条件

一、爱国救亡和民主革命是近现代中国的历史主题

鸦片战争以后，中国沦为半殖民地半封建社会。从此，中国人民遭受着封建专制王朝和资本主义列强的双重剥削和压迫。反帝反封建是时代的任务，爱国救亡和民主革命是历史的主题。

鸦片战争乃至太平天国革命、中法战争，都是在陶行知诞生前发生的。中日甲午战争、戊戌变法以及义和团反帝爱国运动，发生在陶行知的幼年时代。尽管如此，这些重大的历史事件，对陶行知爱国救亡思想的形成，不会没有影响。随着年龄的增长，陶行知逐渐认识到：中华民族越是处于危难的时刻，就越会激发出一种强烈的、不可抗拒的爱国救亡的力量。与此同时，历史还告诉他：清政府腐朽无能，丧权辱国，与帝国主义侵略者相勾结，狼狈为奸，封建统治者与帝国主义侵略者都是中国人民的敌人。反帝

必须反封建，爱国必须起来革命。

辛亥革命对陶行知有着重大影响，使他受到了民主革命的洗礼。他当时正在金陵大学学习，是他的世界观形成的时期。他热情地欢迎了这场资产阶级革命派以暴力为手段推翻了成为帝国主义帮凶的清朝封建统治者的革命，参加了这一革命在他家乡徽州的地方起义，半年之后又回到金陵大学继续学习，并为帮助民国临时政府留守机关解决经费困难募捐，还在他的毕业论文《共和精义》中对资产阶级革命指导思想民主共和在理论上作了深入探讨，提出了民主教育对于民主革命的重要性。他通过参加辛亥革命，爱国主义和民主革命思想在他的头脑中已经扎下了根。他后来虽然到美国去留学，学校生活渐渐把他向外国贵族方向转移，但由于他的“中国性、平民性是很丰富的”，于是经过一番考虑与觉悟，于 1917 年夏季，“就像黄河决了堤，向那中国的平民的路上奔流回来了”①。

对陶行知教育思想影响最为显著、最为直接的是五四运动。虽然他早在五四运动前，在《生利主义之职业教育》中，就提出了生活主义概念，又在《试验主义与新教育》中主张以试验主义新教育改革旧教育，反对“沿袭旧法、仪型外国”②，并在南京高师提出用教学法代替教授法，发表了《教学合一》一文，但这些都只有在五四运动期间或以后才能得到贯彻实行。最为典型的例子，就是他将教授法改为教学法的过程。陶行知在“五四”前夕提出的将教授法改为教学法的提案，由于受到保守势力的阻挡，在南京高师校务会议上辩论两小时不能通过，而“五四”到来则迎刃而解。五四运动后，从他所写的《新教育》一文，可以看出生活教育思想已散见其中，认为学生求学就是生活，“是高尚的生活，完全的生活，精神上的生活，永久继续的生活”，还认为“学校是小的社会，社会是大的学校”③，等等，可谓生活教育思想已呼之欲出了。

五四运动是彻底反帝反封建的爱国运动，又是文化战线上的启蒙运

---

① 华中师范学院教育科学研究所主编：《创造一个四通八达的社会——致陶文渼》，《陶行知全集》第 5 卷，湖南教育出版社 1985 年版，第 55 页。

② 华中师范学院教育科学研究所主编：《陶行知全集》第 1 卷，湖南教育出版社 1984 年版，第 95 页。

③ 华中师范学院教育科学研究所主编：《陶行知全集》第 1 卷，湖南教育出版社 1984 年版，第 126 页。

动。在这一历史条件下，陶行知受到了救国与启蒙的熏陶，他的政治思想和教育主张有着重大变化，他的爱国救亡和民主革命思想发生了质的飞跃，反帝反封建的斗争更为坚决彻底。他像鲁迅在文化战线上是伟大的旗手一样，成为了教育战线上高举民主与科学两面大旗的旗手。

大革命时期，是陶行知生活教育思想萌芽并开始进行试验的关键阶段。1924 年，有中国共产党人参加的国民党第一次全国代表大会，通过了以反帝反封建为中心内容的宣言，确立了孙中山提出的联俄、联共、扶助农工的三大政策，受到了陶行知的欢迎。陶行知写诗对于孙中山及其扶助农工的政策给予热情赞颂："天生了孙公做救星呀！唤醒锄头来革命呀！"[①]他在 1924 年 7 月，发表了《平民教育概论》一文，提出了要使平民教育运动成为"到乡下去的运动"，对农民开展乡村教育，可见并不是无源之水的。从 1926 年到 1927 年上半年，他力图扶助农工，找到穷办法，向农民"烧心香"，办乡村学校，以便改造社会。晓庄试验乡村师范就是他出于爱国为民和民主革命思想，培养担负乡村教育重任以改造乡村的教师。

他的生活教育学说终于在这所新型学校中，经过试验诞生了。如果说，从五四运动到大革命时期是生活教育学说孕育的摇篮，那么，晓庄师范则是这一学说的诞生地。

九一八和一·二八事变后，日本帝国主义侵略中国，中国国难当头；汉奸卖国贼成为日寇帮凶，两者沆瀣一气，鱼肉人民。救助国难和民主革命，是时代赋予陶行知生活教育的特色。他创办的晓庄师范学校被国民党反动政府封闭后，又创办了山海工学团，发展了生活教育学说。他把办学与救助国难、反对国民党反动政府统治的革命斗争紧密地结合起来。他在国难时期提倡国难教育，七七抗战以后提出战时教育和全面教育，创办育才学校。抗战胜利后，民主革命时期提出民主教育，创办社会大学，为反内战要和平、反独裁争民主奔走呼号，从而进一步丰富发展了生活教育学说。爱国救亡和民主革命这一近现代历史发展的时代主题，像一根红线一样贯穿于生活教育学说之中，如同支持身体的一根脊梁，体现出反帝反封建的时代风范。

---

① 华中师范学院教育科学研究所主编：《锄头舞歌》，《陶行知全集》第 4 卷，湖南教育出版社 1985 年版，第 59 页。

二、鸦片战争以来，中西文化教育思想的冲突和融合，是生活教育学说产生和发展的重要因素

西学，虽然早在明朝万历年间，由西方耶稣教传教士利玛窦等人传入中国，但到清朝雍正时期下令驱逐所有西方传教士出境，又堵死了西学东渐。中西文化真正得到交流，主要是在鸦片战争之后。在鸦片战争中，西方资本主义列强依靠船坚炮利打开了中国封建清朝的闭关锁国的大门，才使西方传教士又能进入中国传教和传播西学。西方资本主义文化与中国封建传统文化两相接触，经过碰撞、冲突，走向融合，就是近代教育思想形成和发展的文化背景与思想渊源。

中国封建统治阶级面对西学东渐的形势，从如何才能继续维护封建统治角度考虑，分化成为两大派，即顽固派与洋务派。顽固派抱残守缺，孤陋寡闻，认为中国封建传统文化为最好，他们抵制西学，出现了中西文化的碰撞和冲突。可洋务派与顽固派则有所不同，他们虽然也认为中国封建传统文化为最佳，但看到了有不足之处，在船坚炮利方面不如西方，承认西方的物质文明，主张要以中国封建传统文化为主体，吸收西方文化以为用，提出了“中学为体，西学为用”的指导思想。他们为了走出从事外交语言不通、吸收西方科学文化而西文不识的困境，创办了中国近代第一所洋学堂——京师同文馆，出现了西文教育思潮。洋务派后来认识到，仅仅通晓外国语言文字还不够，重要的是要学西方的天文、数学、机械、船政等科技，于是在京师同文馆中除学习外国语言文字之外，又增设了天文算学馆。其后，更陆续办起了军事、机械、船政等专门学堂，出现了西艺教育思潮。洋务派学西学，学的还是皮毛，停留在文化的物质层面，但说明西学已开始与中学相融合，这可以说是中国近代学习西学的第一个时期，直到中日甲午战争以洋务派失败而告终。在这一时期，陶行知虽然只有几岁，但是对他肯定会有影响。

中国近代学习西学的进一步发展，就由文化的物质层面深入到了制度层面，这是第二个时期①。这个时期，资产阶级维新派比地主阶级洋务派

① 庞朴:《文化结构与近代中国》,《传统文化与现代化》，中国人民大学出版社 1987 年版，第 59 页。

前进了一步，他们认为只向西方吸取物质文化还不够，如果要使中国富强，还必须接受西方的制度文化，改革国家的体制，将封建专制政体改为君主立宪体制。在教育方面，掀起了西政教育思潮，除了兴办外语、机械、船政等学堂外，还主张办文科学堂、政法学堂，在京师创办了京师大学堂，并主张改书院、废科举。在这个时期，陶行知在1896年入私塾读四书五经，学习中国的传统文化，而到1906年则入教会学校崇一学堂，开始攻读西学，他本身就有着西学与中学的碰撞，从冲突走向融合的过程。

从辛亥革命到五四运动时期，是中国近代学习西学的第三个时期，就是从文化的制度层面进入到思想层面时期①。这个时期是资产阶级革命派反对维新派只求改良而主张革命时期，不但要学习西方文化的物质层面和制度层面，更为重视的是学习西方文化的思想层面，吸收其自由、民主、平等思想，批判君主专制思想以及封建传统文化。在这个时期学习西学，并不是就没有了碰撞和冲突，而在资产阶级革命派与维新派之间，则出现了主张民主共和与君主立宪之争，西学与中学之争等。陶行知在这个时期，正在教会学校金陵大学学习，他崇敬孙中山，拥护辛亥革命，在毕业论文《共和精义》中阐述共和之根本精神，认为是“自由、平等、民胞”，他特别推崇美国总统林肯提出的“民有、民治、民享”思想，说明了他在接受西学方面受到了孙中山和林肯的影响。他具有了资产阶级民主革命思想以后，则从文化的物质层面、制度层面到思想层面接受了西学，与他已有的中国传统文化教育思想相结合，成为了他早期教育主张的思想基础。

从五四运动开始，学习西方文化思想已成为了启蒙运动。高举民主与科学两面大旗，对以儒学为主体的中国传统文化进行反思，少数先进的知识分子将马克思主义作为指导自己的思想主体，这可算是中国近现代学习西学的第四个时期，进入到文化的民主与科学精神层面。五四运动是以民主与科学为指导的彻底反帝反封建的文化运动，而且这一运动发生在俄国十月社会主义革命之后，因而它具有着由旧民主主义革命转入到新民主主义革命的重要意义。陶行知开展的生活教育运动，是在五四运动以后，具有民族的、科学的、大众的特点，属于新民主主义的文化教育思想。鸦片战

---

① 庞朴：《文化结构与近代中国》，《传统文化与现代化》，中国人民大学出版社1987年版，第59页。

争以来的西学东渐过程，是中西文化从碰撞到融合的过程，学习西学是由文化的物质、制度、思想到民主与科学精神各个层面逐步深入的过程，这一切成为了陶行知后来在晓庄师范学校创立生活教育理论体系所不可忽视的文化教育的时代背景。

第二节　生活教育的理论来源与思想基础

陶行知的生活教育学说，是他为寻觅中国教育的生路，从中国的教育实际出发，进行坚持不懈教育试验所创立起来的，同时它又是陶行知经过对中外教育思想的“过滤”，博采众家之长所形成的智慧结晶。正如他自己所说：“我的生活教育的思想，大半都是从资产阶级、大地主以及老百姓中的启发而来的。自然，我的思想，不是抄他们的，他们有的只启发我想到某一面。有的我把它反过来，就变成了真理。”①由此可见，他的生活教育学说并不是无源之水，而是有着庞杂的理论来源和独特的理论基础。

一、庞杂的理论来源

（一）中国教育思想的影响

1. 中国古代儒家教育思想的影响。

陶行知的家乡是安徽的徽州，是宋明理学发源地，是具有丰富传统文化的著名地区。他幼年生长在这里，不能不受到古圣先贤思想业绩的熏陶，而他又好学，从 1896 年到 1906 年就三次在家乡入私塾、经馆攻读，并经常拜师求友，中国古代儒家思想对他已不只是耳濡目染，有些儒家经典已达到能够背诵的地步。他入金陵大学以后，还曾专门对王阳明的理学进行过研究，甚至有所潜移默化，产生了信仰观念。他在 1934 年 7 月所写《行知行》一文中追忆说：“在二十三年前，我开始研究王学，信仰知行合一的道理。”②

中国古代儒家教育思想，对陶行知主要有以下几个方面的影响：

在教育培养目标方面，陶行知主张：教人求真，学做真人。其实，这一

---

① 华中师范学院教育科学研究所主编：《与柳湜的谈话》，《陶行知全集》第 3 卷，湖南教育出版社 1985 年版，第 609 页。

② 华中师范学院教育科学研究所主编：《陶行知全集》第 2 卷，湖南教育出版社 1985 年版，第 687 页。

思想是从孔子《论语·阳货》中所说"乡愿,德之贼也"一语导引出来的。所谓"乡愿",是指那些貌似忠诚而实际上是欺世虚伪的伪君子。他在1913年所写《伪君子篇》的开篇就指出:"伪君子之居乡而假愿者,即孔子所谓之乡愿。"①他根据孔子反对乡愿之伪君子,于是提出了学做真人的思想。他不但这样认识问题,而且遵循孔子教诲自动地加强自我修养。他指出:"触想孔圣亦有'恶似而非'及'乡愿,德之贼也'之言;又痛自深恨曰:'吾从前所为,得毋为贼乎?'"②他然后又以孟子、王阳明的话勉励自己:"孟子自言四十不动心,王子自言南都以前尚有些乡愿意思。二贤岂欺我哉?阅历则然耳!"于是,他悟出:虽知立真去伪之难,但必须下定决心:"行出一真是一真,谢绝一伪是一伪。"③这可以说,陶行知的去伪存真、学做真人思想,是在孔孟思想影响之下形成的。去伪存真、学做真人,是他一生行动的座右铭,是他的教育培养目标的核心。但是,去伪存真的真与伪,由于陶行知所处的时代和自我思想的发展变化,不但与孔孟之道的真与伪有本质上的不同,就是他自己早期与后期所理解的也不尽相同。如果早期所谓的真,主要指的是旧民主主义时期革命者的品德的话,那么后期所谓的真,则主要指的该是新民主主义时期革命战士的高风亮节。

古代儒家教育思想对陶行知的影响,最为突出之处是表现在德育方面。陶行知在《生活教育运动十三周年纪念告同志书》中说:"中国古代教育是一贯的注重觉悟。'大学之道在明明德。'"他认为,明德就是追求真理,第一个"明"字是明白和阐明的意思,明白是自觉,阐明是觉他。他还引用《论语》中的话加以解释:"觉悟是智仁勇三达德之康庄大道。'仁者不忧,智者不惑,勇者不惧。'"他并以《中庸》中的话阐释"诚"的重要性,指出:"《中庸》说'不诚无物'。无论是'自诚明',或是'自明诚'都离不了诚。不诚便没有觉悟。"④可见,他对儒家的德育思想理解是十分透彻的,又经过

① 华中师范学院教育科学研究所主编:《陶行知全集》第1卷,湖南教育出版社1984年版,第24页。

② 华中师范学院教育科学研究所主编:《陶行知全集》第1卷,湖南教育出版社1984年版,第27页。

③ 华中师范学院教育科学研究所主编:《陶行知全集》第1卷,湖南教育出版社1984年版,第28页。

④ 华中师范学院教育科学研究所主编:《陶行知全集》第3卷,湖南教育出版社1985年版,第417—418页。

他的思想“过滤”，加以翻新巧用。至于儒家所论“欲速则不达”、“过则勿惮改”等，在他早期论著中可说是屡见不鲜，在此就不一一引述。

陶行知引用和吸取中国古代儒家的道德教育思想，并不是偶一而为之的现象，而是始终如此，从他在1913年写《伪君子篇》起，直到他写的最后一封信《致育才学校全体师生》，其中经常以儒家的言论阐明自己的道德观。他不但常常引用《论语》《中庸》中的论述，还多次引发《孟子》中以下的语句，告诫育才师生：“有事则以‘富贵不能淫，贫贱不能移，威武不能屈，美人不能动’相勉励。”①其中的头三句，是引用《孟子》中的原话，而“美人不能动”一语，却是他对《孟子》的发挥和补充。当然，他引用儒家论道德教育的话，多半是运用了为人所习惯使用的语言形式，而其中所蕴含的内容在其思想实质上又是根本不同于儒家的，是以儒家惯用的语言形式，装入了民主战士的思想内容。但是，不论怎么说，都可以看出：儒家德育思想对他有很大影响，他也吸取了其中有益于培养人民公德的一些优良思想。

古代儒家对陶行知教育思想的影响，还不止在培养目标和德育方面，而在智育和教学方法方面，其影响也是很大的。陶行知1919年9月17日在南京高师所讲《智育大纲》中，体现颇为典型，一开头就说：“本校以诚为训育之本，亦以诚为智育之本。”他把诚作为智育之本，其思想源于《中庸》。他阐述说：“《中庸》曰：‘自明诚谓之教。’又曰：‘诚之者，择善而固执之者也。’”②他认为，以“诚”字为训，可以养成学生认真求学的精神及应用的能力。所以，他把诚作为了南京高师的智育标准。

陶行知认为南京高师的“智育方法，有一贯之精神，曰：试验”。他特别强调应用试验方法的重要性，以为只有思想上的设想而不进行试验，就会“蹈于空虚”；而只知应用而无试验，又会“封于故步”。他的这种重视试验方法，是以荀子下述一段话中体会而来。他在《智育大纲》中指出：“荀子曰：‘大天而思之，孰与物畜而制之！从天而颂之，孰与制天命而用之！望时而待之，孰与应时而使之！因物而多之，孰与骋能而化之！思物而物之，

① 华中师范学院教育科学研究所主编：《最后一封信——致育才学校全体师生》，《陶行知全集》第5卷，湖南教育出版社1985年版，第965页。

② 华中师范学院教育科学研究所主编：《陶行知全集》第1卷，湖南教育出版社1984年版，第70页。

孰与理物而勿失之也!'此数语,可谓中试验精神之窍要矣。"[①]众所周知,荀子是儒家的一派,可见陶行知理解儒学之深,受其影响之大。

陶行知在南京高师,在教学方法方面,不但重视试验,而且还重视格物致知。他指出:"吾国数千年来相传不绝之方法,惟有'致知在格物'一语。"[②]可是,"致知在格物"一语,是出于儒家经典的《大学》。他把"致知在格物"分成为应用得法与不得法的两派。他赞扬朱熹应用得法,而批评王阳明应用失当。他断言:"晦庵以即物穷理释之,近矣。"又说:"阳明固尝使用即物穷理者也,然未得其法,格物不成,归而格心。"他看出王阳明格竹七日,毫无所得,人也病了,于是得出"天下之物本无可格,其格物之功,只在身心上"[③],是不对的看法,从而批评了王阳明格心方法的荒谬。由此可见,他接受儒家思想时,是经过思想"过滤"的,是有分析有选择的,是注意汲取其中的精华而摒弃其中的糟粕的。

此外,陶行知还接受了儒家有关因材施教、欲速则不达等教学方法等,就是他提出的体验、看书、求师、访友和思考,即"五路探讨",也是与《中庸》中的"博学之,审问之,慎思之,明辨之,笃行之"[④],有着思想脉络的渊源。

总之,陶行知的教育思想,尤其是早期的教育思想,尽管因受西学的影响,但从其理论来源上看,不只是与中国儒学相关,而且儒家教育思想在他的教育学说中确实有着很明显的体现,甚至有时还使用了儒家惯用的一些语言来表达他的教育主张。

2. 中国近代教育思想的影响。

(1)蔡元培的影响。

陶行知办晓庄师范学校的原则,是效法蔡元培办北大时提出的"兼容并包"管理办法。他有一天在晓庄师范的"寅会"(即早会)上讲话时指出:"蔡元培办北大是'兼容并包',晓庄学校则是'自由园地'。"[⑤]这是因为陶

---

① 华中师范学院教育科学研究所主编:《陶行知全集》第1卷,湖南教育出版社1984年版,第70—71页。

② 华中师范学院教育科学研究所主编:《陶行知全集》第1卷,湖南教育出版社1984年版,第70—71页。

③ 华中师范学院教育科学研究所主编:《陶行知全集》第1卷,湖南教育出版社1984年版,第70—71页。

④ 《中庸·第二十章》。

⑤ 辛元、谢放编:《陶行知与晓庄师范》,江苏教育出版社1986年版,第69页。

行知了解到晓庄学校内存在有国民党员、国家主义派分子和反对国民党反动派的革命势力。他对各个党派的人员，采取的态度是仿效蔡元培“兼容并包”办法，把晓庄师范学校办成了“自由园地”。他说：“我不干涉，看你们谁说的有道理，你们可以自由竞争。”①这是陶行知自己谈到的师法蔡元培的办学经验。

蔡元培曾任民国南京临时政府的教育总长、北京大学校长，又在1927年担任国民政府的大学院长和后来兼任晓庄学校董事长，他对陶行知创办晓庄师范给予了巨大支持。1927年10月20日，蔡元培专门到晓庄师范参观，在欢迎会上发表了热情演讲，开头说：“今天承陶校长及诸同学欢迎，感激得很。”然后，他接着对“教学做合一”教学方法给予了充分肯定：“我极相信此法是有至理，而且是很自然的。”不但如此，他还举了很多实际例子，阐述教、学、做应当合一的道理。他认为，人们小时候吃饭、说话、走路和其他应做的事情，自然而然受到父母兄长的启示、暗示、同化而学会了。他说：“这也可以知道教、学、做是应当合一的。”他还特别赞扬晓庄师范师生立志改良乡村教育的革新精神，指出：“现在诸位到此，都抱有大志，改良乡村教育，这是我所非常赞同的。”②

陶行知对蔡元培办北京大学非常了解，他不但效法蔡元培实行“兼容并包”，将晓庄师范办成“自由园地”，而且依照蔡元培的办学经验，重视聘请知名专家担任教师、实行军事训练、加强道德教育、实施美育、组织课余社团活动、把教学与生产劳动结合起来，从这些方面都可看出蔡元培教育思想对陶行知的影响。

(2)张謇的影响。

陶行知在1946年6月14日，与即将返回解放区的柳湜话别，谈到张謇时说：他虽然“是一个大地主、大资本家、大官”，但“他对我的生活影响不浅。我搞生活教育，他就是我第一个先生”③。这是陶行知谈到张謇对他的影响。如果我们把张謇创办南通师范学校情况，与陶行知创办晓庄师范

① 辛元、谢放编：《陶行知与晓庄师范》，江苏教育出版社1986年版，第69页。

② 中国蔡元培研究会：《在晓庄师范学校演说词》（一九二七年十月二日），《蔡元培全集》第五卷，浙江教育出版社1997年版，第154—156页。

③ 华中师范学院教育科学研究所主编：《与柳湜的谈话》，《陶行知全集》第3卷，湖南教育出版社1985年版，第609页。

情况两相对比，这种影响就更不难看出了。

张謇(1853—1926)是我国近代的一位著名实业家，又是我国民办第一所师范学校——南通师范的创建者。他籍隶江苏南通，在清朝光绪甲午年(1894 年)考中状元，授翰林院修撰，因反对清朝政府对外妥协求和政策，放弃仕宦前途，返籍振兴实业，普及教育，以期救国自强。他认为，普及教育须办学校，而“立学校须从小学始，尤须先从师范始”①。在他看来，小学是教育之母，而师范又是小学之母。因此，他办学是先从创办师范开始的。他在 1903 年 4 月创办的第一所学校就是南通师范，这所学校又是我国创办师范学校的先导。其后，他还创办了很多小学、中学，一直到专科学校和大学。

陶行知与张謇虽然年龄相差很大，但他们之间并不是没有过从。因为张謇是东南大学九个发起人之一，1921 年 3 月 28 日又被当时教育部任命为该校十位校董之一。南京高等师范学校于同年 7 月 3 日正式并入东南大学，陶行知当时担任东南大学教授、教育科主任等职。陶行知对张謇创办南通师范学校情况，一定是很清楚的。他可能受到了张謇为办小学先办师范学校的影响，于是创办了晓庄师范学校。

陶行知创办晓庄师范学校与张謇创办南通师范学校，在其办学步骤和具体方法方面，有很多相似之处。张謇选校址，选在南通南门外的一所古老千佛寺，周围地势开阔，可以开辟出一些土地；而陶行知选校址，选在南京北郊的小庄，地方开阔幽静，可以建设校舍，开垦土地。张謇聘用教师，请了王国维等名流学者；而陶行知聘用指导员，也请了秉志等学者名流。张謇在南通师范开学前夕，亲自到校察看，发现没有钉牢的门牌，动手用锤子重钉②；而陶行知在晓庄师范开学前夕下乡，学校没盖起校舍就住在农民家里，亲自过问校舍的建设问题。陶行知曾说：“和农民生活习惯打成一片，我是学得张謇的。”他还说：“他曾告诉我，要替农民做事，第一就得和农民打成一片，不然，农民就怕你，什么真心话也不同你说。他建设南通的初期，自己就常在农民家中来来去去，吃农民一样的东西，说一样的话。”③这

---

① 《师范学校・开校演说》，《张季子九录・教育录》。

② 章开沅著：《开拓者的足迹——张謇传稿》，中华书局 1986 年版，第 145 页。

③ 华中师范学院教育科学研究所主编：《与柳湜的谈话》，《陶行知全集》第 3 卷，湖南教育出版社 1985 年版，第 609 页。

样，陶行知下乡，脱去西装革履，穿上布衣草鞋，与农民同吃同住，同农民的老耕牛睡在一个屋里。陶行知与农民接触，既受到了张謇为农民做事、同吃同住影响，但又是"青出于蓝胜于蓝"，真正做到了要向农民"烧心香"，全心全意为农民服务，并且做到了与农民在感情上打成一片，成为了农民的知心朋友。

(3)黄炎培的影响。

黄炎培(1878—1965)籍隶江苏省川沙县城关(现归上海市)，比陶行知长十多岁，毕业于南洋公学特班，蔡元培时任特班总教习。辛亥革命后，黄炎培出任江苏省教育司司长。陶行知在1914年6月于金陵大学毕业时，黄炎培虽然刚刚辞去司长职务，但作为江苏省教育会副会长应邀出席了毕业典礼。由于陶行知毕业成绩出众，名列全校总分第一名，深受黄炎培的赏识。陶行知留学美国，因撰写学位论文，托黄炎培帮助搜集资料。黄炎培在1917年5月6日创立中华职业教育社于上海，陶行知在同年秋回国，在南京高师任教，参加了中华职业教育社，担任评论员和社刊《教育与职业》杂志的特邀撰稿员。从上述情况可以看出：陶行知与黄炎培的关系是十分密切的，不但如此，陶行知还受到了黄炎培教育思想的很大影响，主要有以下两个方面：

其一，生活教育思想：陶行知创立生活教育学说，受到了国内外两个方面的影响，但从国内来看，主要是来自黄炎培的影响。在中国近代重视生活教育最早者，当首推黄炎培。黄炎培在1913年8月，在江苏省教育司司长任内，非常重视教育调查，改革教育，写出《学校教育采用实用主义之商榷》一文。文内所论"实用主义"，主要指的是要用实业教育，改革脱离实际的升官教育。就在这篇文章中，他主张重视生活教育。他引述罗马政治家、哲学家塞南加(Seneca，通译辛尼加，纪元前4年——纪元后65年)的话说："青年之于学校，为生活而学，非为学校而学。"他然后指出："自裴斯泰洛齐(Pestalozzi)氏出，益主张生活教育，务使学校教育与实际的生活渐相接近。准此而教育方法一变。"①黄炎培提出生活教育在先，陶行知紧随其后，在1918年5月于中华职业教育社社刊《教育与职业》的第1卷第3期上发表了《生利主义之职业教育》一文，认为："生活主义包含万状，凡人

① 黄炎培：《黄炎培教育文选》，上海教育出版社1985年版，第18页。

生一切所需皆属之。其范围之广，实与教育等”[①]，并且阐述了生活主义、生利主义与衣食主义三者的区别。这是陶行知最早提出的生活教育概念。他的生活主义教育与生利主义教育此时尚未完全分离开来，也可以说他的生活教育尚在他生利的职业教育的孕育之中，即将诞生出来。断定陶行知是在此文中首次提出他的生活教育概念，还有着他本人的回忆可凭。他在1939年1月所写《生活教育目前的任务》中，曾说：“生活教育之定义在晓庄开校前九年，我已提出，包含三部分：一是生活之教育；二是以生活影响生活之教育；三是为着应济生活需要而办之教育。用英文译出来，比较简单：life education means an education of life, by life and for life.”[②]按前九年时间推算，正是他撰写《生利主义之职业教育》之时，从这里可以看出：黄炎培对他创立生活教育学说有所启迪。

其二，职业教育思想：我国近代重视职业教育，应以黄炎培为早。黄炎培早期多年从事小学、中学的教育实践。从1912年起又担任了一年多的江苏省教育司司长，后来又以江苏省教育会常任调查干事和《申报》记者身份，走遍皖、赣、浙、鲁、冀诸省考察教育。1915年，他随实业代表团访问美国，将美国与国内的教育两相对比，他深感中国虽然在清末就废除了科举，但在民国教育中科举流毒仍很严重，学生读书是为了做官，教育内容严重脱离实际，于是他力主改革教育，必须使教育内容切合实际需要，提倡办实业需要的职业教育。陶行知在留美期间，准备作学位论文，命题涉及中国教育现状，拜托黄炎培供给他有关中国教育的资料，这样，黄炎培在1916年12月5日，复信给陶行知说：“国内青年，学成无用，中学毕业生就业者仅十之一，此为国内最急要之问题。解决方法，一在提倡职业教育；一在使普通教育方法之教材和训练方针，皆能切合于实用。”[③]当时正在留学的陶行知，对于这位江苏省教育界名流的赐教，把提倡职业教育和普通教育要切合于实用，作为解决中国国内教育脱离实际、学生学成无用的通病药方，不会是等闲视之的。陶行知在1917年秋留美回国，就参加了黄炎

---

① 华中师范学院教育科学研究所主编：《陶行知全集》第1卷，湖南教育出版社1984年版，第78页。

② 华中师范学院教育科学研究所主编：《陶行知全集》第3卷，湖南教育出版社1985年版，第292页。

③ 许汉三：《黄炎培年谱》，文史资料出版社1985年版，第35页。

培发起组织的中华职业教育社，并在社刊《教育与职业》杂志第 1 卷第 3 期上发表了《生利主义之职业教育》，阐述了自己的生利主义教育观点，提出："凡养成生利人物之教育，皆得谓之职业教育；凡不能养成生利人物之教育，皆不得谓之职业教育。"[①]他还对生利的职业教育师资、课程、学生，作了全面详细的论述，表达了他的职业教育与生活教育紧密结合的观点。这里既表达了陶行知受到了黄炎培职业教育思想的影响，同时也说明他又给职业教育注入了生利这一重要思想，丰富和发展了黄炎培的职业教育思想。

(二)外国教育思想的影响

陶行知在创立生活教育学说时，是博采众家的，不但重视从中国教育思想中汲取营养，也很注意从外国教育思想中接受有益于改革和发展中国教育的优秀成果。他在 1914 年至 1917 年留学美国，于哥伦比亚大学专门攻读教育，使他有着充分接受西方教育思想影响的良好条件。他学习西方教育时，留给他印象颇深的教育家不少。仅以他接受西方教育家重视教育试验的观点而论，他在 1918 年 4 月发表的《试验主义之教育方法》一文中就列举了一些。他阐述说："近二百年来，教育界之进步，何莫非由试验而来？是以泼斯泰来齐（Pestalozzi）试验幼子，而官觉之用以明；赫尔巴尔（Herbart）设研究科，而统觉之理以阐；福禄伯（Froebel）创幼稚园，而游戏之效以著；杜威（J. Dewey）之集成教育哲学，也以试验；忒耳诺泰刻（Thorndike）之集成教育心理也，亦以试验。"[②]这就说明，陶行知提出的生活教育学说，重视教育试验，是受到了裴斯泰洛齐、赫尔巴特、福禄培尔、杜威、桑戴克等诸多西方教育家的影响。这里仅就对陶行知生活教育思想影响大的裴斯泰洛齐、福禄培尔和杜威几位教育家着重介绍如后。

1. 裴斯泰洛齐、福禄培尔的影响。

陶行知一生愿为劳苦大众和贫苦子弟、难童办学，坚持进行教育试验，寻求适合学生身心和谐发展的原则方法，热爱儿童，与生活在十八世纪到

① 华中师范学院教育科学研究所主编：《陶行知全集》第 1 卷，湖南教育出版社 1984 年版，第 80 页。

② 华中师范学院教育科学研究所主编：《陶行知全集》第 1 卷，湖南教育出版社 1984 年版，第 60 页。引文中：Pestalozzi 通译裴斯泰洛齐，Herbart 通译赫尔巴特，Froebel 通译福禄培尔，Thorndike 通译桑戴克。

十九世纪初的瑞士著名教育家裴斯泰洛齐和德国著名幼儿教育家福禄培尔，有着惊人相似之处，可见陶行知在很多地方接受了他们的影响。他在1918年6月于南京高师教育研究会上演讲《教育研究法》时，特别指出："尝观世界大教育家，如白斯达罗齐、福禄伯等之伟功盛业，无不在试验，无不在发明。故鄙人深愿本会为试验之先河，为发明之鼻祖。"[①]他不但号召与会者学习这些大教育家重视教育试验精神，而且还希望他们能够成为裴斯泰洛齐、福禄培尔式的教育家。

裴斯泰洛齐(1746—1827)是瑞士资产阶级民主主义教育家。他同情那些因为社会动乱、农民流离失所出现的为数不少的孤儿和流浪儿。他为救助这些孤儿和流浪儿，在1774年办了新庄孤儿院。他一方面让这些可怜的孩子有栖身之处，同时让他们参加一些力所能及的劳动，学习一些知识，使他们将来能够独立生活。1798年，裴斯泰洛齐受政府委托，又组建了斯坦茨孤儿院，他对儿童倾注了爱的教育。1799年，他到布格多夫中学任教，该校在1805年迁到伊佛东，改称伊佛东学院。后因学院办出了名，慕名之士相继前来参观访问。福禄培尔(1782—1852)是十九世纪上半期的德国小资产阶级教育家，从1805年起开始他的教育生涯，为提高自己的教育知识和技能，特到瑞士伊佛东访问裴斯泰洛齐。这次因是短期停留，他尚感不足，又于1908年至1910年再度访问伊佛东，并在那里工作、任教，深受裴斯泰洛齐的影响。福禄培尔后来创设幼稚园，创立幼稚教育理论，开幼稚教育之先河。陶行知愿为贫苦儿童和难童办学，重视幼稚教育，倡办幼稚园，显然是受到了裴斯泰洛齐和福禄培尔的影响。

陶行知从裴斯泰洛齐那里，受到了最大的启示，是重视教育与生活的联系，认为生活具有教育的作用。裴斯泰洛齐早在1826年所著《天鹅之歌》中，就提出了生活教育思想，并且认为它是贯穿在整个初等教育中的原则。他明确地指出："生活具有教育的作用。这是指导我在初等教育方面的一切实验的原则。"他从德育、智育和工艺或艺术等方面，贯彻这一原则精神，均收到了良好的结果。在德育方面，他认为初等教育与家庭生活有着紧密的联系，儿童的道德观念，"是从家庭中的亲子的情爱得来的"，家庭

---

① 华中师范学院教育科学研究所主编：《陶行知全集》第1卷，湖南教育出版社1984年版，第68页。

是“爱情和信仰的永恒的起点”。他还认为：“在智育方面，也是生活教育着我们。因为生活依次地发展接受印象的能力、说话的能力和思考的能力。”他并且谈道：“在工艺或艺术方面，也是从生活中受到教育。”在他看来：“旨在发展儿童工艺或艺术能力的练习，也必须决定于儿童生活的一般情况，因为这里又是生活在进行教育。”①裴斯泰洛齐认为生活有教育作用，儿童必须在生活中才能受到良好的教育，这种观点，对于将他崇拜为“前贤”的陶行知来说，肯定会竭诚聆受的。

2. 杜威的影响。

杜威是陶行知在美国哥伦比亚大学留学时的导师。陶行知归国后，在1919年春，与胡适、蒋梦麟一起邀请杜威来华讲学。他为表示对杜威的欢迎，特地发表了《介绍杜威先生的教育学说》一文②，还在杜威讲学时担任过口译。可见，他对杜威是很尊重的，对其教育学说是有研究的。但他爱国爱民，为探寻中国教育的生路，又从不囿于师说，具有虽爱吾师而更爱真理的精神。他回忆说：自1917年起，“便陪着”杜威教育理论回到中国来，实行八年之久，经验“才告诉他此路不通”。他“在山穷水尽的时候才悟到‘教学做合一’的道理。所以‘教学做合一’是实行‘教育即生活’碰到墙壁把头碰痛时所找出来的新路。‘教育即生活’的理论，至此乃翻了半个筋斗。实行‘教学做合一’的地方，再也不说‘教育即生活’”③。由此可见，陶行知提出的“生活即教育”和“教学做合一”是推行“教育即生活”和“做中学”碰壁之后，才找到的“新路”，并且是“翻了半个筋斗”，是“根本的变了一个方向”④。从这里可以看出，杜威对陶行知是有着很大影响的，但是这种影响并不是陶行知对杜威的照抄照搬，而是经过他的思想“过滤”、去伪存真的过程，形成了本质上完全不同的新的教育学说。所谓“翻了半个筋斗”，实际上就是翻了一百八十度，是彻底地改变。陶行知是民主革命家，一生为贫苦儿童办学，为工农大众服务，而杜威是实用主义者，一心为大资

① 裴斯泰洛齐：《天鹅之歌》，《西方资产阶级教育论著选》，人民教育出版社1964年版，第208—211页。

② 华中师范学院教育科学研究所主编：《陶行知全集》第1卷，湖南教育出版社1984年版，第102页。

③ 陶行知：《生活即教育》，《教学做合一讨论集》，商务印书馆1931年版。

④ 陶行知：《生活即教育》，《教学做合一讨论集》，商务印书馆1931年版。

产阶级效劳。因此，陶行知在形成生活教育学说过程中，虽然受到了杜威的影响，但从杜威教育思想那里，主要吸取了其中有益于向工农劳苦大众及其子女施教的合理因素，正如马克思创立辩证唯物主义时主要吸收了黑格尔唯心主义辩证法的“合理内核”一样。陶行知与杜威在教育思想上既有着批判继承的联系，又有着本质上的区别。

陶行知主张“生活即教育”与杜威提出的“教育即生活”，两者都强调生活的作用，好像极其相似，仅在语序上有所不同，其实两者有着实质上的不同，他们所论的生活有真与假的区别。陶行知认为，杜威的“教育即生活”，是把社会生活引入了学校，仍然不是真正的社会生活。杜威实施的是鸟笼式的教育，为了不让鸟儿寂寞，把一二棵树枝搬入鸟笼，或是捉几只小生物进笼，“然而鸟笼毕竟还是鸟笼，决不是鸟的世界”①。所以，这种鸟笼式的生活是假的生活。陶行知之所以主张用“生活即教育”代替“教育即生活”，就是为了打破这种鸟笼式的教育，破除假的生活，让学生到社会里去过真的生活。可见，陶行知与杜威虽然都强调生活的教育功能，而所论的生活却有真与假的区别。

陶行知提出“社会即学校”，是为了打破杜威“学校即社会”鸟笼式教育的一种措施。杜威根据“教育即生活”原理，主张把社会的现实生活引入学校，使学校成为一个雏形社会，事实上是让学生脱离了真正的大社会，在假的社会生活中生活。陶行知的“社会即学校”，主张拆除学校与社会隔离的墙，让学生在校内就过真正的社会生活，使学校成为社会的有机组成部分。因此，陶行知的“社会即学校”同杜威的“学校即社会”，不只是一种语序上的颠倒，而且对学校与社会关系在理解上有着性质上的不同。

陶行知提出的“教学做合一”，与杜威主张的“做中学”，好像都重视“做”，就以为没有什么不同了，其实由于两者在认识论上不一样，陶行知是唯物主义者，而杜威是实用主义者，因此，两个“做”有着本质的区别。杜威所说的“做”，是指人与自然环境和社会环境所进行的交涉，从中所得经验是兼具主观与客观的性质，这种“做”实际上是生物个体适应环境的活动。而陶行知早年虽然曾经相信过杜威的这种看法，但他后来具有唯物主义观

① 华中师范学院教育科学研究所主编:《生活教育》,《陶行知全集》第2卷，湖南教育出版社1985年版，第633页。

点后，他所论的“做”，是要求手脑并用，是与实践有同样的含义。陶行知的“教学做合一”和杜威的“做中学”，不只是在“做”的理解上有本质的区别，而且在教学理论上，也有巨大的差异。因为陶行知所说的“做”，是同“教”与“学”紧密结合的，它不同于“做中学”，是同“教”与“学”无内在的联系。由于“做中学”只强调了“做”，不同于“教学做合一”将“做”与“教”、“学”紧密结合，从而降低了教师在教学过程中的主导作用，同时也必然会影响学生系统地学习文化科学知识，只能是做什么才学什么。由此可见，陶行知和杜威虽然都重视“做”，但对“做”的理解和在教学过程中的具体应用，两者却有本质上的不同。

总之，在陶行知生活教育学说的形成过程中，杜威的教育思想对他有着明显的影响，同时，陶行知对杜威的教育理论并未照搬照抄，而是经过他的“过滤”和创造，形成了与杜威教育思想在本质上完全不同的革命民主的教育学说，因此，可以说，陶行知与杜威在教育思想上的关系，既有去伪存真的承继联系，两者又有本质上的区别。

二、独特的思想基础

陶行知创立的生活教育学说，如同一座雄伟的大厦，建筑在他那独特的思想基础之上。正如他在自己写的《教育改进》一文中所体会的那样：“教育之学术，非可独立存在。彼立于哲学、心理学、生物学、生理学、社会学、经济学各种学术之基础之上。”①他披荆斩棘所创立起来的生活教育学说，作为学术，是建立在他的哲学及其他各种学术基础之上的。我们在这本书中，不可能将其与各种学科关系一一论述，只能仅就其中与主要的哲学关系，作为他的教育思想独特的思想基础，进行探讨，以有助于对生活教育学说的研究和理解。

陶行知的生活教育学说，本身就充满着教育哲学思想。1939 年，他在致一位朋友的信中，对于什么是生活教育，他是这样论述的：“从定义上说，生活教育是给生活以教育，用生活来教育，为生活向前向上的需要而教育。从生活与教育的关系上说，是生活决定教育。从效力上说，教育要通过生

① 华中师范学院教育科学研究所主编：《陶行知全集》第 2 卷，湖南教育出版社 1985 年版，第 228 页。

活才能发出力量而成为真正的教育。”[①]陶行知在这里表达出他的教育哲学思想，一是具有唯物主义观点，认为生活与教育的关系“是生活决定教育”；二是具有辩证方法，认为“教育要通过生活才能发出力量”，表明教育有反作用的功能。陶行知在他的后期，是以辩证唯物主义的基本观点来指导他的教育思想和教育活动的。

但是，事物总有一个发展过程，陶行知的哲学思想和教育思想也有一个发展的过程。在他的生活教育学说形成和发展的过程中，他的哲学思想和教育思想也随着中国革命形势的发展和他本人教育活动的进展、思想上的进步，不断向前发展，逐步加以完善。如果对他的哲学思想和教育思想，不从发展上去了解，不从事实出发分出前期与后期，就难以准确地把握陶行知的各个时期的教育思想。哲学思想是教育思想的理论基础，准确地把握陶行知的哲学思想是至关重要的。

陶行知的哲学思想，有它独特发展的逻辑，是由知到行，再由行到知，最后达到行知行的过程，也就是说，是由唯心主义向唯物主义，再由唯物主义向辩证唯物主义发展的过程。只有了解这种发展过程，才能把握陶行知哲学的全貌。

（一）相信“知是行之始”阶段（1911—1926年）

陶行知在1934年7月所写《行知行》一文，曾经追忆说：“在二十三年前，我开始研究王学，信仰知行合一的道理，故取名‘知行’。”[②]按照陶行知所说的“二十三年前”，正是1911年，也就是他在金陵大学学习期间。他当时研究了王阳明哲学，称之为“王学”，相信“知行合一”学说，以为知在行先，行在知后。他因笃信明代哲学家、教育家王阳明提出的“知是行之始，行是知之成”的唯心主义知行观，把自己的原名文濬改成了“知行”。毋庸讳言，他在这一阶段的哲学思想是唯心主义的。

但是，我们应该看到：陶行知完全相信“王学”，时间并不久，很快就看出了王阳明“格物致知”的方法不当。他把王阳明与南宋哲学家、教育家朱熹相对比，则倾向于同意朱熹运用“格物致知”的做法。1918年4月，他在

① 华中师范学院教育科学研究所主编：《谈生活教育——致一位朋友》，《陶行知全集》第5卷，湖南教育出版社1985年版，第476—477页。

② 华中师范学院教育科学研究所主编：《陶行知全集》第2卷，湖南教育出版社1985年版，第687页。

《试验主义之教育方法》一文中就指出："吾国数千年来，相传不绝之方法，惟有'致知在格物'一语。然格物之法何在？晦翁与阳明各持一说。晦翁以即物穷理释之，近矣。"①晦翁是陶行知对朱熹的尊称，朱熹字元晦，晚年自称晦庵。朱熹认为，"格物致知"为"即物穷理"。他把所格之物理解为事物，认为事物莫不有理，穷其理即可致其知。陶行知从朱熹的"格物致知"作法，同王阳明"格物致知"相对照，则发现王阳明不去格物，专在格心上下功夫的不当。他说："昔王阳明格竹七日而病，及在夷中，乃恍然以为：'天下之物，本无可格。其格物之功，只在身心上。'呜呼！此皆不能约束其境况，号召其象征，有以致之也。彼善致知者，役物而不为物所役，制天而不为天所制。"他进而指出王阳明不去格物转而专去格心的不妥，认为有害科学的发展。他指出："阳明固尝即物穷理者也，然未得其法，格物不成，归而格心。使阳明更进一步，不责物之无可格，只责格之不得法，兢兢然以改良方法自任，则近世发明史中，吾国人何至迄今无所贡献？"②可见，陶行知到1918年，已从王阳明的先验唯心主义认识论转向同意朱熹的客观唯心主义认识论。

陶行知这一转向变化，显然是他在1914年至1917年去美国留学，受到了西方试验主义影响的结果。在他看来，试验是发明的利器，一切学术的发展都根源于试验。他明确地指出："试验虽不必皆有发明，然发明必资乎试验。人禽之分，在试验之有无；文野之别，在试验之深浅。试验之法，造端于物理、生物、生理，浸假而侵入人群之诸学，今则哲理亦且受其影响矣。盖自培根(Bacon)用以格客观之物，笛卡儿(Descartes)用以致主观之知，试验精神，遂举形而上学、形而下学而贯彻之。"③可见，陶行知很推重培根、笛卡儿的试验主义精神。众所周知，弗兰西斯·培根是西欧近代哲学的奠基者，是"英国唯物主义和整个现代实验科学的真正始祖"④。他开

---

① 华中师范学院教育科学研究所主编：《陶行知全集》第1卷，湖南教育出版社1984年版，第60页。

② 华中师范学院教育科学研究所主编：《陶行知全集》第1卷，湖南教育出版社1984年版，第59—60页。

③ 华中师范学院教育科学研究所主编：《陶行知全集》第1卷，湖南教育出版社1984年版，第59—60页。

④ 马克思、恩格斯：《神圣家族》，《马克思恩格斯全集》第2卷，人民出版社1961年版，第163页。

创了经验论的认识原则，认为人们的认识是离不开经验的。他被认为是“知识就是力量”的提倡者，主张知识要靠经验来论证，要通过实验的验证来补充感官经验的不足。他在哲学上，虽然有神学的不彻底性，但是一位经验唯物主义者。而笛卡儿是法国著名哲学家和科学家，近代唯理论的创始人。他断言存在两个实体：一是具有广延性的“物质实体”，另一是具有思维属性的“精神实体”，说明他在形而上学和本体论上是二元论者。他是“怀疑一切”论者，主张摒弃因袭成见。他不仅是物理学家，又是几何学的创始人，他把几何学的推理方法应用到了哲学方面。陶行知重视试验主义，不可能没有受到“培根用以格客观之物，笛卡儿用以致主观之知”的“试验精神”影响，同时他已经分辨出“用以格客观之物”与“用以致主观之知”的区别。

陶行知虽然很推重英国经验唯物主义培根和法国唯理论者笛卡儿在十七世纪就已倡导的试验主义精神，但他更重视试验主义在德国的提倡和发展。他认为，继培根、笛卡儿之后，“言教育者多宗德人。故十九世纪以前，德人师天下；十九世纪以后，天下师德人。试验主义实与有力焉”①！他认为德国从十八世纪大风烈铁骑帝(Fredrick the Great)②宣扬试验主义精神为始，“其后赫尔巴耳忒与福禄伯诸贤，先后辈出，凡所建树，皆根本于试验”③。可见，德国自十八世纪以来“诸贤”提倡试验主义，对陶行知有很大影响。他论述德国试验主义发展状况，所根据的是柏林大学保尔生(Paulsen)④的论述，不难看出，保尔生是他的德国试验主义的传播者。保尔生为何许人也？据了解，他是德国康德学派的哲学家，著有《伦理学原理》，由蔡元培在1909年10月译介给中国学术界，影响颇大。该书主旨虽然是宣扬康德的二元论，但“书中某些唯物主义观点，对思想界产生过一定积极作用”⑤。民初，杨昌济在湖南第一师范学校讲授伦理学，就是以此书为教本，他当时的学生毛泽东极爱读此书。1950年，毛泽东曾回忆当时的

---

① 华中师范学院教育科学研究所主编：《试验主义之教育方法》，《陶行知全集》第1卷，湖南教育出版社1984年版，第61页。

② 大风烈铁骑帝(Fredrick the Great)，通译腓特烈大帝。

③ 华中师范学院教育科学研究所主编：《陶行知全集》第1卷，湖南教育出版社1984年版，第61页。

④ 保尔生(Paulsen)，通译保罗生。

⑤ 周天度：《蔡元培传》，人民教育出版社1984年版，第40页。

情形说："我们当时学的尽是一派唯心论，偶然看到像这本书上唯物论的说法，虽然还不纯粹，还是心物二元论的哲学，已经感到很深的趣味，得了很大的启示，真使我们心向往之了！"[①]陶行知为文，很少大段引用别人的话，而他对柏林大学保尔生论述德国试验主义发展状况的话大量引用，说明保尔生及其所介绍的试验主义对他有着明显的启迪。

陶行知论述了英、法、德等国试验主义的发展状况之后，又特别介绍了美国的詹姆斯，指出："美国三十年前之教育，亦几无事不模仿旧大陆。自乾姆(James)创设心理试验科，而学者趋向一变。至于今日，凡著名大学，莫不设教育科，其同时试验教育心理者以百计。"[②]他在文中还说道："杜威(Dewey)之集成教育哲学，也以试验。"[③]

由此可见，陶行知自留美返国以后，特别重视试验主义，从而动摇了他对先验论"王学"的信仰，开始向唯物主义方向转化。看来，他的试验主义受到了西方英、法、德、美各派的影响，但占主要地位的不仅是通常所论美国詹姆斯、杜威实用主义者的影响，而主要是英国经验唯物主义者培根和法国唯理论者笛卡儿，以及德国康德主义者保尔生等宣扬的带有经验论唯物主义观点的试验主义的影响。

陶行知在1919年3月发表了《普露士教育之基本改革》一文，介绍了德国自从拉撒尔(Lassalle)、马克思(Marx)提倡社会主义以来，"掌普露士国政"[④]和对社会、教育改革所取得的巨大成绩，说明他早在1919年就已接触到了马克思主义，对于动摇他以前对"王学"的笃信，也会有着它的启示和促进作用。

当然，陶行知在"知是行之始"这一阶段，虽然稍后受到了试验主义的影响和马克思主义的启迪，动摇了他开始时对"王学"的笃信，但是从他对待思维与存在的关系这一哲学根本问题的整体来看，尽管后来从试验主义和马克思主义那里接受了一些唯物主义观点，可以说，尚未摆脱知先行后

---

① 周士钊：《第一师范时代的毛主席》，《新观察》1951年1月第2卷，第2期。

② 华中师范学院教育科学研究所主编：《试验主义之教育方法》，《陶行知全集》第1卷，湖南教育出版社1984年版，第60—61页。乾姆(Jmaes)，通译詹姆斯。

③ 华中师范学院教育科学研究所主编：《试验主义之教育方法》，《陶行知全集》第1卷，湖南教育出版社1984年版，第60—61页。

④ 华中师范学院教育科学研究所主编：《陶行知全集》第1卷，湖南教育出版社1984年版，第165页。普露士，通译普鲁士。

或知重行轻的观点，尚未超出“知是行之始”的认识范围。

(二)主张“行是知之始”阶段(1927—1930 年)

这一阶段是陶行知由唯心主义转化成为唯物主义的重要时期。他在哲学思想上的转化，是从认识论的知与行关系上突破的：由相信先知后行，到主张先行后知。这是难能可贵的一百八十度的大转变。

他说：“七年前，我提出‘行是知之始，知是行之成’的理论，正与阳明先生的主张相反，那时以后，即有顽皮学生为我改名，常称我‘行知吾师’。我很乐意接受。”①这段话是作者在 1934 年 7 月所写《行知行》一文中谈到的。根据“七年前”推算，约在 1927 年。在此之后，他又将自己名字再由“知行”改成了“行知”。在这一阶段，陶行知乐于再改名字，说明他已摆脱了王阳明“知是行之始”的影响，相信行在知之先了。他的这种行，虽然主要指的是个人行动，但其中也包含有从事农工生产实践的内容。主张“行是知之始”，就是认为先行而后得知，这是唯物主义的认识论。那么，他为什么会有这样大的转化呢？这并不是偶然的，究其原因，是在前一阶段受到了西方试验主义的影响和启迪基础上，又受到了以下几方面的启示，终于从唯心主义转化成为了唯物主义：

1. 他精心研读了《墨辩》，使他相信“行是知之始”。这一思想形成的标志，就是他在 1929 年 7 月写下了《行是知之始》一文，表明了他在认识论上已彻底与王阳明“知是行之始”相对立。正是在这篇文章中，他特别说道：“《墨辩》提出三种知识：一是亲知，二是闻知，三是说知”，他然后指出：“我们拿‘行是知之始’来说明知识之来源，并不是否认闻知和说知，乃是承认亲知为一切知识之根本。闻知与说知必须安根于亲知里面方能发生效力。”②

2. 他从爱国主义和追求真理的思想出发，开展教育实践和进行教育调查，发现自己以往的看法有问题，于是提出了新的见解。他根据《墨辩》所论亲知、闻知和说知之间的关系，相信自己由实践和调查来的认识的可靠性，于是认为：“现在一般学校里所注重的知识，只是闻知，几乎以闻知概括

---

① 华中师范学院教育科学研究所主编：《陶行知全集》第 2 卷，湖南教育出版社 1985 年版，第 687 页。

② 华中师范学院教育科学研究所主编：《陶行知全集》第 2 卷，湖南教育出版社 1985 年版，第 152—153 页。

一切知识，亲知是几乎完全被挥于门外。”[①]他因为重视了“亲知”的重要性，于是他决心走出高等学校的象牙之塔，脱下西装革履，穿上布衣草鞋，到晓庄进行乡村教育实验。他所创立的生活教育学说，就是在这种唯物主义理论指导下形成的，因为他坚信生活决定教育，有什么样的生活，才有什么样的教育。

3. 他努力研究现代科学文化知识，促使他从“知行”向“行知”的转化。他列举了许多科学上的、生活中的实例，证明“行是知之始”。他指出：“我们先从小孩子说起，他起初必定是烫了手才知道火是热的，冰了手才知道雪是冷的，吃过糖才知道糖是甜的，碰过石头才知道石头是硬的。太阳地里晒过几回，厨房里烧饭时去过几回，夏天的生活尝过几回，才知道抽象的热。”他还说：“佛兰克林放了风筝，才知道电气可以由一根线从天空引到地下。瓦特烧水，看见蒸汽推运壶盖，便知道蒸汽也能推动机器。”[②]

从陶行知的哲学思想发展来看，他从相信“知行”而到坚信“行知”，这是一个重大的转化，是他在认识论上由唯心主义向唯物主义的一次重大转折。

（三）肯定认识是“行知行”的阶段（1931—1935 年）

陶行知的“行知行”认识论，早在 1931 年他所写《思想的母亲》一文中，就已经提出来了。由于认识上的提高，使他看出了他留学美国时的导师杜威在认识论上有不足之处。他指出：在杜威那里，既缺少知识来源于“行动”这个母亲，又缺少由理论指导下的“行动”，在认识过程的两端，都忽略了至关重要的行动环节。他认为杜威的认识论“好比是一个单级的电路，通不出电流”[③]。陶行知在认识论上，到此时已进一步趋于成熟。他在 1934 年 7 月发表的《行知行》一文中谈到，有人问他：“有了电的知识，才去开电灯厂，开了电灯厂，电的知识更能进步。这不是知行知吗？”他以“行知行”认识过程的道理加以反驳，指出：“那最初的电的知识是从哪里来的？

① 华中师范学院教育科学研究所主编：《陶行知全集》第 2 卷，湖南教育出版社 1985 年版，第 152—153 页。

② 华中师范学院教育科学研究所主编：《陶行知全集》第 2 卷，湖南教育出版社 1985 年版，第 153 页。

③ 华中师范学院教育科学研究所主编：《陶行知全集》第 2 卷，湖南教育出版社 1985 年版，第 404 页。

是像雨一样从天上落下来的吗？不是。是法拉第、爱迪生几个人从把戏中玩出来的。说得庄重些，电的知识是从实验中找出来的。”他接着解释说：“其实，实验就是一种有目的、有计划、有组织、有步骤、有创意的把戏。把戏或实验都是一种行动。”最后，他得出结论说：“故最初的电的知识是由行动中得来。那么，它的进程是‘行知行’，而不是‘知行知’。”[①]陶行知基于以上认识，便干脆把“行知行”作为了他的笔名。陶行知更名，是他认识变化的晴雨表。他自从写了《行知行》一文后，在他主编的《生活教育》半月刊上，每期增辟了一栏《行知行闲谈》。后来，他感到署“行知行”不简便，就干脆自己创造了一个新字“衜”，其意即是“行知行”。

如果说，陶行知在前一阶段，提出了“行是知之始”，肯定了由行到知这一正确过程，具有了唯物主义，可是还有机械性质，也就是说，他还没能解决再由行到知的另一个重要过程。但他在这一时期，开始认识到整个认识过程中有第二个飞跃阶段的重要性。他以他的特有语言来表达，在“行知”之后又加上一个“行”字，提出了认识是“行知行”的过程。这种认识论，已经在实质上达到了辩证唯物主义认识论的相似阶段，只是在用语和论证上有时还有不够谨严之处，诸如“行”与“实践”，“知”与“理论”，两类概念的内涵与外延，还只能是相似。即使如此，陶行知以他的“行知行”认识论解释生活教育学说时，就克服了仅以“行知”认识论解释的不足，除去了机械性质，保留了唯物主义，增添了辩证法，具有了科学性。

（四）具有了辩证唯物主义认识论阶段（1936—1946 年）

陶行知一生的最后十年，正如周恩来所认为的那样：“一直跟着毛泽东同志为代表的党的正确路线走，是一个无保留追随党的党外布尔什维克。”[②]他作为民主革命战士，在国统区重庆时，除了经常到周恩来和董必武那里请教之外，还潜心学习了毛泽东的《实践论》《新民主主义论》等著作，并结合革命斗争学习了马克思主义书籍和解放区的革命报刊。他在思想认识上出现了质的飞跃，从一个有一定朴素的唯物主义观点的革命者，变成了已经具有了辩证唯物主义基本观点的党外共产主义者。他在这时，

---

① 华中师范学院教育科学研究所主编：《陶行知全集》第 2 卷，湖南教育出版社 1985 年版，第 687 页。

② 周恩来：《对进步朋友应多加关照》（一九四六年七月二十五日），《周恩来选集》上卷，人民出版社 1997 年版，第 238 页。

把认识过程形象地比作为:“行动是老子,知识是儿子,创造是孙子。”①他在1941年6月所写《育才二周岁前夜》一文中,叙述得更加具体,他说:“人类与个人最初都由行动而获得真知,故以行动始,以思考终,再以有思考之行动始,以更高一级融会贯通之思考终,再由此而跃入真理之高峰。”②他的这些看法,与毛泽东在《实践论》中论述的认识过程是相一致的。

陶行知的哲学思想,后期已基本上达到了辩证唯物主义的高度,而且在实践中能以此作为世界观和方法论指导自己的行动。他在1943年所写的《创造年献诗》,是他以诗的语言表达马克思主义观点的代表作。他在诗中写道:“行以求知知更行,不知直认为不知。遍览已知求未知,以知与人已愈知。以为武断靠不住,存在从来决意识。解剖内体寻条理,追踪外缘找联系。贯通证据悬断语,屡试屡验验还试。矛盾相生复相克,数量满盈能变质。相推而进正反合,顺沿发展觅定律。”③

陶行知在诗中指出“以为武断靠不住,存在从来决意识”,这就表明他承认“存在决定意识”这一马克思主义的根本命题,认为存在是第一性的,意识是第二性的,并说:“矛盾相生复相克,数量满盈能变质”,这又说明,他不仅看到了事物内部存在矛盾,而且认识到“矛盾相生复相克”的矛盾对立面斗争和转化,促进着事物的发展变化。他还看到了“数量满盈能变质”,就是数量达到饱和之后就会由量变引起质变。

陶行知具有了辩证唯物主义基本观点之后,论述他的生活教育学说,就有了质的升华,反对以机械的、没有辩证法观点看待生活教育。他在1939年12月,复一位朋友来信中,驳斥了这样的观点:“你说:生活教育者好像不懂得‘真正生活教育的实现,只有在没有人剥削人的制度里存在’。你仔细想过之后,便知道这样的看法,是机械的看法而不是发展的看法,是静态的看法而不是动态的看法,是等待的看法而不是追求的看法。”④他在

① 华中师范学院教育科学研究所主编:《三代》,《陶行知全集》第4卷,湖南教育出版社1985年版,第160页。

② 华中师范学院教育科学研究所主编:《陶行知全集》第3卷,湖南教育出版社1985年版,第440页。

③ 华中师范学院教育科学研究所主编:《陶行知全集》第4卷,湖南教育出版社1985年版,第586页。

④ 华中师范学院教育科学研究所主编:《谈生活教育——致一位朋友》,《陶行知全集》第5卷,湖南教育出版社1985年版,第474—475页。

这里表明:对生活教育要用发展的、动态的、追求的观点,而反对采取机械的、静态的、等待的态度,认为生活教育是发展的过程。他指出:“真正的生活教育,自古以来一直存在到今天,即发展到今天,而且还要一直存在下去,发展下去而达到最高的生活即最高的教育。”①他在这封信中,还驳斥说:“你说:‘生活教育者企图不经过突变而欲达到质变。’我们没有这样的企图。除非你所遇到的是没有常识的‘生活教育者’。”然后,他以主张突变而反对只有渐变的指责,解释说:“水热到摄氏一百度,突变而为水蒸气。我们不能幻想着水蒸气而忽视了砍柴、挑水、烧锅的工作。”②可见,他是把渐变与突变结合起来了的辩证唯物主义者,也正是在这封信中,他对自己提出的生活教育学说给予辩证的唯物的解释,成为了科学的教育理论。

通过以上四个阶段的分期勾勒,可以清楚地看出陶行知哲学思想发展的轨迹。研究和掌握他的思想发展过程,确切了解他的认识论在各个阶段的发展变化,是确切了解和把握其生活教育思想在各个阶段发展变化的关键。如果我们仔细剖析他的哲学思想在各个阶段发展变化的情况,就能看出其生活教育思想是发展的,同时又是有阶段性的;如果深入分析研究各个阶段生活教育思想,就会发现同是生活教育而在各个阶段中,它们的认识论基础是不尽相同的。我们如果将陶行知生活教育学说分成前期与后期,然后对照观察,就不难发现,由于他的认识论基础的发展变化,前期与后期在思想实质上,不但有唯心主义与唯物主义的差别,还有着唯物主义与辩证唯物主义的不同。我们既要把握陶行知生活教育思想是不断发展的这根主脉,又要相对地分清其前后思想的四个阶段,就能防止出现认识上的偏差。总之,陶行知在认识论上是经历了从唯心主义走向唯物主义,最后达到了辩证唯物主义的高度,以此为教育思想的认识论基础的生活教育学说,也体现出由唯心向唯物、再到辩证唯物主义的发展过程,而他的生活教育学说的发展变化,又丰富发展了他的哲学思想和认识理论。陶行知的由知行到行知,再由行知到“行知行”过程的认识论,是他生活教育学说

---

① 华中师范学院教育科学研究所主编:《谈生活教育——致一位朋友》,《陶行知全集》第5卷,湖南教育出版社1985年版,第475页。

② 华中师范学院教育科学研究所主编:《陶行知全集》第5卷,湖南教育出版社1985年版,第475页。

的独特的思想基础，而了解和掌握他的独特的认识论，对于认识和把握其生活教育学说，具有重大的指导意义。

第三节　生活教育的形成与发展

陶行知创立的生活教育学说，有它自身的形成与发展的过程，大体可分为三个阶段，分别探讨如下：

一、萌芽阶段(1917—1926年)

陶行知的生活教育学说，虽然是在1927年创办晓庄师范学校以后提出来的，但在这之前就已经有了萌芽。我们如果按照生活教育学说的主要特征去探讨，就不难追寻出它的萌芽状态。

陶行知在美国留学时，受到了杜威"教育即生活"、"做中学"和西方教育家裴斯泰洛齐、福禄培尔关于生活具有教育作用等教育思想的影响。他怀着这样的教育看法在1917年由美返国，到南京高师任教。由于他重视生活的教育作用，在1918年11月就提出了有什么样生活，就该有什么样教育的观点。他在《生利主义之职业教育》一文中认为："生活主义包含万状，凡人生一切所需皆属之。其范围之广，实与教育等。有关于职业之生活，即有关于职业之教育；有关于消闲之生活，即有关于消闲之教育；有关于社交之生活，即有关于社交之教育；有关于天然界之生活，即有关于天然界之教育。"①这是陶行知最早对生活教育的论述，也是对杜威"教育即生活"教育思想的突破，有了"生活即教育"的思想萌芽。断定陶行知生活教育思想在1918年萌芽，这与陶行知本人后来在《生活教育目前的任务》一文中的回忆是吻合的，他说："生活教育之定义在晓庄开校前九年，我已提出。"②按此推算，可能就是指在1918年所发表的《生利主义之职业教育》中提出的生活教育概念。

1919年，五四新文化运动对陶行知给予了重大影响，增强了他改革教

① 华中师范学院教育科学研究所主编：《陶行知全集》第1卷，湖南教育出版社1984年版，第78页。

② 华中师范学院教育科学研究所主编：《陶行知全集》第3卷，湖南教育出版社1985年版，第292页。

育的决心和力量。他极力反对传统教育脱离生活，脱离社会实际，反对教育“沿袭陈法”和“仪型他国”，主张通过教育试验办新式教育，使教育与生活、社会实际紧密联系起来。他在 1919 年 7 月于浙江第一师范毕业生讲习会上，以《新教育》为题发表演说，阐述了什么是新教育以及新教育的目的、方法等，其中着重讲述了学校与社会的关系问题。他主张：“学校是小的社会，社会是大的学校。”①从这里看出，他对杜威的“学校即社会”思想已有所突破，有了“社会即学校”的思想萌芽。他否定以前只有在学校读书才是学生，一到家里就不是学生的看法，指出：“现在都做社会的学生，是从根本上讲，来得着实，不至空虚。”②他还认为，有生活就有教育，人从出生到老都在受教育，他说：(人)“就是天天受教育，差不多从出世到老，与人生为始终的样子。你哪一天生存不是学？你哪一天学不是生存呢？”③他在这里，已经认识到有生活就有教育，人终身都要受生活教育。正如他本人后来与日本记者小野三郎所讲：“民国八年，我作关于‘生活教育’的演讲，并确定意为：(一)生活的教育；(二)为生活而教育；(三)为生活的提高、进步而教育。”④从“民国八年”时间推算，可能就是这次在浙江第一师范毕业生讲习会上的讲演，但从内容上看，又可能指的是他在 1921 年所作《活的教育》演讲。因为只有在这次演讲中，他才着重阐述了生活与教育的关系，并以英文完整地提出了生活教育的三方面的主要内容：(一)“Education of life”，即生活教育；(二)“Education by life”，即依据生活而教育；(三)“Education for life”，即为了生活而教育⑤。

陶行知生活教育的教学方法论，早在五四运动以前就开始萌芽了。陶行知留美回国以后，“看见国内学校里先生只管教，学生只管受教的情形，

---

① 华中师范学院教育科学研究所主编：《陶行知全集》第 1 卷，湖南教育出版社 1984 年版，第 126 页。

② 华中师范学院教育科学研究所主编：《陶行知全集》第 1 卷，湖南教育出版社 1984 年版，第 127 页。

③ 华中师范学院教育科学研究所主编：《陶行知全集》第 1 卷，湖南教育出版社 1984 年版，第 126—127 页。

④ 华中师范学院教育科学研究所主编：《教育生活漫忆》，《陶行知全集》第 3 卷，湖南教育出版社 1985 年版，第 623 页。

⑤ 华中师范学院教育科学研究所主编：《陶行知全集》第 1 卷，湖南教育出版社 1984 年版，第 183—187 页。

就认定有改革之必要”[①]。他当时主张以教学法来代替教授法，但遇到了阻力，在南京高师校务会议上不能通过，为表达他的观点，在1919年2月发表了《教学合一》一文，主张“教的方法要根据学的方法”，走出了改革的第一步。继而他借助五四新文化运动的力量，毅然将南京高师教授法均改成教学法。到1922年，陶行知认为“教学做合一的理论已经成立了”[②]。但直到1925年，才明确提出教学做合一的名称。到1926年，他撰写《中国师范教育建设论》时，才“将教学做合一之原理作有系统之叙述”[③]。从教学做合一理论的形成过程，可以明确这样一个问题：陶行知早在他创办晓庄师范学校之前就已提出了教学做合一的理论，并为他创立生活教育学说奠立了教学方法论的基石。

1926年12月，陶行知在他拟订的《中华教育改进社改造全国乡村教育宣言书》中，主张“要乡村学校做改造乡村生活的中心”[④]，又在《我们的信条》中指出：“生活是教育的中心”，“教育应当培植生活力，使学生向上长”[⑤]，这就把生活与教育一体化了，把生活教育与教育实践结合起来。

总之，从1917年到1926年的这一阶段，是陶行知生活教育学说的萌芽时期，虽然看到了生活的教育作用，认为社会是大的学校，提出了教学做合一的方法，并着手开展教育试验，但在这个阶段，生活教育仍处于探索的萌芽阶段，尚未形成完整的理论体系。

二、形成阶段(1927—1930年)

陶行知非常重视教育试验，认为只有通过教育试验才能寻觅到新理。他深信生活教育可以培养出具有农夫的身手，科学的头脑，改造社会精神

---

① 华中师范学院教育科学研究所主编：《教学做合一》，《陶行知全集》第2卷，湖南教育出版社1985年版，第41—42页。

② 华中师范学院教育科学研究所主编：《教学做合一》，《陶行知全集》第2卷，湖南教育出版社1985年版，第41—42页。

③ 华中师范学院教育科学研究所主编：《教学做合一》，《陶行知全集》第2卷，湖南教育出版社1985年版，第41—42页。

④ 华中师范学院教育科学研究所主编：《陶行知全集》第1卷，湖南教育出版社1984年版，第646页。

⑤ 华中师范学院教育科学研究所主编：《陶行知全集》第1卷，湖南教育出版社1984年版，第651页。

的乡村教师，再通过他们培养学生，以便改造乡村、改造社会。于是，他放弃在南京高师的教授职位，到南京郊区农村创办晓庄师范学校，培养志在改造乡村的小学教师，试验生活教育新理，促进了生活教育理论体系的形成。

陶行知创办晓庄师范，是以生活教育思想为指导开展试验的，冲破了传统的学校观。他办晓庄师范，与其说是让学生来学习，不如说是让学生来过生活，在生活中，由指导员指导，进行学习。学校是以教学做合一理论安排活动，中心是做，而不是光读书本。根据陶行知设计，让学生着重过五种生活，即健康生活、劳动生活、科学生活、艺术生活和改造社会的生活。依据这些生活，学生分别参加中小学工作教学做，分任校内教务教学做，征服自然环境教学做，改造社会环境教学做和学生生活教学做。他在晓庄师范开展教育试验是全面的、系统的：从纵的方面看，包括有幼稚园、中心学校、劳山中学；从横的方面看，包括有师范学校、民众学校等。他于 1931 年所写的《诗的学校》一诗，就是以诗的语言，对晓庄师范试验生活教育的描述，其中主要有："宇宙为学校，自然是吾师。众生皆同学，书呆不在兹。""化日耀青天，有人田里哼。明月出东岭，是吾看花灯。""天池育蛟龙，森林教狮虎。得所不伤人，此意谁与语？""不是桃花源，不是神仙府，只做人中人，无问他我汝。"①

陶行知在晓庄师范的试验，是非常成功的，不仅培养出从事反帝爱国和生活教育的教师，而且使生活教育思想和方法，通过试验和总结，形成了生活教育的理论体系。这可以从以下几个方面，得到验证：

第一，明确了"生活即教育，社会即学校"的教育论。1930 年，他写出了《生活即教育》一文，这是对晓庄师范试验生活教育理论的总结。在文中，他通过试验，肯定杜威的"教育即生活，学校即社会"的理论，是"以一个小的学校去把社会上所有的一切东西都吸收进来，所以容易弄假"②。于是，他决心摒弃杜威的理论，把它翻了半个筋斗，改为"生活即教育，社会即学校"，并从理论上对生活教育作了系统论述，他得出"'生活即教育'与'社

---

① 华中师范学院教育科学研究所主编：《陶行知全集》第 4 卷，湖南教育出版社 1985 年版，第 115—117 页。

② 华中师范学院教育科学研究所主编：《陶行知全集》第 2 卷，湖南教育出版社 1985 年版，第 182 页。

会即学校'是相联的,是一个学理"①。

第二,把"生活即教育,社会即学校"教育论,与"教学做合一"方法论相结合。"教学做合一"教学方法论,虽在创办晓庄师范以前已经形成了,但把"生活即教育,社会即学校"作为教育指导思想,合成为生活教育理论体系还是在创办晓庄师范以后。在这一阶段,他让学生过着教学做合一的生活,就是过健康生活、劳动生活、科学生活、艺术生活和改造社会的生活。陶行知不仅强调教学做要合一,而且强调以做为中心,在做上教的是先生,在做上学的是学生。这时,还探讨了怎样做才算最好的问题,他于 1927 年 11 月写了《在劳力上劳心》一文,认为"单单劳力,单单劳心,都不能算是真正之做。真正之做须是在劳力上劳心"②。

第三,为了贯彻生活教育学说,办学必须体现民主精神。在晓庄师范,陶行知实行民主办学,一是要把晓庄师范办成"自由园地",容纳各个党派人员,实行各种学说争鸣;二是使学校与社会相沟通,与农民交朋友,帮助农民解决生活上的问题,如村民吃水、联防自安等;三是反对土豪劣绅,支持学生反对帝国主义侵略游行。

由于陶行知办晓庄师范,以民主精神办学,贯彻生活教育学说,把学校办成了培养反帝爱国人才的阵地,为国民党反动派所不容。于 1930 年 4 月,晓庄师范被国民党政府封闭,他本人被通缉,流亡到日本,使他在晓庄的生活教育试验被迫中断。陶行知后来回忆说:"我们在晓庄学校里所施行的教育,因种种的关系终难以推广和实现,学校也就不得已而停办了。不过这却更坚定了我们的'社会即学校'的信念,更为了'打入整个社会'而继续努力了。"③

三、发展阶段(1931—1946 年)

陶行知的生活教育学说,虽然已在办晓庄师范时就形成了,但是人们

---

① 华中师范学院教育科学研究所主编:《陶行知全集》第 2 卷,湖南教育出版社 1985 年版,第 187 页。

② 华中师范学院教育科学研究所主编:《陶行知全集》第 2 卷,湖南教育出版社 1985 年版,第 44 页。

③ 华中师范学院教育科学研究所主编:《教育生活漫忆》,《陶行知全集》第 3 卷,湖南教育出版社 1985 年版,第 624 页。

的生活是变化发展的，生活教育学说也必然随之变化发展，与日俱进，随时增新。如果把办晓庄试验乡村师范学校时称为生活教育学说形成阶段的话，那么，就可把从1931年到1946年这一时期叫做生活教育学说的发展阶段。这一阶段时间较长，为了更好地了解它的发展变化情况，再分成以下三个时期进行考察。

1. 创办山海工学团，提出小先生制时期。

陶行知在晓庄师范对生活教育学说的试验，虽然因国民党反动派蛮横封闭晓庄师范，他本人遭到通缉，受到干扰，不得不中断试验，但他并未甘心停顿，决心坚持这一寻觅教育新理的试验。他在1931年春，从日本潜回上海，提倡普及教育，开展“科学下嫁”运动，为他生活教育增添了科学内容。不但如此，他更寻找机会，开展进一步的试验。

就在这一时期，日本帝国主义公然侵略我国，相继发生了九一八和一·二八事变。国难当头，是我国社会生活的重大变化。陶行知是一位爱国主义者，为了救中国，按照他的生活教育学说，找到了一个新的办学组织形式，就是创办工学团。他在所发表的《古庙敲钟录》里，认为教育是在与国难赛跑，必须进行军事、生产、科学、识字、民权、生育六大训练，办的学校既是学堂，又是工场、社会。他把工学团看成是中华民族的救命圈，认为中华民族的新生命就潜伏在工学团之中。1932年9月，他在上海先后办起了山海、晨更等工学团。工学团是根据生活教育原理设立的一种新型学校。他通过工学团办学实践，又丰富发展了生活教育学说。因为工学团是以社会为学校，这就真正打破了传统学校界限，把工场、农场、社会、家庭与学校打成了一片；是以生活为教育，实行“教学做合一”，这就打破了传统的师生界限，而在做上教的是先生，在做上学的是学生。可以这样说，生活教育学说在山海工学团比起晓庄师范，更有所发展丰富，提出了“工以养生，学以明生，团以保生”①的办学原则，还发明了小先生制。在《教育生活漫忆》中，他回忆说：“工学团具体的教育方法，是由每一个教师担任指导四十个学生，教育他们怎样在校外教穷人和穷孩子们认识文字。这就是把学校当作发电机，学生当作电线，两者打成一片点亮电灯（即大众教育）的运动。

① 华中师范学院教育科学研究所主编：《普及什么教育》，《陶行知全集》第2卷，湖南教育出版社1985年版，第636页。

换句话说就是把社会和学校完全有机地予以统一的。”①

陶行知在山海工学团发明小先生制的同时，还提出了“即知即传”原则和“传递先生”等普及教育方法，这不仅丰富和发展了生活教育的教学方法，也非常有助于普及教育的开展。

2. 支持新安旅行团，推行国难教育和战时教育时期。

1935 年 10 月，由新安小学七名学生组成了新安旅行团，它既是宣传抗日救国的少年儿童组织，又是实践陶行知生活教育学说的流动学校。他们在旅行宣传中，在抗日救亡集体中，受集体教育和生活教育。

一二·九运动后，全国奋起救助国难。陶行知认为，当前社会生活是国难当头，于是提出了国难教育。1936 年初，他发起国难教育社，以挽救国家危亡为目的，把暴露并廓清“奴化教育”和“买办教育”作为工作内容，使生活教育有了新的发展变化。

七七事变后，全国进入抗战时期，陶行知根据有什么生活就有什么教育的原理，及时将国难教育改为战时教育。在战时教育中，要求有抗日救国内容，教学形式灵活多样，譬如到防空洞躲避空袭，提出山洞教育，这就促进了生活教育在内容和形式上的发展变化。

3. 开展全面教育运动和民主教育运动，创办育才学校和社会大学时期。

陶行知在这一时期，从生活教育的对象和目的上看，是有发展的。1939 年 7 月，他创办育才学校，主要是接收有特殊才能的难童入学；而在 1945 年 12 月创办的社会大学，招收的主要是有志于业余进修的革命青年。他办这两所学校的目的是为培养造就民主革命战士。

从生活教育内容看，在这个时期最重要的变化，就是体现了德、智、体、美、劳的和谐发展，更为丰富充实。育才学校既有普通课，又有分专业的提高课。普通课设有国语、数学、英语、社会常识、自然等课，除了未设“公民”、“党义”等课外，凡普通学校课程都有。与一般学校不同的，还分成文学、音乐、绘画、戏剧、社会、自然和舞蹈专业组，设置专业提高课。陶行知还实行创造教育，发展高年级学生研究能力，在 1941 年 9 月实行了“幼年

① 华中师范学院教育科学研究所主编：《陶行知全集》第 3 卷，湖南教育出版社 1985 年版，第 625—626 页。

研究生”制。不仅如此，还组织学生与农民交朋友，组织参加劳动生产。育才学校从教学内容到教学方法，都是在生活教育学说指导下开展的，学校与社会相沟通，教育与生活紧密联系，学习与生产劳动相结合，手脑并用，教学做合一，使学生得到全面和谐发展，从而又丰富发展了生活教育学说。他办社会大学，主要让学生学习民主革命理论和参加反对国民党反动派卖国投降、专制独裁的革命活动，使生活教育为革命斗争服务，成为半殖民地半封建社会的革命教育。

从生活教育的特点来看，这个时期有明显的认识上的深化。1936 年 3 月，他在《生活教育之特质》一文中，从生活教育本质上，认识到有六个特点：(一)生活的，(二)行动的，(三)大众的，(四)前进的，(五)世界的，(六)有历史联系的。其后，他在 1939 年 3 月，又于《告生活教育同志书》中，把生活教育学说看成是为建立争取自由平等的教育原理和教育方法，认为生活教育必须具有下述条件才能完成这个伟大使命：(一)必须是战斗的，(二)必须是生活的，(三)必须是科学的，(四)必须是大众的，(五)必须是有计划的。这些条件，正是他对生活教育特质认识的深化和发展。

从对生活教育涵义的理解上，其发展变化更为显著，是随着他的认识论由知到行，再由行到知，以至具有辩证唯物主义基本观点，不断前进，逐渐深化。如果说，生活教育形成时是建立在唯物主义观点之上，那么到这个时期，尤其后十年，就是以辩证唯物主义基本观点解释教育的。他在 1939 年 12 月致一位朋友的信中，所谈生活教育，就是其运用辩证唯物主义观点理解的最好例子。他认为生活教育是生活决定教育，是变化发展的，而且教育要通过生活发挥出力量，最后得出“生活教育理论，是半殖民地半封建的中国争取自由平等的教育理论”①。

总之，自从生活教育学说从晓庄师范发源之后，就富有无限的生命力，并随着陶行知推行乡村、普及、国难、战时、全面、民主六大教育运动和先后创办的山海工学团、育才学校和社会大学的办学实践，而不断得到丰富和发展，成为了一种具有中国教育特色的教育学说，它必将伴随生活的前进、时代的发展，更加发扬光大！

---

① 华中师范学院教育科学研究所主编：《谈生活教育——致一位朋友》，《陶行知全集》第 5 卷，湖南教育出版社 1985 年版，第 477 页。

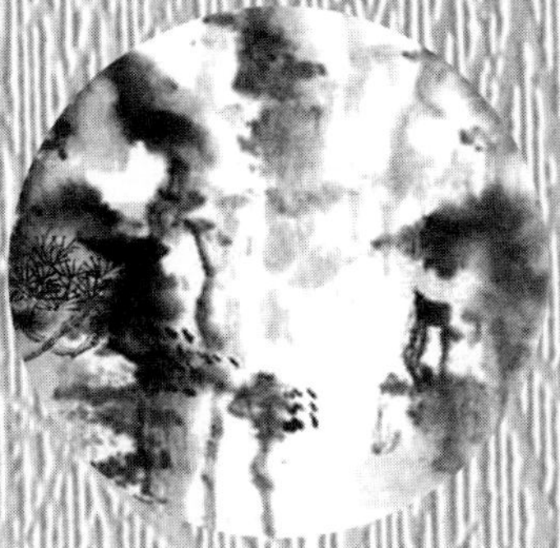

第二编

陶行知教育学说的基本原理

陶行知教育学说是一个内容颇为丰富、结构相对完整的理论体系。它由若干概念范畴、基本原理和具体主张所构成。陶行知教育学说的基本原理，是陶行知对其学说某些概念范畴的进一步展开，体现出其学说的基本思想，构成其学说的主干骨架。学习和研究陶行知教育学说，首先要弄清其基本原理。

陶行知教育学说的基本原理，根据陶行知本人生前的多次概括，主要是以下三个重要观点：生活即教育、社会即学校和教学做合一。陶行知正是在此三个重要观点的基础上，派生出其他许多具体主张，形成其独具特色的生活教育理论。本编着重对陶行知教育学说的基本原理加以论析。

陶行知教育学说的基本原理，是陶行知在半殖民地半封建中国的社会历史条件下，在反传统教育和反洋化教育的斗争中，在批判地继承古今中外各种教育思想的精华和总结自己教育实践宝贵经验的基础上所提出来的，具有鲜明的时代特色和特定的历史对象；它们互为补充和发挥，有机地构成一个紧密联系、不可分割的整体；而且，随着陶行知教育实践的不断展开和深入发展，其具体内容也相应产生某些变化，增添新质，汰除旧素。因此，我们在学习和研究陶行知教育学说的基本原理时，应该注意运用马克思主义历史的、全面的和发展的观点与方法，把它们放在特定的社会历史条件下来加以考察，始终忠实于陶行知的原文和原意，全面地综合认识这三大基本原理，从整体上把握和研究它们，根据陶行知对它们的一贯论述，理解和掌握其精神实质。

第三章 “生活即教育”

“生活即教育”是陶行知教育学说的基本原理之一。在陶行知教育学说的整个理论体系中占有中心位置，居于主导性地位，对其他基本原理和具体主张起着一种支配和决定的作用。学习和研究这一基本原理，有助于进一步理解和掌握陶行知教育学说的其他基本原理和具体主张。

第一节 “生活即教育”的产生背景

一、教育背景

马克思主义认为，社会意识是社会存在的反映。要弄清楚某一种思想学说，必须首先从了解产生这种思想学说的社会历史条件入手。我们学习和研究陶行知的教育学说，特别是其“生活即教育”的基本原理，也应如此。“生活即教育”产生的社会历史条件(或曰“产生背景”)，大体上包括社会政治、经济、文化、教育和理论等五个方面。由于本书第二章已对社会政治、经济和文化三方面的情况作了详细论述，此处仅就教育和理论两方面的背景作些概略说明。下面，我们以教育与生活关系的演变为线索，对“生活即教育”产生的教育背景略作鸟瞰。

从总体上说，在陶行知以前的教育发展史上，教育经历了一个与人民大众生活由融合到逐渐分离的过程。

在原始社会，教育与生活是融合在一起的。当时，由于劳动工具十分简陋，生产水平很低，人们的劳动只能维持自身的生存，社会上没有剩余产品，生产资料为氏族公有，没有阶级和剥削，人们共同劳动，共同消费，过着平等的集体生活。当时也不存在脑力劳动与体力劳动的分工，没有文字和书籍，没有专门的教育机构和专职教师。年轻的后代是在生产劳动和社会生活的实践中，接受长辈的教育。教育内容和方法非常简单，一般是结合着生产和生活实践，通过成年人的言传身教对儿童个别进行的。教育对全氏族儿童一律平等，没有阶级性。当然，这时教育与生活的融合还极为初步、简陋。

进入奴隶社会以后，教育就与生活分离了。随着生产力的发展，社会上有了剩余产品，出现了脑力劳动与体力劳动的分工，出现了剥削阶级和被剥削阶级，并产生了国家。国家产生以后，统治阶级需要一种专门机构培养其官吏和士人。这样，专门的教育机构——学校也应运而生了。奴隶社会的教育具有明显的阶级性。只有奴隶主子弟能入学校学习，而劳动人民子弟只能在生产劳动和日常生活中，跟长辈学习一些为人之道和生产劳动的知识与技能。当时，学校教育同劳动人民原始形态的教育是并存的。奴隶主通过学校传播统治阶级思想，让自己的子弟学习统治阶级的意识形态、行为规范、伦理道德、射御戎战等治人之术，把他们培养成国家大大小小的统治者。而劳动人民原始形态的教育，主要是通过家传形式或师徒制传授生产经验和一些粗浅的文化知识，为社会培养劳动力，以维系社会生产的延续和发展。

到了封建社会，教育与生活出现进一步分离。在中国两千多年的封建社会中，只有封建统治阶级的子弟才有条件入校学习，而大多数劳动人民的子弟因交不起“束脩”而被排斥在学校大门之外。劳动人民基本上还是通过父传子、师带徒的形式，在生产劳动和社会生活实践中接受教育。自汉武帝确立“独尊儒术”之后，孔子首创的儒家思想成了占统治地位的正宗思想，儒家的经典变成了历代学校的教育内容。历代的选士和科举，虽在形式上或重经义，或重诗赋，或用八股取士等有所不同，但在内容上大都限定以儒家经典为标准。封建统治者通过科举控制了全国的教育，用儒家的封建伦理思想奴役人民，使教育服务于培养忠于封建主的奴才，因而也使学校逐渐成为科举的附庸，导致教育内容日趋形式化、教条化，更加脱离人民大众，脱离生活实际。

1840 年鸦片战争以后，帝国主义侵入，中国开始由封建社会沦为半殖民地半封建的社会，从而也产生了半殖民地和半封建的文化教育。中日甲午战争以后，主张变法维新者均以废除科举为首要急务，出现了废科举、兴学校的教育改革运动。清政府颁布了新学制，翻译了不少外国的教科书，引进了从赫尔巴特到杜威等西方教育理论和方法。这些对中国教育从传统向现代过渡都起了某些积极的作用。但由于中国仍处在半殖民地半封建的社会历史条件下，整个国家教育的性质和面貌并没有得到根本的改变。在当时的新式学堂里，声光化电代替了子曰诗云，但读书做官、死读书等传统教育思想仍然支配着学校，“老八股教育”和“洋八股教育”合流，教育仍然严重脱离社会生活实际，尤其是脱离人民大众的生活实际。正是在这样一种历史背景下，针对传统教育和洋化教育的弊端，陶行知提出了“生活即教育”的主张。

二、理论背景

陶行知“生活即教育”的立论又是在一定的理论背景下提出来的。这个理论背景就是20世纪上半叶杜威“教育即生活”等实用主义教育思想在中国教育界的广泛流行。

“教育即生活”是杜威实用主义教育学说的一个基本原理和主张。这一思想是杜威针对20世纪初叶美国学校教育严重脱离社会生活实际的现状，以及英国教育家、社会学家斯宾塞“教育是将来生活的预备”的主张而提出来的。杜威基于实用主义的经验论，认为“教育就是经验的改造或改组。这种改造或改组，既能增加经验的意义，又能提高后来经验进程的能力”①。他把教育视为从已知经验到未知经验的连续过程，是经验不断增加的过程。经验的获得又总是和社会生活实践分不开的，因而“教育是生活的过程，而不是将来生活的预备”②。由此出发，他进一步提出“学校即社会”、“儿童是中心”和“从做中学”等主张。这些教育主张对于改革美国的传统学校教育，以适应当时处于急剧变化中的美国社会的发展，曾起到一定的积极作用。

20世纪20年代前后，伴随着民主政体的建立，资本主义经济的初步发展，中西文化交流的日益加强，杜威“教育即生活”等实用主义教育思想也逐渐传入中国。民国元年，经蔡元培等人的介绍，实用主义教育思想开始传入中国③。五四运动期间，杜威来华讲学，实用主义教育思想成为现

---

① 赵祥麟、王承绪编译：《杜威教育论著选》，华东师范大学出版社1981年版，第159页。

② 赵祥麟、王承绪编译：《杜威教育论著选》，华东师范大学出版社1981年版，第4页。

③ 参见蔡元培1912年4月发表的重要文章《对于教育方针之意见》。该文曾指出：“曰实利主义之教育，以人民生计为普通教育之中坚。其主张最力者，至以普通学术，悉寓于树艺、烹饪、裁缝及金、木、土工之中……今日美洲之杜威派，则纯持实利主义者也。”后来，蔡在1918年5月30日天津青年会的演讲《新教育与旧教育之歧点》和1919年3月15日北京青年会的演讲《贫儿院与贫儿教育的关系》中，又多次对此加以论及。

代中国传播最广、影响最深的一种西方资产阶级教育思潮。1919 年，杜威应北京大学、江苏省教育会等团体的邀请来华讲学。1919 年 5 月 1 日到上海，至 1921 年 7 月 11 日离北京回国，历时两年又两月，先后到直隶、山东、山西、湖北、湖南、江苏、江西、浙江、福建、广东等 11 省讲演，在北京、南京两地作系统演说，在北京高师、南京高师两校讲学。当时报刊大量发表他的讲演，如《新教育》杂志 1—3 卷各期均宣传杜威的哲学和教育理论，第 3 期出了“杜威专号”。北京晨报社出版了《杜威五大讲演》，两年内印行达十几版之多。他在北京高师的讲演记录编成了《平民主义与教育》，在南京高师的讲演记录，也编成《杜威教育哲学》于 1922 年由商务印书馆出版。他的学生胡适、蒋梦麟、陶行知等人以及教育界人士在这期间发表了许多论著宣传实用主义哲学和教育理论。一时间，杜威实用主义教育思想风靡全中国，“教育即生活”等主张，成为中国教育界的口头禅。

不容否认，在封建传统教育思想仍然在中国教育界占有某种支配地位的历史条件下，在生活自生活，教育自教育，两者渺不相关，毫无联系的情况下，杜威的“教育即生活”等实用主义教育思想被引进到中国来，以反对中国传统教育中的形式主义，是具有某种进步意义的，也的确产生一定的积极作用。但是，“教育即生活”等主张毕竟是杜威针对 20 世纪初美国教育所存在的问题而提出的，是美国社会文化环境的产物，且不论其政治倾向是错误的，哲学基础是非科学的，即使其基本内容多有合理之处，也不能完全适合中国的国情，真正解决中国教育所存在的问题。

基于此因，陶行知经过一番亲身体验之后，终于幡然悔悟，痛下决心，从“教育即生活”的信奉者一变而为批判者，针锋相对地提出了他的有名的“生活即教育”主张。他曾讲过：我可以说“教育即生活”是杜威先生的教育理论，也是现代教育思潮的中流。我从民国六年起便陪着这个思潮到中国来。八年的经验告诉我说“此路不通”。在山穷水尽的时候才悟到教学做合一的道理，所以教学做合一是实行“教育即生活”碰到墙壁把头碰痛时所找出来的新路。“教育即生活”的理论至此乃翻了半个筋斗……没有“教育即生活”的理论在前，绝产生不出“教学做合一”的理论。但到了“教学做合一”的理论形成的时候，整个教育便根本改变了方向。这个新方向是“生活即教育”。他还指出：“教育即生活这句话，是从杜威(John Dewey)先生那里来的，我们在过去是常常用他，但是，从来没有问过这里边有什么用意。

现在，我把他翻了半个筋斗，改为‘生活即教育’。”[①]由此可见，陶行知的“生活即教育”主张是对杜威“教育即生活”主张直接改造的结果。它与“教育即生活”既有某种思想上的联系，也有本质的区别。

综上所述，陶行知的“生活即教育”并非无的放矢，全凭臆想，更非无源之水，无本之木，而是在一定的社会背景（特别是教育背景和理论背景）下产生的。

第二节 “生活即教育”的涵义与实质

一、“生活”、“教育”范畴

（一）范畴研究的意义与方法

1. 为什么要研究陶行知教育学说的范畴。

任何一个比较成熟的理论体系都是由命题组成的，而命题又是借名词概念来表达的。基本的名词概念，称为范畴。

陶行知的教育学说也是由若干命题（如“生活即教育”、“社会即学校”、“教学做合一”等）组成的，而这些命题（亦称原理）又是借“生活”、“教育”、“社会”、“学校”、“教学做”等名词概念来表达的。上述基本的名词概念，就是陶行知教育学说的主要范畴。

在陶行知教育学说里，作为其基本要素的范畴是其命题原理和具体主张赖以依托和展开的基础。没有或离开这个基础，陶行知教育学说的理论体系就无法建立起来。因此，学习和研究陶行知教育学说，探讨其命题原理和具体主张，应该注重有关范畴的分析。从某种意义上说，陶行知教育学说的发展史，是其范畴的提出到明确以至进一步丰富和完善（即产生命题原理和具体主张）的历史。只有重视和加强陶行知教育学说的范畴的学习与研究，才能真正弄清其命题原理和具体主张，揭示陶行知教育学说的发展规律。正如列宁所说：“从逻辑的一般概念和范畴之发展与运用的观点出发的思想史——这才是需要的东西。”[②]

---

① 华中师范学院教育科学研究所主编：《生活即教育》，《陶行知全集》第2卷，湖南教育出版社1985年版，第180页。

② 《列宁全集》第38卷，人民出版社1959年版，第188页。

2. 如何研究陶行知教育学说的范畴。

学习和研究陶行知教育学说的范畴，必须注意以下三个问题：

首先，必须明确各范畴的基本涵义。在陶行知教育学说中，各范畴都有特定的涵义，就是同一范畴，在不同的时期、不同场合，在针对不同问题论述时涵义也不尽相同。这样，第一件事是把范畴的基本涵义搞清楚，这是学习和研究的基本出发点。

其次，必须明确各范畴产生和发展的基本线索。陶行知教育学说的各主要范畴，都有一个萌芽、形成和发展的历史，往往是初步提出时并不成熟，日后经过不断补充而日趋完善，这就需要找出范畴发展的基本线索。陶行知教育学说的范畴是以前人的思维成果为前提，进行加工和改造。这种发展的基本线索具体地表现在范畴的继承和沿革上。在具体做法上，必须分析哪些范畴是新提出来的，哪些范畴是沿用前人的，在沿用时赋予了哪些新的涵义。这样，就可以更确切地根据每个范畴的历史地位，从而作出恰如其分的评价。

最后，必须明确各范畴之间的相互关系。陶行知教育学说的各范畴不是彼此孤立、毫无联系的，而是相互交织在一起，有着密切联系的。学习和研究范畴应该重视这种联系，找出各范畴在陶行知教育学说理论体系中所处的地位和层次，从而加深对它的理解。

（二）"生活"范畴的剖析

"生活"范畴是陶行知教育学说的基本概念，也是其整个理论体系的逻辑起点。陶行知对"生活"范畴的阐释，与人们对"生活"的一般理解，不尽相同。他的"生活"范畴，具有特定的涵义。正是以这个涵义独特的"生活"范畴为理论基石，陶行知构筑起他的整个教育学说的理论体系。

关于"生活"范畴，陶行知在不同时期、不同场合，针对不同问题作过不同解释。从总体上说，其基本涵义主要是两点：一、泛指一切生物的生存和发展的活动（即"有生命的东西，在一个环境里生生不已的就是生活"①）；二、特指构成社会历史的主体——人类的全部生活实践（"生活主义包含万状，凡人生一切所需皆属之"②），"所谓'做'是包涵广泛意味的生活实践的

---

① 华中师范学院教育科学研究所主编：《生活即教育》，《陶行知全集》第2卷，湖南教育出版社1985年版，第180页。

② 华中师范学院教育科学研究所主编：《生利主义之职业教育》，《陶行知全集》第1卷，湖南教育出版社1984年版，第78页。

意思”[①]。它既包括个人生活和社会生活，又包括物质生活和精神生活。而且，社会的物质生活实践始终是其中居于首要地位的因素，决定和制约着其他方面的生活实践。上述两层基本涵义不是相互对立、相互排斥的，而是相互补充、相互阐明的。

陶行知的“生活”范畴是从杜威那里借用过来的，但与杜威的“生活”范畴在内容实质上有根本区别。杜威的实用主义教育学说也是以“生活”范畴作为其整个理论体系的逻辑起点的。他说：“生活就是通过对环境的行动的自我更新过程。”“生活的延续就是环境对生物需要的不断的重新适应。”又说：“我们使用‘生活’这个词来表示个体的和种族的全部经验。”[②]还说：“学校必须呈现现在的生活——即对于儿童说来是真实而生气勃勃的生活。”[③]杜威所说的“生活”，是一个从生物学中引申出来的范畴，是生物有机体适应环境的“刺激—反应”本能，是个人应付环境、适应现实的行为，而不是以人民大众为主体的、以生产劳动为首要内容的改造社会、征服自然的社会实践。陶行知借用了杜威的“生活”范畴，但赋予其新的涵义。他不是一般地谈论生物为生存和发展而进行的活动，而是着重指构成社会历史的主体——人类的生活实践；他不是毫无主次地开出一份包括各种生活内容的清单，而是把制造和使用工具的生产劳动视为生活的首要内容；他不是指个体的、消极适应性的生活，而是指社会的、积极能动的实践。他所说的“生活”包括制造和使用工具的生活，健康的、劳动的、科学的、艺术的和改造社会的生活，民族解放斗争的生活，争取民主、自由、平等的生活，等等。简言之，如果说，杜威的“生活”实质上是指人们应付和适应眼前资本主义社会的现实生活的各种活动，那么陶行知的“生活”实质上就是指半殖民地半封建中国人民大众反帝反封建、争取民族独立、民主平等和社会发展的全部社会实践。

当然，陶行知的“生活”范畴本身也有一个发展演进的过程。起初，它的涵义还比较笼统和抽象，并不十分明确和具体，尚未与杜威的“生活”范畴完全划清思想界限。后来，随着其教育实践的逐步深入和思想认识的不

① 华中师范学院教育科学研究所主编：《教育生活漫忆》，《陶行知全集》第 3 卷，湖南教育出版社 1985 年版，第 623 页。

② 杜威著、王承绪译：《民主主义与教育》，人民教育出版社 1990 年版，第 2—3 页。

③ 赵祥麟、王承绪编译：《杜威教育论著选》，华东师范大学出版社 1981 年版，第 4 页。

断提高，它才逐渐明确和具体起来，走出杜威实用主义哲学思想和教育学说的樊篱，日益接近马克思主义的“生活”观。

（三）“教育”范畴的剖析

“教育”范畴是陶行知教育学说中与“生活”范畴具有同等重要地位的又一基本概念。它与“生活”范畴有着密切联系。谈“生活”必然涉及“教育”，谈“教育”也必然涉及“生活”。没有离开“生活”的“教育”，也没有离开“教育”的生活，两者是一而二、二而一的关系。离开了“生活”和“教育”这两个范畴，陶行知教育学说的理论体系就不可能建立起来，因此，我们在弄清了“生活”范畴之后，有必要考察一下“教育”范畴。

与“生活”范畴一样，关于“教育”范畴，陶行知在不同时期、不同场合，针对不同问题时也作过不同解释。大致说来，它有两层意思：第一，教育是培养人的活动。用他的话说，“教育是教人化人”①，“教人做人”②，“使人天天改造，天天进步，天天往好的路上走”③，是“引人向上向前生活”④；第二，教育是“生活的改造”⑤，是“民族解放、大众解放、人类解放之武器”⑥。培养人与改造生活这两种活动又是密不可分、相互推动的。它是一件事物的两个方面。前者是教育的本质，后者是教育的功能。教育的根本特征和作用就是通过培养人来改造生活。如前所述，陶行知所说的“生活”，既包括个人生活，又指社会生活。所以，教育改造生活实质上是改造社会生活，即改造半殖民地半封建中国的社会生活，以实现民族解放、大众解放和人类解放。

陶行知的“教育”范畴也是从杜威那里借用过来的，却与杜威的“教育”

---

① 华中师范学院教育科学研究所主编：《地方教育与乡村改造》，《陶行知全集》第2卷，湖南教育出版社1985年版，第128页。

② 华中师范学院教育科学研究所主编：《空前之全国教育大会》，《陶行知全集》第1卷，湖南教育出版社1984年版，第458页。

③ 华中师范学院教育科学研究所主编：《新教育》，《陶行知全集》第1卷，湖南教育出版社1984年版，第123页。

④ 华中师范学院教育科学研究所主编：《桂林战时民众教育工作人员须知》，《陶行知全集》第3卷，湖南教育出版社1985年版，第299页。

⑤ 华中师范学院教育科学研究所主编：《地方教育与乡村改造》，《陶行知全集》第2卷，湖南教育出版社1985年版，第128页。

⑥ 华中师范学院教育科学研究所主编：《谈生活教育——致一位朋友》，《陶行知全集》第5卷，湖南教育出版社1985年版，第477页。

范畴在内容实质上存在本质差异。杜威认为,"教育就是经验的改造或改组"[①],"教育是生活的过程,而不是将来生活的预备"[②],"教育就是不断生长"[③]。(简称"教育即经验的改造","教育即生活","教育即生长")三句话涵义相同,互为表里。他提出这样的概念,是针对"传统教育"的。他认为,"传统教育"远离生活,不适应美国现实的需要,应该把社会生活的内容当作教育的主要内容,资本主义社会需要什么,学校就教什么。这种教育虽然较"传统教育"离社会近了一点,注意到社会的实际需要,但并未真正解决好教育与生活的关系,而且它的服务对象不是人民大众而是在资本主义社会居统治地位的资产阶级。

陶行知成功地改造了杜威的"教育"范畴,使之含有新的内容。他从半殖民地半封建中国的社会现实出发,把培养人与改造社会生活联系起来,提出"生活即教育","教育就是社会改造"。他把人民大众反帝反封、改造中国的社会生活作为教育的首要内容,把教育看成社会改造的重要工具,并进一步提出:"教育是民族解放、大众解放、人类解放之武器。"他正确地认识并阐明了教育的本质、功能与服务对象,使教育与生活真正地结合起来,为广大的人民群众尤其是其中的工人和农民及其子女服务。他的教育观不仅具有鲜明的阶级倾向,而且充满时代的气息,是对传统教育观的一次革命性改造。正如他自己所说:"这种教育观,是把教育从游戏场、陈列室解放出来,输送到战场上去。"[④]

陶行知对"教育"的认识是在不断深化的。五四时期,他对教育的看法与杜威的观点没有什么很大差异,肯定杜威"教育是继续经验的改造"的说法。他说:"'教育'是什么东西?照杜威先生说,教育是继续经验的改造(continuous reconstruction of experience)。我们个人受了周围的影响,常常有变化,或是变好,或是变坏。教育的作用,是使人天天改造,天天进步,天天往好的路上走;就是要用新的学理,新的方法,来改造学生的经验。"[⑤]

---

① 杜威著,王承绪译:《民主主义与教育》,人民教育出版社 1990 年版,第 82 页。

② 赵祥麟、王承绪编译:《杜威教育论著选》,华东师范大学出版社 1981 年版,第 4 页。

③ 杜威著、王承绪译:《民主主义与教育》,人民教育出版社 1990 年版,第 57 页。

④ 华中师范学院教育科学研究所主编:《谈生活教育——致一位朋友》,《陶行知全集》第 5 卷,湖南教育出版社 1985 年版,第 477 页。

⑤ 华中师范学院教育科学研究所主编:《新教育》,《陶行知全集》第 1 卷,湖南教育出版社 1984 年版,第 123 页。

在创办晓庄学校、推行乡村教育时期，他通过自己的教育实践开始认识到杜威“教育”范畴的不足，尝试着从其他角度来重新界定“教育”范畴。比如，他把教育与人类生活实践首要内容的制造工具和使用工具的生产劳动联系起来，提出“教育是什么？教育是教人发明工具，制造工具，运用工具”①。

又如，他把教育与社会生活的改造联系起来，提出“教育就是生活的改造”。由于他此时对“生活”范畴的具体内容认识还不十分明确和具体，所以，这时的教育观还残留着一定程度的杜威教育观的痕迹。30 年代以后，随着民族危机的空前加剧和抗日民族运动的蓬勃高涨，他的教育观发生了根本变化，明确认识到“教育不是玩具，不是装饰品，不是升官发财的媒介。教育是一种武器，是民族、人类解放的武器”②。这表明他的教育观已完全摆脱了杜威思想的影响，形成了个人的独特风格。

弄清了陶行知教育学说中“生活”和“教育”范畴的涵义和实质，就为我们下面学习和掌握“生活即教育”命题（原理）的涵义和实质，打下了初步基础。

二、“生活即教育”的涵义

“生活即教育”的命题（原理），涵义非常丰富。概括起来，主要包括如下三层意思：

第一，从生活的角度说，“生活含有教育的意义”。陶行知认为：“教育的根本意义是生活之变化。生活无时不变即生活无时不含有教育的意义。因此，我们可以说：‘生活即教育。’”③“生活含有教育的意义”来源于“生活具有教育的作用”。后者原是瑞士资产阶级民主主义教育家裴斯泰洛齐 1826 年在其论著《天鹅之歌》中最早提出的一条重要的教育原则。后来杜威接受了这条原则，继续加以阐发，肯定“一切沟通（因而也就是一切真正的社会生活）都具有教育性”，“共同生活过程本身也具有教育作用”④，旨在反对美国当时脱离社会生活的学校教育。陶行知在反对传统教育和洋

① 华中师范学院教育科学研究所主编：《生活工具主义之教育》，《陶行知全集》第 2 卷，湖南教育出版社 1985 年版，第 77 页。

② 华中师范学院教育科学研究所主编：《告生活教育社同奋斗》，《陶行知全集》第 3 卷，湖南教育出版社 1985 年版，第 338 页。

③ 华中师范学院教育科学研究所主编：《生活教育》，《陶行知全集》第 2 卷，湖南教育出版社 1985 年版，第 633 页。

④ 杜威著、王承绪译：《民主主义与教育》，人民教育出版社 1990 年版，第 6—7 页。

化教育的过程中,批判地继承了这一宝贵的教育思想,并根据中国的具体国情,加以创新和发展,使之具有新的思想内容。他在给“生活教育”下定义时,始终将“用生活来教育”作为最重要内涵之一。所谓“用生活来教育”,就是承认生活的教育作用,相信生活含有教育的意义。

生活为什么能起教育的作用?生活又怎样起教育的作用?陶行知认为:“生活与生活一磨擦便立刻起教育的作用。磨擦者与被磨擦者都起了变化,便都受了教育。”[①]他用唯物辩证法的观点来分析生活如何起教育的作用,从生活的矛盾斗争中看到了生活的教育作用,认为“受过某种教育的生活与没有受过某种教育的生活,磨擦起来,便发出生活的火花,即教育的火花,发出生活的变化,即教育的变化”[②]。生活又怎样起教育的作用?陶行知指出:“过什么生活便是受什么教育”,“过康健的生活便是受康健的教育;过科学的生活便是受科学的教育;过劳动的生活便是受劳动的教育;过艺术的生活便是受艺术的教育;过社会革命的生活便是受社会革命的教育”[③]。又说:“过好的生活,便是受好的教育;过坏的生活,便是受坏的教育;过有目的的生活,便是受有目的的教育;过糊里糊涂的生活,便是受糊里糊涂的教育;过有组织的生活,便是受有组织的教育;过一盘散沙的生活,便是受一盘散沙的教育;过有计划的生活,便是受有计划的教育;过乱七八糟的生活,便是受乱七八糟的教育。”[④]他强调把自己“放在社会的生活里,即社会的磁力线里转动,便能通出教育的电流,射出光,放出热,发出力”[⑤]。

第二,从教育的角度说,“教育以生活为中心”,通过生活来进行,以求得生活的向前向上与提高。陶行知在研究作为现实世界的教育现象时,是

---

① 华中师范学院教育科学研究所主编:《生活教育之特质》,《陶行知全集》第3卷,湖南教育出版社1985年版,第25页。

② 华中师范学院教育科学研究所主编:《生活教育之特质》,《陶行知全集》第3卷,湖南教育出版社1985年版,第26页。

③ 华中师范学院教育科学研究所主编:《教学做合一下之教科书》,《陶行知全集》第2卷,湖南教育出版社1985年版,第288页。

④ 华中师范学院教育科学研究所主编:《生活教育》,《陶行知全集》第2卷,湖南教育出版社1985年版,第634—635页。

⑤ 华中师范学院教育科学研究所主编:《生活教育》,《陶行知全集》第2卷,湖南教育出版社1985年版,第634—635页。

把教育与社会生活实践紧密联系起来进行考察的。他认为，生活与教育是同一过程，教育不能脱离生活，生活也不能脱离教育。有什么样的生活就应有什么样的教育，教育的内容应根据生活的需要。他猛烈抨击以文字、书本为中心的传统教育和洋化教育，提倡以"生活为中心之教育"。在他看来，文字、书本只是生活的工具，不是生活的本身，教育即来源于生活，由生活产生，文字、书本不能喧宾夺主，作为教育的中心内容。他指出传统教育和洋化教育的"文字中心之过在以文字当教育"，把教育等同于读书，"以为文字之外别无教育"，其实错矣。文字、书本只是求知的一种工具，生活中随处是工具，随处都有教育的内容。只有在生活中求得的教育才是活的、有用的教育。他打了一个非常形象的比喻，教育好比是蔬菜，文字好比是纤维，生活好比是维他命。以文字为中心而忽略生活的教科书，好比是有纤维而无维他命之蔬菜，吃了不能滋养体力。

他主张，教育要通过生活来进行，"用生活来教育"。也就是说，"要想受什么教育，便须过什么生活"，如果"过的是少爷生活，虽天天读劳动的书籍，不算是受着劳动教育；过的是迷信生活，虽天天听科学的演讲，不算是受着科学教育；过的是随地吐痰的生活，虽天天写卫生的笔记，不算是受着卫生的教育；过的是开倒车的生活，虽天天谈革命的行动，不算是受着革命的教育。我们要想受什么教育，便须过什么生活"①。只有使教育与社会生活实践密切结合起来，在生活中进行教育，教育才能发出力量而成为真正的教育。

第三，从生活与教育的关系说，"生活决定教育"，"教育改造生活"。陶行知说："从生活与教育的关系上说，是生活决定教育。"②又说："教育就是生活的改造。"③所以，生活决定教育，教育改造生活。两者相互推动，共同前进。

生活决定教育，首先体现为教育的起源、目的、原则、方法都为生活所

---

① 华中师范学院教育科学研究所主编：《生活教育》，《陶行知全集》第2卷，湖南教育出版社1985年版，第634页。

② 华中师范学院教育科学研究所主编：《谈生活教育——致一位朋友》，《陶行知全集》第5卷，湖南教育出版社1985年版，第477页。

③ 华中师范学院教育科学研究所主编：《地方教育与乡村改造》，《陶行知全集》第2卷，湖南教育出版社1985年版，第128页。

决定。教育起源于人类社会生活的需要。人类要生存和发展下去，就需要不断向下一代传授人类生产劳动的经验、技能，传授社会生活的经验，教育就是为了满足人类社会生活的需要而产生的。教育的目的也是为了"生活所必需"。陶行知认为，不能为办教育而办教育，他的教育目的一直是明确的，即为了人民大众的生活需要，为大众求解放，为人民谋幸福。教育的原则、方法更为生活所决定。生活具有教育的意义和作用。教育应以生活为中心，并且通过生活来进行。不能以文字、书本为中心，关在小鸟笼似的学校里读死书、死读书。

其次，生活的全面性导致了教育的全面性。他说："生活教育的要求是：整个的生活要有整个的教育。"①并说："民主教育应该是整个生活的教育。他应该要工以养生；学以明生；团以保生。他应该是健康、科学、艺术、劳动与民主组成之和谐的生活，即和谐的教育。"②还将"整个生活的教育"归结为"全面教育"，即"心、脑、手并用。学政治、学经济、学文化相结合。健康、科学、劳动、艺术及民主将构成和谐的生活"③。又次，生活决定了教育的场所。"到处是生活，即到处是教育；整个的社会是生活的场所，亦即教育之场所。"④生活是大众唯一的教育，社会是大众唯一的学校。人民大众当时只能在"社会大学"里学习。再次，生活的变化引起了教育的变化。他说："教育的根本意义是生活之变化。"⑤生活起了变化，教育也要起变化。生活是不断前进的，教育也要不断前进。教育要随着生活的发展而发展，站在生活的前面，引导人们过"向前向上"的生活。换句话说，就是过反帝反封建民族民主革命的生活。最后，生活的连续性决定了教育的终生性。他说："天天变动，就是天天受教育。差不多从出世到老，与人生为始

① 华中师范学院教育科学研究所主编：《晓庄三岁敬告同志书》，《陶行知全集》第2卷，湖南教育出版社1985年版，第210页。

② 华中师范学院教育科学研究所主编：《民主教育》，《陶行知全集》第3卷，湖南教育出版社1985年版，第570页。

③ 华中师范学院教育科学研究所主编：《全民教育》，《陶行知全集》第3卷，湖南教育出版社1985年版，第554页。

④ 华中师范学院教育科学研究所主编：《生活教育》，《陶行知全集》第2卷，湖南教育出版社1985年版，第633—634页。

⑤ 华中师范学院教育科学研究所主编：《生活教育》，《陶行知全集》第2卷，湖南教育出版社1985年版，第633页。

终的样子。"[①]又说:"生活教育与生俱来,与生同去。出世便是破蒙,进棺材才算毕业。"[②]他指出:"现在这种小学六年、中学六年、大学四年的教育制度,都可以'短命教育'四字代表之。我们所要干的是整个寿命的教育,不是短命的教育。"[③]在他看来,"教育最重要的成就在使众人养成一种继续不断的共同求进的决心。我们要对众人养成的态度是:活到老;做到老;学到老"[④],"终生教育。培养求知欲。学习为生活;生活为学习。只要活着就要学习。一旦养成学习习惯,个人就能终生进步不断"[⑤]。

生活决定教育,教育又反过来改造生活,推动生活发展。

教育改造生活,首先是改造社会生活。而改造社会生活的一个重要内容,就是改造社会政治。陶行知认为,"政治与教育原是不能分离的,二者能同时并进,同时革新,国民革命才有基础和成功的希望","教育上的革命"应该配合"政治上的革命"[⑥],还认为"主张生活即教育,就是要用教育的力量,来达民之情,顺民之意","是要解放全人类的"[⑦]。他在自己的全部教育生涯中始终把教育改造与社会政治生活改造紧密结合在一起,以发挥教育改造社会的巨大作用,并逐步探寻到正确的政治方向,使教育为人民大众服务,为反帝反封建反官僚资本主义的新民主主义革命斗争服务。20年代,他创办晓庄学校,积极推行乡村教育运动,以改造社会,改造农村,改变中国贫穷落后的面貌为理想,提出生活教育要以培养学生和农民群众"征服自然改造社会的本领"为总目标,使之具有"康健的体魄"、"农人

---

① 华中师范学院教育科学研究所主编:《新教育》,《陶行知全集》第1卷,湖南教育出版社1984年版,第126页。

② 华中师范学院教育科学研究所主编:《生活教育》,《陶行知全集》第2卷,湖南教育出版社1985年版,第633页。

③ 华中师范学院教育科学研究所主编:《普及教育》,《陶行知全集》第2卷,湖南教育出版社1985年版,第762页。

④ 华中师范学院教育科学研究所主编:《中国普及教育方案商讨》,《陶行知全集》第2卷,湖南教育出版社1985年版,第804页。

⑤ 华中师范学院教育科学研究所主编:《全民教育》,《陶行知全集》第3卷,湖南教育出版社1985年版,第554页。

⑥ 华中师范学院教育科学研究所主编:《晓庄试验乡村师范学校创校概况》,《陶行知全集》第2卷,湖南教育出版社1985年版,第17页。

⑦ 华中师范学院教育科学研究所主编:《生活教育》,《陶行知全集》第2卷,湖南教育出版社1985年版,第184页。

的身手"、"科学的头脑"、"艺术的兴趣"和"改造社会的精神"。到了30年代，国难当头，民族危机深重，他又提倡国难教育运动，指出"教育没有独立的生命，它是以民族的生命为生命。唯有以民族的生命为生命的教育，才算是我们的教育……国难教育的任务，在唤醒大众组织起来救国"①。并得出"教育是民族解放、大众解放、人类解放之武器"②这一著名论断。以后他提倡战时教育、民主教育等运动以及先后创办山海工学团、育才学校、社会大学等教育事业，都是为人民大众民族民主的革命斗争服务，和人民大众民族民主革命斗争的历史发展相结合。生活教育的方向是人民大众反帝反封建的新民主主义教育的方向。

教育改造社会生活的又一方面是促进社会经济的发展。教育必须重视科学传播，面向经济，与工农业生产实际相结合，与生产劳动相结合，使中国从"农业文明过渡到工业文明"，实现"工业化"，"创造富的社会"，为人民大众谋幸福，这是陶行知一以贯之的思想。早在大学时代，他就认识到"'共和之要素有二：一曰教育；二曰生计'。然教育苟良，则人民生计必能渐臻满意"③。五四时期，他大力提倡"生利主义之职业教育"，主张教育要"养成生利人物"④。认为倘如此，则国无游民，民无废才，群需可济，个性可舒。在从事平民教育运动时便提出能够识字读书之后"要继续受职业训练"的主张。乡村教育时期他就主张"教育与农业携手"，建设"科学农业"，认为"教育没有农业，便成为空洞的教育"，"农业没有教育，就失了促进的媒介"⑤，提出了农村教育要与现代科学技术结合，促进农业进步的思想。他还倡议"把政治、经济、教育打成一片，做个政富教合一的小试验"⑥，形

① 华中师范学院教育科学研究所主编：《国难教育方案之特质》，《陶行知全集》第3卷，湖南教育出版社1985年版，第19页。

② 华中师范学院教育科学研究所主编：《谈生活教育——致一位朋友》，《陶行知全集》第5卷，湖南教育出版社1985年版，第477页。

③ 华中师范学院教育科学研究所主编：《共和精义》，《陶行知全集》第1卷，湖南教育出版社1984年版，第51页。

④ 华中师范学院教育科学研究所主编：《生利主义之职业教育》，《陶行知全集》第1卷，湖南教育出版社1984年版，第80页。

⑤ 华中师范学院教育科学研究所主编：《中国乡村教育之根本改造》，《陶行知全集》第1卷，湖南教育出版社1984年版，第654页。

⑥ 华中师范学院教育科学研究所主编：《晓庄三岁敬告同志书》，《陶行知全集》第2卷，湖南教育出版社1985年版，第211页。

成了“政富教合一”的理论。30 年代初，他积极开展“科学下嫁运动”，努力把科学普及到工农大众中去，创办以培养“生产能力”与“科学能力”等六大能力为主旨的工学团，提倡生产教育和科学教育。抗日战争时期他提出学校不但“是一个学问的组织，而且是一个战斗体”，“一个生产体”，“学习科学，帮助创造科学的新中国。现在的世界是一个科学的世界，整个中国必须受科学的洗礼”①。抗战胜利之后，他在从事民主教育运动过程中，仍主张民主教育要为改变贫穷落后的状况创造“富”的社会、富强的中国、人民的幸福而奋斗。他指出：“科学不发达，不能造富，所以应该有科学的生产，科学的劳动。”②1946 年初，他把生活教育运动的方针概括为“民主的、大众的、科学的、创造的方针”③。教育改造社会生活还有一个方面，即是把“文化从小众手里解放出来”。他认为，教育的功能是多方面的，既有政治、经济的功能，也有文化的功能；不仅“传递社会的经验”，而且“是社会经验之改造”④，具有“引导人产生新价值的力量”⑤。在半殖民地半封建社会历史条件下的中国，教育的首要任务是把“文化从小众手里解放出来”。他指出“文化是大众所创造的”，可却“被小众所独占”，“现在应该将文化从小众手里解放出来。创造文化的大众应该享受创造的结果”。怎样才能把文化从“小众”手里解放出来呢？他指出了以下几种途径：一是“认识上的解放”，即把文化从各种错误歪曲的观念里解放出来；二是“工具的解放”，即提倡使用新文字；三是“方法的解放”，即废除灌注的教授法，代之以“相互之自由讨论”，反对“知识私有”，“知识封锁”，主张“即知即传”，把白话文解放成大众文，提倡教学做合一，“在行动上来推进大众文化”；四是“组织上的解放”，即“把文化从模范监牢里解放出来，使它跑进大社会里去。社会即学

---

① 华中师范学院教育科学研究所主编：《从五周年看五十周年》，《陶行知全集》第 3 卷，湖南教育出版社 1985 年版，第 512—513 页。

② 华中师范学院教育科学研究所主编：《实施民主教育的提纲》，《陶行知全集》第 3 卷，湖南教育出版社 1985 年版，第 543 页。

③ 华中师范学院教育科学研究所主编：《大众的艺术》，《陶行知全集》第 3 卷，湖南教育出版社 1985 年版，第 581 页。

④ 华中师范学院教育科学研究所主编：《谈教学做合一——致朱端琰》，《陶行知全集》第 5 卷，湖南教育出版社 1985 年版，第 206 页。

⑤ 华中师范学院教育科学研究所主编：《教学做合一下之教科书》，《陶行知全集》第 2 卷，湖南教育出版社 1985 年版，第 300 页。

校，文化的场所多着哩”；五是“时间的解放”，即“争取时间来推进大众文化”；六是“新文化创造的解放”，即反对文化刽子手对新文化创造的摧残。他认为，取得文化解放的关键，在于“要大众运用集体的力量来争取的”，“决不能由少数知识分子代办”，“大众文化是大众的文化，是大众为自己推动的文化，是大众为自己谋幸福除痛苦而推动的文化”，“民族解放、大众解放、文化解放是一个分不开的运动。必须要联起来看，联起来想，联起来干，才会看得清楚，想得透彻，干得成功”①。可以说，陶行知一生提出的各种教育主张，推行的各个教育运动，都是为了把文化从小众手里解放出来，让文化的创造者——大众所享用。

教育不仅改造社会生活，也改造个人生活。这两者又是紧密联系在一起的。教育的基本功能是通过培养人来改造社会生活。那么，教育如何培养人以充分发挥其改造社会生活的巨大作用呢？陶行知认为这就必须把培养人与生活实际密切结合起来，引导学生追求“高尚的生活”。他说：“‘生’字的意义，是生活或是生存。学生所学的是人生之道。人生之道，有高尚的，有卑下的；有片面的，有全部的；有永久的，有一时的；有精神的，有形式的。我们所求的学，要他天天加增的，是高尚的生活，完全的生活，精神上的生活，永久继续的生活。”②“教育的作用，是使人天天改造，天天进步，天天往好的路上走。”③

陶行知指出：“在一般的生活里，找出教育的特殊意义，发挥出教育的特殊力量。同时，要在特殊的教育里，找出一般的生活联系，展开对一般生活的普遍而深刻的影响。把教育推广到生活所包括的领域，使生活提高到教育所瞄准的水平。”④这既是陶行知对生活教育者的殷切期望，又可视为他对生活决定教育、教育改造生活的扼要说明。

总之，生活含有教育的意义，教育应以生活为中心，通过生活来进行，

---

① 此段参见华中师范学院教育科学研究所主编：《文化解放》，《陶行知全集》第 3 卷，湖南教育出版社 1985 年版，第 76—80 页。

② 华中师范学院教育科学研究所主编：《新教育》，《陶行知全集》第 1 卷，湖南教育出版社 1984 年版，第 126 页。

③ 华中师范学院教育科学研究所主编：《新教育》，《陶行知全集》第 1 卷，湖南教育出版社 1984 年版，第 123 页。

④ 华中师范学院教育科学研究所主编：《〈战时教育〉半月刊方针——致戴伯韬》，《陶行知全集》第 5 卷，湖南教育出版社 1985 年版，第 472 页。

生活决定教育，教育改造生活，这些就是“生活即教育”的基本涵义。

三、“生活即教育”的实质

“生活即教育”原理，是生活教育理论的核心，也是陶行知教育学说中最易引起人们误解乃至曲解的一个思想。为了弄清其实质，这里有必要对社会上和理论界流行甚广的几种认识作点分析。

其一，陶行知是把教育和生活画等号，把教育原始化、低级化吗？

“生活即教育”如果从字面上讲，当然是“生活就是教育”的意思。有人根据这一字面上的意思，认为陶行知的这一主张，实际上是抹煞了教育同生活的区别，把两者完全等同起来。其实，这是一种误解。陶行知的确说过“生活与教育是一个东西，不是两个东西。在生活教育的观点看来，它们是一个现象的两个名称”①。这是讲生活与教育具有某种深刻的、内在的同一性或一致性，生活与教育经历着同一过程，教育不能脱离生活，生活也离不开教育，而并非把生活与教育简单地等同起来，完全看成一码事。

我们认为，对于陶行知的“生活即教育”原理（包括他的其他原理和思想），不能仅仅根据其字面上的意思就下断语，而应根据他当时提出、形成、实施这些主张的历史条件、时代特点和他本人的论述作出全面、准确、客观的分析。前面说过，在陶行知提出、形成和实施其教育主张之前，在人类社会教育发展史上，教育与生活的关系经历了一个由融合到分离的过程。进入阶级社会以后，学校教育便被剥削统治阶级所垄断，脑力劳动成了剥削阶级的事情，只有剥削阶级的子弟才能入校学习，学校教育成为他们进行阶级统治的工具，而劳动人民子弟则被排斥在学校大门之外。劳动人民基本上还是通过父传子、师带徒的形式，在生产劳动和社会实践中接受教育。在学校教育的教育内容上，主要传授统治阶级思想，学习统治者的治人之术，几乎与社会生活实际没有什么直接联系。进入近代社会以后，中国的文化教育虽然在西方文化教育的猛烈冲击下开始发生某些变化，但教育脱离人民、教育脱离生活的状况，却没发生根本性的改变。正是针对半殖民地半封建社会中国传统教育和洋化教育的这两个根本弊端，同时又考虑到

① 华中师范学院教育科学研究所主编：《教学做合一下之教科书》，《陶行知全集》第2卷，湖南教育出版社1985年版，第288页。

当时人民大众接受教育的实际情况，陶行知才提出"生活即教育"的主张。

此外，从当时的时代特点来看，近代中国社会在帝国主义（尤其是日本帝国主义）的侵略下，正日益走向殖民地化。反帝反封建、争取民族解放和民主自由成为时代的中心课题，但学校教育的教育内容严重脱离社会现实，完全不能适应人民大众反帝反封建革命斗争的需要。只有人民大众自身的社会生活实践，才能真正满足这种需要，才是最好的教育内容。

而且，就连陶行知本人也是明确反对以生活等同教育，取消教育的。1936年，他在谈到某些人对"生活即教育"的误解时说："有人说，生活既是教育，那么，便有生活即有教育，又何必要我们去办教育呢？他这句话，分析是对的，断语是错的。我们承认自古以来便有生活即有教育。但同在一社会，有的人是过着前进的生活，有的人是过着落后的生活。我们要用前进的生活来引导落后的生活，要大家一起来过前进的生活，受前进的教育。前进的意识要通过生活才算是教人真正的向前去。"[①]又说："教育上是生活反映出来的影子。""是好生活即是好教育；是坏生活即是坏教育；有目的的生活即是有目的的教育；无目的的生活即是无目的的教育；有计划的生活即是有计划的教育；无计划的生活即是无计划的教育；合理的生活即是合理的教育；不合理的生活即是不合理的教育；日常的生活即是日常的教育；进步的生活即是进步的教育。"[②]这些话的意思是说，生活是一个整体，教育是一个局部，生活包括教育，而不等同教育，更不能取消教育。生活本身也有内容、性质的不同，有前进的生活，也有落后的生活；有革命的生活，也有反动的生活。但同一社会里，有的人是过着前进的、革命的生活，有的人则过着落后的乃至反动的生活。教育者要用前进的生活来引导落后的生活，用革命的生活来改造反动的生活，使大家一起来过前进的、革命的生活，受前进的、革命的教育。只有这种前进的、革命的生活，才真正含有教育的意义。教育者应该办的教育，就是这种前进的、革命的教育。他所反对的或取消的，是落后的、反动的教育，而不是教育本身。

值得注意的是，陶行知在用英文表述"生活即教育"、"社会即学校"时，

---

① 华中师范学院教育科学研究所主编：《生活教育之特质》，《陶行知全集》第3卷，湖南教育出版社1985年版，第27页。

② 华中师范学院教育科学研究所主编：《晓庄三岁敬告同志书》，《陶行知全集》第2卷，湖南教育出版社1985年版，第209页。

一般都是用关系词"as"而非"is"来表示生活与教育、社会与学校的关系。比如，1938 年 9 月，他应印度民族运动领袖甘地之邀，用英文为之撰写《中国的大众教育运动》时，文中便是"Life as Education"、"Society as School"。在 1938 年的《中国》和 1945 年的《全民教育》这两篇英文论著中，也是用"Society as the school"或"Society as school"来表述"社会即学校"①。"as"与"is"一词之差，涵义颇有出入。"as"的意思是"似"，"is"的意思为"是"。"as"是一种类比，表示两件不同事物具有某种相似之处或一致性，"is"是直称，说明两件事物完全是一个东西。陶行知在不同时期、不同情况下都用"as"而不是"is"来表示生活与教育、社会与学校的关系，说明陶行知在使用这些意思接近而又颇有差异的英文词语时，经过了深思熟虑，反复斟酌，绝非偶然的信笔为之，随便搭配。从陶行知对英文词语"as"的使用中，我们也可窥知他强调的是生活与教育、社会与学校的同一性或一致性，而并非把生活与教育简单地等同起来，完全看成一码事。

其二，陶行知的"生活即教育"不就是杜威"教育即生活"的"翻版"吗?

陶行知的"生活即教育"是对杜威的"教育即生活"的直接改造。有人据此认定"生活即教育"与"教育即生活"并无根本不同，半个筋斗并没有跳出杜威的窠臼，不过是杜威"教育即生活"的"翻版"而已。其实，这也是一种误解。

不错，陶行知的"生活即教育"是对杜威"教育即生活"直接改造的结果。但应看到，它更是陶行知长期反传统教育和洋化教育历史实践的产物，是陶行知针对 20 世纪上半叶中国社会和教育的具体实际而提出来的。这就决定了陶行知的"生活即教育"与杜威的"教育即生活"不仅是字词的颠倒，而且在内容、性质上有着根本区别。

首先，"教育即生活"宣扬的是教育无目的论，认为教育目的是在教育过程之中，而不是在教育过程之外，主张抓住现实，不要强调"遥远的将来"，抓住一个一个具体的行动，达到一个一个具体的目标，以应付眼前的事变就是目的。而"生活即教育"则主张教育是有目的的，旗帜鲜明地提出教育应"促进自觉性之启发，创造力之培养，教育之普及，生活之提高"，指

① 参见华中师范学院教育科学研究所主编:《陶行知全集》第 6 卷，湖南教育出版社 1985 年版，第 513、538、567、572 页。

出教育是民族解放、大众解放、人类解放的工具，应为反帝反封建、争取民族解放和民主自由的伟大斗争服务。

其次，“教育即生活”只是把社会上的“生活”引入学校，这还不是真正的社会生活。“生活即教育”则是拿进步的生活去改造落后的生活，拿整个的生活去解放偏狭的生活，拿全部生活去做教育的材料。或言之，以人民大众改造社会、征服自然的全部社会实践去做教育的内容。

又次，“教育即生活”将教育和生活关在学校大门里，使教育与丰富多彩的社会生活相隔绝，教育的场所就是学校，而“生活即教育”则主张到处是生活，即到处是教育；整个的社会是生活的场所，亦即教育的场所。这就扩大了教育的范围和场所，从根本上改变了教育的概念。

最后，“教育即生活”认为学校的功能是“把现存的社会风俗纯化和理想化”，旨在保存和巩固资本主义社会的秩序，防止产生对资本主义的离心力量，而“生活即教育”则主张教育要为人民大众反帝反封建的革命斗争服务，为建立民主自由的新中国服务，为人民大众谋利益。

由此可见，陶行知的“生活即教育”并不是杜威“教育即生活”的“翻版”，两者之间在内容、性质上有着根本的不同。当然，指出它们之间的本质差异，并不意味着两者就没有任何共同之处。事实上，两者都是以反对形式主义的传统教育为基本旨趣的，都强调生活与教育的一致性，主张教育要密切联系生活实际并为社会发展服务。陶行知对杜威的“教育即生活”有批判也有继承，并在继承中加以根本改造和发展，使其“生活即教育”具有崭新的思想内容和性质。

总之，陶行知的“生活即教育”既不是把教育和生活画等号，把教育原始化、低级化，也不是杜威“教育即生活”的“翻版”，与“教育即生活”没有什么根本不同。它以反对传统教育和洋化教育、建立新型的人民教育为宗旨，强调生活与教育的一致性，认为生活含有教育的意义和作用，教育应以生活为中心，通过生活来进行，教育决定于生活并反作用于生活，主张教育要与社会生活相联系，教育要与生产劳动相结合，教育要为人民大众服务。这就是“生活即教育”的实质。

第三节 “生活即教育”的评价

“生活即教育”是陶行知教育学说中的核心思想和基本原理。它是陶行知在反对传统教育和洋化教育的长期斗争中，在批判地继承杜威的“教育即生活”思想和总结自己教育实践经验的基础上产生的。它的出现给“五四”以后中国新教育的发展带来了深刻影响，更新了人们对教育、生活以及两者关系的认识，反映出教育的一些规律性的东西，不仅在历史上起过积极作用，而且对我们今天的教育仍具有重要的现实意义。

一、“生活即教育”给“五四”以后中国新教育的发展带来了深刻影响

在“五四”以前的中国历史上，教育一直被剥削阶级所垄断，只有统治阶级的子弟才能入校学习，劳动人民子弟则被拒之于学校大门之外。学校的教育内容主要是儒家经典，以文字和书本为中心，严重脱离社会生活实际。教育脱离人民、教育脱离生活，是中国传统教育的两个主要弊端。

为了改变这种状况，近代中国的许多有识之士曾经提出过种种主张和设想，作出过种种努力，终因各种主客观原因，而收效甚微。五四运动期间，趁民主思潮高涨之机，陶行知怀着要使全中国人民都受教育的宏愿，开始从事其改造中国社会和教育的伟大实践，登上了现代中国的历史舞台。与他同时代的众多有识之士一道，演出一幕幕有声有色、威武雄壮的活剧。

他针对传统教育和洋化教育脱离人民、脱离生活的弊端，揭起“生活即教育”的大旗，主张教育要与社会生活相联系，教育要与生产劳动相结合，教育要为人民大众服务，这就给“五四”以后的中国教育界带来了一场思想观念上的伟大革命，极大地影响了现代中国的教育发展。

“生活即教育”主张教育要与社会生活相联系，反对教育脱离社会生活实际，这就击中了传统教育和洋化教育的要害。旧教育的基本特征就是“死”，就是和生活脱离。陶行知看清了这一点，针锋相对地提出教育必须和生活结合，生活是教育的灵魂和生命。他把教育的范围由学校扩大到整个社会，以人民大众的全部生活实践为教育的内容，从而把教育从狭小的范围内彻底地解放了出来，改变了以往人们对于教育、生活及其相互关系的陈旧认识，在人们思想观念深处造成了一场“强烈地震”。

"生活即教育"主张教育要为人民大众服务,反对教育只为少数贵族少爷小姐服务。陶行知说:"我们要求教育机会均等。"[①]"无论什么阶级,都要有受教育的机会。受教育的机会被剥夺最多的是农工及子弟。""民主教育是要力求农工劳苦阶级有机会受教育。"[②]让工农大众及其子弟受教育,这就把教育权从统治阶级手中夺了回来,交还给了人民大众,为"五四"以后中国新教育的发展指明了正确方向。

"生活即教育"的思想,与当时反动统治思想是相对抗的,在实质上与马克思主义的教育观息息相通。它的思想内核,如教育要与社会生活相联系,教育与生产劳动相结合,教育为人民大众服务的思想,已被党的教育理论所吸收,并融合和体现在党的一系列方针政策之中,成为党的教育理论的一个重要的组成部分。

二、"生活即教育"对我们今天的教育仍具有重要的现实意义

"生活即教育"原理所反映出教育的一些规律性的东西,不仅在历史上起过积极作用,而且对我们今天的教育仍具有不可忽视的理论价值和实践价值。"生活即教育"强调生活与教育的一致性,认为生活含有教育的意义和作用,提出教育以生活为中心,通过生活来进行,承认教育决定于生活而又反作用于生活,主张教育要与社会生活相联系,教育要与生产劳动相结合,教育要为人民大众服务,这些思想都含有许多值得借鉴的合理成分,有助于我们进一步认识教育的对象、内容和途径,认识教育、生活及其相互关系,进一步加强教育与社会生活的密切联系,使教育更好地为人民大众服务,为社会主义现代化建设服务。

当然,作为一种特定社会历史条件下的产物,由于时代和个人两方面的原因,"生活即教育"在理论上和实践上还存在着一些不足之处。如对生活与教育的联系说得比较多,而对两者之间的区别(或差异)说得比较少。此外,过去有些人有些地方在实施这一原理时,曾经由于认识不够,经验不

---

① 华中师范学院教育科学研究所主编:《民主教育》,《陶行知全集》第 3 卷,湖南教育出版社 1985 年版,第 569 页。

② 华中师范学院教育科学研究所主编:《实施民主教育的提纲》,《陶行知全集》第 3 卷,湖南教育出版社 1985 年版,第 541—542 页。

足,而发生过一些偏向。但这些都是需要从当时那种特定的时代背景来加以理解的,不能过于求全责备,更不能不分清红皂白地把什么偏颇都算在陶行知的账上。

第四章 “社会即学校”

“社会即学校”是陶行知教育学说的又一个基本原理。它是紧随着“生活即教育”而来的，是“生活即教育”在理论上的自然延伸，指示着“生活即教育”的范围。换句话说，它是“生活即教育”的横向拓展，是陶行知教育学说的领域论（或曰场所论、范围论）。学习和研究陶行知的教育学说，不能不对这一原理有所了解。

第一节 “社会即学校”的产生背景

一、教育背景

关于“社会即学校”产生的教育背景，实际上在上一章分析“生活即教育”产生背景时已涉及了，这里只想再略微说明一下。如前所述，在原始社会里，由于生产力十分低下，社会上没有剩余产品，生产资料为氏族公有，没有阶级和剥削，也不存在脑力劳动与体力劳动的分工，没有文字和书籍，也没有出现学校这种专门的教育机构。年轻的后代是在生产劳动和社会生活的实践中，接受长辈的教育。从某种意义上说，这个时候，“社会就是学校”①。

进入奴隶社会以后，随着生产力的发展，社会上有了剩余产品，出现了剥削阶级和被剥削阶级，产生了脑力劳动与体力劳动的分工，并产生了国家。这时，统治阶级需要一种专门机构来培养、造就官吏和士人，于是产生了学校。学校从以劳动为目的的教育领域里分离出来，具有独立的存在形态。这在人类文明史和教育史上是一个划时代的进步。但是，由于阶级的对立，学校教育的对象只是奴隶主和地主阶级的子弟，至于劳动人民子弟

① 华中师范学院教育科学研究所主编：《生活即教育》，《陶行知全集》第2卷，湖南教育出版社1985年版，第183页。

则只能在学校的大门外"望门兴叹",仍旧在生产劳动和社会生活的实践中,接受以劳动为中心的教育。而统治阶级的子弟在学校里学习他们的意识形态、行为规范、伦理道德和有关统治劳动人民的"治人之术"。这样,学校不仅对社会上的广大人民群众关上了大门,也与活生生的社会生活隔绝出来,形成社会自社会、学校自学校的局面。

近代以降,在西方文化的冲击下,随着中国传统社会结构的演变,中国传统教育也产生了明显的变化。废科举,兴学校,颁布新学制,引进西方各种先进的教育理论和方法,学校的大门逐渐向社会民众开放,学校教育的内容也开始接近社会生活。但是,由于当时中国处在半殖民地半封建的社会历史条件下,学校教育的性质和面貌没有也不可能有真正地改变。"新学办了三十年,依然换汤不换药,卖尽气力,不过把'老八股'变成'洋八股'罢了。'老八股'与民众生活无关,'洋八股'依然与民众生活无关。"[①]仍然是学校自学校,社会自社会。教育严重地脱离人民大众的社会生活实际。针对传统教育和洋化教育的弊端,从推广大众教育的目的出发,陶行知在提出"生活即教育"的同时,又提出了"社会即学校"。

二、理论背景

如果说,"生活即教育"的理论背景是 20 世纪上半叶杜威"教育即生活"在中国教育界的广泛流行,那么,"社会即学校"的理论背景就是杜威另一个主张"学校即社会"的喧嚣一时。

"学校即社会"是紧随着"教育即生活"而来的。杜威在提出了"教育即生活"后,又提出了"学校即社会"。杜威认为,学校是一个重要的社会机构。这个机构早在有了文字交往之后就出现了,其目的是为了世代传递社会遗产,为了有效地进行社会交往。作为一种典型的社会环境,学校担负着特定的培养人才的任务。学校具有三种特殊功能。一是学校能将错综复杂的社会生活简单化,为青少年提供一个简化的环境,使青少年将分成若干部分的复杂文化,逐步地、分阶段地吸收,不至于陷入混乱,无所适从;二是学校能尽量排除现存环境中无价值的东西,不让其影响儿童的心理习

① 华中师范学院教育科学研究所主编:《生活工具主义之教育》,《陶行知全集》第 2 卷,湖南教育出版社 1985 年版,第 76 页。

惯;三是学校为每个人提供了一个不受社会团体限制的社会,为人们创造了一个新的、广阔的学习环境。为了使学校正常发挥功能,他指出,学校应该“具有社会生活的全部含义”①。这一看法与他对教育的理解是一致的,教育既然是一种社会过程,学校便是社会生活的一种形式。学校应办成一个小型的或雏型的社会。社会上的各种机构在学校里都可以模拟,使学生在学校里就能接触到丰富的社会生活实践。具体说来,社会上的一切,如公安局、卫生局、市政厅,诸如此类,都可以请到学校里来,使之应有尽有,成为一个小型社会。

杜威抨击与世隔绝的经院式的学校,要求学校富有生活气息,并且对学校的各个方面的性质作了理论上的探索,在当时是相当引人注目的,具有较大的影响,对扭转美国教育的时弊起了一定积极作用。

五四运动期间,杜威来华讲学,在宣传其“教育即生活”的同时,也宣传了“学校即社会”。“学校即社会”与“教育即生活”一样,一时也为中国教育界许多人奉为圭臬,深信不疑。

应该承认,比起学校自学校,社会自社会的情形,“学校即社会”的提出是一个显著的进步。它对纠正中国传统学校完全脱离社会生活实际的弊端,确实产生了某些积极作用。然而,杜威的“学校即社会”是有相当的局限性的。其错误的政治倾向和不科学的哲学基础暂且不说,即便是其基本内容,也多有谬误。况且拿到与美国社会文化环境差异颇大的中国,更显得方枘圆凿。

早期的陶行知,在接受和传播杜威“教育即生活”的同时,也接受和传播了“学校即社会”。但是,经过一段时期的实践之后,发觉不论是“教育即生活”还是“学校即社会”,在中国都行不通。一遇到中国的具体实际,就必然碰壁。现实告诉他,“学校即社会”是不对的,是不适合中国国情的。于是,他从中国的具体实际出发,又把“学校即社会”翻了半个筋斗,改为“社会即学校”。

由此可见,陶行知的“社会即学校”,是针对传统教育和洋化教育的弊端,从推广大众教育的目的出发,在其教育实践的基础上,直接改造杜威“学校即社会”的结果。

---

① 赵祥麟、王承绪编译:《杜威教育论著选》,华东师范大学出版社 1981 年版,第 238 页。

第二节 “社会即学校”的涵义与实质

一、“社会”、“学校”范畴

(一)“社会”范畴的剖析

“社会”范畴与“生活”、“教育”范畴一样,也是陶行知教育学说的基本概念之一。在分析了“生活”、“教育”范畴之后,有必要进一步探讨“社会”范畴的涵义。

首先需要说明,陶行知对“社会”范畴没有作过什么专门论述,我们主要是从他对“社会”范畴使用的有关情况来了解这一范畴的基本涵义。大致说来,他的“社会”范畴主要有两层意思:一是泛指各种由于种种利益关系而互相联系起来的人群及其组织,二是特指以工农为主体的人民大众及其组织(例如“工学团”、“文化细胞”、“文化网”等)。

陶行知的“社会”范畴是一个与其“生活”在范畴有着内在联系的概念。他的“生活”范畴主要是指人民大众的生活实践,与之相应,他的“社会”范畴也主要是指人民大众的生活组织(场所)。人民大众生活在一定的组织(场所)里,结成一定的社会关系,从事其生活实践。他们在这种组织(场所)里,相互之间发生作用,通过生活与生活的摩擦以及生活的变化和斗争,意识到自己的生活,不断地加以改进,从而共同得到提高。

在某种意义上,陶行知倡导的“工学团”、“文化细胞”、“文化网”等,都是其“社会”范畴的具体体现。什么叫做“工学团”?“工学团”是陶行知自创的一个名词。依他的解释:“工是工作,学是科学,团是团体。说得清楚些是,工以养生,学以明生,团以保生。说得更清楚些是,以大众的工作,养活大众的生命;以大众的科学,明了大众的生命;以大众的团体的力量,保护大众的生命。”[①]“工学团是一个小工场,一个小学校,一个小社会。在这里面是包含着生产的意义,长进的意义,平等互助、自卫卫人的意义。它是将工场、学校、社会打成一片,产生一个富有生活力的新细胞。”[②]他指出:

① 华中师范学院教育科学研究所主编:《普及什么教育》,《陶行知全集》第 2 卷,湖南教育出版社 1985 年版,第 636 页。

② 华中师范学院教育科学研究所主编:《普及什么教育》,《陶行知全集》第 2 卷,湖南教育出版社 1985 年版,第 636—637 页。

“工学团可大可小,从几个人的家庭、店铺,几十个人的学校、庙宇,几百个人的村庄、监狱,几千人的工厂,几万人的军队,都可造成一个富有意义的工学团。”[①]他还特别说明:“团不是一个机关,不是一个工学的机关。假使它只是一个工学的机关,那便成了一个半工半读的改良学校而不是工学团。团是团体,是力的凝结,力的组织,力的集中,力的共同发挥。”[②]人民大众正是生活在这种团体里,团结起来,集中力量,保护自己的利益,抵御敌人的进攻,争取民族民主斗争的胜利。

“文化细胞”是陶行知自创的又一个名词。他认为,为了适合大多数人的生活,便利大多数人继续不断地长进,必须创造一种下层文化的组织。这种组织便叫“文化细胞”。他提议,“每一家,每一店铺,每一工厂,每一机关,每一集团组成一个文化细胞。这种细胞里的分子有两种,一是识字的,一是不识字的。我们叫每一个细胞里的识字分子教导不识字分子,说得正确些,我们要叫识字分子取得现代知识精神,连文字一同教给不识字的分子。这样一来,每个文化细胞里的分子都能继续不断地长进”。他还指出:“这种文化细胞在山海工学团范围以内叫做工学队,为工学团最下层之组织单位。俞塘称它为生活教育团,安徽省会称它为普及教育团。有人建议称它为自学团或共学团。”[③]

在“文化细胞”的基础上,陶行知建议形成一个“文化网”。他说:“文化细胞虽是最下层的组织,但是光棍的细胞是没有多大用处,我们必须把一个个的‘文化细胞’联合起来,结成一个文化网。”“在都市里,每一铺户里的识字者与不识字者组织一个生活教育团,继续不断的共同教学做,便成了一个‘文化细胞’。有了这个‘文化细胞’的组织,这一铺户里的人便可以活到老做到老,教到老学到老。如果一条街上之‘文化细胞’都联了起来,成了一街的文化组织,再进一步,一区的街文化组织都联了起来,成了一区的文化组织,以至全市的文化组织,那便是有了文化网的作用了。我们可以

---

① 华中师范学院教育科学研究所主编:《普及什么教育》,《陶行知全集》第2卷,湖南教育出版社1985年版,第636—637页。

② 华中师范学院教育科学研究所主编:《普及什么教育》,《陶行知全集》第2卷,湖南教育出版社1985年版,第636—637页。

③ 华中师范学院教育科学研究所主编:《文化细胞》,《陶行知全集》第2卷,湖南教育出版社1985年版,第828页。

称它为街文化网、区文化网、市文化网。乡下的可以称为村文化网、乡文化网等等。”[①]不难发现,这种“文化细胞”和“文化网”,既是人民大众的生活组织,又是其文化组织,均为陶行知“社会”范畴的具体化。显然,这与杜威的资产阶级的“社会”范畴是截然不同的。

(二)“学校”范畴的剖析

“学校”与“社会”是同一命题(原理)的两个有关范畴。如同谈“生活”必然涉及“教育”一样,谈“社会”也必然关联到“学校”。那么,陶行知的“学校”范畴有哪些基本涵义呢?概括起来,一是指正规的、专门的教育机构,也就是人们通常所理解的学校;一是指人民大众生活的场所(“整个的社会是生活的场所,亦即教育之场所”[②])。而从他一贯论述的重心来看,显然是更为重视后者。这与杜威也是大不相同的。

当然,陶行知的认识也有一个发展变化的过程。起初,他的“学校”范畴的涵义与杜威没有根本不同。如在1919年的一次题为《新教育》的演讲中,他指出:“要使学校成为一个小共和国,须把社会上一切的事,拣选他主要的,一件一件的举行起来。不要使学生在校内是一个人,在校外又是一个人。要使他造成共和国民的根基,须在此练习。对于身体方面、道德方面、政治方面,凡国民所不可不晓得的,都要使他晓得,那学校便成为具体而微的社会了。”[③]尽管在讲演中他已指出“学校是小的社会,社会是大的学校”。但从所讲的重心来看,此时的重点是放在前面的,是围绕着“学校即社会”来展开立论的。这里的“社会是大的学校”还不能简单地等同于日后的“社会即学校”,至多只能视为“社会即学校”的萌芽。平民教育运动中,陶行知通过总结推行杜威的“学校即社会”的教训,开始对传统的和洋化的“学校”观进行反思,逐渐认识到,在半殖民地半封建社会的历史条件下,传统的学校教育的那一套是无法适应人民大众的社会现实生活的需要的。应该对旧的“学校”观来一个根本的改造,因此,他从推广人民大众教

① 华中师范学院教育科学研究所主编:《文化网》,《陶行知全集》第2卷,湖南教育出版社1985年版,第830页。

② 华中师范学院教育科学研究所主编:《生活教育》,《陶行知全集》第2卷,湖南教育出版社1985年版,第633—634页。

③ 华中师范学院教育科学研究所主编:《新教育》,《陶行知全集》第1卷,湖南教育出版社1984年版,第126页。

育的目的出发，在充分考虑到人民大众现实处境的基础上，直截了当地提出“社会即学校”，把人民大众的生活场所，都当成教育的场所，整个社会都成了一所大学校。这就彻底改造了旧的“学校”观，使其“学校”范畴具有不同于杜威的思想新质。

明白了陶行知教育学说中“社会”和“学校”范畴的涵义，这就为下面分析“社会即学校”的涵义和实质，创造了必要前提。

二、“社会即学校”的涵义

陶行知的“社会即学校”，如同其“生活即教育”一样，有着极为丰富的涵义。举其要者，大抵有三：首先，从社会的角度说，“社会含有学校的意味”①，或者说，“以社会为学校”，“把整个的社会或整个的乡村当作学校”②。这是“社会即学校”的基本涵义。陶行知根据他的“生活即教育”，进一步指出“到处是生活，即到处是教育；整个的社会是生活的场所，亦即教育之场所。因此，我们又可以说：‘社会即学校’”③。

陶行知为什么主张“社会即学校”？这主要是他有鉴于传统教育和洋化教育均不能适应人民大众生活实际的需要，同时又充分考虑到人民大众的现实处境。也就是说，他是从推广大众教育的目的出发，而提出这一主张的。

他认为，传统的学校教育，最大的弊病是脱离社会生活实际。他对于脱离社会生活实际的学校教育深恶痛绝，说：“没有生活做中心的教育是死教育。没有生活做中心的学校是死学校。没有生活做中心的书本是死书本。在死教育、死学校、死书本里鬼混的人是死人——先生是先死，学生是学死！先死与学死所造成的国是死国，所造成的世界是死世界。”④依他之

---

① 华中师范学院教育科学研究所主编：《创造的教育》，《陶行知全集》第2卷，湖南教育出版社1985年版，第617页。

② 华中师范学院教育科学研究所主编：《晓庄三岁敬告同志书》，《陶行知全集》第2卷，湖南教育出版社1985年版，第211页。

③ 华中师范学院教育科学研究所主编：《生活教育》，《陶行知全集》第2卷，湖南教育出版社1985年版，第633—634页。

④ 华中师范学院教育科学研究所主编：《教学做合一下之教科书》，《陶行知全集》第2卷，湖南教育出版社1985年版，第289页。

见，无论是“老八股”，还是“洋八股”的学校教育，好比鸟笼一样将学生圈在狭小的范围里与社会生活隔绝，与人民大众的生活实际无关，是仅仅服务于少爷、小姐、政客、书呆子的特殊学校，只是少数“有钱、有闲、有面子的人才能进去的”。为此，他主张拆除学校与社会之间的“高墙”，把学校从“鸟笼里”解放出来，与整个乡村、整个城市、整个国家、整个世界、整个宇宙相联系，和人民大众的生活实际相联系，打破当时少数统治者对学校的垄断，使教育不再成为“少爷的手杖，小姐的钻戒，政客升官的梯子，书呆子的轮回麻醉的乌烟”。他提出学校教育不能再造出骑在人民大众头上的“人上人”，只能培养出站在人民之中，有志献身于社会改造的“人中人”，去改造恶浊的旧社会，创造美好的新社会，使人民真正过上幸福美好的新生活。

另一方面，从人民大众的现实处境来看，“社会是大众惟一的学校，生活是大众惟一的教育”①。并说：“课堂里既不许生活进去，又收不下广大的大众，又不许人动一动，又只许人向后退不许人向前进，那么，我们只好承认社会是我们的唯一的学校了。马路、弄堂、乡村、工厂、店铺、监牢、战场，凡是生活的场所，都是我们教育自己的场所。”这样一来，“我们所失掉的是鸟笼，而所得的倒是伟大无比的森林了。为着要过有意义的生活，我们的生活力是必然的冲开校门，冲开村门，冲开城门，冲开国门，冲开无论什么自私自利的人所造的铁门。所以，整个的中华民国和整个世界，才是我们真正的学校咧”②。

基于上述考虑，陶行知积极从事“社会即学校”的实践，在社会上办各种各样方便人民大众及其子弟的学习场所（如他本人先后创办的民众茶园、自然学园、通讯学校、空中学校、工学团、业余学校、旅行团、社会大学，等等）。他的基本宗旨，就是为了推广大众教育，使人民大众都能有机会学习现代文化科学知识，学会现代的技能，感觉时代的问题，并以现代的方法发挥其力量，取得反帝反封建民族民主革命的胜利。一句话，救亡必须启蒙，启蒙为了救亡。

---

① 华中师范学院教育科学研究所主编：《生活教育》，《陶行知全集》第 2 卷，湖南教育出版社 1985 年版，第 634 页。

② 华中师范学院教育科学研究所主编：《生活教育之特质》，《陶行知全集》第 3 卷，湖南教育出版社 1985 年版，第 27 页。

其次，从学校的角度说，“学校含有社会的意味”①。也就是说，学校要“了解社会的需求”②，与社会生活实际紧密结合起来，为社会改造和发展服务。

陶行知对脱离人民大众生活实际的学校多有批评。他在《攻破普及教育之难关》一文中指出：“一个乡下先生住在一个破庙里教死书，就好比是一只孤鸦。他无意也无暇与农人交接。他教他的书，对农人的一切是不能过问。他所办的学校是与社会隔离。学校不能运用社会的力量以谋进步，社会也没法吸收学校的力量以图改造，双方都失掉互济的效用。这种孤僻的学校，普及了也没有意思。假使一切都不改，只把小学生变作小先生，这没有意义的学校便变成一个很有意义的学校，这位孤零零的赘疵的寒酸先生便立刻变成一位村庄中所不可少的有作为的先生了。比方这个学校原来有三十个学生都变成小先生，便好像是三十根电线接到各村去和他们通起电流来。在这些电线上所通的电流有来也有往。一个个小先生可以把各村的问题、困难带来和先生讨论，又可以把学校里从外面得来的知识与力量带去和农人与不能进学校之小孩讨论。有时大家来他一个总集合，在各村的问题上求他一个总解决。例如总动员救旱灾，除蝗虫，打倒土豪劣绅、贪官污吏、帝国主义。”③如此一来，学校就被彻底改造成一种新型的学校。

当然，陶行知上面说的只是一个改造旧学校的例子，还不能完全反映出他改造旧学校的全部设想。在实际生活中，陶行知对改造旧学校、建设新学校曾提出了许多有益的建议，并作了大量的努力。他一生办了各种类型的新学校，如安徽公学、晓庄学校、湘湖师范、山海工学团、育才学校、社会大学等。在这些学校中，学校与社会生活建立了密切的联系，并伸张到大自然里，与社会和大自然的“血脉”是“自然流通的”。

陶行知虽然对传统的学校教育颇为不满，但他对学校的社会功能却从

---

① 华中师范学院教育科学研究所主编：《创造的教育》，《陶行知全集》第 2 卷，湖南教育出版社 1985 年版，第 617 页。

② 华中师范学院教育科学研究所主编：《教育的新生》，《陶行知全集》第 2 卷，湖南教育出版社 1985 年版，第 712 页。

③ 华中师范学院教育科学研究所主编：《攻破普及教育之难关》，《陶行知全集》第 2 卷，湖南教育出版社 1985 年版，第 787—788 页。

未轻视,甚至可以说给予了极大的重视。这与他对教育的本质及其功能的认识是一致的。他把学校的社会功能提到很高的层次上来强调。他一直坚信:学校应当是社会政造的中心。“我们深信乡村学校应当做改造乡村生活的中心。”“乡村教师应当做改造乡村生活的灵魂。”①他还充满信心地向世人宣布:“我们的新使命是要征集一百万个同志,创设一百万个学校,改造一百万个乡村。”并表示:“我们以极诚恳的意思,欢迎全国同胞一齐出来,加入这个运动!赞助他发展,督促他进行,一心一德的来为中国一百万个乡村创造一个新生命,叫中国一个个的乡村,都有充分的新生命,合起来造成中华民国的伟大的新生命。”②从这些不乏理想主义色彩的言词中,可以窥知他对学校(当然这是指新型的人民大众的学校)的社会功能重视到了何等程度!

最后,从社会与学校的关系说,“运用社会的力量,使学校进步,动员学校的力量,帮助社会进步”③。两者互相影响,一道进步。这与陶行知对生活与教育关系的认识是完全相同的,都体现出陶行知教育学说中的辩证思想。

陶行知认为,传统“学校与社会中间是造了一道高墙。改良者主张半开门,使‘学校社会化’。他们把社会里的东西,拣选几样,缩小一下搬进学校里去,‘学校即社会’就成了一句时髦的格言。这样,一只小鸟笼是扩大而成为兆丰花园里的大鸟笼。但它总归是一只鸟笼,不是鸟世界。生活教育者主张把墙拆去。我们承认,‘社会即学校’。这种学校是以青天为顶,大地为底,二十八宿为围墙,人人都是先生都是学生都是同学”。他特别强调道:“不运用社会的力量,便是无能的教育;不了解社会的需求,便是盲目的教育。倘使我们认定社会就是一个伟大无比的学校,就会自然而然的去运用社会的力量,以应济社会的需求。”④

---

① 华中师范学院教育科学研究所主编:《再论中国乡村教育之根本改造》,《陶行知全集》第2卷,湖南教育出版社1985年版,第5—6页。

② 华中师范学院教育科学研究所主编:《再论中国乡村教育之根本改造》,《陶行知全集》第2卷,湖南教育出版社1985年版,第5—6页。

③ 华中师范学院教育科学研究所主编:《实施民主教育的提纲》,《陶行知全集》第3卷,湖南教育出版社1985年版,第545页。

④ 华中师范学院教育科学研究所主编:《教育的新生》,《陶行知全集》第2卷,湖南教育出版社1985年版,第711—712页。

就两者关系而言，“学校不能运用社会的力量以谋进步，社会也没法吸收学校的力量以图改造”，这样一来，“双方都失掉互济的效用”①。这种学校和社会当然都应改造，只有改造了它们本身，它们才有可能真正地相互推促，共同前进。

那么，怎样才能做到“运用社会的力量，使学校进步，动员学校的力量，帮助社会进步”呢？陶行知也提出了原则性的意见。他指出：“应当有社会即学校的观点，整个社会是学校，学校不过是一课堂……并且对于大的社会，才能有民主的贡献。而学校本身就可以成为民主的温床，培养出人才的幼苗。”②

总之，社会含有学校的意味，学校含有社会的意味；到处是生活，即到处是教育；整个的社会是生活的场所，亦即教育之场所；整个的社会活动，就是教育的范围；运用社会的力量，使学校进步；动员学校的力量，帮助社会进步，这些就是“社会即学校”的基本涵义。

三、“社会即学校”的实质

作为“生活即教育”的自然延伸，“社会即学校”也是生活教育理论的基本内容之一。与“生活即教育”一样，“社会即学校”也经常引起人们的误解乃至曲解。下面结合有关议论，作点简略分析。

其一，陶行知是要取消学校，让教育倒退到学校出现以前的原始落后状态中去吗？

“社会即学校”如果从字面上讲，当然是“社会就是学校”的意思。有人据此认定陶行知的这一主张，实际上是忽视了学校与社会的差异，没有看出学校教育的特殊性，把两者完全等同起来。显然，这是一种误解。陶行知这一主张的本意，是强调学校与社会具有某种深刻的、内在的同一性或一致性，社会离不开学校，学校也不能脱离社会，绝无将两者等同起来，进而取消学校的意思。

在上一章说过，对于陶行知“生活即教育”原理，不能仅仅根据其字面

① 华中师范学院教育科学研究所主编：《攻破普及教育之难关》，《陶行知全集》第 2 卷，湖南教育出版社 1985 年版，第 788 页。

② 华中师范学院教育科学研究所主编：《实施民主教育的提纲》，《陶行知全集》第 3 卷，湖南教育出版社 1985 年版，第 545 页。

上的意思就下断语，而应根据他当时提出、形成、实施这些主张的历史条件、时代特点和他本人的论述作出全面、准确、客观的分析。这一基本原则对于考察“社会即学校”也是完全适合的。

应该看到，陶行知提出“社会即学校”的时代，正是中国在帝国主义侵略下日益走向殖民地化的时代。民族救亡是压倒一切的中心任务。但是，无论是传统的还是洋化的学校教育，都严重脱离社会实际生活，脱离人民大众，这就不能满足人民大众反帝反封建革命斗争的需要，并且还起着相反的阻碍作用。正是针对传统教育和洋化教育的弊端，从推广大众教育的目的出发，同时又充分考虑到人民大众的现实处境，陶行知才提出“社会即学校”的。

事实上，陶行知本人也是明确反对以社会等同学校，取消学校的。他在 1940 年 8 月 10 日致潘畏三信中的一段话，颇能说明这个问题。他在说到师范教育时说：“现在师范学校虽有缺点，我们的任务是改造不是取消。说得更正确点的话，我们应该就学校这种特殊机构予过去的师范教育以改造。过去我们办晓庄试验乡村师范便是这个意思。”并指出：“说我们是在企图取消学校教育了（这是带有一种挑拨性的话），而这绝非我们的本意。”①纵观陶行知一生，他都在不停地办学校。遍览他的所有言论，也找不出他主张取消学校的片言只语，所以，如果说这种说法不是曲解，那就是误解，均应得到澄清。

其二，陶行知的“社会即学校”与杜威“学校即社会”是“一脉相承”吗？

有人根据陶行知的“社会即学校”是对杜威“学校即社会”直接改造而来这一点，断言“社会即学校”与“学校即社会”仍然是“一脉相承”，相去不远。其实，这也是一种误解。

必须指出，“社会即学校”虽然是陶行知对杜威“学校即社会”直接改造的结果，但它更是陶行知在反传统教育和洋化教育斗争中，从推广大众教育的目的出发，考虑到人民大众的现实处境而提出的。也就是说，前者只是“流”，而后者才是“源”。“源”、“流”不辨，已属欠妥，倒“流”为“源”，更不应该。

---

① 华中师范学院教育科学研究所主编：《我们不是企图取消学校教育——致潘畏三》，《陶行知全集》第 5 卷，湖南教育出版社 1985 年版，第 619 页。

实际上，这两个命题所包含的思想，也是根本不同的。杜威的“学校即社会”，是把学校作为社会的雏型，用陶行知的比喻说，这不过是在一个大鸟笼里搁上些假山石和花草树木罢了，学生依然被囚于鸟笼之中而不得解放，而陶行知的“社会即学校”则是把广阔的丰富多彩的社会生活与学校教育打通，把学校办成一座大学校，使“教育的材料，教育的方法，教育的工具，教育的环境，都可以大大增加，学生、先生也可以更多起来”①。如果说，杜威的“学校即社会”是“不自然的、虚伪的和无力量的”教育，那么，陶行知的“社会即学校”就是真正的“创造的教育”②。

总之，陶行知的“社会即学校”既不是要取消学校，让教育倒退到学校出现以前的原始落后状态中去，也不是与杜威的“学校即社会”一脉相承，它的实质就是要运用社会各方面的力量，建立社会和学校的联系，创办人民大众所需要的学校，培养出适合社会各方面需要的人才，更好地为反帝反封建民族民主革命斗争服务。

第三节 “社会即学校”的评价

“社会即学校”是陶行知在反传统教育和洋化教育、提倡新型教育的过程中形成的一个重要思想。作为“生活即教育”思想在理论上的自然延伸，界定了“生活即教育”的范围，构成了“生活教育”的领域论，丰富和完善了陶行知的教育学说。它一产生便极大地震撼了旧中国的教育界，给旧的学校观和教育观带来了根本性变革，有力地配合了半殖民地半封建中国人民大众反帝反封建的伟大斗争。即使在今天，“社会即学校”思想对于当前的教育改革仍具有宝贵的理论参考价值。

一、“社会即学校”彻底改造了旧的学校观和教育观

在传统社会里，教育权被统治阶级所垄断，学校始终为少数统治者及其子女服务。学校也一直视为少数士大夫子弟接受封建伦理道德和文化

① 华中师范学院教育科学研究所主编：《社会即学校——三答操震球之问》，《陶行知全集》第 2 卷，湖南教育出版社 1985 年版，第 201 页。

② 华中师范学院教育科学研究所主编：《创造的教育》，《陶行知全集》第 2 卷，湖南教育出版社 1985 年版，第 617 页。

知识教育的特殊场所。学校与人民、学校与社会之间，垒起了一道不可逾越的高墙。近代以来，若干有新思想的先进人士从西方贩进了资产阶级的教育理论，提出教育要面向生活、学校应联系社会实际，这固然在某种程度上冲击了封建教育思想，但并未真正改变旧的学校观和教育观。学校与人民、学校与社会之间，仍然横亘着一道巨大的鸿沟。

有鉴于此，陶行知从推广大众教育的目的出发，在充分考虑到人民大众现实处境的基础上，明确提出了“社会即学校”的思想。他一方面主张把整个社会作为学校，整个生活作为教育，另一方面又强调学校教育不能关门办学，必须与整个社会生活联系起来，这就从根本上改变了以往人们对于学校的认识，丰富了“学校”这个概念的内涵，扩大了它的外延，彻底改造了旧的学校观和教育观，使学校与人民、学校与社会之间真正地联结在一起，适应了近代中国社会发展的需要。

还应指出，“社会即学校”思想，不仅与当时反动统治思想相对抗，也在实质上与马克思主义者对教育事业所理应坚持的主要原则有共同之点。陶行知的整个教育思想（特别是他的“社会即学校”思想），不同于前人之处，就在于他虽然特别重视学校教育，却始终从我国整个社会着眼，从广大人民群众的实际需要着眼，而且无论是谈社会或学校的教育，都是以社会实践为依归，尤其是在后期，更是以革命的社会实践为中心，来处理各种教育问题。这种从广义的教育观点来看待教育，紧密结合社会实践，在办教育的过程中充分考虑人民大众的现实处境和迫切需要的思想，与马克思教育思想的基本精神是一脉相通的。

我们知道，马克思主义者在推翻资产阶级统治、建立无产阶级专政的政权以前，除宣传共产主义，批判资本主义，批判旧教育等外，只能要求“以社会教育代替家庭教育”、“对一切儿童实行公共的和免费的教育”和“把教育同物质生产结合起来”①，积极依靠部分进步文化教育工作者开展社会文化教育，提高人民大众的思想文化水平，培植改变现实社会条件的社会物质基础，根本不可能指望资产阶级教育为无产阶级革命服务。列宁在俄国革命取得胜利后不久，曾明确指出，“教师不能把自己限制在狭隘的教学

① 中共中央马克思恩格斯列宁斯大林著作编译局：《共产党宣言》，《马克思恩格斯选集》第1卷，人民出版社1972年版，第273页。

活动的圈子里。教师应该和一切战斗着的劳动群众打成一片。新教育学的任务是要把教师的活动同建立社会主义社会的任务联系起来”①。他非常重视社会教育,多次召开社会教育处长会议,反复强调社会教育对于改造整个生活具有重要意义。中国共产党人也一贯重视社会实践教育,毛泽东、邓小平等人都强调要把解放军以至全中国办成大学校,都把实干中的学习看成更重要的学习。凡此种种,都从一个侧面说明陶行知教育思想(特别是其“社会即学校”思想)是与马克思教育思想相吻合的。

二、“社会即学校”为当代教育改革提供了理论借鉴

“社会即学校”在旧中国的教育界刮起了一阵“思想飓风”,猛烈冲击了旧的学校观和教育观,完全改变了人们以往有关学校和教育的看法,有力地推动了教育文化向下层民众的转移。这是一个了不起的历史贡献。但是,贡献归贡献,这一思想在教育理论上是否站得住脚?或者说,它是否真正符合教育的客观规律呢?回答是基本肯定的。

“社会即学校”一反传统的学校观和教育观,特别强调社会与学校的一致性,认为社会含有学校的意味,学校也含有社会的意味,既提倡学校教育敞开大门,面向社会生活,为人民大众服务,又主张把整个社会都办成学校,把人民大众的生活场所都当成教育的场所,提出学校与社会互相影响,共同进步。尤其是无论谈社会或学校的教育,都始终以现代中国的社会实践为依归,重视教育与社会实践的联系,等等,这都在一定程度上反映出教育的若干规律性的东西。因此,它在理论上是能够成立的,在实践上也是大体可行的。

新中国成立以来,在中国共产党的正确领导和全国人民(特别是广大教育工作者)的共同努力下,我国的社会主义教育事业取得了举世公认的辉煌成就。但也无可否认,由于传统教育思想的遗毒尚未完全肃清,目前学校自学校、社会自社会、学校脱离社会实践的状况仍较普遍。针对这种状况,我们在坚持马克思教育思想基本原则的同时,完全可以也应该借鉴和吸取陶行知“社会即学校”思想中的合理因素,以推动当代中国教育改革

---

① 《在全俄国际主义教师代表大会上的演说》,《列宁全集》第 27 卷,人民出版社 1959 年版,第 418 页。

的深入开展。

三、"社会即学校"符合未来教育的发展趋势

当人们站在本世纪末年向下一个世纪眺望时，将不无惊讶地发现，世界教育正由传统的小教育走向新型的大教育。而这种大教育的基本特征之一，便是社会化的教育，即教育的社会化和社会的教育化。这种社会化的教育，是对传统的学校教育在空间上的极大扩展。

随着科学技术和经济、社会的发展，学校与社会交往的机会大大增多起来。一方面，教育自觉地走出学校的大门，主动渗透到社会文化细胞中去。教育不再仅仅是教育部门的事，它已成为社会的、公共的事业，广泛地依靠社会各方面的力量来进行，教育日益社会化；另一方面，社会也逐渐教育化，成为一所"大学校"。社会文化的每一个细胞都包含着教育的因素，承担着教育的责任。社会通过各种形式的教育来影响社会成员，使之成为学校教育的补充。换句话说，除了学校的正规教育外，所有政府部门、机关团体、工厂、农村、军队、商店、街道等每一个社会基层单位，都在对人们进行各种各样的教育，社会上的每一个人随时随地都在接受各种各样的教育。而学校也将成为社会文化中心，学校的一切设备和图书资料都向社会开放，学校的成员也承担部分社会教育的任务。

社会化的教育，还突出体现在学校教育不再是唯一的教育，学校教育与社会教育、家庭教育逐步形成了三足鼎立的态势。受教育的覆盖面正在逐步扩大。小教育，学生的信息来源几乎是唯一在学校，而且主要是获取知识信息。而大教育，学生还可以从电视、录像、广播、收音、录音、电影、戏剧、书籍、报刊等社会和家庭的多方面获取各种各样的信息。学生成才依附于学校、社会和家庭这三位一体的教育。

世界教育发展的上述情况，正是陶行知早在半个多世纪以前所心向往之并一贯提倡的。历史已经证明并且还将继续证明，陶行知的"社会即学校"思想，是符合未来教育发展的基本趋势的，是极有生命力的一种教育主张。陶行知的这一思想，不仅是对中国教育，也是对世界教育的一大贡献。世界各国的教育工作者都将从中汲取有益的思想养分。

毋庸讳言，陶行知的"社会即学校"思想并不是完美尽善的。由于这一思想是针对旧的学校观提出的，这就难免对旧的否定较多而肯定较少，容

易在否定旧学校观的糟粕的同时连其某些精华也否定了。同时，陶行知当年在推行其“社会即学校”思想主张时，由于受到许多条件的限制，以致在某些具体的措施办法方面，出现了这样那样的过与不及。这些都值得后人引以为鉴。当然，瑕不掩瑜，就总体而论，“社会即学校”思想是正确的，值得我们很好地学习、研究与运用。

第五章 “教学做合一”

教学做合一是生活教育的方法论。它与“生活即教育”、“社会即学校”一道构成生活教育理论的三大基石。在陶行知所归纳的生活教育的六大特质中，有“行动的”特质一项，似可认定，它主要是通过教学做合一的方法来体现的。

第一节 “教学做合一”的产生与发展

一、产生背景

（一）历史和时代背景

自给自足的自然经济和专制高压的政治体制，是中国长期封建社会的基本特征；与之相配套、相适应的意识形态，则是以宗法、伦理为内核的儒家文化。儒家的思维模式，从总体倾向上看是“求同”，所谓“思不出位”即是明证。在这种思维模式笼罩之下的教育方法，其基调只能是“复演式”。古代圣人的语录、道德伦理的说教，集结于“四书五经”之中，成为读书人必须牢记的内容，于是呆读死记成风，鞭扑苛责盛行。当明清的科考僵化为八股取士之后，这类方法更是登峰造极。于是，后人便以“八股”作为死板空疏、毫无创新的代名词。八股考试的“指挥棒”将教学指向务虚一途，使理论与实践脱节的积弊愈加深重。甚至可以说，它对中国文明由世界领先的位置最终滑入落后挨打的深渊，也负有不可推诿的责任。诚如顾炎武所言：“八股之害，等于焚书。”①

当“中体西用”网开一面之后，西方的教育体制及其教学方法也由引进试行到普遍推广。在推进“新教育”的同时，对八股取士制的抨击也日益猛烈。1898 年“百日维新”期间，首次诏令废除八股。

① 顾炎武：《拟题条》，《日知录》第 16 卷。

戊戌政变后虽复归旧制，但在1901年实施“新政”时，又再次明令废止八股。1905年，科举制也寿终正寝。尽管形式上的八股已不复存在，教学内容和方法也易辙转轨，然而由于传统的思维模式鲜有触动，所以教条主义的病根并未得到有效的疗治。尤其在五四新文化运动之后，伴随着“打倒孔家店”的口号，形形色色的西方学术纷纷涌入，由于缺乏仔细选择和认真消化，良莠不分的盲信盲从又以一种新的形式表现了出来。汤虽换，药仍旧。陶行知将这种现象称为“穿洋装的老八股”。

生活教育理论的创立，正是在与老八股和洋八股的“两面作战”中酝酿而成的。它所产生的直接动因，无疑是对洋八股的不满，然而从深层的原因来看，却依旧是老八股的作祟。为此，陶行知曾对青年的学子“正言相告”：“书本的科学是洋版的八股，在讲堂上高谈阔论的科学客，与蒙童馆里的冬烘先生是同胞兄弟，别给他们骗走了啊！”①

在教学做合一的形成和发展中，作为理论对手的这两种八股，其主次位置是有所变化的：在教学做合一萌生之时，它的主要对立面是洋八股；而在它定型之后，却又重新将老八股视为主要敌手了。如此立论，似可从教学方法的阶段性演进中找到依据，这也正是教学做合一理论产生和演进的贴身背景。

(二)引进教法的效果不彰

在《壬寅·癸卯学制》颁行后，普通教育、实业教育和师范教育合构的西方教育模式得以确立，“年级制”和“班级授课制”也取得了法定化的保证。以学生自学为主、教师适当指导的“自学读书法”，也随之演化为赫尔巴特的“五段教学法”。这当然是历史的进步。但是，当课程设置和教材编写失去了弹性之后，当教师的主导作用压抑了学生自主自动的精神之时，“班级授课制”和“五段教学法”的种种弊端又顿然显现。于是引起了中国教育界的普遍不满。

这种不满，在新文化运动之后，开始推促着教法变革向着两种完全不同的方向发展。

一是念旧、复旧的情绪弥散。不少人主张恢复传统的自学辅导法：以

---

① 华中师范学院教育科学研究所主编：《“伪知识”阶级》，《陶行知全集》第2卷，湖南教育出版社1985年版，第93页。

自学读书来取代系统填灌，以质疑辩难来增进学问。甚至知名的教育家也对“书院旧制，荡焉无存”深表憾怅。湖南自修大学的创办及其所标揭的立学宗旨，即可视为书院及其方法的复活。蔡元培便为此而“欢喜得了不得”，并进而主张“合吾国书院与西洋研究所之长而活用之”①。陶行知也曾表示过与此类同的见解：“西洋教育最好的是‘研究所’，其余的大学都不大好。”②这类肯定，显然隐含着对班级授课、五段教学等洋八股盛行的现状的不满。在矢志告别传统之后，人们发现很难决绝地与传统一刀两断。

另一趋向是继续不断地引入和试行新的教法。“五四”时期渐次引入的新的教法有“自学辅导法”③、“分团（组）教学法”、“设计教学法”和“道尔顿制”。陶行知也曾为这些方法的试行发挥过推动的作用。由于对这些方法的基本精神缺乏真正的消化理解，往往只是热衷于形式的模仿，所以它们的实际效用非常有限，并且最终回到了传统的班级授课制的旧轨。值得肯定的是，它毕竟反映了推陈出新的时代精神，但是，这种潮涨潮落的悲凉，说明了用“新的洋八股”去取代“旧的洋八股”，也并非诊治中国“教育病”的良方。

应当说明的是，在教学做合一理论正式创立以前，陶行知虽对“仪型他国”多有针砭，但并未升华成建设性的理念，或者说并非出于自觉意识。他对洋八股的自觉挑战，是在他严厉地“解剖”了自我之后，是在他勇敢地承认自己曾“为外国教育制度拉东洋车”之后。有人嘲笑他“前后思想矛盾”，他回答说：“其实我的矛盾处，便是我的长进处。”④这种“长进”，正是他告别洋八股的结果，也正是教学做合一理论产生的思想背景。

值得注意的还有，陶行知对洋八股的摒弃，并非对外来的知识和科学方法采取一概拒绝的态度，他显然不同意在泼洗澡水的时候，连同婴儿也一同泼出。“反洋化教育的用意并不是反对外来的知识，我们对于外洋输

---

① 高平叔：《湖南自修大学的介绍与说明》，《蔡元培教育论集》，湖南教育出版社1987年版，第362页。

② 华中师范学院教育科学研究所主编：《在湘湖师范教学做讨论会上的答问》，《陶行知全集》第2卷，湖南教育出版社1985年版，第162页。

③ 此法保留了年级制和分班制，由学生先自习教材，教师再加以辅导，与传统的自学辅导法略有不同。

④ 华中师范学院教育科学研究所主编：《〈中国教育改造〉自序》，《陶行知全集》第2卷，湖南教育出版社1985年版，第70页。

入的真知识是竭诚的欢迎。但是办学校一定要盖洋楼、说洋话、用洋书才算是真正的学校，那可不敢赞同。”①显然，他主张批判地继承外来的教学方法，而借鉴的前提，是必须经过现实生活的“过滤”，即要求它必须适合中国的国情，不能轻率盲目地照搬或套用。

他曾不止一次地申述，中国化的新教育必须具备这样三个条件：一是“要省钱”，二是“要省时间”，三是“要通俗”。这正是教学做合一相对于洋八股式的教法所具备的优长。探寻这三项条件的最早提出，可以确认于平民教育运动时期(1923—1924年)，而它的明确表述，则是在1926年10月所发表的《创设乡村幼稚园宣言书》之中。该文断言，中国当时的幼稚园害了三种大病：“一是外国病”，“二是化钱病”，“三是富贵病”。它们的病根实则只有一个，即是洋八股。联系教学做合一正式确立的时间来分析，这两者之间明显存在着因果关系。

(三)老八股的沉渣重泛

这里所言的老八股，实有两层涵义：一为中国古代传统的教条，二为中国近代较早输入的洋教条。

就教学形式和具体方法而论，在各种教法的试验归于沉寂之后，班级授课制和填鸭式的教法又卷土重来，以文字、知识为中心的系统教学，又重新占据了学校教育的主导地位。这相对于设计教学法、道尔顿制等新方法来说，只可视为“老的洋八股”，它已成为中国传统近端的难以剥离的组成部分，故亦可称之为老八股。

就中国传统的远端及其根本而言，因循守旧的权威崇拜往往为历代帝王所利用，让人们生活在一成不变的理念的框条之中，更是强化封建专制的法宝。统治者所推销的“国粹”，实为平民百姓的精神鸦片。当生活教育的理论体系确立之时，正值中华民国国民政府建立前后。为了政权的巩固，蒋介石不仅争得了“法统”地位，而且在“训政”的幌子下，复活了专制独裁的封建幽灵。于是，“礼义廉耻”等儒家伦理观念又重新得以宣扬而明清钳制人们思想的一套措施，又重新为官方所借重。1930年12月6日，蒋介石以行政院院长兼领教育部部长职。就在当日，他即发布《整顿学风

① 华中师范学院教育科学研究所主编：《告生活教育社同志书》，《陶行知全集》第3卷，湖南教育出版社1985年版，第338页。

令》,责令学生"一意力学,涵养身心","不得干涉行政",若有违者,政府将"执法以绳,以治反动派者治之,决不稍事姑息"①。1932年以后,蒋介石又大力宣扬王阳明的"知行合一"、"致良知"的学说,并以"力行哲学"来统领"修齐治平"等封建教条。1935年,他又提出"文化建设"的口号,后经何炳松、陶希圣等人的阐释发挥,形成所谓"中国本位文化建设理论"。在此期实施的"三民主义教育宗旨"中,即有"恢复民族精神,发扬固有文化"的内容②。这类主张或举措,固然是对前期良莠不分地"拿来"的拨正,但更为明显的是,它开始向明清八股取士实施的精神氛围"返祖",或者说,老八股又呈死灰复燃之势。

1928年初,陶行知便觉察到老八股势力的抬头,他曾评断说:"从中国现在的情形看来,科学与玄学之争,只可说是洋八股与老八股之争。"③此后,他对老八股复出的警惕日益加强,到30年代初,生活教育的理论尖矛又开始重新对准传统教育。如此立论,可从陶行知的言论中找到明确的依据:

其一,1932年5月,国民政府颁布《中小学毕业会考暂行规程》。毕业会考开始全面推行。陶行知为此专门写作了《杀人的会考与创造的考成》一文,对"教育等于读书,读书等于赶考"的旧戏重唱进行了尖锐的抨击,他开门见山地指出:"自从会考的号令下了之后,中国传统教育界是展开了许多幕的滑稽的悲剧。"并且认定:"这把会考的大刀是不可以糊里糊涂的乱舞了。"④他还曾谐趣地恭贺南开中学"会考失败",并诘问说:"既设学校就该废科举,既要推行变相的科举,又何必费钱办学校?"⑤

其二,1933年后,尊孔读经的复古逆流再次出现,"四书五经"的内容再次充斥于教科书,在湖南、广东等省还出现强迫中小学学生读经的行动;南京教育界甚至提出恢复文言文的主张,而汪懋祖、柳诒徵等人也对当时

① 《教育杂志》第23卷第1期。

② 转引自《中国现代教育史大事记》,教育科学出版社1988年版,第163页。

③ 华中师范学院教育科学研究所主编:《"伪知识"阶级》,《陶行知全集》第2卷,湖南教育出版社1985年版,第93页。

④ 华中师范学院教育科学研究所主编:《陶行知全集》第2卷,湖南教育出版社1985年版,第676—677页。

⑤ 华中师范学院教育科学研究所主编:《贺客与吊客》,《陶行知全集》第2卷,湖南教育出版社1985年版,第735页。

通用的国语教科书大加抨击，而主张参用文言文。陶行知毫不迟疑地表态说：“我们反对中小学校采用文言文。”因为“大众的要求，儿童的要求，新人才的要求，都是逼着白话文进展，而不让文言文复辟。”[①]接着，他又接连写作了《大众语文之路》(1934 年 7 月)、《谈文字符号》(1935 年 1 月)、《新文字创造之商榷》(1935 年 8 月)、《怎样写大众文》和《再谈怎样写大众文》(1935 年 11 月)、《白话文与大众文》(1936 年 1 月)、《新文字与国语罗马字》(1936 年 4 月)、《我们对于推行新文字的意见》(1936 年 5 月)等专文，进一步主张用“拼音的大众文”(或“拉丁化的新文字”)来取代不合时用的白话文。

其三，国民党当局在制止学潮、整顿学风的同时，又大力宣扬“读书救国”，要学者走进书斋，学生回到教室，“两耳不闻窗外事，一心只读圣贤书”。于是，教师的死填硬灌和学生的死记硬背死灰复燃，“教死书”和“读死书”再度蔚为风气，陶行知痛切地指出：“今日之学校名为造就人才，是在造就三种人，一是少爷，二是小姐，三是蛀书虫。”[②]在山海工学团的一次讨论会上，他针对“吃人教育与生活教育有什么区别”的论题发表意见说：“我的意思，不如说‘传统教育与生活教育有什么区别’。所谓吃人教育，就是指传统教育而言的。现在，我们可以这样说：传统教育，是吃人的教育；生活教育，是打倒吃人的教育。”[③]他还具体论及了两种“吃法”：第一种吃法是“教学生自己吃自己”，它不教学生动手和用脑，只许听教师讲，不许越轨发问，它消灭了学生的生活力和创造力，结果到大学毕业，足也瘫了，手也瘫了，脑子也用坏了，身体的健康也没有了。第二种吃法是“教学生吃别人”，传统教育以“劳心者治人，劳力者治于人”为信条，它只教人升官发财，使学生四体不勤，轻视生产劳动，但却要盘剥工农的劳动所获以供自己享用。对这两种“吃法”的揭露，无疑是针对老八股复苏的现状所表示的不满。因此，他所焦虑的中心问题，便是传统教育的复辟。

---

① 华中师范学院教育科学研究所主编：《文言白话又一战》，《陶行知全集》第 2 卷，湖南教育出版社 1985 年版，第 679—680 页。

② 华中师范学院教育科学研究所主编：《文言白话又一战》，《陶行知全集》第 2 卷，湖南教育出版社 1985 年版，第 680 页。

③ 华中师范学院教育科学研究所主编：《传统教育与生活教育有什么区别》，《陶行知全集》第 2 卷，湖南教育出版社 1985 年版，第 733 页。

对于传统教育“固有的优点”，陶行知也是“竭诚的拥护”；他所反对的，只是“升官教育”、“超然教育”及其与之配套实施的具体教育方法①。

综上所述，教学做合一理论诞生的现象背景是洋八股，而实质背景却依旧是老八股；而从它的丰富和发展的历程来看，在现象和实质层面上，均是以老八股作为其理论对手的。

二、形成过程

教学做合一理论形态的正式诞生，稍晚于“生活即教育”的定型，而稍早于“社会即学校”的提出。在陶行知临终前不久，曾十分明确地对日本记者小野三郎回顾了生活教育发展的三大阶段：“根据我们的道路可以这样说：由（一）生活即是教育发展到，（二）教学做合一；然后更发展到，（三）社会即学校。”②这显然是符合事实的总结。

在介绍或研究生活教育的理论体系时，通常所依据的次序为：先“生活即教育”，次“社会即学校”，最后才是“教学做合一”。本书也是如此排列构架的。应当说明的是，这只是为了研究和学习者的便利而如此构建的。它只具备系统化的意义，并不能准确反映它们诞生或形成的先后。

准确地说，教学做合一的理论定型，诚如陶行知所言：是在“生活即教育”的理念形成之后。不过，若从动机层面考察，几乎可以认定，“教学做合一”稍早于“生活即教育”的萌动③。就他早期的教育实践分析，他最早关注的问题便是教学方法的变革，然后才升华为教育观念的转轨。如此立论，可从以下的陈述中得到印证。

（一）“试验主义”与“做”

只要留心考察一下陶行知留美归国后的言论，即可发现，他谈得最多也最为集中的主题，便是“试验主义”。他明确指出：“凡所建树，皆根本于试验。”这是因为：“试验者，发明之利器也。试验虽未必皆有发明，然发明

① 参见华中师范学院教育科学研究所主编：《告生活教育社同志书》，《陶行知全集》第3卷，湖南教育出版社1985年版，第338页。

② 华中师范学院教育科学研究所主编：《教育生活漫忆》，《陶行知全集》第3卷，湖南教育出版社1985年版，第624页。

③ 华中师范学院教育科学研究所主编：《试验主义与新教育》，《陶行知全集》第1卷，湖南教育出版社1984年版，第91页。

必资乎试验。试验之法,造端于物理、生物、生理诸科学,浸假而侵入人群诸学,今则哲理亦且受其影响矣。”[①]他还具体罗列了洋八股和老八股的“五旧”:“一曰依赖天工”,“二曰沿袭陈法”,“三曰率任己意”,“四曰仪型他国”,“五曰偶尔尝试”,并进而指出,惟有试验“既能塞陈旧之源,复能开常新之道”。显然,他是从方法论入手,来对旧教育的痛疾进行“外科手术”的。

试验主义通称实验主义,它尤重科学方法的采用。弗兰西斯·培根是它的奠基人。著名教育家夸美纽斯将它首次运用于教育领域,进行了“泛智学校”的实验。其后,约翰费司克、桑戴克、高尔顿、裴斯泰洛齐、福禄培尔、赫尔巴特等人,皆以实验名家。在陶行知看来,近二百年来教育的进步,无一不根源于试验。

在当时,陶行知最为推重的教育家就是杜威。他认为,杜威的实用主义教育哲学,也是根本于试验;他还主张,用杜威的“思想五步法”来取代赫尔巴特的“五段教学法”:“试验的教学法,有一个最要之点,这要点就是如何养成学生独立思想的能力。现在通用的方法,只是赫尔巴特的五段教授,总嫌他过于偏重形式。最好是把杜威的思想分析拿来应用。”[②]

严谨地说,杜威的教育理论应称为“进步主义”,它是实用主义哲学应用于教育而构成的;换言之,将他的理论直称为“试验主义”、“实验主义”、“工具主义”或“机能主义”,都有值得商榷之处。不过,就其教学论而言,它重视经验的获取、主张通过解决问题来学习、要求屡试屡验后再下断语的总体特征,用“试验”或“实验”来加以概括,却又是十分贴切的。陶行知对于杜威理论的把握和借用,似乎更多地“聚焦”于杜威的思想方法和实践方法。

具体而论,杜威的教学方法论可用“从做中学”的术语来代表。要解决问题、获取经验和发明真理,必备的条件便是动手或参与。杜威指出:“除由做产生的结果外,没有真正的知识和丰富的理解力这类东西。事实的分

---

① 在《晓庄三岁敬告同志书》中,陶行知回顾说:“自从教学做合一的理论试行以后,渐渐的觉得‘教育即生活’的理论行不通了。一年前我们便提出了‘生活即教育’的理论来替代。”此话可作为如此立论的注脚。

② 华中师范学院教育科学研究所主编:《试验教育的实施》,《陶行知全集》第1卷,湖南教育出版社1984年版,第111页。

析和重新安排对知识、解释的能力和正确分类的能力的发展是不可少的，而事实的分析和重新安排是不能单纯靠智力——只在头脑内——达到的。当人们想要从一些事物中发现某种东西的时候，他们必须对这些事物做点事，他们必须改变情况。这是实验室方法课，也是所有教育必须学习的课。”①结合杜威“困难生疑问，疑问生假设，假设生试验，试验生断语”的认识过程来看，“做”虽不一定是先决条件，但却显然是不可或缺的要素。

陶行知在宣扬试验主义教育方法时，虽表露了“凡事皆得来自演练一番”的思想，但并没有明确提出“做”或“从做中学”的概念；他借此抨击的，主要是盲信、盲从的思想方法：“徒事思想而无试验，则蹈于空虚；徒知应用而无试验，则封于故步。”②因此，试验主义与教学做合一在本义上关联甚少。之所以将试验主义列作教学做合一最初萌动的表现，是因为这两者在除旧创新的精神意向上有着难以分割的一致性。

陶行知首次提出“做”的概念，并清晰地表述了“从做中学”的思想，是在杜威 1919 年 5 月来华讲学之后。同年 7 月，他在对浙江第一师范毕业生所作的讲演中指出：“怎样做的事，应当怎样教。譬如游水的事，应当到池沼里去学习，不应当在课堂上教授。倘若只管课堂的教授，不去实习，即使学了好几年，恐怕一到池里，仍不免要沉下去的。”③在此前后，他还多次强调：“要参与教育革新的运动，须具两种精神：一是开辟的精神，二是试验的精神。”④显然，这两者均是以创造为旨归，而以脚踏实地的“做”作为出发点的。此时，他尚未提出“行是知之始”的口号。然而，他开始用行动来践履自己所提倡的精神。他辞去了南京高师暨东南大学所担任的职务，专任中华教育改进社主任干事，投入了更为广泛的平民教育、民族教育、科学教育、女子教育和收回教育权等运动，并以实践为先导，不断地修正原有的

---

① [美]约翰·杜威：《民本主义与教育》，王承绪译，人民教育出版社 1990 年版，第 321—322 页。

② 华中师范学院教育科学研究所主编：《智育大纲》，《陶行知全集》第 1 卷，湖南教育出版社 1984 年版，第 70 页。

③ 华中师范学院教育科学研究所主编：《新教育》，《陶行知全集》第 1 卷，湖南教育出版社 1984 年版，第 124 页。

④ 华中师范学院教育科学研究所主编：《在孟禄与中国教育界同人饯别会上的讲话》，《陶行知全集》第 1 卷，湖南教育出版社 1984 年版，第 173 页。另参阅陶行知：《第一流的教育家》，《福建陶研》2009 年第 2 期。

教育理论体系的坐标，不断地探获教育的新理。所以说，陶行知首先是一个教育实践家，然后才是一个教育理论家。或者说，生活教育理论正是他“从做中学”的结果。

“试验”和“开辟”均须用行动来表现。陶行知看重实践的特征，在研讨教学做合一的产生时，是应当首先予以注意的。具体而论，实习或实干，可视为教学做合一之“做”的朦胧形态，而它与杜威教学理论中的“做”，又或多或少地存在着某种联系。

(二)“教学合一”

教学合一的提出，稍晚于试验主义的提倡，而稍早于“做”的概念的特别强调。就其总体而论，试验、开辟的做，仍可视为教学做合一产生的初始阶段，教学合一即为它的较高阶段。此外，前者是从较为宽泛的层面上提出问题的教学合一，主要是就普通学校教育中所存在的教学分家、脱节的积弊而提出的对策。

1918年6月，陶行知在阐明试验教育的要旨时，便曾兼及这个问题：“间尝思教员二字，殊属不妥。盖人师之责，不在教学生，而在教学生学。”[①]这段话隐伏了与教学做合一相关的两项理念：

(1)师生关系理应平等，“教员”宜改称为“指导员”；(2)教师的任务，不应以课程安排或教材讲授作为衡量标准，而应以是否养成了学生自求自得的学习态度为标尺。

上述思想，在杜威的“儿童中心教育观”中，都能找到依据：教师与其作为一个有权威的人物，不如作为一个指导者或顾问；教师的任务，不是只把知识注入给学生，而是依据儿童的需要和兴趣，激励儿童自发地主动地学习。蔡元培在1912年7月就曾指出：“民国教育与君主时代之教育，其不同之点何在？君主时代之教育方针，不从受教育者本体上着想，用一个人主义或用一部分人主义，利用一种方法，驱使受教育者迁就他之主义。民国教育方针，应从受教育者本体上着想，有如何能力，方能尽如何责任；受如何教育，始能具如何能力。”[②]1918年5月，他更进一步指出：“夫新教育

---

① 华中师范学院教育科学研究所主编：《教育研究法》，《陶行知全集》第1卷，湖南教育出版社1984年版，第68页。

② 高平叔：《全国临时教育会议开会词》，《蔡元培教育论集》，湖南教育出版社1987年版，第53页。

所以异于旧教育者，有一要点焉，即教育者非以吾人教育儿童，而吾人受教于儿童之谓也。”①陶行知开始关注教与学的关系问题，显然受到杜威和蔡元培等人的影响。

1919年2月，陶行知发表了《教学合一》一文，集中阐述了教学关系问题。该文开门见山地指出，现在的人叫在学校里做先生的为教员，叫他所做的事体为教书，叫他所用的方法为教授法，好像先生是专门教学生些书本知识的人。“先生只管教，学生只管受教，好像是学的事体，都被教的事体打消掉了。论起名字来，居然是学校；讲起实在来，却又像教校。”有鉴于此，陶行知提出了三项教学必须合一的理由：“一，先生的责任在教学生学；二，先生教的法子必须根据学的法子；三，先生须一面教一面学。”②

第一项理由，是要求由教师的“主导”转轨为学生的“主体”，这是观念的转换，前此已反复强调过；第二项理由，实可视为教学做合一的胚芽，这不仅反映在文字表述上，更反映在如何打破教学隔膜的基本路向上；第三项理由，乃是“以教人者教己”的通俗诠释，它是实施教学做合一的必备要素，事实上，它后来作为重要的理念支柱，被原封不动地纳入教学做合一的体系框架之中。这三项理由，亦可视为三项建议，它事实上解决了教学论中教师的作用、教学的依据和教师的条件等问题，只是在教学过程、知识载体和检测标准等方面暂付阙如。依此而论，教学合一是不可或缺的阶梯，舍此便无由进入教学做合一的殿堂。

为了贯彻教学合一的主张，陶行知向师范课程中“教授法”的名称开刀，认为它有“拿知识来赈济人”之嫌，要求改名为“教学法”。经过不懈的努力和斗争，并借助了“五四”民主与科学的春风，才将“全部课程中之教授法一律改为教学法”③。这种改变，虽只一字之易，但却具有深远的历史影响，今日师范中各科教学法的名称即是渊源于此。更为重要的是，它表征了教学观念的转化，冲破了赫尔巴特“五段教授”（洋八股）的束缚，在教法

---

① 高平叔：《新教育与旧教育之歧点》，《蔡元培教育论集》，湖南教育出版社1987年版，第207页。

② 华中师范学院教育科学研究所主编：《教学合一》，《陶行知全集》第1卷，湖南教育出版社1984年版，第89页。

③ 参阅华中师范学院教育科学研究所主编：《教学做合一》，《陶行知全集》第2卷，湖南教育出版社1985年版，第42页。

演进的历程中,开放了另一片自由平等的天空。陶行知曾将这种改变称为“实现教学合一的起源”。若将其视为教学做合一的起源,亦未尝不可。

(三)“教学做合一”的诞生

陶行知曾于1927年回忆说:当教学合一实现后,“后来新学制颁布,我进一步主张:事怎样做就怎样学,怎样学就怎样教;教的法子要根据学的法子,学的法子要根据做的法子。这是民国十一年的事,教学做合一的理论已经成立了。但是教学做合一之名尚未出现”①。

依据陶行知所提供的时间线索,遍查现今存留的相关的文字资料,均未见教学做合一的定义性表述。不过,在他1922年发表的《新学制与师范教育》一文中,倒是隐含了“以做为中心”的思想胚胎。该文提出了三条原则性意见:(1)“教育界要什么人才,就该培养什么人才”;(2)“教育界各种人才要什么,就该教他什么;要多少时候教得了,就该教他多少时候”;(3)“谁在那里教就教谁”②。事有不同,训练的方法、内容和时间也应有不同,而师范教育,更应以训练“从事教育的人”作为当务之急。

1924年7月,陶行知与赵叔愚联袂参观了南京燕子矶国民学校后,“觉得似曾相识。因为我们在这里所看见的都是我们心目中所存的理想,天天求他实现而不可得”。这理想便是“这个学校不但教学生读书,并且教学生做事”③。陶行知将该校的办理誉为“开一新纪元”。这是因为“教学生读书易,教学生做事难”。将“做事”的概念明确植入学校教学,亦可视作为教学做合一“开一新纪元”。

1924年12月,陶行知在发表《南京安徽公学创学旨趣》时,进一步将“做事”作为师生和教学关系的纽结:“要学生做的事,教职员躬亲共做;要学生学的知识,教职员躬亲共学;要学生守的规矩,教职员躬亲共守。我们深信这种共学、共事、共修养的方法,是真正的教育。”此外,“以事为中心”的思想也逐渐明朗:“我们要在‘必有事焉’上下手。我们要以‘事’为我们

---

① 华中师范学院教育科学研究所主编:《教学做合一》,《陶行知全集》第2卷,湖南教育出版社1985年版,第42页。

② 参阅华中师范学院教育科学研究所主编:《陶行知全集》第1卷,湖南教育出版社1984年版,第215—220页。

③ 华中师范学院教育科学研究所主编:《半周岁的燕子矶国民学校——一个用钱最少的活学校》,《陶行知全集》第1卷,湖南教育出版社1984年版,第473页。

活动的中心。研究学问要以事为中心，改造环境要以事为中心，处世应变也要以事为中心。”①安徽公学是陶行知所创办的第一所试验性学校，该校的旨趣，是与教学做合一的精神相通的。名称虽未确立，但该校的办理，仍可视为教学做合一的实践起点。

教学做合一之名的诞生，是1925年的事。在《教学做合一》的演讲中，陶行知曾对此有过翔实的回忆：“前年在南开大学演讲时，我仍用教学合一之题，张伯苓先生拟改为学做合一，我于是豁然贯通，直称为教学做合一。”他应邀去天津演讲的时间是1925年冬。此后的忙碌，使他没有时间及时整理和发表这方面的系统思想。

1926年12月，“撰《中国师范教育建设论》时，即将教学做合一之原理作有系统之叙述”②。该文承袭了《新学制与师范教育》的基本思路，对“教什么？怎样教？教谁？谁教？”等问题再次进行探讨，并提出了“教法、学法、做法是应当合一的”命题。教学做合一的理论正式诞生。

综上所述，可对教学做合一的形成过程作出以下归纳：

(1)重视试验和做，是它的初始形态；强调教学合一，是它的较高发展；这两者的融通结合，才是它的基本完成。

(2)实质精神层面上的教学做合一，萌生于1922年；教学做合一的定名，始于1925年；作为系统理论形态的教学做合一，确立于1926年③。

(3)严格意义的教学做合一理论，产生的直接动因是对于传统师范教育的不满。所以，它首先应是“师范教学法”，其次才是“教学法”，最后才是“生活法”。

三、丰富发展

教学做合一的原理自确立以后，在文字表述上虽时有变更，但在基本观念上却绝少改动，因而不宜把其后的不同表述，视作对教学做合一的丰

---

① 华中师范学院教育科学研究所主编：《陶行知全集》第1卷，湖南教育出版社1984年版，第500、503页。

② 华中师范学院教育科学研究所主编：《教学做合一》，《陶行知全集》第2卷，湖南教育出版社1985年版，第42页。

③ 在《教育生活漫忆》中，陶行知将教学做合一的“发现”，指认为“民国十六年”(1927年)。由于是年创办了晓庄师范，并将教学做合一付诸实践，所以1927年实为教学做合一系统的“实施起点”似与此说无悖。

富发展。这里所研讨的丰富发展，主要是就其具体方法层面上另有侧重和变化的意义而言的。设譬而言，观念的“辐射源”，只能是同一的或永恒的，而方法的“辐射线”，却可能由单一的、平面的丰富发展为众多的、全方位的。

在教学做合一的形成过程中，陶行知对“设计教学法”和“道尔顿制”都曾提倡过[①]，用以对“五段教授法”进行纠偏。在平民教育运动中，他还变通性地独创了“辅导自学考试法”和“连环教学法”。前者也称为“辅导考试自学法”，是对时兴的“自学辅导法”的改造变通；后者显然是在前人经验的基础之上所独创的颇具特色的教法，并且主要是为了解决师资不足的矛盾而设计的，实为“小先生制”的先声。在教学做合一的原理诞生后，它主要运用于乡村教育和普及教育运动，并形成了诸多富有特色的教学方法。

（一）“实习实干法”

必须特别说明的是，陶行知本人从未使用过“实习实干法”这个专门术语，而是笔者依其要旨而定名的。“实习”是陶行知多次强调过的方法，并视此为改造旧师范的重要方面。在《中国师范教育建设论》中，他在系统阐述了教学做合一的原理之后，紧接着建议用“中心学校”来取代“附属学校”：“附属学校这个名字要不得。实习学校的名字好得多，但是这个名字包含了‘思想与实习分家’的意味，也不是最好的。”[②]中心学校是“教师指导学生脚踏实地地去做去学”的基地，因而它是师范学校的出发点或中心，而不是它的附属品或装饰物。这显然不只是一个正名的问题，其中蕴含着没有实习便谈不上师范教育的实质性命题。至于为什么不取“实习学校”之名，除有“思想与实习分家”之嫌外，更因中心学校的“中心”是“环境里幼年人的生活”，这是实习学校所包容不了的涵义。

中心学校的立意在于打通两种隔阂：一为师范学校与附属学校的隔阂，一为附属学校与实际生活的隔阂。而实施方法，除师范生的实习外，还要求中心学校的教师对“幼年人的生活”有实际的体验和理解。

若专论师范实习，附属学校的专设也是为了提供实习的园地，也是立

① 在《活的教育》一文中，陶行知认为：“我总觉得设计教学法是活的教育上最不可少的。”他在《教育与科学方法》一文中，又认定：“此时课堂组织最好的有达尔顿实验室的方法。”

② 华中师范学院教育科学研究所主编：《陶行知全集》第 1 卷，湖南教育出版社 1984 年版，第 641 页。

意于教师的养成必须通过教学实践的锻炼。中心学校的实习，并不是教好几堂课便能应付过去的，它还要求在实际生活中"晓得受教的人在生长历程中之能力、需要"，因而实习的内容更为宽泛、方法更为多样。比较两种实习，最为典型的不同，表现在能否毕业的标准上：(师范生)"毕业后发给修业证书，俟办成有生活力之学校始发给正式毕业证书。"[①]在后来设计晓庄师范时，具体贯彻了这项主张："修业年限暂定为一年半……不过修业后必须服务半年，经本校派员考查，确有精神表现，才发给各种毕业证书。"[②]这实际上是专列了半年的实习期，并将实习或实干的成绩作为能否获取毕业证的决定性尺度，而普通师范的实习，并不具备这种举足轻重的作用。

"实干"与"实习"是很难加以严格界定的。1928 年初，陶行知自称在"摸黑路"中看到了光明：他将到现成的中心学校去实习的方法，改变为由师范生因地制宜地去创办"活的中心学校"。如此，师范学校便成为"后方"，中心学校便成为"前方"，师范教师便负有"指导"的责任，师范生便负有"开创"的任务。它(他)们都以具体的"事"作为中心。陶行知指出："这件事我认为是乡村师范教育最有关系的一着。一，师范学校指导员既负责去指导创办小学，他的兴趣方法必定是要受小学同化。师范学校指导员受了小学化才能与小学打成一片，否则师范自师范、小学自小学，真正的中心小学是跑不出来的。二，师范生既是单独去负责创办单级小学，那么单级小学活动教学做便是真的去干了。真的去干才能得到真本领，这是一定不移的道理。"[③]这种"真的去干"，已不是通常意义的实习了，它虽与毕业后的半年实习的精神或方法有着一致性，但它将校内学习的第一步和主体都列为"干"了。实习一般专指教学，而实干还包括创校和办学。所以说，陶行知的"实干法"源于实习，但高于实习，可视为教学做合一方法论的丰富或发展。

(二)"艺友制"

艺友制确立于 1928 年元月。陶行知所给出的定义是："凡用朋友之道

---

① 华中师范学院教育科学研究所主编：《中国师范教育建设论》，《陶行知全集》第 1 卷，湖南教育出版社 1984 年版，第 644 页。

② 华中师范学院教育科学研究所主编：《试验乡村师范学校答客问》，《陶行知全集》第 1 卷，湖南教育出版社 1984 年版，第 668 页。

③ 华中师范学院教育科学研究所主编：《晓庄试验乡村师范的第一年》，《陶行知全集》第 2 卷，湖南教育出版社 1985 年版，第 6061 页。

教人学做艺术或手艺便是艺友制。"类推言之:"凡用朋友之道教人学做教师,便是艺友制师范教育。"[①]在实践中,他采用艺友制主要是为了培养师资。艺友制创立之后没有改变,并且是贯彻始终。

陶行知承认,艺友制实从艺徒制"脱胎而来"。他在充分肯定了后者"实效"的同时,又冷静地指出了它的积弊:"一,艺徒制下之工匠待艺徒几近奴仆,至不平等。二,工匠所有秘诀、心得对艺徒不愿轻传,故使艺徒自摸黑路,精神、时间,皆不经济。三,一切动作,偏重劳力而少用心,太无进步。"[②]有鉴于此,艺友制的要义为:"教者、学者既是朋友,便须以平等相待,以至诚相见,尤须共同在劳力上劳心,以谋事业之进步。"它重在谋求教学关系的平等,提倡"共教共学共做",因此,"亦惟艺友制始能彻底实现教学做合一之原则"[③]。

艺友制师范教育与普通师范教育在方法上的不同主要有:(1)对艺友的年龄要求相对宽松,修业年限也无硬性规定,去留相对自由;(2)艺友须是"在学术上有贡献之可能者"或"在事业上有独当一面之可能者";(3)教学形式不取班级授课制,而是在见习实干中平等研讨,相互启明;(4)艺友与指导教师的关系是朋友,这种以友谊为基础的教学关系,不仅有利于学业上的相互切磋,而且能够增进品格上的相互影响。要言之,所有的方法都必须围绕"以朋友之道"这根主轴展开[④]。

艺友制的方法确立后,陶行知便用"艺友制的旗帜正式招集同志"。晓庄师范、燕子矶小学、尧化门小学、晓庄小学、鼓楼幼稚园、燕子矶幼稚园"开始联合招收艺友";南京市教育局不仅派遣中学毕业生到实验小学"充艺友",而且教育局机关"亦拟招收艺友十余人,以培植教育行政人才";中华职教社也曾试行艺友制,以培植专门的职业教育人才;在陶行知其后所创办的自然学园、儿童科学通讯学校、山海工学团和育才学校,均曾始终不

---

① 华中师范学院教育科学研究所主编:《艺友制师范教育答客问——关于南京六校招收艺友之解释》,《陶行知全集》第2卷,湖南教育出版社1985年版,第54页。

② 华中师范学院教育科学研究所主编:《艺友制的教育》,《陶行知全集》第2卷,湖南教育出版社1985年版,第236页。

③ 华中师范学院教育科学研究所主编:《艺友制的教育》,《陶行知全集》第2卷,湖南教育出版社1985年版,第236、234页。

④ 参见华中师范学院教育科学研究所主编:《艺友制师范教育答客问》、《艺友制的教育》和《育才艺友人选标准》等文,《陶行知全集》第2卷,湖南教育出版社1985年版。

渝地实施过艺友制。这面旗帜始终未曾偃卷过。晓庄学校后来所采用的“学园制”，也依据了艺友制的基本精神。“小先生制”和“传递先生制”实际也是艺友制的泛化。

艺友制的影响所及，按陶行知的说法，约有五端：“一、凡有优良教师之学校皆可招收艺友，成为训练教师之中心；二、附属学校将失去惟一实习场所之资格，倘附属学校欲负训练教师之责，便非根本改造不可；三、推行义务教育之师资可以增加一伟大之来源；四、优良乡村小学教师既可招收艺友，自能解除生活上一部分寂寞；五、根本推翻师范教育之传统观念。”①

（三）“工学团”三结合法

从组织形式上看，“工”即“小工场”，“学”即“小学校”，“团”即“小社会”。这是一种新型的符合生活教育原理的机构，所以工学团既不是单纯的工场，也不是单纯的学校，更不是单纯的社会，它力图将这三种机关的功能有机地熔铸为一体②。

另一方面，“工学团”亦可理解为一种崭新的教育方法。在《教育的新生》一文中，陶行知批评传统教育说：“为教育而办教育，在组织方面便是为学校而办学校。学校与社会中间是造了一道高墙。”接着，他便将由此而产生的方法积弊归纳为：“先生是教死书，死教书，教书死；学生是读死书，死读书，读书死。改良家觉得不对，提倡半工半读，做的工与读的书无关，又多了一个死：做死工，死做工，做工死。”“工学团”被迫而兴。工是做工，学是科学，团是集团，它的目的是‘工以养生’，‘学以明生’，‘团以保生’。”③由此看来，工学团不仅是个组织的问题，而且还具有方法论上的价值。

具体而论，陶行知虽对五四时期“工学”或“工读”的方法持批评的意向，但在矢志打通“劳力”与“劳心”阶级的森严壁垒方面，二者却是毫无抵牾的。它们都反对“四体不勤”的传统教育，都主张读书与做工联手，对教育与生产劳动相结合的问题尤为重视。细致剖析的话，“工学”的方法，只

---

① 华中师范学院教育科学研究所主编：《艺友制的教育》，《陶行知全集》第2卷，湖南教育出版社1985年版，第235页。

② 参见华中师范学院教育科学研究所主编：《乡村工学团试验初步计划说明书》，《陶行知全集》第2卷，湖南教育出版社1985年版，第593页。

③ 华中师范学院教育科学研究所主编：《陶行知全集》第2卷，湖南教育出版社1985年版，第711—712页。

是两结合的方法。它的实现，虽也借重团体，如留法俭学会、工学会、工读互助团等；但它的失败，与缺乏真正的团体合作精神关系甚大。工学团中“团”的概念，正是针对着这种不足而建立并加以强调的：“团不是一个机关，是力之凝结，力之集中，力之组织，力之共同发挥。”它要求“运用社会的力量以应济社会的需求”，“不运用社会的力量，便是无能的教育；不了解社会的需求，便是盲目的教育”①。另一方面，“团”的概念的植入，还有着对个体自觉意识和自治能力培养的要求；为突出这种“平等互助、自卫卫人的意义”，陶行知进一步宣称：“我们所要普及的是：自动工学团。”②其中的“自动”二字，尤能表现方法的特征。陶门弟子王洞若后来曾据此提出“集体主义的自我教育”方法③，这无疑符合“自动工学团”的底蕴。

在《乡村工学团试验初步计划说明书》中，陶行知将“乡村工学团所采取之方法与传统的方法根本不同”分列了七项，其中的第三项——“会的教人，不会的跟人学。我们跟农人学种田，农人跟我们学科学，这是相师相学的意思”——是“运用社会的力量以应济社会的需求”的方法，而第七项——“与大众共甘苦，同休戚”——则是运用“集体力量纠正个人主义”的必由之路。

(四)“小先生制”与“传递先生制”

这是“连环教学法”的继承和发展，是“即知即传人”原则的发扬光大。利用识字的小孩教授不识字的小孩或成人者，称为“小先生”。利用识字的成人，教授不识字的成人或小孩者，称为“传递先生”或“大先生”。这两种方法，均是为了解决普及教育运动中师资奇缺的矛盾而提出的。陶行知尤为看重小先生，并在全国范围内发动过轰轰烈烈的“小先生运动”，他说：“穷国普及教育最重要的钥匙是小先生。”④

在《小先生与民众教育》一文中，陶行知具体总结了小先生制的四大优点：(1)使普及女子教育得到便利，(2)能使中华民族返老还童，(3)能不花钱

① 华中师范学院教育科学研究所主编：《教育的新生》，《陶行知全集》第2卷，湖南教育出版社1985年版，第712页。

② 华中师范学院教育科学研究所主编：《普及什么教育》，《陶行知全集》第2卷，湖南教育出版社1985年版，第636页。

③ 参见北京市陶行知研究会编：《集体主义的自我教育》，《陶行知研究》，湖南教育出版社1987年版，第263—267页。

④ 华中师范学院教育科学研究所主编：《怎样指导小先生》，《陶行知全集》第2卷，湖南教育出版社1985年版，第659页。

就把教育普及出去,(4)有利于学校与社会的沟通①。对于小先生制的方法特征,他对照普通学校教育的方法,也进行了归纳:(1)它不宜采用班级授课制,它必须“镇压贪多的野心”;每个小先生的指导对象以两三个为宜。(2)它不像开饭馆一样等人上门,小先生必须“开起大门找学生”。(3)找到学生后,小先生不是“关起门来教人”,而是因时、因地制宜地教学。(4)小先生虽从文字教育入手,但他们懂得“文字只是生活的符号,要与生活连在一起教”②。

为了更好地指导当时方兴未艾的小先生运动,陶行知撰写了《怎样做小先生》的专论,并印制成单行本广布流行。其中关涉到教学方法的要点有:(1)“知道什么教什么”,“你能教什么就教什么”。(2)“不要摆架子”,要威风,这样很可能使学生跑掉。(3)“教你的学生也做小先生”。(4)小先生教学应当借助“四大法宝”:一是留声机,二是小药箱,三是图画书,四是小皮球。(5)“钉住你的学生,也让你的学生钉住你”③。这些方法或要求,均能从不同角度透达教学做合一的基本精神。

传递先生除可称为“大先生”外,还可称为“连环先生”。其充任者系指“全国民众学校学生”或其他初识字义的成人。他们是人民大众。“从真正的生活教育看来,大众都是先生,大众都是同学,大众都是学生。教学做合一、即知即传是大众的生活法,即是大众的教育法。总说一句,生活教育是大众的教育,大众自己办的教育,大众为生活解放而办的教育。”④

在《小先生与民众教育》一文中,陶行知还明确指出:“农人最好的先生,不是我,也不是你,是农民自己队伍里最进步的农人!工人最好的先生,不是我,也不是你,是工人自己队伍里最进步的工人!”⑤

由此观之,传递先生制具有职业或行会的特征,这为互教互学互做提

---

① 参见华中师范学院教育科学研究所主编:《陶行知全集》第2卷,湖南教育出版社1985年版,第744—747页。

② 参见华中师范学院教育科学研究所主编:《怎样指导小先生》,《陶行知全集》第2卷,湖南教育出版社1985年版,第656—660页。

③ 参见华中师范学院教育科学研究所主编:《陶行知全集》第2卷,湖南教育出版社1985年版,第894—909页。

④ 华中师范学院教育科学研究所主编:《生活教育之特质》,《陶行知全集》第3卷,湖南教育出版社1985年版,第26—27页。

⑤ 华中师范学院教育科学研究所主编:《陶行知全集》第2卷,湖南教育出版社1985年版,第747页。

供了便利，并且易于“以事为中心”，进而在“做上教”，在“做上学”。这无疑符合教学做合一的基本精神。

(五)“旅行修学”

1934年10月，陶行知在上海接待了“新安儿童旅行团”①。后来，他将这次旅行誉为“破天荒的尝试”。他评介说：“他们没有父母照应，没有教师领导，从淮河北岸游到上海以卖讲取得他们的旅费。到了上海，这个中国经济首都便成了他们的大学，上海各层社会的大众便成了他们的先生，形形色色的生活便成了他们的教科书。”②

从此，他对旅行修学便大加提倡，并将它纳入生活教育的理论体系，或可视为教学做合一的又一项具体方法。

1935年，陶行知写作《中国普及教育方案商讨》时，在“办法”部分，特辟“流动式教育”一项，而在该项之下，又将“修学旅行”专列为一点，并认定“旅行为增长知识、扩大眼界的教育法”③。1935年，他又支持筹组了“新安旅行团”，通过旅行修学来宣传抗日救亡。“新旅”的实践，获得了轰动性的效应。以至陶行知于1938年提出《推进普及教育以增加抗战力量而树立建国基础案》时，在“办法”项下提出：“组织普及教育旅行团，如孩子剧团、新安旅行团、中国救亡剧社一类的有效组织，要大规模的推行出去。”④他还将新安旅行团誉为“炸不散的学校。平常的学校只要采取生活教育这一点点办法，那千千万万倒闭的学校都可以复活了”⑤。

特别有意思的是，与“新旅”在国内旅行修学的同时，陶行知在国外宣传抗日救亡两年有余，他的“周游列国”，亦可视为是旅行修学。他彻底放弃政治改良的立场，最终成为“民主斗士”，就与这段经历很有关系。

---

① 该团由江苏淮安“新安小学”的7位小学生组成。该校是陶行知筹创的，并曾兼任过该校校长。时任该校校长者为陶行知的学生汪达之。

② 华中师范学院教育科学研究所主编：《我们的旅行记·序》，《陶行知全集》第2卷，湖南教育出版社1985年版，第742页。

③ 参见华中师范学院教育科学研究所主编：《陶行知全集》第2卷，湖南教育出版社1985年版，第806—813页。

④ 华中师范学院教育科学研究所主编：《陶行知全集》第3卷，湖南教育出版社1985年版，第244页。

⑤ 华中师范学院教育科学研究所主编：《生活教育目前的任务》，《陶行知全集》第3卷，湖南教育出版社1985年版，第294页。

“行万里路，读万卷书”本是古人求学的经验之谈，当学校教育僵化、空疏、死板之后，这种优良传统渐被忘却。陶行知对它的重新发现和提倡，亦可视为教学做合一或生活教育理论的丰富发展。

在抗日战争时期，陶行知推行过的“岩洞教育”、“雾季见习团制”、“少年研究生制”等方法，也值得注意。

第二节 “教学做合一”的涵义

一、定义

1926年12月3日，在《中国师范教育建设论》中，陶行知是这样回答“怎样教”的问题的：“教的法子要根据学的法子，学的法子要根据做的法子。教法、学法、做法是应当合一的。我们对于这个问题所建议的答语是：事怎样做就怎样学、怎样学就怎样做；怎样教就怎样训练教师。”[①]这是陶行知“将教学做合一之原理作有系统之叙述”之始。这种表述值得注意之处有三：(1)首先是由教而入，以学为中心，落实到做；最后是从事入手，经由做和学，回归到教，这是相反相成路向的合成。(2)“教法、学法、做法”三者之间有顿号分隔。(3)“训练教师”是这套方法的落脚点。

1927年12月10日，他在发表《我们的信条》时说道：“我们深信教法学法做法合一。”[②]三者之间的顿号取消。

1926年12月28日完成《试验乡村师范学校答客问》时，他又将教学做合一称为“一条鞭的方法”，并定义为：“教的法子根据学的法子，学的法子根据做的法子。事怎样做就怎样学，怎样学就怎样教……教学做有一个共同的中心，这个中心就是‘事’，就是实际生活；教学做都要在‘必有事焉’上用功。”[③]这个定义，将“以事为中心”的思想凸现了出来。而“一条鞭”三

① 华中师范学院教育科学研究所主编：《陶行知全集》第1卷，湖南教育出版社1984年版，第638页。

② 华中师范学院教育科学研究所主编：《陶行知全集》第1卷，湖南教育出版社1984年版，第652页。

③ 华中师范学院教育科学研究所主编：《陶行知全集》第1卷，湖南教育出版社1984年版，第666页。

字,很能形象地表现教学做三者既简明又密切的关系。

1927年9月,在发表致送世界教育会议报告之一的《中国乡村教育运动之一斑》时,他将教学做合一介绍为“这个学校(晓庄师范)的校训”,并将它简洁地定义为“教的法子根据学的法子,学的法子根据做的法子”①。

1927年11月,在著名的《教学做合一》的演讲中,他宣称“我现在要把最近的思想组织起来作进一步之叙述”。他着重论述了教学做三者的关系:“教学做是一件事,不是三件事,我们要在做上教,在做上学。在做上教的是先生,在做上学的是学生。从先生对学生的关系说:做便是教;从学生对先生的关系说:做便是学。先生拿做来教,乃是真教;学生拿做来学,方是实学。不在做上用功夫,教固不成教,学也不成学。”②这段表述的特异性价值在于:(1)突出强调了教学做三者不可割裂;(2)建立了以“做”作为确定师生关系的命题,使相互为师有了实在的基础;(3)衡量“真教”或“实学”的标准也只能是“做”。

1928年1月,在《艺友制师范教育答客问》中,他将教学做合一又定义为:“事怎样做便怎样学,怎样学便怎样教。教的法子根据学的法子,学的法子根据做的法子。先行先知的在做上教,后行后知的在做上学。”③这套定义的特点在于:(1)将“事怎样做”置为教学过程的首要环节,(2)将“行知”的先后作为确定师生关系的准则。

1929年11月,在湘湖师范教学做讨论会上答问时,陶行知指出:“教学做合一有两种涵义:一是方法;二是生活的说明。”作为“方法”,即是“教的法子根据学的法子;学的法子根据做的法子”;作为“生活的说明”,即是“在做上教的是先生,在做上学的是学生”。分列出这样两个层面,确实有助于对教学做合一“涵义”的准确把握。此外,他还将“做”、“学”、“教”的概念加以融通,使它们彼此难以剥离。一个活动对事说是做,对己说是学,对人说是教。“我们不能说种稻是做,看书是学,讲解是教。为种稻而讲解,

---

① 华中师范学院教育科学研究所主编:《陶行知全集》第2卷,湖南教育出版社1985年版,第33页。

② 华中师范学院教育科学研究所主编:《陶行知全集》第2卷,湖南教育出版社1985年版,第42页。

③ 华中师范学院教育科学研究所主编:《陶行知全集》第2卷,湖南教育出版社1985年版,第55—56页。

讲解也是做;为种稻而看书,看书也是做。”①

1930 年 3 月,在《晓庄三岁敬告同志书》中,陶行知回顾说:“教学做合一的理论最初是应用在培养师资方面的。”他还条分缕析地归纳说:“这个理论包括三方面:一是事怎样做便怎样学,怎样学便怎样教;二是对事说是做,对己说是学,对人说是教;三是教育不是教人,不是教人学,乃是教人学做事。”②这第三方面的内容,又表征了观念的微妙变化:教学做合一不仅是“生活的说明”,而且就是“生活法”——“教学做合一不是别的,是生活法,是实现生活教育之方法。”③据此可知,教学做合一的内涵,实际历经了逐级放大的三大阶段:(1)师范教学法,(2)普通学校教学法,(3)生活教育教学法。

1931 年 8 月,在《教学做合一下之教科书》中,陶行知对教学做合一的外延和内涵作了最为全面、最为精到的概括:“教学做合一是生活现象之说明,即是教育现象之说明。在生活里,对事说是做,对己之长进说是学,对人之影响说是教。教学做只是一种生活之三方面,而不是三个各不相谋的过程。同时,教学做合一是生活法,也就是教育法。它的涵义是:教的方法根据学的方法;学的方法根据做的方法。事怎样做便怎样学,怎样学便怎样教。教与学都以做为中心。在做上教的是先生,在做上学的是学生。”④这项定义,由外而内地由生活说到教育,又由生活法说到教育法;然后由教学做说到做学教,并突出了以做为中心,最后落脚于相教相学这个人生普遍的现象上来(实为生活现象)。在这里,教学法已与生活法完全打成一片了。

此后,陶行知将教学做合一具体运用于科学下嫁运动、工学团试验、小先生运动、战时民众教育和育才学校的办理,再也没有“翻新”变更其涵义,只是对其要义的强调,依其运用的对象不同而各有侧重。

1946 年,在《生活教育漫忆》中,他曾对教学做合一的本质特征有过盖

---

① 华中师范学院教育科学研究所主编:《在湘湖师范教学做讨论会上的答问》,《陶行知全集》第 2 卷,湖南教育出版社 1985 年版,第 161—162 页。

② 华中师范学院教育科学研究所主编:《陶行知全集》第 2 卷,湖南教育出版社 1985 年版,第 208 页。

③ 华中师范学院教育科学研究所主编:《陶行知全集》第 2 卷,湖南教育出版社 1985 年版,第 209 页。

④ 华中师范学院教育科学研究所主编:《在劳力上劳心》,《陶行知全集》第 2 卷,湖南教育出版社 1985 年版,第 44 页。

棺论定式的表述:"我们觉悟到教学的本质是学习,而'学习'也就是实践,学而后能教人。这一点,就是说教学做合一。"①

二、特质

(一)"在劳力上劳心"

教学做合一与传统教学方法最为醒目的区别,便是与孟子的"劳心者治人,劳力者治于人"的思想实行决裂。陶行知将孟子的主张称为"二元论哲学"。其实施的结果为:劳心的人成了"高等游民,愚弄无知",劳力的人成了"无所用心,受人制裁"。这是因为"劳力而不劳心,则一切动作都是囿于故常,不能开创新的途径;劳心而不劳力,则一切思想难免玄之又玄,不能印证于经验。劳力与劳心分家,则一切进步发明都是不可能了"②。

陶行知将劳力者称为"田呆子",因他们只会"做死工,死做工,做工死",而将劳心者称为"书呆子",因他们只会"读死书,死读书,读书死"。因为中国有了这两种呆子,所以成了一个"呆子国家",所以"科学的种子长不出来"。为纠偏补弊,陶行知所拟订的两条基本路线是:"(1)教劳心者劳力——教读书的人做工;(2)教劳力者劳心——教做工的人读书。"③简明地说,便是在劳力上劳心,便是"手脑联盟"或"手脑双挥"。

在劳力上劳心所主要阐明的,是教学做合一中"做"的概念的特质。"做既成了教学之中心,便有特殊说明之必要。我们怕人用'做'当招牌而安于盲行盲动,所以下了一个定义:'做'是在劳力上劳心。"④这种做,不仅是行动(劳力),而且可以是思想(劳心)。在定义表述中,"为种稻而讲解,讲解也是做;为种稻而看书,看书也是做"即是此意。这种做,不能是行动与思想的拼合,而应是有机体同一属性在不同方面的特异表现。所谓"对事说是做,对己之长进说是学,对人之影响说是教"即是此意。因此,可以

① 华中师范学院教育科学研究所主编:《陶行知全集》第3卷,湖南教育出版社1985年版,第623页。

② 华中师范学院教育科学研究所主编:《在劳力上劳心》,《陶行知全集》第2卷,湖南教育出版社1985年版,第45页。

③ 华中师范学院教育科学研究所主编:《目前中国教育的两条路线》,《陶行知全集》第2卷,湖南教育出版社1985年版,第598页。

④ 华中师范学院教育科学研究所主编:《教学做合一下之教科书》,《陶行知全集》第2卷,湖南教育出版社1985年版,第289页。

毫不含糊地加以认定的是，对教学做合一真义的把握，首要的环节必须是从“做”入手；而对做的特征的把握，又必须依照“在劳力上劳心”的命题。做的实在涵义是动手或劳力，这是不难领会的。而用“在劳力上劳心”所标明的做，便不能等同于普通的劳动了。它不仅要求“手到心到”，而且要求“奉头脑作总司令”，“用心以制力”，只有“用心思去指挥力量，使能轻重得宜，以明对象变化的道理”，才可得事物之真理，并进而“征服天然势力，创造大同社会”①。因此，如果谁只是将“做”理解为体力劳动，那么他就永远不可能悟解教学做合一的真谛。

（二）“行是知之始”

从教学活动参与的要素来看，行动和思想缺一不可，并尤以“用心”更为重要，“世界上一切发明都是从他那里来的”。这是对教学做合一所作的剖面观察的基本印象。

从纵向的教学过程来考察的话，行动与思想的关系又有所不同。“行动是思想的母亲。”这是陶行知反复强调过的命题。这在前面介绍陶行知的哲学思想时，曾作过重点阐述，在后面介绍教学做合一的认识论依据时，还将专门论列②。

在纪念晓庄学校成立三周年所发表的演讲中，陶行知指出，教学做合一与“传统思想”的根本冲突，一是“劳心者治人，劳力者治于人”的二元论，另一项便是“先知后行的谬论”。他还具体批驳了王守仁“知是行之始”的主张，并进而抨击了戴震“重行必先重知”的主张，认为中国传统教育中“读书是行之始”、“听讲是行之始”，便是这类观念的流弊。即便“今日学校里的现象，那一处不是这种谬论所形成”！他说：“知识是要自己像开矿样去取来的。取便是行。中国学子被先知后行的学说所麻醉，习惯成了自然，平日不肯行，不敢行，终于不能行，也就一无所知……我很诚恳的敬告全国的同志：‘有行的勇气，才有知的收获。’”③

---

① 华中师范学院教育科学研究所主编：《在劳力上劳心》，《陶行知全集》第2卷，湖南教育出版社1985年版，第45页。

② 严格说来，将“行是知之始”列作方法的特质似有不妥。但陶行知在《乡村工学团试验初步计划说明书》中，却是将它列作“与传统的方法根本不同”之处（第六点）。参见《陶行如全集》第2卷，湖南教育出版社1985年版，第594页。

③ 华中师范学院教育科学研究所主编：《晓庄三岁敬告同志书》，《陶行知全集》第2卷，湖南教育出版社1985年版，第208页。

有鉴于此，陶行知在给出教学做合一的定义时，便有“先行先知在做上教，后行后知在做上学”一层。他还曾形象地比譬说：“行动是老子，知识是儿子，创造是孙子。”①甚至又说：“‘行动’是中国教育的开始，‘创造’是中国教育的完成。”②行动的决定作用被不可移易地突出出来。这种行动，无疑是实在的“做”，它要求在“必有事焉”上用功，要求身临其境、动手尝试；而一般的读书、讲解也就不是真正的“做”了。

剖析教学做合一的涵义，舍弃“做”这把钥匙便无法登堂入室。但如果依据“行是知之始”，机械地一成不变地理解这种做，那么就很容易滑入经验主义的泥坑而难以自拔。客观地说，“在劳力上劳心”的“做”，更具科学意味，更符合辩证法的精神。

要言之，教学做合一之“做”具有广、狭二义。广义的做可用“在劳力上劳心”来诠释，它是生活教育的首要特质“生活的”所决定，它与教和学的概念是相通的，因而脑力劳动也是做的表现形式之一。狭义的做只能用“行是知之始”来诠释，它是生活教育的次要特质“行动的”所决定的③，它是相对于认识过程的首要环节及当时教育的主要弊端而言的，它是将脑力劳动排除在外的做。这两种做，构成合谐的对立统一关系，从而使教学做合一具有生命力。

(三)“以教人者教己”

生活教育所具备的“大众的”特质决定：“大众都是先生，大众都是同学，大众都是学生。”④陶行知有意地模糊了师生界限及其条件，从其宏观走向来看，实为使教学做合一，由特殊的学校教学法过渡到普通的生活教育法所必不可少的铺垫。因为任何教学法的实施，都必须通过教师与学生的双边活动来完成。既然人人均可做先生，人人也应作学生，那么由“教学法”推而广之为“生活法”，也就具备了最为基本的师资和教学对象的条件。

---

① 华中师范学院教育科学研究所主编：《三代》(诗歌)，《陶行知全集》第4卷，湖南教育出版社1985年版，第160页。

② 华中师范学院教育科学研究所主编：《创造的教育》，《陶行知全集》第2卷，湖南教育出版社1985年版，第615页。

③ 在《生活教育之特质》一文中，陶行知为生活教育分列了六大特质：(1)生活的，(2)行动的，(3)大众的，(4)前进的，(5)世界的，(6)有历史联系的。

④ 华中师范学院教育科学研究所主编：《生活教育之特质》，《陶行知全集》第3卷，湖南教育出版社1985年版，第26页。

“以教人者教己”的提出，首先是运用于师范教育的。1927 年 11 月 2 日，陶行知在晓庄师范的“寅会”①上演讲了《教学做合一》。次日，又专题演讲了《在劳力上劳心》。又次日，所专题演讲的便是《以教人者教己》。在这篇演讲词中，他开门见山便说：“‘以教人者教己’是本校根本方法之一。”②

这种“根本方法”，反映了教学做合一中“教”与“学”的新义，亦可视为对教学关系的重新认识。这实为“教学合一”思想的延伸或升华，它主要从“教”与“学”的层面，反映出教学做合一所包容的这样两点涵义：

第一，做先生者须先做学生。中国的“先生”一词，即可解为“先做学生”。这也是“生活现象之说明”。在演讲中，陶行知通过邵仲香先生教“纳税计算法”一事，说明他因为要教大家，所以用教大家的材料来先教自己，结果他将年年纳税的内幕“终于弄得格外明白”了。他还用潘一尘先生教园艺一事作为佐证，来强化“先教自己”的必要和重要。这对于理解“教学的本质是学习”是很有助益的，而通过实际活动来自教自学，更是一条基本的途径。

第二，为教而学的效力宏大。他例举了晓庄师范新生孙从贞胜任“交际教学做”的始末，又介绍了自己对《锄头舞歌》歌词先后不同的理解，在强化“教学相长”这个古老命题之上，提出了“为教而学”的主张：“从这些例证上，我们可以归纳出一条最重要的学理。这学理就是‘为学而学’不如为教而学之亲切。为教而学必须设身处地，努力使人明白；既要努力使人明白，自己便自然而然的格外明白了。”③

这两大要义，均能表示教学做合一与普通教学法的迥异之处。前者不仅破除了“师道尊严”的迷信，而且揭示了教学活动的真相。世上并无“生而知之者”，“学而知之”和“困而学之”不仅是普遍规律，而且还须通过具体的活动来达成。因此，这与闭门造车的自教自学不同，它隐含了向社会生活学习或在社会生活中相师相学的意义。后者揭示了教学的心理动机或

---

① 寅会，系指在寅时(3—5 时)举行的集会，晓庄师范在每日黎明时分举行的全校师生的集会。

② 华中师范学院教育科学研究所主编：《陶行知全集》第 2 卷，湖南教育出版社 1985 年版，第 47 页。

③ 华中师范学院教育科学研究所主编：《以教人者教己》，《陶行知全集》第 2 卷，湖南教育出版社 1985 年版，第 48 页。

动力机制问题。“为学而学”正是传统教学的写照，它的弊窦或是学生的被动适应，或是教学的放任自流。这样的两极分化都是教学做合一所不取的。它既反对“有学无教”，更反对“有教无学”。“为教而学”要求，人人须有要为人师的志向、敢为人师的勇气，然后才是可为人师的本领的学习。每个人都或多或少、或隐或显地存在着好为人师的心理意欲。正视或借重它，或许也是教学做合一的特征之一。

（四）“新价值之产生”

在《教学做合一下之教科书》中，陶行知在说明了做的“行动”、“思想”这两种特征后，专门分列出第三种特征——“新价值之产生”。在研讨陶行知的教学论时，这一点往往被忽略。其实，这是教学做合一不可或缺的内涵。它不仅是一个抽象的价值取向问题，而且还是一套具体的检测尺度。任何完美的教学设计，如果不能达成有效的结果，那么它就不可能具有实在的推广意义。换言之，没有“新价值之产生”的做，便不是真正的做，便不是“教学做合一”之做。它是真假“教学做”的试金石。

接下来的问题便是：是否所有“有效”的做都是教学做合一？“有效的尺度”与“新价值之产生”有无实质区别？

陶行知曾将上海绑匪的绑票和冯玉祥的练兵，都说成是“教学做合一”。他接着干脆明了地说：“最好的教育，要想它有效，须是教学做合一；最坏的训练，要想它有效，也要教学做合一。教学做合一，是最有效力的法子。”[①]显然，“有效”与否是一条确定不移的准则。但是，有效的教学做合一既可导致“最好”，亦可导致“最坏”，那么依此类推，生活教育的方法论也就是好坏参半的了，而这与生活教育的本义及其价值观是有尖锐冲突的。

对于这个问题的澄清，必须把握“新价值之产生”的真义。要把握其真义，就必须对生活教育的“前进的”特质有所悟获：“我们承认自古以来便有生活即有教育。但同在一社会，有的人是过着前进的生活，有的人是过着落后的生活。我们要用前进的生活来引导落后的生活，要大家一起来过前进的生活，受前进的教育。”[②]据此可知，教学做合一所造成的“最坏的训

---

① 华中师范学院教育科学研究所主编：《在湘湖师范教学做讨论会上的答问》，《陶行知全集》第2卷，湖南教育出版社1985年版，第162页。

② 华中师范学院教育科学研究所主编：《生活教育之特质》，《陶行知全集》第3卷，湖南教育出版社1985年版，第27页。

练”,属于“落后的生活”,它虽有效,但缺乏引导人向上的力量,因而不具备“新价值”,所以也就不是生活教育理论体系中的教学做合一。只有“前进的生活”才具有“新”义或“新价值”,也只有这种生活法、教育法,才是真正的教学做合一。

结合陶行知的有关论述来看,“新价值之产生”,不仅指物质层面的建树,也指精神层面的创获。这与行动和思想的要素相关,或者说,它也是“在劳力上劳心”的结果。

(五)“即知即传人”

“即知即传人”亦称为“即知即传”。它要求:会者教人学,能者教人做;还要求:不可保守,不应迟疑,不能间断。它含有“以教人者教己”的意义,但它是以整个社会甚至整个世界作为活动舞台,并以小先生制和传递先生制作为具体方法的。在这个层面上,它与“世界的”、“大众的”生活教育特质精神相通。在另一层面,它要求:懂得什么便教什么,懂得多少便教多少;还要求:活到老,学到老,教到老,因而与“生活的”、“前进的”特质也有联系。

“即知即传”赋予教学做合一以连续性和无穷性,使它成为一个动态的理论体系。诚如陶行知所言:“宇宙是在动,世界是在动,人生是在动,教育怎能不动?并且是要动得不歇,一歇就灭!”①在平民教育运动中,陶行知所推行的“连环教学法”,便是即知即传原理的初始形态,它所要求的“一面学,一面教”,亦很能传达即知即传的动感。

运动孕育着进步,却步意味着保守。即知即传还依据“文化为公”的信念,要求冲破“知识产权”的私有。陶行知在《从守财奴想到守知奴》,将拼命敛财而不肯散财的人,称为“守财奴”或“大肚的怪物”。这种说法并不新鲜。他的点睛之笔是,据此认定社会上还存在着一种“大头的怪物”,“这种大头鬼,我给他取一个新名字,叫做守知奴”。守知奴与守财奴有着本质的一致:“他把知识当作传家宝。他把知识当作古董藏着。他把知识当作商品卖。没有钱休想得到知识!”陶行知还坦然承认,自己“也曾经在守知奴的队伍里站过班,骂人是连自己一起骂”。他幡然悔悟后的结论是:愚人是

① 华中师范学院教育科学研究所主编:《教育的新生》,《陶行知全集》第2卷,湖南教育出版社1985年版,第711页。

由守知奴一手造成的,要叫中国人聪明起来,非收服守知奴不可。

陶行知接着提出了收服守知奴的具体方法:“(一)大家要自取知识,一取得便立刻教人,不再借重守知奴;(二)凡有知识的都要教人,不做守知奴;(三)学生要学教人,不再做守知奴;(四)教师要教学生教人,不再做守知奴的妈妈。”①这四条办法,贯穿着“同胞分享真理的原则”,也体现了“来者不拒,不来者送上门去”的大公无私的精神;它既能透达即知即传的要义,更能反映教学做合一的特质;它打破的不仅是师生之间的隔膜,而且还要拆除有知与无知阶层之间的铁幕。

三、正义

所谓“正义”,系指陶行知对教学做合一涵义的拨正。它主要是针对不同的理解甚至误解而言的。因而它具有正本清源的意义,是研讨教学做合一理论的必要环节。

(一)“教学做”的表述

首先讨论:“教学做合一”能否写作“做学教合一”。仔细考察二三十年代的教育书刊,“做学教合一”或“做学教”的表述偶有所见。陶行知也曾有例举:“宝山县立师范学校竟把教学做合一改为做学教合一。”接着他说:“这是格外有意思的。”②这后一句话,似乎可理解为默许。

事实上,陶行知在第一次系统论述教学做合一的原理时,确曾用过“做学教合一”的表述:“依据做学教合一原则,实地训练有特殊兴味才干的人,使他们可以接着学生能力需要,指导学生享受环境之所有,并应济环境之所需。”③

教学做合一的核心定义有两层:“教的法子根据学的法子,学的法子根据做的法子;事怎样做便怎样学,怎样学便怎样教。”依据前者,可表述为“教学做”。依据后者,可表述为“做学教”。这两层涵义是平列的,没有主

---

① 华中师范学院教育科学研究所主编:《陶行知全集》第 2 卷,湖南教育出版社 1985 年版,第 654—655 页。

② 华中师范学院教育科学研究所主编:《教学做合一》,《陶行知全集》第 2 卷,湖南教育出版社 1985 年版,第 43 页。

③ 华中师范学院教育科学研究所主编:《中国师范教育建设论》,《陶行知全集》第 1 卷,湖南教育出版社 1984 年版,第 639 页。

从之分。在某些表述中,"事怎样做"句也是置于"教的法子"句之前的。若从"行是知之始"的认识规律来看,"做学教"的排列,似乎更为合理。

所以说,"教学做合一"亦可称为"做学教合一"。其次讨论"教学做"三者能否割裂的问题。在《中国师范教育建设论》中,陶行知有过"教法、学法、做法"的表述。在《中华教育改进社设立试验乡村师范学校第一院简章草案》中,他又有过"教、学、做"的写法。而在后来的表述中,这三者之间的顿号均被取消。这种变化,很值得注意,它实际强调了教学做三者的不可割裂性,顿号的分拆有碍于对它涵义的把握。

陶行知还记录过另一种形式的误解:"今年春天洪深先生创办电影演员养成所,招生广告上有采用'教''学''做'办法字样。当时我一见这张广告,就觉得洪先生没有十分了解教学做合一。倘使他真正了解,他必定要写'教学做'办法,决不会写作'教''学''做'办法。"①

此外,他还针对晓庄师范某位指导员在备课时,将活动分成"教的方面"、"学的方面"、"做的方面"的事实,以及有的同学所说"晓庄小学的课外作业就是农事教学做"等提法,进行了批驳,认为这类误解,"也就是教学做离婚的宣言"②。

若依据"对事说是做,对己之长进说是学,对人之影响说是教"的解释,上述的种种误解均是可以原谅的,因为毕竟可以分解为三个有所不同的方面。问题在于,"以事为中心"或"以做为中心"所特别强调的是,教学做合一绝不是三个方面的机械拼合,而只是一个有机体的不同侧面,前者是"本",后者是"末",因而以现象代实质便难免发生谬误。

在今日的"陶研"界,有人试图将教学做合一中"教"、"学"、"做"的概念,进行"剥笋式"的界定。这显然有违陶行知的本意,或者说,能如此这般的,便不能称之为教学做合一。真正的教学做合一,只说其中的任何一个字,便自有其他两个字的涵义在。这道理,在讨论其特质时业已论及。

(二)"做"的涵义

教学做合一之"做"的特殊涵义有三层:一是行动,二是思想,三是新价

---

① 华中师范学院教育科学研究所主编:《教学做合一》,《陶行知全集》第2卷,湖南教育出版社1985年版,第41页。

② 华中师范学院教育科学研究所主编:《教学做合一》,《陶行知全集》第2卷,湖南教育出版社1985年版,第41页。

值之产生。这是前面重点研讨过的问题,而且已对普通的误解进行了批驳。由于“做的意义比平常用法要广得多”,因而歧义也较多。

一种误解是,将做与人体的器官挂钩,认为只有动手才是做,而其他器官的活动都是价值不大的。陶行知确曾强调过动手的重要,甚至将动手推崇为一切科学发明之母。这是他“行是知之始”的哲学观所使然。所谓“手脑联盟”、“手脑双挥”,事实上也是用手来代表行动或做。在陶行知的译作中,即有一篇名之为《手》的散文。但是,若将“做”机械地理解为动手,或者将动手与否作为衡量是否“做”的唯一标尺,又不是陶行知能够同意的。他曾针对朱端琰的提问发表看法说:“中国教育的一个普通的误解是以为:用嘴讲便是教,用耳听便是学,用手干便是做。这样不但是误解了做,也误解了学与教了。”①他认为,耳目口鼻、四肢百体的“活用”,都可以视为“做”。如种稻,为种稻而用耳听讲,“用耳”也是做;为种稻用眼看书,“看书”也是做。因此,“做”的涵义,若单从参与的器官上找答案,也就远非可靠的了。

另一种误解认为,“做”便是事必躬亲,便是身临其境的演练。从“以事为中心”、“必有事焉”、“在游泳中学会游泳”、“在种田中学会种田”等主张来看,陶行知的许多言论实可作为这种误解的注脚。他在晓庄师范的办学实践,更是引发这类误解的温床。据此,有人请问陶行知:若想了解哥伦布探获新大陆的知识,是否也须亲自去历险一番?陶行知回答说:“教学做合一的理论,并不曾主张普通人去模仿特殊人物之特殊事业。也不曾主张现代人去复演前代人物之过去事业。”②但是,“做”的意义在这件事上,还是应当有所体现,它要求不能“迷信书本演讲”,“要想大略了解哥伦布之发现新大陆,也必得要些个人的直接经验做基础”,如坐过海船、渡过河、看过池塘以及遇过大风暴雨等等,教学做合一即是“使学生在做上补充这种经验”③。同样的道理,要了解火星,“做”并非是要到火星上去生活;要了解分子运动、原子运动、电子运动的规律,也并非全凭感知。因此,切实的观

---

① 华中师范学院教育科学研究所主编:《谈教学做合一——致朱端琰》,《陶行知全集》第5卷,湖南教育出版社1985年版,第204页。

② 华中师范学院教育科学研究所主编:《谈教学做合一——致朱端琰》,《陶行知全集》第5卷,湖南教育出版社1985年版,第207页。

③ 华中师范学院教育科学研究所主编:《谈教学做合一——致朱端琰》,《陶行知全集》第5卷,湖南教育出版社1985年版,第208页。

察和有依据的推想也是求知的源泉。所以说,“做”只是要求有个人的经验作基础,并非要求事事亲历或动手一番。

还有一种误解认为,既然行动是前提,做是教与学的中心,那么,便可得出“学也是做”、“教也是做”和“教育就是做”这三句结论。陶行知认为,不仅这种表述“殊有语病”,而且还存在着忽视精神活动的倾向。他说:“我们既以在劳力上劳心算为‘做’的定义,当然不能承认身体与精神分家。自动的涵义便同时具有力与心之作用,即同时要求身体与精神之合作。”①陶行知曾经说过“教育不是教人,不是教人学,乃是教人学做事”这类话,很容易使人产生上述误解。不过,分析这类误解的原因,均是由于对“做”的目标、意向或功效未有涉及,它可以部分地反映出“思想”的涵义,但完全不能体现出“新价值之产生”。假若在三句结语之前,各各安上这样的前置条件,使其完整地表述成为:为做事成功而读书,那么“学也是做”;为做事成功而解讲,那么“教也是做”;为事业进步而办学,那么“教育就是做”。陶行知是不太可能反对这类表述的,因为他自己就曾有过与此类似的解释,况且这还与他一贯反对的“为读书而读书”、“为讲解而讲解”、“为办学而办学”的基调相合,这实际上还能反映“做”的相对丰富的涵义。尽管前面引述过意思相同的话,在此仍有再次引述的必要:“为种稻而讲解,讲解也是做;为种稻而看书,看书也是做。例如烧饭是做,烧了一次饭得到一种经验而进步便是学;你的进步影响到别人,使得别人也进步,便是教。”②

从操震球的提问中,还可透露出对做的另一种误解:“小孩子在‘做’上,我只见他学,却不见他教。此处怕只有学做合一,没有教学做合一,对不对?”陶行知的回答是,世上“学做合一”的特例,只存在于鲁滨逊漂流荒岛的故事之中,只要生活在人类社会中,任何阶段的人都是教学做合一的。为进一步澄清这个问题,他构建了一个“孩中孩”的概念,认为在儿童社会中,存在着广泛的相互影响,这种影响便是“教”。他说:“小孩不但教小孩,并且可以教成人。不愿拜小孩子做先生的人,不配做小孩子的先生。所以小孩子也是教学做合一。教学做合一是全人类教育历程之真相,无论男女老幼,丝

---

① 华中师范学院教育科学研究所主编:《谈教学做合一——致朱端琰》,《陶行知全集》第5卷,湖南教育出版社1985年版,第211页。

② 华中师范学院教育科学研究所主编:《在湘湖师范教学做讨论会上的答问》,《陶行知全集》第2卷,湖南教育出版社1985年版,第162页。

毫没有例外。”[①]因此,只要是真正的“做”,也便自然具备“教”的意义。

(三)教学做合一与时兴教法的异同

教学做合一与中国传统的“分斋教学法”、“静坐读书法”有着根本的不同,即使相较于近代以后所盛行的“班级授课制”、“五段教学法”,也存在着深刻的歧异。这在介绍它的产生背景和形成过程中已有论述。由于陶行知曾对“设计教学法”和“道尔顿制”予以首肯并加以宣扬,因而对这两者与教学做合一的异同难以准确地把握,又由于当时的“生产教育思潮”也非常看重劳动教育的方法,因而也有人将它与教学做混为一谈。

让我们首先探讨设计教学法与教学做合一的异同。

设计教学法是美国教育家克伯屈所创,主张废弃班级授课制,打破学科界限和摒弃教科书;教师的任务是利用环境引起学生的学习动机,并帮助学生选择活动所需的材料,知识的获得和能力的提高,通过学生自己设计、自己负责的“单元活动”获得。其教学过程为决定目的(引起动机)→订立计划→实行→评价。它以强调自我设计和自发精神著称。它于 1917 年输入中国,五四运动后开始大面积推广,曾风行一时。

陶行知在 1922 年演讲《活的教育》时,曾将设计教学法归为“两个最时髦的法子”之一。在主持中华教育改进社社务期间,不仅推行过设计教学法,而且还邀请克伯屈来中国演讲。当晓庄师范创办后,强调“过有计划的生活”也与设计教学法的精神相合。不过,设计教学法与教学做合一还是有区别的。陶行知是这样说明的:“就精神说:它与教学做合一的道理也很相近。但既称为教学,往往把做字忘掉,便与教学做合一不符。行这个方法的学校,往往从先生脑袋里设出计划来,也有时与学生的生活渺不相关。”[②]陶行知曾批评说:“设计教学法者,根本忽视工具教育之特性。他们将语文和算术的学习不断联结于各个不甚关联的单元活动上,充满了牵强附会和人工造作。”[③]在“单元设计”中,“做”或“事”不突出,这是事实,而先

① 华中师范学院教育科学研究所主编:《答操震球之问》,《陶行知全集》第 2 卷,湖南教育出版社 1985 年版,第 79 页。

② 华中师范学院教育科学研究所主编:《在湘湖师范教学做讨论会上的答问》,《陶行知全集》第 2 卷,湖南教育出版社 1985 年版,第 167 页。

③ 华中师范学院教育科学研究所主编:《育才学校教育纲要草案》,《陶行知全集》第 3 卷,湖南教育出版社 1985 年版,第 372 页。

生代学生作计划，则是中国当时的现实，而不是理论自身的缺陷。

设计教学法在中国所遭到的最为普遍的批评是：破坏了知识传授的系统性原则。陶行知早期的批评中唯独不涉及这一点。事实上，教学做合一的“活动中心”、“以做为中心”、“以事为中心”与它有着本质上的相似。在育才时期，他显然已注意到这个问题。

其次，探讨道尔顿制与教学做合一的异同。

道尔顿制由美国的柏克赫司特所创，因首先试行于道尔顿中学而得名。该法将教室改为各科作业室，并按学科性质陈列参考用书和实验仪器。它废弃了课堂讲授，改由学生与教师订立学习公约，由学生按照自己的兴趣，自由支配时间，在各作业室内自学。各作业室配有专业教师一名，作为顾问或指导者，并负责检查学习公约的完成情况。它于1920年在美国创立，1922年便传入中国。

陶行知曾以中华教育改进社的名义邀请柏克赫司特来华推广道尔顿制。他还专为《柏克赫司特女士与道尔顿制》一书作序。在这篇序言中，可看出他对道尔顿制的推行有所保留：“近几年来，国内对于新制度和新方法的试验不一而足，但真正成功的，很不多见……凡想试验‘道尔顿制’的同志，于未试验之前，必须自己详加审查，是否已经符合那些必具之条件。如果符合，不妨一试，如不符合，还是且慢进行为妙。我承认‘道尔顿制’是实现‘自得教育’最好的制度方法，但率尔尝试，怕是要做道尔顿制的罪人的。”[①]这是1925年写的，时值教学做合一系统阐述的前夜。

当教学做合一正式形成后，陶行知于1929年在湘湖师范教学做讨论会上，又专门说明了这两者的异同：道尔顿制要求每门功课“都有实验室，其实只是图书室”，教学做合一的“实验室是大自然和大社会，不像‘道尔顿制’那样专在书本上做工夫”。前者是“学生根据先生做好的问题，各人按照各人程度去找答案”，后者“所有的问题，都是从生活中发生出来的。从生活中发生出来的困难和疑问，才是实际的问题，用这种实际问题来求解决，才是实际的学问”。陶行知对道尔顿制的肯定性评价是：“它的好处，便是能够按照各人的程度工作——聪明一点的可以做得快些，愚笨一点的可

① 上海市陶行知研究会、上海市陶行知纪念馆和上海师范大学陶研会编：《陶行知佚文集》，四川教育出版社1989年版，第63页。

以做得慢些。所以在这制度下的学生比较旧式学校要自由得多。”①这种肯定，实为它与教学做合一的一致之处。

最后，简要探讨“生产教育方法”与教学做合一的异同。

生产教育思潮是30年代早中期很有影响的教育流派之一，它与黄炎培的“大职业教育主义”的主张有关，许崇清、江问渔等教育名人也曾大加倡导。它重视教育推进社会生产力的作用，因而在教育方法上偏重劳动技能的培训。具体而言，它主张在学校教育中开设专门的劳动课程，制订专门的考成标准，并颁发特别的合格证书。在民众教育中，首要的是职业训练，依据“先富后教”的原则，文字和系统知识传授的地位不显。它是职业教育、工读教育、乡村教育与民众教育等诸种思潮延伸合流的产物。

鉴于时人往往将教学做合一与生产教育的方法相提并论，陶行知对此发表了略嫌偏激的言论：“改良的生产教育者是在提倡教少爷小姐生产，他们挂的招牌是教劳心者劳力。费了许多工具，玩了一会儿，得到一张文凭，少爷小姐们到底不去生产物品而去生产小孩。结果是加倍的消耗。”②显然，陶行知激烈反对的是，在不废弃传统学校教法的同时附加上生产劳动教育的做法，而这正是教学做合一所不取的。另一方面，陶行知抨击了生产教育论者在大众教育中轻视文字训练的倾向：“有两种极端的人：一是看重文字，把文字误看做教育的全体；二是藐视文字教育，如一般生产教育论者以为大众不需要文字，以为他们所需要的只是生计之改良。这两种观念都是错误的。”③尽管生产教育的方法不一定是如陶行知所言，但这种批评却反映了两者的歧异，因而将这两者等量齐观也是不妥的。

第三节 “教学做合一”的实施条件

宽泛地讲，实施教学做合一必须完成观念的转换，必须认定“生活即教

① 参阅华中师范学院教育科学研究所主编：《陶行知全集》第2卷，湖南教育出版社1985年版，第161页。

② 华中师范学院教育科学研究所主编：《教育的新生》，《陶行知全集》第2卷，湖南教育出版社1985年版，第712—713页。

③ 华中师范学院教育科学研究所主编：《攻破普及教育之难关》，《陶行知全集》第2卷，湖南教育出版社1985年版，第793页。

育”、“社会即学校”，才可能将它作为处处适用的“生活法”来使用。从认识论的角度来看，必须认定“行是知之始”，才可能坚定不移地实行它，并从中有所创获。从参与要素来看，必须明确学生是主体，教师只是指导者，师生界限模糊，彼此可以相互为师，才可能最大限度地调动学习积极性，养成团结互助的精神。诸如此类的问题，前面均已不同程度地论及。

在此所要论述的实施条件，主要是与教法密切相关的课程和教材。鉴于构成教材的文字语言问题，陶行知也曾有过独到的议论。因而将它列作首要的实施条件。

一、文字语言要求

(一)文字语言的教育地位

文字是知识的载体之一，也是为人类社会文明进化的标志之一。陶行知非常肯定地论及过文字的价值：“人与禽兽的大分别就在人有语言文字，禽兽没有。文明人与野蛮人的大分别就在野蛮人只有语言，而文明人是语言文字都能灵便的运用。”[①]因此，文字也是施行教育的必不可少的工具之一。但是，生活教育的理论，既反对传统的专重文字的教育，又反对当时轻视文字的“生产教育”。因此，在研讨教学做合一的实施条件时，首先必须对文字语言在其中所占的地位予以界定。

文字与教育和生活的关系，陶行知曾比为：文字犹如“纤维”，教育犹如“菜蔬”，生活犹如“各种维他命”(维生素)。因此，仅有文字而没有生活内容的教育，是没有营养可言的；而仅有生活而没有文字，又构不成教育的材料。所以说，文字符号不可离开生活去教，而生活的改进也离不开文字符号，这两者在生活教育中均占有不可或缺的地位。换言之，教学做合一虽看重言传身教，但它并不排斥文字材料的学习，而是要求文字能反映真切的生活。

文字本是记录语言的符号，二者理当统一。可在中国的传统文化中，书面语言与口头语言脱节的现象长期存在。新文化运动中文言文与白话文的论争即因此而引发。在教学做合一的萌生过程和早期实践中，陶行知

① 华中师范学院教育科学研究所主编：《谈文字符号》，《陶行知全集》第2卷，湖南教育出版社1985年版，第769页。

是坚定地站在白话文阵营一边的。这不仅从他的文论、书信和诗歌中可以看出，而且在《平民千字课》的编纂中更有典型的反映。在《民国十三年中国教育状况》中，他曾肯定地指出：“胡适博士及其追随者们提出：文言文已经过时，应当代之以白话文或语体文……对中国人民来说，这种活的语言的重新被发现，就使与新时期相适应的新文学的产生成为可能，也使小学的教材和教法得到了彻底改革，同时还使以扫除文盲为内容的平民教育运动能够继续进行下去。”①即使在 1934 年发表《文言白话又一战》时，也还是坚决反对文言文复辟。至于他进一步主张用大众文来取代白话文，那是后话，也是后面将要专门论述的问题。据此可知，只有与生活用语切近的文字体裁，才在教学做合一的方法论中占有位置，并成为它的有效工具之一。

（二）文字与经验

“行是知之始”决定，真知识是植根于经验里的，而伪知识则正好相反。文字是知识的载体，它可能搭载真知识，也同样可能搭载伪知识。

在《“伪知识”阶级》一文中，陶行知把经验比作“准备金”，把文字比作“钞票”：“钞票是准备金的代表，好比文字是经验的代表。银行要想正经生意必须根据准备金去发行钞票。钞票是不可滥发的。学者不愿自欺欺人，必须根据经验去发表文字。文字是不可滥写的。”他接着分析了：“先秦诸子留存下来的文字，认为他们能凭着自己的经验发表文字，故有独到的议论。而汉朝以后，多数学者便仅凭孔子的信用，开始滥发钞票。等到八股发达到极点，朱注的‘四书’被拥护上天的时候，全国的人乃是以朱子所发的钞票当为准备金而大滥特滥的去发钞票了。至此，中国的知识真正濒于破产了。”②这对于迷信文字、以文字为中心的传统教育，无异于当头棒喝，因为它所追求的大多是“伪知识”。

教学做合一对于历史上的文字遗产，并不是采取一概排斥的态度，而是要看它是否由经验中生发而来。另一方面，只有经过教学做合一所发表的文字，才不是没有准备金而发行的钞票。当然，这种经验并非事必躬亲

---

① 华中师范学院教育科学研究所主编：《陶行知全集》第 1 卷，湖南教育出版社 1984 年版，第 510—511 页。

② 华中师范学院教育科学研究所主编：《陶行知全集》第 2 卷，湖南教育出版社 1985 年版，第 88—89 页。

的狭隘经验论，而是要求“必须有个人经验做基础，然后才能了解或运用人类全体的经验”①。

（三）大众文与新文字

在 1934 年后的一年多时间内，陶行知对于大众文和新文字曾大加提倡，其动机显然是为了便利普及教育的教学做。

大众文是针对白话文与大众语言脱节的现实所提出的一种新文体。它最早由胡愈之提出，陶行知很快予以响应：“白话文只是把文言文的‘之乎者也’换了‘的吗啊呀’，夹了一些外国文法和一些少爷小姐、新士大夫的意识造成的。这种白话文，写起来大众看不懂，读起来大众听不懂。”②所以白话文实际上还是“小众文”。所谓大众文，便是大众看得懂、听得懂的文字。

中国的方块汉字难认、难写、难学，它往往成为扫盲的障碍。陶行知曾提倡过汉字简化，也曾推行过注音字母：“帮助大众认识汉字的一个方法，便是注音字母。有了注音字母，大众可以自动去用字典、认生字、追求新知识。”③后来不久，他便否定了这类改良性的认识：“手头字简字是方块汉字的化身，不是根本的解决。注音字母是为方块汉字注音的工具，不过是方块汉字的附属品。”他所得出的革命性结论是：“中国大众所需要的新文字是拼音的新文字，是没有四声符号麻烦的新文字，是解脱一地方方言的独裁的新文字。”④这便是“拉丁化新文字”。

这种新文字与原有的方块汉字相比，在形式上它采用拉丁化的字母符号，北方话新文字有 28 个字母，上海话新文字则有 31 个字母，因而具有易认易写的特点。陶行知还从实质上归纳了它的三个特点：“1. 与中国方块字(汉字)来比，它是语音，不是表意文字。2. 与注音字母相比，它是一种独立的文字，不是在汉字上的附加物。3. 与国语罗马字相比，它能适应地方方言，所以不同的地区可以采取他们自己的方言，有他们自己的文字。”他

---

① 华中师范学院教育科学研究所主编：《谈教学做合一——致朱端琰》，《陶行知全集》第 5 卷，湖南教育出版社 1985 年版，第 206 页。

② 华中师范学院教育科学研究所主编：《大众语文运动之路》，《陶行知全集》第 2 卷，湖南教育出版社 1985 年版，第 683 页。

③ 华中师范学院教育科学研究所主编：《大众语文运动之路》，《陶行知全集》第 2 卷，湖南教育出版社 1985 年版，第 685 页。

④ 华中师范学院教育科学研究所主编：《我们对于推行新文字的意见》，《陶行知全集》第 3 卷，湖南教育出版社 1985 年版，第 46 页。

还推许说:“它确实对整个中国文化的组织将起到革命化的作用。”①

尽管新文字的推展效绩十分有限,但只对第一次吃螃蟹的人表示崇敬,而对第一次吃蜘蛛的人表示轻蔑,却也显然是不当的。新文字及大众文的立意,显然是为了改进生活乃至为教育提供便利,而生活教育的实现又必须通过教学做合一,那么,对文字的改革和选择,也就可视为实施教学做合一的条件之一了。

二、课程设置要求

(一)课程观的变化

凡有一定组织形式的教育,均须有特定的课程作为完成教学任务的保证。课程即教学科目,它是教学内容的集约化表征,也是采择教学方法的参照系统。

普通学校的课程编制,均按培养方向和所需学科知识体系的类别来确定,系统知识的教学是这类课程的中心任务和显著特点。加之还要受制于各种考试的“指挥棒”,因而教师系统讲授、学生埋头读书的教学方法很难得到根本改变。从这个意义上说,教学法的变更必须以课程的变更为前提,而课程变更的前提,又事关教学观念的转轨。

陶行知在发表《教学合一》时,便提出了教学应依照学生的需要和可能的主张。在他对教学做合一原理作出首次系统论述时,也将培植“生活力”作为学生追求的根本:“我们应用自然界和社会界的助力、阻力去培植幼年人的生活力,使他可以做个健全分子去征服自然,改造社会。”②这相对于传统的课程论,无异于釜底抽薪——单求知识并不是培植生活力。

从抽象的理论表述来看,陶行知将课程泛化为所有生活的内容:“全部的课程包括了全部的生活:一切课程都是生活,一切生活都是课程。我们不知道什么是课内活动和课外活动的。”③这既是对传统课程观的挑战书,

① 华中师范学院教育科学研究所主编:《中国新文字》,《陶行知全集》第3卷,湖南教育出版社1985年版,第56页。

② 华中师范学院教育科学研究所主编:《中国师范教育建设论》,《陶行知全集》第1卷,湖南教育出版社1984年版,第640页。

③ 华中师范学院教育科学研究所主编:《中国乡村教育运动之一斑》,《陶行知全集》第2卷,湖南教育出版社1985年版,第33页。

又是生活教育课程论的创立宣言。

当然，在具体的运用中，教学做合一的课程与普通生活还是有别的。这将在后面具体论述。值得注意的是，这种课程编排与设计教学法中的“单元设计”有着相通之处，它们均是依据活动所需来加以灵活编排的，并且都具有实用的色彩，摆脱了以专业知识为中心目的的课程设置模式。

（二）晓庄师范的课程

该校是首次试行教学做合一的园地，也是它取得令人瞩目的成绩的样板。因此，该校的课程设置尤其值得注意。

在晓庄师范正式创办之前，陶行知为该校拟订了一套别具一格的课程，其中分列了 5 大类 32 种功课①：

（1）中心学校活动教学做（共 30 学分）。分列国语、公民、历史、地理、算术、自然、园艺农事、体育游戏、艺术、童子军、其他学生活动教学做 10 种。

（2）中心学校行政教学做（共 3 学分）。分列整理校舍、布置校景、设备、卫生、教务、经济教学做 6 种。

（3）分任院务教学做（共 6 学分）。分列文牍、会计、庶务、烹饪、洒扫整理、缮写、招待教学做 7 种。

（4）征服天然环境教学做（共 16 学分）。分列科学的农业、基本手工、卫生、其他教学做 4 种。

（5）改造社会环境教学做（共 5 学分）。分列村自治、平民教育、合作组织、乡村生活调查、农民娱乐教学做 5 种。

这套课程标准与普通师范课程的差别是巨大的。它所包罗的内容要广泛得多。然而，普通师范中必备的心理学和教育学课程，却未能容纳其中。这与陶行知的这种主张有关：“教育学、心理学等等功课若是附加的性质，决不能发生很大的效力。这种功课应当与实地教学熔为一炉，大部分应当采取理科实验指南的体裁以谋教学做三者之合一。”②所以说，各种分列的“教学做”实际包含了教育学、心理学、教学法等专门课程的内容。这

① 参见华中师范学院教育科学研究所主编：《中华教育改进社设立试验乡村师范学校第一院简章草案》，《陶行知全集》第 1 卷，湖南教育出版社 1984 年版，第 656—658 页。

② 参见华中师范学院教育科学研究所主编：《中国师范教育建设论》，《陶行知全集》第 1 卷，湖南教育出版社 1984 年版，第 640—641 页。

又是一种革新的尝试。

在晓庄师范的实际办理中，这套课程有着较大的变更。一是将“中心学校活动教学做”与“中心学校行政教学做”两类合并，另列“学生自动的教学做”一门；二是将中心小学活动教学做“分做六组”进行，“每组各设研究指导员”，以儿童生活为中心组织具体课程，与同期英美等国试行的“活动中心课程”精神一致[①]；三是专设“创办单级小学活动教学做”，由指导员“指导一位学生单身匹马、因地制宜、用最少的经费去创办一个单级小学”[②]。但是，这类变更并没有改变其基本精神，而是对它的补充或丰富。

(三)“生活历”式的课程编排

1928 年 5 月，陶行知在第一次全国教育会议上提出了《编制小学生活历案》。其后，他又为《教育大辞书》撰写了“生活历”的词条。依据生活历来编制教学做课程的思想，由是明确并成熟起来。日常生活中有日历，学校教育中有校历。陶行知认为，前者不能反映教育生活的特殊性和计划性，后者只是“办学者一种备忘录”，也不能反映教育生活的需要。他主张另订生活历：“生活历系有定期生活之系统，亦即有定期教育之系统。依生活历以办教育，则此历谓之教育历亦可，谓之生活教育历，亦无不可。”[③]

在晓庄师范的初期办理中，虽订立了教学做课程，却“依然费力多而成功少。当事人渐觉具体方法之需要，于是生活历即因此感觉而起飞”[④]。

生活历的编制过程是：“将学生生活分为社会的、自然的、农艺的、健康的、欣赏的五方面，再依据此五方面考定其定期事项，编为生活历，再依据生活历搜集教材，规定方法，制造工具，力谋学生生活之充分实现。”[⑤]具体说来，它首先将定期的生活分为三类：定季——栽树、养蚕、割稻、种麦等教

---

① 参见华中师范学院教育科学研究所主编：《中国乡村教育运动之一斑》，《陶行知全集》第 2 卷，湖南教育出版社 1985 年版，第 33 页。

② 参见华中师范学院教育科学研究所主编：《晓庄试验乡村师范的第一年》，《陶行知全集》第 2 卷，湖南教育出版社 1985 年版，第 60 页。

③ 参见华中师范学院教育科学研究所主编：《生活历》，《陶行知全集》第 2 卷，湖南教育出版社 1985 年版，第 230—231 页。

④ 参见华中师范学院教育科学研究所主编：《生活历》，《陶行知全集》第 2 卷，湖南教育出版社 1985 年版，第 230—231 页。

⑤ 参见华中师范学院教育科学研究所主编：《生活历》，《陶行知全集》第 2 卷，湖南教育出版社 1985 年版，第 230—231 页。

学做;定日——"五月一日纪念劳工、十月十日纪念国庆"等教学做;定时——观日出、赏夕阳、察星象等教学做。其次,要根据不同的地区、不同的学校和不同的对象来充实和完善生活历。他认为,这是"最重要之工作"。不同的地域、自然和社会的环境皆有不同,各级各类学校的培养目标皆有不同,儿童和成人的生理、心理条件也皆有不同,因此,结合具体情况,因地、因时、因人地编订生活历就显得最为重要。最后,生活历不仅要编得活,而且还要运用得活,"照样画葫芦"而不能灵活变通,也是很难真正发挥它的效用的。

生活历不是课程,而是课程编制的依据。陶行知对生活历的评价是:"生活历为建设生活教育最重要之引导,无生活历,则顾此失彼,茫无所从。有生活历,则一切课程、教材、教法、工具,皆可纳于轨范之中,而与生活发生有机体之关系。"①所以说,只有生活历式的课程编排,才是实施教学做合一的有利条件,而这类课程,又与设计教学法的"单元活动"颇为相似。

三、教材要求

(一)教科书的地位

在教学做合一的实施过程中,在陶行知所办的学校中,除育才学校的"普修课"外,均未采用当时的"部定教科书"。他甚至还说过这种愤激的过头的话:"假使再来一个秦始皇,把一切的教科书烧掉,世界上会失去什么?大书呆子没有书教,小书呆子没有书读,书呆头儿出个条子:'本校找不到教科书,暂时停课。'"结果坏事变好:"少几个吃饭不做事的书呆子,多几个生产者、建设者、创造者、发明者,大概是这位秦始皇第二的贡献吧。"②因此也就给人以这种误解:认为陶行知的生活教育理论及其教学做合一原理是绝对排斥教材的。

事实并非如此,且不论《平民千字课》,它的编写是在教学做合一诞生之前。《老少通千字课》的编写,便是专为普及教育运动提供教材的,《儿童科学指导》和《儿童天文学活页指导》实际也是函授教材性质,它们都是在

---

① 参见华中师范学院教育科学研究所主编:《生活历》,《陶行知全集》第2卷,湖南教育出版社1985年版,第232页。

② 华中师范学院教育科学研究所主编:《教学做合一下之教科书》,《陶行知全集》第2卷,湖南教育出版社1985年版,第295页。

实施教学做合一的过程中编订的。

在回答“课本要不要”的问题时，陶行知曾明确指出：“普及文字教育，最好是要采用一种最为适合民众经常共同需要之课本，以便每天求进，否则怕要间断。实际上，失学民众是欢迎课本。没有课本是不易维持继续求进的兴趣。这是当然的啰，你请客吃饭是必须用碗盛呀，课本便是用碗端来的饭，吃起来很便当。否则，一粒粒的散在桌上，是多么的难吃呵。”①显而易见，课本还是要的，关键问题是，需要什么样的课本。

(二)教材建设的主旨

传统教科书的主要弊病：一是以文字为中心，并且是用“小众文”来编写的；二是学用脱节，所学非所用，所用非所学；三是为统治阶级的利益服务的：“它们教您识民权的字，不教您拿民权；教您读民主的书，不教您干民主的事。”②正是有鉴于此，陶行知才对它进行了矫枉过正的批评。

针对传统教科书死、静、假的积弊，陶行知相应提出了活、动、真的编书准则。生活教育的基本思想是，教学内容必须生活化。于是，过什么生活便用什么书，做什么事便用什么书。在教学做合一的词典里，只有“用的书”而没有“读的书”。陶行知说：“我们对于书的根本态度是：书是一种工具，一种生活的工具，一种‘做’的工具。工具是给人用的，书也是给人用的。”③

为了区别用的书和读的书，陶行知建议用“教学做指导”来取代“教科书”的称谓。究竟如何衡量是否有用的书呢？陶行知为此建立了三项判断标准，这也可视为教材建设的主旨：“(一)看它有没有引导人动作的力量，看它有没有引导人干了一个动作又要干一个动作的力量……(二)看它有没有引导人思想的力量，看它有没有引导人想了又想的力量……(三)看它有没有引导人产生新价值的力量，看它有没有引导人产生新益求新的新价值的力量。”④

---

① 华中师范学院教育科学研究所主编：《怎样做小先生》，《陶行知全集》第2卷，湖南教育出版社1985年版，第896—897页。

② 华中师范学院教育科学研究所主编：《教学做合一下之教科书》，《陶行知全集》第2卷，湖南教育出版社1985年版，第292页。

③ 华中师范学院教育科学研究所主编：《教学做合一下之教科书》，《陶行知全集》第2卷，湖南教育出版社1985年版，第291页。

④ 华中师范学院教育科学研究所主编：《教学做合一下之教科书》，《陶行知全集》第2卷，湖南教育出版社1985年版，第299—300页。

(三)生活用书的编辑原则

教学做合一并非抛开教材,而是对它的要求更高、更严。要想编写出科学的合用的教学做指导,在《教学做合一下之教科书》中,陶行知曾开列了六种条件:(1)编写者中的专家,必须有亲身的教学做实践,或一面实验一面编写;(2)从事中心小学教学的教师,应当深入研究,待研究有得,亦可编辑;(3)现任教科书编辑,应设法补足专科学术和儿童经验,然后再动手编辑;(4)各出版单位,应多下本钱搜罗各国儿童、成人用书,敦聘上列三种人才来编书出书;(5)教育行政当局应给教员试验或选择书本之自由;(6)全民族对于中国现代的无能的教育该有觉悟,对于教学做合一之理论,该使之普遍实现。

编制教学做指导的前提,首先是必须确定"要培养的生活力"系统,然后再"一样一样的列举",并相应组构成一套用书系统。同是在《教学做合一下之教科书》中,陶行知开列了 70 种生活力和相应的教学做指导。他估计,各细目累计"统统算起来,重要的总在三千种以上"。所以说,教学做合一并非不要书,它所要用的书,实在是比寻常的教科书多得多。

关于生活用书的体裁和内容,也与传统的教科书大异其趣。陶行知的建议是:"(一)做的目标。(二)做的材料。(三)做的方法。(四)做的工具。(五)做的理论。(六)从做这事引导人想到做那事。(七)如做的事与时令有关便要有做的时令。(八)如做的事与经济有关便要有做的预算。(九)如做的事须有途经之指示便要有做的图。(十)如做的事须多人合作便要有做的人的组织。(十一)如做的事须多方参考便要有做的参考书籍。(十二)如做的事与别的事有多方的关系便要有做的种种关系上的说明。(十三)在做上学的人可引导他记载做的过程,做的结果,做上发生的问题与心得。(十四)在做上教的人可引导他指示进行考核成绩。"他还特别说明:"这十四条不是像从前五段教授样要人家刻板的遵守的……最要紧的是著书人独出心裁,若求一律,反而呆板了。"①

在《实施民主教育的提纲》中,陶行知依旧坚持的教材编制的总体原则是:"民主教育的教材应从丰富中求精华,教科书以外求课外的东西,并且

---

① 华中师范学院教育科学研究所主编:《教学做合一下之教科书》,《陶行知全集》第 2 卷,湖南教育出版社 1985 年版,第 301—302 页。

要从学校以外到大自然、大社会中求得活的教材。”①

第四节 “教学做合一”的评价

一、自我评价

教学做合一首先是运用于师范教育领域的。“中国今日教育最急切的问题，是旧师范教育之如何改造，新师范教育之如何建设。国家所托命之师范教育，是决不容我们轻松放过的。”②中国师范教育办理的失策，集中表现在“师范学校与附属学校隔阂，附属学校与实际生活隔阂”这个问题上。教学做合一的方法论便是用来打通这两层隔阂的。所以，这是“一条鞭”的方法。

晓庄师范的创办，为教学做合一提供了试验园地。它的“校训”即是教学做合一：“我们学校的基础就是立在这五个字上，再也没有一件事比明了这五个字还重要了。”③在艺友制创立后，陶行知将它称为“彻底的教学做合一”或“真正的教学做合一”④，认为这是必须格外加以留意的。这表明，晓庄师范采用的教学做合一实际可分为两段：

第一段为 1927 年的教学做合一。它是在顾及学校形式，并认定“乡村学校是今日中国改造乡村生活之唯一可能的中心”的前提下实施的⑤。它所抨击和主张的是：“现今师范教育之传统观念是先理论而后实习，把一件事分作两截，好比早上烧饭晚上请客。除非让客人吃冷饭，便须把饭重新烧过。教学做合一的中心学校就是要把理论与实习合为一炉而冶之。”⑥

---

① 华中师范学院教育科学研究所主编：《陶行知全集》第 3 卷，湖南教育出版社 1985 年版，第 543 页。

② 华中师范学院教育科学研究所主编：《中国师范教育建设论》，《陶行知全集》第 1 卷，湖南教育出版社 1984 年版，第 645 页。

③ 华中师范学院教育科学研究所主编：《教学做合一》，《陶行知全集》第 2 卷，湖南教育出版社 1985 年版，第 41 页。

④ 参见华中师范学院教育科学研究所主编：《陶行知全集》第 2 卷，湖南教育出版社 1985 年版，第 56、60 页。

⑤ 参见华中师范学院教育科学研究所主编：《再论中国乡村教育之根本改造》，《陶行知全集》第 2 卷，湖南教育出版社 1985 年版，第 3 页。

⑥ 华中师范学院教育科学研究所主编：《晓庄三岁敬告同志书》，《陶行知全集》第 2 卷，湖南教育出版社 1985 年版，第 209 页。

立意虽好，可“一年来我们改变了好多办法，都没有满意的结果”①，依旧是在“摸黑路”。这显然含有自我否定的意味，实际上表达了对第一年实施教学做合一的不满。陶行知的检讨是：“用一般学校的形式来训练人才，决不会发生很大的效力，也决不能彻底的采用教学做合一的办法。一面要实现教学做合一，一面又要顾到一般学校的形式，实属绝对不可能。”②

第二段为1928年至1930年所实施的教学做合一。除艺友制(1928年1月)外，还包括“单级小学活动教学做”(1928年3月)、“学院制”(1929年7月)和“学园制”(1929年12月)的部分内容。它虽未蜕去学校的躯壳，但观念却发生根本的变化，诚如陶行知回忆所述：“当初，生活教育戴着一顶‘教育即生活’的帽子。自从教学做合一的理论试行以后，渐渐的觉得‘教育即生活’的理论行不通了。一年前我们便提出一个‘生活即教育’理论来替代。从此生活教育的内容方法便脉脉贯通了。”③所谓“彻底的”、“真正的”教学做合一，即是相对于前段而言的。换言之，前段所采用的方式方法也就只能用“不太彻底的”或“并非真正的”来加以总结了。这类记述，实际隐含了陶行知对教学做合一的自我评价。

晓庄的封闭，固然是一个悲剧性的事件，然而它却使教学做合一最终跳出了“学校的圈套”。自1931年起，陶行知便屡屡拿杜威的“思想五步法”④来开刀：“杜威先生所叙述的过程是单极电路，通不出电流。他没有提及那思想的老祖宗。这位老祖宗便是行动。所以我要提出的修正是在困难之前加一行动之步骤。”并认为这才是科学方法论的完备过程：“从无知之行始，以能行之知终。”⑤在他所推进的“科学下嫁运动”中，他对“玩科学把戏”不厌其烦地提倡，便是有感于此。当他看到《小朋友的鸡》这篇文

---

① 华中师范学院教育科学研究所主编：《晓庄试验乡村师范的第一年》，《陶行知全集》第2卷，湖南教育出版社1985年版，第60页。

② 华中师范学院教育科学研究所主编：《晓庄试验乡村师范的第一年》，《陶行知全集》第2卷，湖南教育出版社1985年版，第60页。

③ 华中师范学院教育科学研究所主编：《晓庄三岁敬告同志书》，《陶行知全集》第2卷，湖南教育出版社1985年版，第209页。

④ 杜威将分析反省的思想过程分列为五个步骤：(1)困难之感觉，(2)审定困难之所在，(3)设法解决，(4)在许多方法中选一最有效的试试看，(5)屡试屡验之后再下断语。此即为“思想五步法”。

⑤ 华中师范学院教育科学研究所主编：《科学的生活》，《陶行知全集》第2卷，湖南教育出版社1985年版，第361页。

字后，引发出对于教学做合一的最为精彩的评价。他首先归纳说：“教学法的演进大概可以分为四个阶段：第一个阶段，凭先生教授，不许学生发问；第二个阶段，师生共同讨论，彼此质疑问难；第三个阶段，师生共同在做上学，在做上教，在做上讨论，在做上质疑问难；第四个阶段，师生运用科学方法，在做上追求做之所以然，并发现比现在可以做得好一些的道理。”第一个阶段或可称为注入式。第二个阶段或可称为讨论式，第三个阶段或可称为实习式、启发式，第四阶段或可称为发现式。这四个阶段是依次递进的、后胜于前的。接着，陶行知形象地予以了评价：“第一个阶段的教育连花也不会开，何况果子！第二个阶段的教育只会开花，不会结果。到了第三个阶段才会结果，但未必有美味。要想有美味而硕大的果子必得跳上第四个阶段。第四个阶段是教学做合一之极，则他在此处已与科学打成一片了。”①

1932 年 10 月 1 日，山海工学团创立。在《乡村工学团试验初步计划说明书》中，他扼要列举了“与传统的方法根本不同”的七项方法，后在《创立山海工学团的呈文》中放缩为：“（一）社会即学校；（二）生活即教育；（三）相学相师，会者教人，不会者跟人学；（四）先生在做上教，学生在做上学，教与学都以做为中心；（五）在劳力上劳心；（六）行是知之始；（七）与大众共甘苦，同休戚，以取得整个中华民族之出路。”②

在《中国普及教育方案商讨》中，陶行知也没有抽象地提倡教学做合一，而是将“即知即传人”的原理及“小先生”、“传递先生”等方法大加宣扬③。除生活即教育、社会即学校外，其他均可视为教学做合一的具体化。因此，对这些原理及具体方法的推崇，均可视作对教学做合一的评价。这在分析“特质”及介绍“丰富发展”时已有涉及，在此不赘。

1939 年 7 月，育才学校开办。它是生活教育运动的新发展，同时也表征了教学做合一方法的阶段性变化。在设计该校的纲领性文件中，陶行知指出：“育才学校之一般‘教学做’的过程，有三种形式：（一）以工作或问题

---

① 华中师范学院教育科学研究所主编：《小朋友的鸡》，《陶行知全集》第 5 卷，湖南教育出版社 1985 年版，第 244—245 页。

② 华中师范学院教育科学研究所主编：《陶行知全集》第 2 卷，湖南教育出版社 1985 年版，第 650 页。

③ 参见华中师范学院教育科学研究所主编：《陶行知全集》第 2 卷，湖南教育出版社 1985 年版，第 806—808 页。

为中心的教学做过程;(二)以事物之历史发展为中心的教学做过程;(三)各学科各系统的学习与研究的教学做过程。这三个过程,育才学校参合互用。”他接着又强调说:“这里我们要反对两种不正确的倾向:一种是将教与学的界限完全泯除,否定了教师领导作用的错误倾向;另一种是只管教,不问学生兴趣,不注意学生所提出的问题之错误倾向。”①这显然已不是“生活法”的教学做合一,它明显顾及教育的特殊性。在育才学校,教师再也不坚持地称为“指导”或“工师”了;课程设置也有了“普修课”与“特修课”之分,而且“普修课依部章所定内容进程实施”②;班级授课与分组研修也是交互使用;对于基础的文化教育又开始特别看重:“所谓文化的工具的教育,包含着这样几项:(一)语言,(二)文字,(三)图画,(四)数学,(五)逻辑。广义地说来,这五项东西同是表达思想的工具。只有这种工具获得了才可以求高深的学问,才可以治繁复的事。”③这类变化,事实上是对前段教学做合一的修正,生活教育的钟摆,有着向传统教育回归的倾向。陶行知曾介绍婆罗门教(印度教)的三个大神——创造之神、破坏之神和保存之神,接着指出:“我们生活教育运动,包含育才学校,仔细检讨,便发觉我们缺少保存之神。”④换言之,实际是承认对传统的否定存在着过头之处。联系教学做方法的变化,这实际也隐含着对前段教学做合一在某些方面的否定性评价。

二、自我评价之再评价

任何评价都必须接受再评价。本书的评价也概莫能外。

论点一:总体看来,在具体方法层面,教学做合一具有与时俱进的特征,但是,它并非“见异思迁,欢喜翻新花样”的结果⑤,而是时势变化所使

---

① 华中师范学院教育科学研究所主编:《育才学校教育纲要草案》,《陶行知全集》第3卷,湖南教育出版社1985年版,第374—375页。

② 华中师范学院教育科学研究所主编:《育才二周岁前夜》,《陶行知全集》第3卷,湖南教育出版社1985年版,第446—448页。

③ 华中师范学院教育科学研究所主编:《育才学校教育纲要草案》,《陶行知全集》第3卷,湖南教育出版社1985年版,第371—372页。

④ 华中师范学院教育科学研究所主编:《育才二周岁前夜》,《陶行知全集》第3卷,湖南教育出版社1985年版,第448页。

⑤ 华中师范学院教育科学研究所主编:《普及教育运动小史》,《陶行知全集》第2卷,湖南教育出版社1985年版,第718页。

然。因此，它并非一套僵死的教条，而是以灵活变通、不断修正作为它的灵魂或内核的。

从教学做合一的定义表述、方法变化和自我评价来看，很容易给人一种“陶行知多变”的印象，他不断变更教育运动的名称及口号的事实，又可使这种印象得以补强。若从教育目的来看，陶行知的辩解是有力的：“其实我心中只有一个中心问题，这问题便是如何使教育普及，如何使没有机会受教育的人可以得到他们所需要的教育。”①即使当他临近生命的终点时，他所念念不忘的依旧是“全民教育”。教学做合一万变不离其宗的正是这个“中心问题”。

再说，生活教育的基本理念便是“自化化人”——“教育是什么？教人变！教人变好的是好教育。教人变坏的是坏教育。活教育教人变活。死教育教人变死。不教人变、教人不变的不是教育。”②推而言之，不变的理论或方法也就毫无价值可言，因为生活是时刻变化的。

从理论自身的发展来看，“我即是”、“朕即真理”实为科学的死敌。任何真理或科学，不仅要接受实践的检验，而且还须从中发现错误并否定自我，在“否定之否定”中获得前进，而迷信和教条正好与之相反。恩格斯曾指出：“今天被认为合乎真理的认识，都有它隐蔽着的、以后会显露出来的错误的方面。”③陶行知对于教学做合一的丰富发展，正是这种科学态度的结果：“优秀的教育工作者一方面是他根据客观情形订出教育计划，但另一方面是知道如何通过生活与实践，实现这个计划，并且在某种情形下知道修改他的计划，同时发展他的计划。”④

论点二：正因为教学做合一是一个动态的、前后不甚一致的方法论系统，所以不宜以陶行知前期的自我评价来代替后期的自我评价，也不宜以后期来代替前期；若须进行客观评价，最好的选择是进行分段研讨。具体说来，可分为如后六段：(1)晓庄师范前期(1927 年至 1928 年)；(2)晓庄师

---

① 华中师范学院教育科学研究所主编：《普及教育运动小史》，《陶行知全集》第 2 卷，湖南教育出版社 1985 年版，第 718 页。

② 华中师范学院教育科学研究所主编：《师范生第一变——变个孙悟空》，《陶行知全集》第 2 卷，湖南教育出版社 1985 年版，第 237 页。

③ 《马克思恩格斯全集》第 21 卷，人民出版社 1961 年版，第 338 页。

④ 华中师范学院教育科学研究所主编：《育才学校教育纲要草案》，《陶行知全集》第 3 卷，湖南教育出版社 1985 年版，第 375 页。

范中后期(1928 年至 1930 年);(3)自然学园时期(1931 年至 1932 年);(4)山海工学团时期(1932 年至 1936 年);(5)育才学校时期(1939 年至 1945 年);(6)社会大学时期(1946 年)。

在陶行知研究史上,对教学做合一的批判性评价,往往集中在教学组织形式、教师主导作用、课程设置、教材地位、"做"的实用主义倾向等问题上,认为它泛化或淡化了教学的特殊性,将教育法与生活法等同。这类观点所依据的是,陶行知在晓庄师范和工学团时期的有关言论及其自我评价。而对教学做合一的肯定性评价,诸如并非排斥班级授课、承认教师的领导作用、能依据知识系统设置课程、采用部颁教科书、重视"自觉觉人"的思想教育等,均是依据育才时期的所言所为来立论的。这种歧异,实为评价选点不一所致,双方虽均是有理有据,然而所论却并非同一事物。这种论战,看似热闹,实无意义。

若想使论辩达成共识,可取的方法之一便是进行分段研讨。分段的目的并非进行人为的机械的割裂,也并非否定教学做合一在观念层面上存在着一以贯之的基本精神,而是为了把握不同时期的变化,从而使准确的评价成为可能。关于上述分为六段的依据,前面曾有所涉及,在此,仍有作出简要归纳的必要。

(1)晓庄师范前期。依旧借助学校的形式,以中心学校作为师范训练的中心,但对传统的课程、教材和教法均作出了根本的变更,并以"实习"作为教学做的集中表现形式。

(2)晓庄师范中后期。艺友制的创立和单级小学活动教学做(实干法)的实施,表露了教学做合一试图挣脱学校形式束缚的意向,并且是它获得轰动性社会反响的时期。

(3)自然学园时期。完全摆脱了学校形式的束缚,运用教学做合一推进科学普及教育,并从科学实验与发明的关系中,发掘出行动与创造的教育意义,进而对教学做合一进行理性的总结和阐述。

(4)工学团时期。试图以此来取代传统的学校,并以培养团体自治的精神区别于普通工学思潮,小先生和传递先生的提倡,使教学做合一反传统的色彩更为鲜明。

(5)育才学校时期。在特定的环境和条件下,学校形式又重新被借用,而传统的课程、教材和教法又重新被接纳。不过,重视见习、实习、实干、创造等基本精神依旧得以保留，并在天才教育、艺术教育方面显现出巨大的效能。

(6)社会大学时期。从意向上看，仍旧是对普通学校教育不满意的表示，是前期教育理想的复活，但从专业和课程设置、班级授课和系统讲授等方面看来，却是与前期的教学做合一大异其趣的。

若依据“教育运动”来分段，大致可分为三段：(1)乡村教育运动(1927年至1930年)；(2)普及教育运动和国难教育运动(1931年至1936年)；(3)战时教育运动、全面教育运动和民主教育运动(1937年至1946)。这与上述的分段并无牴牾。只须依次合二为一即是。

论点三：最好是分段研讨、评价的主张，并不排斥进行总体评价的必要和可能。但是，进行总体评价必须准确地选点，即选取教学做合一的内涵最为完备的时期，不可蹈瞎子摸象之覆辙。具体说来，对教学做合一原理的评价“选点”，只宜“聚焦”于晓庄师范时期，而不宜以育才学校时期作为评价对象。这是因为：

从培养目标来看，晓庄师范的创立动机是为了培养师资的，艺友制、小先生制等具体方法也是为此服务的，而师资养成又是直接为教育普及服务的。育才学校是培养人才幼苗的，是将天才难童的保育与教育合为一体的、培养文学艺术专才的特殊教育。尽管陶行知有过这类申述：“育才学校之创立，只是生活教育运动中的一件新发展的工作，它是丰富了普及教育原定的计划，决不是专为这特殊教育而产生特殊教育，也不是丢掉普及教育而来做特殊教育。”[①]但它与前期教育在培养目标方面的不同，却也是显而易见的。

在《教育生活漫忆》中，陶行知对生活教育运动的回忆分为这样三段：“晓庄学校时代”、“工学团的创始和小先生运动”、“工学团打入城市——发展到社会大学”。其中绝口未提育才学校的实践。谁也不能否认，育才的办理是以生活教育理论为指导的；同样不能否认的是，它的办理，有着由生活到教育、由社会到学校的回归倾向。这可能正是陶行知跳过育才学校，落脚于社会大学的原因之所在。这也间接说明了，此期与其他时期的教学做合一有所不同。

如运用计量史学的方法可知，陶行知在晓庄师范时期讲述、提倡、剖

① 华中师范学院教育科学研究所主编：《育才学校创办旨趣》，《陶行知全集》第3卷，湖南教育出版社1985年版，第379页。

析、评价教学做合一相对较多，而在育才学校时期相对较少。教学做合一的基本内涵和特质，自晓庄师范确立后，其后的改变相对较少，这些观念时有变更甚至相悖之处较多的，无疑也是晓庄师范时期。

相对于传统教学方法而言，最具革命性意义并发生较大社会影响的，无疑当推晓庄师范时期。对于某一理论方法的评价，不仅应选取其典型特征表现得最为完备的时期，而且应考虑它对与之对应的理论方法所产生的最大震荡效应。育才与晓庄相较，这也是彰明昭著的。

论点四：若站在教育哲学的立场上考察，相对成熟、可能为当今提供较多借鉴的，却不是晓庄而是育才时期所实施的教学做合一。若说晓庄以批判性见长的话，它就必然存在着矫枉过正的倾向。应该说，育才是以建设性、创造性见长的，这从陶行知要求迎接“保存之神”即可看出。若分而论之，这种相对成熟，可从认识论、知识观和文化观的发展变化中窥出端倪。

认识论。从认识的产生和来源方面考察，有“知先行后”和“行先知后”两种对立的看法；从认识的作用和目的方面考察，有“知重行轻”和“行重知轻”的不同认识。青年陶行知深受王守仁学说的影响，“信仰知行合一的道理，故取名‘知行’”[①]。此说虽主张“知先行后”，但认定“行重知轻”，因而陶行知在提倡试验教育和平民教育时，并未彻底摒弃它。“行先知后”的观念转变，是在教学做合一原理系统表述之后。陶行知在1934年回忆说：“七年前，我提出‘行是知之始，知是行之成’的理论。”[②]大体说来，它与提倡艺友制及“真的去干”同步。此期的认识论无疑是唯物主义的，但有着机械唯物论的倾向。至于辩证唯物观的形成，大约始于1935年，是年他创造了“衎”字作为署名，以表示“行知行”的不可分割性或辩证统一性。在育才时期，这种观念更有了系统完整的表述：“人类与个人最初都由行动而获得真知，故以行动始，以思考终，再以有思考之行动始，以更高一级融会贯通之思考终，再由此而跃入真理之高峰。”[③]这实际是“实践→认识→再实

---

① 华中师范学院教育科学研究所主编：《行知行》，《陶行知全集》第2卷，湖南教育出版社1985年版，第687页。

② 华中师范学院教育科学研究所主编：《行知行》，《陶行知全集》第2卷，湖南教育出版社1985年版，第687页。

③ 华中师范学院教育科学研究所主编：《育才二周岁前夜》，《陶行知全集》第3卷，湖南教育出版社1985年版，第440页。

践→再认识→……”公式的诠释。因此，对于教师、书本、读书、班级教学、系统知识讲授等，也就很少出现偏激否定的言词。这理当视为相对成熟的表现。

知识观。《墨辩》中有关“亲知”、“闻知”和“说知”的界定，对陶行知影响很大，他正是据此来论证“行是知之始”的命题。此外，他依据《墨辩》中“知，接也”的命题，提出了“接知如接枝”的主张，从而科学地阐明了感性认识与理性认识、直接经验与间接经验的关系，并据此批驳了事必躬亲、全盘复演、一味模仿等种种误解。这在理念上无疑是周延的。不过，在晓庄和工学团的试验中，陶行知特别看重的是“用技能产生知识”，对“亲知”的强调有所过头，尤其是对“死读书”和“守知奴”的尖锐抨击，很容易使人造成教学做合一所追求的只是零散的、实用的、经验型的知识的印象。事实上，在以工作和问题为中心的求知过程中，进行知识“整合”的效果不佳，追求学问的意味不浓，因而存在着实践层面上的局限性。在育才时期，陶行知特别强调科学地治学，并将“创造学术之气候”列作任务之一。由于“普修课时间占四分之三。特修课占四分之一”①，因而系统的知识教学成为主体。从追求知识、追求真理的“五路探讨”——“行动、观察、看书、谈论、思考”②——来看，也与晓庄的“以事为中心”、“在做上学，在做上教”等方法有着明显的不同。因此，这种知识观和求知观的变化，也不宜视为倒退。

文化观。在教学做合一初创之时，它对西洋文化（洋八股）和传统文化（土八股）的批判，均取咄咄逼人的毫不妥协的态势，这在介绍它的产生背景时业已论及。在育才时期，陶行知特地申明：“反洋化教育的用意并不是反对外来的知识”，“反传统教育也不是反对固有的优点”③。对于前者，他公开承认：“知识之前哨丰富之学术多在外国。”④对于后者，此期的陶行知

---

① 华中师范学院教育科学研究所主编:《育才学校节略》,《陶行知全集》第 3 卷,湖南教育出版社 1985 年版,第 507 页。

② 华中师范学院教育科学研究所主编:《育才二周岁前夜》,《陶行知全集》第 3 卷,湖南教育出版社 1985 年版,第 440 页。在《育才十字诀》中,将“五路探讨”改为“体验、看书、求师、访友、思考”。

③ 华中师范学院教育科学研究所主编:《告生活教育社同志书》,《陶行知全集》第 3 卷,湖南教育出版社 1985 年版,第 338 页。

④ 华中师范学院教育科学研究所主编:《育才学校二周岁前夜》,《陶行知全集》第 3 卷,湖南教育出版社 1985 年版,第 444 页。

俨然有似于儒家君子,“大学之道”不绝于口,“智仁勇三达德”也反复提倡,还将《中庸》中的“不诚无物”作为“自觉觉他”的依据①。这与早中期的陶行知相较,似有判若两人之感,或可使人联想到严复、章太炎等思想巨擘。但从文化——心理的长期积淀不可能通过断裂的方式来加以改变,以及历史虚无主义对抗日民族战争的危害等方面来考察,这仍可视为思想成熟的表示。在这种文化观念支配下的教学做合一,也不宜轻率地否定。

论点五:教学做合一除具有可变的相对的意义外,还具有不变的永恒的价值:“师生运用科学方法,在做上追求做之所以然,并发见比现在可以做得好一些的道理。”是一以贯之的思想,也是坚定不移的信念或主导性的原则方法,它揭示了教法演进的真谛,并与现代盛行的布鲁纳的“发现法”精神相通。

发现法亦称“解决问题法”。它要求尊重儿童,要求由学生自己去发现问题并解决问题,教师的任务是激发儿童的学习动机,引导儿童自己去发现和掌握学科内容及其结构。布鲁纳的发现法是根据皮亚杰的“过程——结构心理学”(关于儿童智力发展的理论)创立的,依此而论,不宜将教学做合一与它等量齐观。但从发现法的理论渊源来看,卢梭的“自然教育理论”、杜威关于教学过程和思维过程的理论,克伯屈的设计教学法等,均与它脉脉相通。从这个角度考察,视教学做合一与发现法为异曲同工,也就并非牵强了。

在晓庄时期,陶行知认定师范学校的出发点是中心学校,而中心学校的出发点是环境里的幼年人的生活。利用自然和社会来培植儿童的生活力,便成为教学做合一的根本之图。此期,他还提出了著名的“开笼放雀法”:他将传统的学校喻为鸟笼,将学生喻为小鸟,这种学校教育,“就好像把一只活泼泼的小鸟从天空里捉来关在笼里一样”。他所主张的方法,“是要把笼中的小鸟放到天空中去,使他能任意翱翔,是要把学校的一切伸张到大自然界里去”②。在培养儿童自主、自动、自由的学习态度和精神方面,是与发现法有着暗渠相通的。

---

① 参见华中师范学院教育科学研究所主编:《生活教育运动十三周年纪念告同志》,《陶行知全集》第3卷,湖南教育出版社1985年版,第417页。

② 华中师范学院教育科学研究所主编:《生活即教育》,《陶行知全集》第2卷,湖南教育出版社1985年版,第182页。

在育才时期，陶行知开展了迎接“创造之神”的活动，写作了《创造宣言》《创造年计划大纲》《敲碎儿童的地狱，创造儿童的乐园》等专文，并设置了“育才学校创造奖金”。其实，“创造”是“发现”的别名。从育才的课程设置、教学方式和“少年研究生制”的试行来看，更具发现法的意味，这在育才“迷”、“悟”、“爱”三方针上，更有典型的体现：这三者均是“向着创造生活前进”，其中的“悟”是“根据孩子们一般的智力，透过启发性的普通教育，我们培养和指导他们对特殊活动取得更深的了解，对人生各方面的关系和宇宙人类的历史的发展取得更广的认识”①。这类措施和方针表述与晓庄时期是大有不同的。但在尊重儿童的观念层面，却保持着高度的一致，这从他此期所提出的“六大解放”的内容上可以充分看出：“解放眼睛”、“解放双手”、“解放头脑”、“解放嘴”、“解放空间”和“解放时间”②。

三、现实意义及其局限性

（一）现行教法的总体缺憾

自开放改革以来，学校教育的功能得以强化，教育的基本规律得以遵循，国外的教育理论和方法也有不少的介绍，这些均是不可否定的成绩。

但是，人们总是对当代教育存在着一种深刻的忧患意识。除教育投资、教育立法等外部因素外，在教育内部，这种危机性的思考主要集中在教学方法这个问题上。所谓满堂灌、题海战术、猜题押宝等，均是就现象而言的。若就实质而言，当今的教学依旧是“教师中心、教材中心、课堂中心”。具体说来，教师的主导作用被片面夸大，学生的主体地位和主动精神实际被冷漠地忽视；教材和课程的更新不仅周期太长，而且在内容的选取上存在着非常明显的重知识、轻能力的倾向；班级授课被无一例外地沿用，个性化、人格化的其他教学形式实际被废置。尽管启发式的呼吁不绝于耳，尽管也曾掀起过智力研究、创造教育的热潮，尽管也试验过“第二课堂”的形式。然而，实质性的变化实在太少。这种教学模式，不仅可视为凯洛夫教育理论的产物，甚至可视为赫尔巴特传统教育学的翻版。

---

① 华中师范学院教育科学研究所主编：《育才三方针》，《陶行知全集》第 3 卷，湖南教育出版社 1985 年版，第 492 页。

② 华中师范学院教育科学研究所主编：《实施民主教育的提纲》，《陶行知全集》第 3 卷，湖南教育出版社 1985 年版，第 492 页。

联系教学做合一的产生背景来看，陶行知所选择的理论对手，正是这种洋八股。倘若将陶行知的有关批评移用于今天，肯定不会有时过境迁之感。“教死书”、“读死书”、死填硬灌、唯书唯上的现象确实在当今比比皆是。

固然，存在的自身即含有某种合理性。然而，不思改进地“沿袭陈法”或“仪型他国”，却也显然是一种罪过。若以成败来评论教学做合一，可能存在纷争；若以改造、求变、创新的价值取向来评论，则不会存在歧议。换言之，教学做合一的现实意义，并不一定在于当今的学校教育可以普遍地采纳它，而在于吸取它因时、因地、因人制宜的精神实质，在于把握它永不满足、不断否定、随时修正的思想方法。陶行知曾将晓庄比作花园，并认定万紫千红构成了它的伟观和美丽。“如果要找一个人中模范教一切人都学成和他一样，无异于教桃花、榴花拜荷花做模范。我们当教师的实在需要园丁的智慧。晓庄不但是不要把个个学生造成一模一样，并且也不愿他们出去照样画葫芦……晓庄同志要创造和晓庄大不同的学校，才算是和晓庄同，才算是第一流的贡献，才算是有些成功。”①套而言之，当今的园丁，只有创造出与教学做合一“大不同”的教法，才算是和教学做合一“同”。这便是教学做合一对当今教法变革的最为根本的启示。

(二)改造师范实习的现实价值

在阐述教学做合一观念层面的价值时，并没有排除它在方法层面上有直接借鉴的可能。具体而论，它对于师范教育，尤其是毕业实习中的时弊，实为对症的良药。

当今的师范教法与普通学校的教法，在系统知识的传授方面是毫无二致的，有所不同的，只是多了实习一项。从对师范毕业生的跟踪调查来看，大多数均不能在短期内胜任教学工作。究其原因，并非知识贫乏，而是能力低下。这显然是师范实习的效果不佳所致。将现今的实习与教学做合一下的实习、实干加以比照，便可发现这两者的差别：

首先，从实习园地来看，当今依旧称为附属中学或小学，并未以“中心学校”相称。其实，问题并不在于名称，而在于这类附属学校并未成为真正

---

① 华中师范学院教育科学研究所主编：《晓庄三岁敬告通知书》，《陶行知全集》第2卷，湖南教育出版社1985年版，第214页。

的实习园地。各师大或师院的附中，多为重点学校，为升学率计，甚至出现拒绝实习的怪事。即使勉强接受，也只是应付差事，走走过场，因而实习的效果也便可想而知。教学做合一要求：“凡有好的中心学校的地方都可以办个师范；凡是没有好的中心学校的地方，都可以取消师范的招牌。”①这正是基于实习园地而言的。当今的师范整顿，也应以此作为重要参照。

其次，从实习方式和时间来看，当今的实习方式是集中实习，即在学习了若干年知识理论后，再集中下去实习1—2月，教学做合一正是针对这种积弊而创立的，它要求边干边学，分散实习；或先干后学，先实践后理论。晓庄的修业期限为一年半，原定实习服务的时间为半年，实际不止此数。当今师范的实习时间是理当增加的，而实习方式也应不拘一格，即使进校后首先实习一段也不妨一试。

再次，从实习方法上看，当今的实习重心是准备教案、试讲和评课。这当然是必要的。若依据教学做合一来看，这就远远不够了，它要求全面地参与，体育、艺术、游戏、劳动，甚至烹饪均成为实习的内容，因而也就要求使用种种方法，它不是动笔写写、动口讲讲便能胜任的。有鉴于此，当今的师范实习中可供选择的方法还有：谈心交友、批阅日记或周记、家访、组织班会或团队活动、参观游览、文娱联欢、体育比赛等。没有办法与儿童接近的师范生，就不太可能成为一个合格的教师。

最后从实习与毕业的关系来看，当今因实习而不能师范毕业者，是闻所未闻的。这既与实习考核的标准有关，更与实习的地位不显、未能引起高度重视有关。依据教学做合一，学业及格只能拿到修业证明书，只有通过实习、实干并卓有成效者，才能获得正式毕业证书。应该说，这是提高师范生实际能力的法宝。当今的师范教育有着类似的要求，但实习考核的内容和标准不太健全，而在具体执行中又往往流于形式，这也是值得深刻反省的。

当然，作为方法的教学做合一，并非只是在师范实习中才具有借鉴意义，也并非不可借鉴于其他教育领域。在当今“农科教多位一体”的改革实验中，教学做合一的方法论优势也正在日益显现。

---

① 华中师范学院教育科学研究所主编：《中国师范教育建设论》，《陶行知全集》第1卷，湖南教育出版社1984年版，第643页。

(三)教法变革的正道沧桑

教法不仅与课程和教材有着密切的联系,也不仅与认识论、知识和文化观难以割裂,它与教学组织形式的关系更是密不可分。陶行知在实施教学做合一的过程中,有感于学校形式的束缚,于是断言:“一面要实现教学做合一,一面又要顾到一般学校的形式,实属绝对不可能。”正是由于这种对立,他此后发表了许多贬斥学校的言论。现实的问题是,当今若借鉴教学做合一,是否必须取消学校,或“全国学校采用工学团制”①,或将整个社会学校化?回答无疑是否定的。陶行知本人也曾于1940年对这个问题作出过说明:“过去我们之所以提出艺友制,不是用来代替普通学校,而是用来补职业教育或人才教育之不足。不是用来代替师范教育,而是用来补师范教育之不足。现在师范学校虽有缺点,我们的任务是改造不是取消。说得正确点的话,我们应该就学校这种特殊机构予过去的师范教育以改造。”②事实业已证明,并且还将继续证明,学校是一种效能较高的教育组织形式,它不可能在信息文明到来之前真正消亡。因此,将“教育法”与“生活法”混为一谈,并试图取消学校教育的意向,也就有失偏颇了。

在晓庄时期,为真正实施教学做合一,陶行知曾要求安徽公学下乡,并因此闹得很不愉快。在普及教育时期,陶行知又主张,全国的中学“至少有五分之四”、全国师范的“十分之九”是应当“移下乡去”办理③,似乎不如此,便不能“即知即传”地实施教学做合一。学校下乡在中国现代教育史上大致有两次浪潮:一次是抗战时期,一次是“文革”时期。前者是迫于时势,后者是“教育革命”。不过,两者的结果却是相同的:最终都迁回了城里。工业化的必然结果之一便是城市化。城乡教育发展的不平衡,不可能用拆东墙补西墙的办法来解决。也不能因为城市学校难以实现教学做合一,便认为搬到乡下去就可以实现。育才学校原本是在乡下办理的,抗战胜利后陶行知却将它迁到重庆,而后又主持迁校到上海。看来,“下乡”也并非实

---

① 华中师范学院教育科学研究所主编:《中国普及教育方案商讨》,《陶行知全集》第2卷,湖南教育出版社1985年版,第808页。

② 华中师范学院教育科学研究所主编:《我们不是企图取消学校教育——致潘畏三》,《陶行知全集》第5卷,湖南教育出版社1985年版,第619页。

③ 华中师范学院教育科学研究所主编:《中国普及教育方案商讨》,《陶行知全集》第2卷,湖南教育出版社1985年版,第809页。

施教学做合一的必要条件。

“行是知之始”、“在劳力上劳心”、“在做上学，在做上教”等，往往使人将教学做合一理解为劳动教育。陶行知也确曾说过“农夫的身手是本校第一个教育目标。”甚至还说：“从事乡村教育革命必须有农夫的身手，反对农夫的身手，就是反革命。”①晓庄师范的入学考试中还有“农事或土木工操作”的内容。在第一次全国教育会议上，他提出《减少校工以实现劳动教育案》，其主要理由是：“劳动教育的目的，在谋手脑相长，以增进自立之能力，获得事物之真知及了解劳动者之甘苦。要想达到这个目的，非师生共同用手做事不可。”②这类见解或做法，相对于鄙薄劳动的传统教育方法，其意义自在。不过，对于“笔耕”的艰苦及其价值或许轻漠得有些不当。再说，如何将体力劳动与专业知识技能的学习有机地结合的问题，在教学做合一的实施中，也似未能很好地解决。若论全面贯彻劳动教育的时期，恐怕非“文革”莫属。“开门办学”、“五七道路”，结果是教学质量的全面下降，以致造成人才的青黄不接。前面在分析“做”的涵义时，曾强调指出，不能将它等同于简单的劳动，但在具体操作时，实际上却很难把握。在当今，劳动教育亟待加强。因此，如何去芜存精地借鉴教学做合一，便成为摆在我们面前的一个严肃的课题。

---

① 华中师范学院教育科学研究所主编：《农夫的身手》，《陶行知全集》第2卷，湖南教育出版社1985年版，第13页。

② 华中师范学院教育科学研究所主编：《陶行知全集》第2卷，湖南教育出版社1985年版，第115页。

第六章　生活教育与传统教育、实用主义教育的关系

生活教育理论是陶行知在反传统教育和反洋化教育、改造中国教育的具体实践过程中创建的争取自由平等的新教育理论与方法。生活教育与传统教育、实用主义教育的关系，是陶行知研究中一个极为重要的问题。弄清楚这个问题，不仅有助于进一步明确生活教育的性质和特征，给陶行知教育思想以全面正确的评价，而且也有助于我们今天正确处理中外历史上文化教育遗产与我国当代教育改革和发展的关系，建设具有中国特色的社会主义教育理论体系。

第一节　生活教育与传统教育的关系

一、陶行知对待传统教育的态度

在陶行知教育学说的范畴体系中，"传统教育"是一个有其特定内涵的概念，它与人们通常所说的"传统教育"并不完全相同。陶行知所说的"传统教育"，既指中国封建社会长期形成的以儒家教育为代表的教育思想、内容、方法和制度等，又指从外国传入的以赫尔巴特教育思想为代表的近代西方教育模式。陶行知称前者为"老八股"，称后者为"洋八股"。在他看来，"老八股"与"洋八股"虽有新旧之不同，但都脱离人民大众，脱离生产劳动，脱离社会生活，"都是靠着片面的工具来表现的"，即都是靠着文字与书本来表现的①。当然，对于这两种"传统教育"，陶行知并非不分主次，而是有所侧重的。由于当时"老八股"对中国教育界的影响更大更深一些，所以，他通常所说的"传统教育"，更多的是指"老八股"，即中国的封建传统教

① 华中师范学院教育科学研究所主编:《生活工具主义之教育》,《陶行知全集》第 2 卷,湖南教育出版社 1985 年版,第 76 页。

育。这也是他批判的主要对象。

陶行知对传统教育的批判，经历了一个由现象到本质、由局部到整体、由方法到方向的不断深化的过程。这一过程与他政治上和思想上的不断进步是密切相关的。

起初，他对传统教育的批判还只限于教学方面。他 1917 年离开美国回国时，正值国内新文化运动日趋高涨。尤其是五四运动之后，“民主”、“科学”的口号响彻云天，改革传统教育成为一股巨大的时代潮流。乘着这股潮流，他首先把斗争的锋芒对准了传统的教学方法。传统的教学方法采取填鸭式灌输，呆读死记书本，重教不重学。针对这一痛疾，他于 1919 年 2 月发表《教学合一》一文，抨击旧学校“好像是书架子字纸篓的制造厂”，“论起名字来，居然是学校；讲起实在来，却又像教校”，重教太过，遂将教、学两者分离开来。为了改变这种状况，他在南京高等师范学校毅然把传统的“教授法”改名为“教学法”，一时间国内各学校纷纷仿照实行。他又极力宣传杜威教育学说，提倡试验主义教育方法，主张共同生活、学生自治等。

20 年代以后，他对传统教育的弊端有了进一步认识，开始意识到传统教育的弊端不仅仅是个方法上的问题，更是体制、内容乃至根本方向的问题。此时，他批判的面也逐步扩展开来。他猛烈抨击传统教育脱离人民大众，脱离生产劳动，脱离社会生活。为此，他把改造旧教育的重点由过去单纯地改造旧学校移向改造社会与创办新学校。他与朱其慧、晏阳初等人发起了全国范围的声势浩大的平民教育运动，试图通过读书识字来提高民众的文化水平和思想觉悟。接着，他又与赵叔愚等人在南京市郊老山(后改名劳山)脚下的小庄(后改名晓庄)，创办试验乡村师范学校，对传统的学校教育进行全面改革，努力解决旧教育脱离人民大众实际生活的问题，为中国教育探获生路。

从 30 年代初起，伴随着政治上的不断进步，他对传统教育的批判日趋全面而深刻，明确指出传统教育是一种贵族式的“小众教育”，它将政治上无权的劳苦大众排斥在教育之外，只有那些有钱有势人家的少爷、小姐才能上学念书。不仅如此，它还是一种“吃人教育”，一方面“教学生自己吃自己”，让他们读死书，死读书，死记硬背，不许到大社会里、大自然里去活动，并用各种考试来督促，结果“肩不能挑，手不能提，面黄肌瘦，弱不禁风”，身体的健康也没有了,以致“读书死”;另一方面,“教学生吃别人”,“教人劳心而不劳力”,“教人升官发财”,“吃农人、工人血汗”①,这就彻底揭露了传统教育的吃人本质。抗战胜利以后,他进一步把批判传统教育的矛头直指国民党反动派的封建买办法西斯教育,揭露和抨击其推行的“思想统制”政策,并高举民主革命的旗帜,创办育才学校和社会大学,使之成为国民党统治区的“民主堡垒”。由批判历史遗存下来的封建传统教育到直接把矛头对准国民党反动派的封建买办法西斯教育,这反映出他政治上、思想上的不断进步,也体现了他教育思想的日趋成熟。

应该指出,陶行知对传统教育的批判,不是毫无分析的。他在旗帜鲜明地反对“满朝朱紫贵,尽是读书人”的“升官教育”和“为教书而教书,为读书而读书”的“超然教育”的同时,还明确地指出:“反传统教育也不是反对固有的优点,我们对于中国固有之美德是竭诚的拥护。”②他公开主张:对于人类从几千年生活斗争中所得到并体现在传统教育中的宝贵的历史经验,“必须用选择的态度来接受”,但“必须通过现生活,从现生活中滤下来,才有指导生活的作用”③。从他的教育实践和理论来看,他对传统教育的某些有益的教育内容与方法,都有所汲取和借鉴。比如,他为教育学生成为民主战士,曾引用《论语》和《孟子》中的话,赋予其新的思想内涵:“让我再详说英勇的民主战士是怎样培养出来。第一套功夫是‘仁者不忧,知者不惑,勇者不惧,达者不恋’。第二套功夫是‘富贵不能淫,贫贱不能移,威武不能屈,美人不能动’。有了这些德性,无论过着什么关口,也会胜利的通过。虽杀身亦成仁了。”④又如,他继承翻新了传统教育的语言表达方式,经常运用中国古代教育家的名言来表述其教育观点,曾将《大学》中的“大学之道,在明明德,在亲民,在止于至善”一句话改成“我们的新的大学之道,在明‘民’德,在亲民,在止于人民之

---

① 华中师范学院教育科学研究所主编:《传统教育与生活教育有什么区别》,《陶行知全集》第2卷,湖南教育出版社1985年版,第733—734页。

② 华中师范学院教育科学研究所主编:《告生活教育社同志书》,《陶行知全集》第3卷,湖南教育出版社1985年版,第338页。

③ 华中师范学院教育科学研究所主编:《生活教育之特质》,《陶行知全集》第3卷,湖南教育出版社1985年版,第27页。

④ 华中师范学院教育科学研究所主编:《为民主斗争前仆后继——致育才同学会上海分会全体同学》,《陶行知全集》第5卷,湖南教育出版社1985年版,第964页。

幸福”①，恰当地表达了新型大学的宗旨。他还将王阳明的名言“即知即行”翻新为“即知即传”，巧换一字，新意尽出。此外，他还改造、继承了传统教育的某些行之有效的方法，如“注重自觉”、“集体教育”等，指出：“中国古代教育是一贯的注重觉悟。‘大学之道在明明德’。明德即真理。第一个明字便是明白和阐明。明白是自觉，阐明是觉他。这个道理和‘先知觉后知’，‘先觉觉后觉’是相通的。并且觉悟是智仁勇三达德之康庄大道。‘仁者不忧，智者不惑，勇者不惧’。因为不惑，才能不忧，不惧，不惑便是思想贯通而觉悟了。《中庸》说‘不诚无物’。无论是‘自诚明’，或是‘自明诚’都离不了诚。不诚便没有觉悟。诚心追求真理才能自觉觉他。”②

由此可见，陶行知对传统教育从来不是一笔抹杀、全盘否定的，而是有批判，有继承，有发展。他的目的很明确，用他自己的话说：“我们之所以反对洋化教育和传统教育，是要开辟出一条大路，让这半殖民地争取自由平等的教育可以出来。”③如果说，陶行知早年在新文化运动中为了配合冲击旧的意识形态，迎接“德先生”和“赛先生”的到来，曾对传统教育否定得比较多的话，那么，20 年代中期以后，为了纠正教育界食洋不化、仪型他国的不良倾向，重建“中国化”、“民族化”的教育理论体系，陶行知便日益注重发掘传统教育的民主性精华，并将其与现代教育理论结合起来。正是在这个意义上，我们认为，陶行知教育思想是以现代教育理论为主干同时又汲取了大量传统教育的合理因素而形成的一种教育学说，既有强烈的时代气息，又有鲜明的民族特色。在近现代中国，陶行知是为数不多的将时代性与民族性有机地融合在一起并获得成功的教育家之一。

二、生活教育与传统教育的区别

生活教育固然汲取了传统教育的不少合理因素，但生活教育毕竟与传统教育有着根本的不同，生活教育是针对传统教育的弊端提出的，是对传

---

① 华中师范学院教育科学研究所主编：《谈社会大学》，《陶行知全集》第 3 卷，湖南教育出版社 1985 年版，第 593 页。

② 华中师范学院教育科学研究所主编：《生活教育运动十三周年纪念告同志》，《陶行知全集》第 3 卷，湖南教育出版社 1985 年版，第 417—418 页。

③ 华中师范学院教育科学研究所主编：《告生活教育社同志书》，《陶行知全集》第 3 卷，湖南教育出版社 1985 年版，第 338 页。

统教育的全面反拨。“反传统”是生活教育的基本特征。

生活教育与传统教育究竟有哪些区别？关于这个问题，陶行知生前曾作过多次归纳总结，现根据他本人的有关论述，结合我们的若干分析，试作如下说明：

首先，在教育的性质上，传统教育是“小众教育”，是士大夫教育。几千年来，反动统治阶级的极少数人垄断了受教育权，只有奴隶主、地主及其子弟才能入学校学习，而广大劳动人民的子弟则被排斥在学校大门之外，只能在生产劳动和日常生活中，跟长辈学习一些为人之道和生产劳动的知识与技能。广大劳动人民的子弟与学校教育无缘。陶行知曾一针见血地指出，“教育是成了少爷、小姐、政客、书呆子的专有品”，“是少爷的手杖，小姐的钻戒，政客升官的梯子，书呆子的轮回麻醉的乌烟”①，传统教育是“拿穷人的血汗钱培养富人的少爷小姐”，只有那些“有钱、有闲、有面子”人的子弟才有书念，“中国的教育雨不落在劳苦人的田园里。中国的教育雨专落在大都会的游泳池里给少爷小姐游水玩”②。

生活教育则不同。生活教育是“大众教育”，“民主教育”，“是大众自己的教育，是大众自己办的教育，是为大众谋福利除痛苦的教育”③，“它与装饰品之传统教育根本不同。它不是摩登女郎之金钢钻戒指，而是冰天雪地下的穷人的窝窝头和破棉袄”④。它主张“教育为公”，机会均等。“无论什么阶级，都要有受教育的机会。受教育的机会被剥夺最多的是农工及子弟。农工阶级忙碌一天，还陷入吃不饱饿不死的状态，当然再谈不到受教育。民主教育是要力求农工劳苦阶级有机会受教育。”⑤一句话，传统教育是反动统治阶级的教育，生活教育是人民大众的教育。

---

① 华中师范学院教育科学研究所主编：《普及什么教育》，《陶行知全集》第 2 卷，湖南教育出版社 1985 年版，第 636 页。

② 华中师范学院教育科学研究所主编：《攻破普及教育之难关》，《陶行知全集》第 2 卷，湖南教育出版社 1985 年版，第 799 页。

③ 华中师范学院教育科学研究所主编：《大众教育与民族解放运动》，《陶行知全集》第 3 卷，湖南教育出版社 1985 年版，第 61 页。

④ 华中师范学院教育科学研究所主编：《生活教育》，《陶行知全集》第 2 卷，湖南教育出版社 1985 年版，第 635 页。

⑤ 华中师范学院教育科学研究所主编：《实施民主教育的提纲》，《陶行知全集》第 3 卷，湖南教育出版社 1985 年版，第 541—542 页。

其次，在教育目的上，传统教育是“治术教育”，是“人上人”教育，是“吃人的”教育。传统教育的目的是使剥削阶级的子弟成为新一代的剥削者和统治者，就是说，它仅仅是为了剥削阶级的政治统治服务的教育，它不培养生产工作者，它不是为生产和为经济服务的教育。用陶行知的话说，“传统教育，他教人劳心而不劳力，他不教劳力者劳心。他更说‘劳心者治人，劳力者治于人’，说得更明白一点，他就是教人升官发财。发谁的财呢？就是发农人、工人的财，因为只有农人、工人才是最大多数的生产者。他们吃农人、工人血汗，生产品使农人、工人自己不够吃，就叫做吃人的教育”①。

生活教育则不同。生活教育是“人中人”教育，是“主人”教育。它不是养成人上人的贵胄教育，也不是养成人下人的奴婢教育，它有别于传统教育“一边在极少数人做贵族、做官吏、做人上人、做统治他人的士大夫；另一边则教大众做奴婢、做顺民、做人下人、做被人统治的劳苦群众”②。

“他不教人升官发财，他只教中国的民众起来做主人，做自己的主人，做政府的主人，做机器的主人。他教人要在劳力上劳心，即使有人出来做官，他是要来服侍农人和工人，看看有吃农人或工人的人，他要帮助农人、工人把他干掉……他更要教人做到‘工以养生，学以明生，团以保生’。说得更清楚些是：教大众以大众的工作养活大众的生命；以大众的科学明了大众的生命；以大众的团体的力量保护大众的生命。”③

由此可见，生活教育的目的实际上是要培养人们做自己和国家的主人，培养具有自觉性和创造力的追求真理的真人，培养为民族、为人类求解放、谋幸福的人，“使他们为自己创造，为社会创造，为国家创造，为民族创造。更要把他们的一双手解放开来，使他们为自己生利，为社会生利，为国家生利，为民族生利”④。既为反帝反封建革命斗争服务，又为近代中国社会经济发展服务。简言之，生活教育是为生活向前向上的需要，为民族、为大众、为人类求解放、谋幸福的教育。

---

① 华中师范学院教育科学研究所主编：《传统教育与生活教育有什么区别》，《陶行知全集》第2卷，湖南教育出版社1985年版，第733—734页。

② 杨效春：《我们的教育》，《中华教育界》第20卷，1933年第7期，第37页。

③ 华中师范学院教育科学研究所主编：《传统教育与生活教育有什么区别》，《陶行知全集》第2卷，湖南教育出版社1985年版，第733—734页。

④ 华中师范学院教育科学研究所主编：《目前中国教育的两条路线》，《陶行知全集》第2卷，湖南教育出版社1985年版，第599页。

再次，在教育内容上，传统教育是以文字为中心的教育，是脱离社会生活实际的书本教育，是教学与训导分家的教育。它以文字作为教育的全部内容，认为文字以外别无教育。于是，识字读书便等于整个教育而占领了学生的全部时间，学生耗费全部精力于此上。而这些文字的书本又只是记载寓剥削阶级统治术于其中的社会历史知识、圣人之言和祖先遗教之类的剥削阶级意识形态及相应的文化知识，绝少有科学的内容和与生产有联系的内容，脱离人民大众，脱离生产劳动，脱离社会生活。不仅如此，传统教育还把训育置于教学范围之外，教、训分家的现象极为普遍。“教育好像是教人读书，教育好像是训练人做人或是做事；教育好像是培养知识，训育好像是训练品行；教育又好像是指所谓之课内活动，训育则好像是指所谓课外活动。”①教、训分家使得教育内容更为单薄而狭窄。

在陶行知看来，传统教育的内容“使人坐而言，不使人起而行”，“教育好比是菜蔬，文字好比是纤维，生活好比是各种维他命（Vitamin）。以文字为中心而忽略生活的教科书，好比是有纤维而无维他命之菜蔬，吃了不能滋养体力……它是中国小孩子的手铐，害得他们双手无能。它是死的、假的、静止的。它没有生命的力量。它是创造、建设、生产的最大的障碍物。它叫中国站在那儿望着农业文明破产而跳不到工业文明的对岸去”②。

生活教育则不同。生活教育是以生活为中心的教育，生活的一切方面都成为教育的内容。换句话说，它是以人类生活的内容为内容的。生活教育的内容究竟有哪些？陶行知曾将人类生活划分为康健的生活、劳动的生活、科学的生活、艺术的生活和改造社会的生活，因而其教育内容包括有康健的教育、劳动的教育、科学的教育、艺术的教育和社会改造的教育等方面。陶行知还明确提出过“全面教育”的主张，要求“心、脑、手并用。学政治、学经济、学文化相结合。健康、科学、劳动、艺术及民主将构成和谐的生活”③。可见，生活教育的内容是极为全面而丰富的。

---

① 华中师范学院教育科学研究所主编：《晓庄三岁敬告同志书》，《陶行知全集》第2卷，湖南教育出版社1985年版，第210页。

② 华中师范学院教育科学研究所主编：《教学做合一下之教科书》，《陶行知全集》第2卷，湖南教育出版社1985年版，第294、295页。

③ 华中师范学院教育科学研究所主编：《全民教育》，《陶行知全集》第3卷，湖南教育出版社1985年版，第554页。

生活教育并不一概否定文字和书本的作用，但它认为文字和书本都只是工具，人们生活的工具，人们实践的工具。工具是给人用的，文字和书本也是给人用的。所以，它主张“用书”而不主张“读书”，反对“读死书，死读书，读书死”。陶行知多次表示，“我们要活的书，不要死的书；要真的书，不要假的书；要动的书，不要死的书；要用的书，不要读的书。总起来说，我们要以生活为中心的教学做指导，不要以文字为中心的教科书”①。

在教育与训育的关系上，陶行知也明确表示：“生活教育的要求是：整个的生活要有整个的教育……智识与品行分不开，思想与行为分不开，课内与课外分不开，做人做事与读书分不开，即教育与训育分不开。生活教育之下只有纵的分任，决无横的割裂。”②

第四，在教育方法上，传统教育是机械灌输，呆读死记，重教轻学，脱离实践，重知轻行，手脑两分，层层考试，束缚学生。教学中采取填鸭式教学法（又叫注入式教学法），不顾学生实际情况，一味死灌，教师讲，学生听；教师写，学生抄；教师问，学生答：教师主宰整个教学过程，学生毫无任何主动性和积极性。而且，“先生教而不做，学生学而不做”③，教师为教而教，学生为学而学，教与学都与“做”脱离，轻视行动，手脑分家，“教用脑的人不用手，不教用手的人用脑”，“读书的人除劳心以外，不去劳力；除读书以外，不去做工，以致不能生产”，而“作工的人除劳力以外，不去劳心，除做工以外，不去读书，以致不能自保其利益，而受他人的横搜直刮”④。

尤有甚者，还以层层考试，束缚学生的思想和行为，扼杀其创造力。在中国古代，自隋唐起，历代封建统治者便通过科举制度来迫使士子就范。明清之后，“八股取士”更使众多学人整日埋首章句辞赋之学，“两耳不闻窗外事，一心只读圣贤书”。及至近代，科举制度虽废，但阴魂不散，变着方式继续毒害青年。国民党统治时期，推行“会考”制度，学校教育以“会考”为

---

① 华中师范学院教育科学研究所主编：《全民教育》，《陶行知全集》第3卷，湖南教育出版社1985年版，第554页。

② 华中师范学院教育科学研究所主编：《晓庄三岁敬告同志书》，《陶行知全集》第2卷，湖南教育出版社1985年版，第210页。

③ 华中师范学院教育科学研究所主编：《乡村工学团试验初步计划说明书》，《陶行知全集》第2卷，湖南教育出版社1985年版，第594页。

④ 华中师范学院教育科学研究所主编：《目前中国教育的两条路线》，《陶行知全集》第2卷，湖南教育出版社1985年版，第598页。

中心任务,“学生是学会考,教员是教人会考。学校是变了会考筹备处。会考所要的必须教。会考所不要的,不必教,甚而至于必不教……所要教的只是书,只是考的书,只是《会考指南》!教育等于读书;读书等于赶考”。学生们“赶了一考又一考。毕业考过了接着就是会考。会考过了接着就是升学考。一连三个考赶下来,是会把肉儿赶跑了,把血色赶跑了,甚至有些是把性命赶跑了”。陶行知一针见血地指出,这种“会考”制度是“变相的科举”,“大规模的消灭民族生存力”①。

生活教育则不同。为了消除传统教育制度下劳心与劳力对立、教育与生产劳动分离的局面,使人手脑并用,全面发展,生活教育强调实践,重视行动,以“做”为中心,把教师的教和学生的学统一在“做”上面。既重视教,更重视学;既重视知,更重视行;既重视教师的主导作用,更重视学生的主体作用。生活教育主张:“教的方法根据学的方法;学的方法根据做的方法。事怎样做便怎样学,怎样学便怎样教。教与学都以做为中心。在做上教的是先生,在做上学的是学生。”②陶行知称这种教育方法为“教学做合一”法。

依陶行知的解释,“教学做合一”的“做”,是“包涵广泛意味的生活实践的意思”③,是人类生活中一切有意义的活动。具体言之,“做是发明,是创造,是实验,是建设,是生产,是破坏,是奋斗,是探寻出路”,还包括文艺等精神活动④。它不是狭义的“做”,更不是盲行盲动,而是劳力上劳心。因此,它有以下三种特征:(一)行动;(二)思想;(三)新价值的产生。举个例子说,“鲁滨孙在失望之岛上缺少一个放水的小缸。一天烧饭,他看见一块泥土被火烧得像石头样的硬。他想,一块碎土既有如此变化,那么用这土造成一个东西,或者也能如此变化。他要试试看。他动手用土造成三个小缸的样子,架起火来把它们烧得通红,渐渐的冷下去,便成了三只坚固而不

① 华中师范学院教育科学研究所主编:《杀人的会考与创造的考成》,《陶行知全集》第2卷,湖南教育出版社1985年版,第676页。

② 华中师范学院教育科学研究所主编:《教学做合一下之教科书》,《陶行知全集》第2卷,湖南教育出版社1985年版,第289—290页。

③ 华中师范学院教育科学研究所主编:《教育生活漫忆》,《陶行知全集》第3卷,湖南教育出版社1985年版,第623页。

④ 华中师范学院教育科学研究所主编:《传统教育与生活教育有什么区别》,《陶行知全集》第2卷,湖南教育出版社1985年版,第733—734页。

漏水的小缸。这里有行动，有思想，有新价值之产生——泥土变成水缸。这是做。这是教学做合一之做"①。

这种"做"不排斥教师的讲授、谈话、演示和学生的讨论、练习、实验、研究等具体方法，它只要求将这些具体方法统一在实践的基础上，要求教师的教和学生的学都与社会实际相结合，从实践中去追求真知识。这种"做"也不笼统地反对考试，它只要求"停止那毁灭生活力之文字的会考，发动那培养生活力之创造的考成"。所谓"创造的考成所要考成的是生活的实质，不是纸上的空谈"。举例而言，"创造的考成"所要考成的内容为："（一）校内师生及周围人民的身体强健了多少？有何证据？（二）校内师生及周围人民对于手脑并用已经达到什么程度？有多少是获得了继续不断的求知欲？有何证据？（三）校内师生及周围人民对于改造物质及社会环境已经达到什么程度？有何证据？"②可见，在陶行知的教育方法里，无论是教学还是考核，都是力图把主体与客体、理论与实践有机地统一起来，以达到追求真知识、培养生活力的目的。

这样一种教育方法，也就与那些专在文字与书本上下功夫，只会满堂灌输、呆读死记、重教轻学、重知轻行的传统教育方法截然有别。它有助于加强理论与实际的联系，加强教育与生产劳动、社会生活的联系，培养学生手脑并用，消除劳心与劳力的对立，促进人的智力、体力和谐发展。

第五，在教育的组织形式上，传统教育是封闭式的学校。这种学校"门前挂着闲人莫入的虎头牌以自绝于社会"，关起门来办教育，"学校自学校，社会自社会"。不仅把教育的范围局限在传统学校的鸟笼内，成了为少数人所有的"小众教育"，而且造成学校教育与社会实际严重脱节的现象。在具体教学组织形式上，传统教育先多采取个别教学，后来又引进近代西方以集体教学为基本特征的班级授课制，以课堂教学为中心开展教学活动，完全忽视课外活动。尤为严重的是，无论是古代的个别教学还是近代的课堂教学，都是在封闭式的学校中进行的，远离活生生的社会现实，因而无法适应社会变迁的需要。

---

①　华中师范学院教育科学研究所主编：《传统教育与生活教育有什么区别》，《陶行知全集》第2卷，湖南教育出版社1985年版，第733—734页。

②　华中师范学院教育科学研究所主编：《杀人的会考与创造的考成》，《陶行知全集》第2卷，湖南教育出版社1985年版，第677页。

生活教育则不同。生活教育提倡“社会即学校”，主张以人民大众的生活场所为教育的场所，让整个社会都成为人民大众的学校。主张以宇宙为教室，奉万物为宗师，“马路、弄堂、乡村、工厂、店铺、监牢、战场，凡是生活的场所，都是我们教育自己的场所”。生活便是教育，也便是课程，教育以人民大众的各种生活实践为中心来开展活动。在具体的组织形式上，陶行知独创了工学团这一集生产、教育、自卫三种职能兼而有之的新型团体。“工是工作，学是科学，团是团体。说得清楚些是：工以养生，学以明生，团以保生。说得更清楚些是：以大众的工作养活大众的生命，以大众的科学明了大众的生命，以大众的团体的力量保护大众的生命。”“工学团是一个小工场，一个小学校，一个小社会。在这里面是包含着生产的意义，长进的意义，平等互助、自卫卫人的意义。它是将工场、学校、社会打成一片，产生一个富有生活力的新细胞。”“工学团可大可小，从几个人的家庭、店铺，几十个人的学校、庙宇，几百个人的村庄、监狱，几千人的工厂，几万人几十万人的军队、建设工程队（例如导淮、筑路的大队民伕），都可造成一个富有意义的工学团。”①工学团把学校、工厂（农村）、社会打成一片，是陶行知理想中的社会基层单位。按照陶行知的设想，每一个基层组织都可办成这样的工学团，也可叫“自学团、共学团、普及教育团、生活教育团”或“工学队”。每一个这样的工学团是一个“文化细胞”，把各个“文化细胞”联合起来就组成“文化网”，构成一个大社会、大学校②。

生活教育提倡“社会即学校”，但并不赞同取消学校。它主张对传统的学校予以彻底的改造，拆除学校与社会之间的围墙，把学校从“鸟笼里”解放出来，与整个乡村、整个城市、整个世界、整个宇宙相联系，以社会的中心问题作为学校的中心问题，和人民大众的生活实际相联系，“教人做工求学管政治”，“把政治、经济、教育打成一片”③，打破少数统治者对学校的垄断，使教育不再成为“少爷的手杖，小姐的钻戒，政客升官的梯子，书呆子轮

① 华中师范学院教育科学研究所主编：《攻破普及教育之难关》，《陶行知全集》第2卷，湖南教育出版社1985年版，第792—793页。

② 华中师范学院教育科学研究所主编：《文化细胞》，《陶行知全集》第2卷，湖南教育出版社1985年版，第829—831页。

③ 华中师范学院教育科学研究所主编：《晓庄三岁敬告同志书》，《陶行知全集》第2卷，湖南教育出版社1985年版，第211页。

回麻醉的乌烟”，培养站在人民之中，有志于献身改造社会、改造自然的新人，使学校教育更好地为民族解放和祖国富强服务。

最后，在教育的时限上，传统教育是一种片断的教育。它有初、中、高阶段的划分，每一阶段皆有毕业的时期，而且初等教育只为中等教育作准备，中等教育只为高等教育作准备。逐级上升，缺一不可。幼儿教育、成人教育乃至老人教育等，在这种整齐划一的教育制度里几乎没有其地位。人们从学校里毕业了，就意味着结束了受教育的阶段。这种教育必然带来如下问题：一是断绝穷人受教育的机会。穷人不光缺乏金钱，同时还缺乏系统的时间。不用说中等和高等教育，就连初等教育，穷人既因为无钱供子女入学，又因需子女在家庭中帮助生产劳动，无法找出四年或六年之久的系统的时间来，所以也无法入学。二是忽视了幼儿教育，尤其是六岁以前的儿童的教育。三是剥夺成人（特别是老人）受教育的机会。中国有许多跌落在教育圈外的成年男女，他们在幼年时因为穷，没能入学；在传统的教育制度下，还是不能入学。没有什么学校为成人实施中等教育和高等教育。四是不利于人们的自学。不进学校就意味着没有受教育。人们的自学所取得的成就，很难受到社会的承认。而从学校毕业之后，也无需再受教育了。诸如此类，不一而足。陶行知批评道：“现在这种小学六年、中学六年、大学四年的教育制度，都可以‘短命教育’四字代表之。”①

生活教育则不同。生活教育是一种“终生教育”（或曰“终身教育”）。它贯穿在人的一生的整个活动过程中，是全生命期的教育。一个人自幼至老，生活一天就应受一天的教育。“生活教育与生俱来，与生同去。出世便是破蒙，进棺材才算毕业。”②“终生教育。培养求知欲。学习为生活；生活为学习。只要活着就要学习。一旦养成学习习惯，个人就能终生进步不断。”③所以，生活教育没有阶段，不能中止，也无毕业可言。活到老，做到老，学到老。整个人生的时期，都是受教育的时期。儿童青年固然应受生

① 华中师范学院教育科学研究所主编：《普及教育》，《陶行知全集》第2卷，湖南教育出版社1985年版，第762页。

② 华中师范学院教育科学研究所主编：《生活教育》，《陶行知全集》第2卷，湖南教育出版社1985年版，第634页。

③ 华中师范学院教育科学研究所主编：《全民教育》，《陶行知全集》第3卷，湖南教育出版社1985年版，第554页。

活教育，成人及老人也应受生活教育。这就为既无钱又无闲的穷人提供了受教育的机会，有助于人们的自学提高，“与时代俱进，才能做一个长久的现代人”①。

综上所述，生活教育是陶行知在反传统教育和反洋化教育的斗争中，针对传统教育的弊端而提出来的，与传统教育在教育的性质、目的、内容、方法、组织形式乃至时限等方面，都存在着本质的区别。

生活教育不仅是反帝反封建、实现民族解放国家富强的战斗武器，更重要的是，它还是一种与现代社会生活相适应并为之服务的现代教育理论，具有旺盛的生命活力，应该而且可以为当代中国的教育改革与发展提供某些理论借鉴。

第二节　生活教育与实用主义教育的关系

一、杜威的影响与陶行知的超越

杜威是二十世纪上半叶盛行一时的美国实用主义教育流派的主要代表人物，是现代世界教育史上最有影响的教育改革家和教育思想家。

他针对当时美国教育的弊端，提倡“教育即生活”、“学校即社会”、“从做中学”，主张以儿童为中心、以个人直接经验为中心和以活动为中心，这种实用主义教育主张代表了当时资产阶级教育和教育思想发展史上的新潮流，不仅在资本主义世界中有着广泛的国际影响，而且对旧中国的教育界也有相当大的影响。

陶行知是杜威的学生，早年受业于杜威，曾经信奉和宣传过杜威的教育主张。1914 年，他先在伊利诺大学学市政，后转入哥伦比亚大学师范学院攻读教育，接受了杜威的教育学说，成为杜威的得意门生。

1917 年，他带着杜威的实用主义教育理论回国，希望用它来解决中国传统教育的弊端，实现其“使全国人民都有受教育机会”的宏愿。在就任南京高等师范专任教员兼教育科主任、代理教务主任期间，积极发表文章，提

① 华中师范学院教育科学研究所主编:《攻破普及教育之难关》,《陶行知全集》第 2 卷,湖南教育出版社 1985 年版,第 782 页。

倡试验主义教育思想。1919 年，为迎接杜威来华讲学，发表《介绍杜威先生的教育学说》，传播实用主义教育思想。杜威来华讲学期间，亲自担任翻译，并陪其到外地参观、讲学。五四运动以后，在实用主义教育思想指导下，大力开展教育改革和教育实验，抨击封建传统教育，积极提倡“新教育”，主张建立以人为中心的、民主的、活的教育。这一时期，陶行知受杜威教育思想的影响甚深。

但是，经过八年的教育实践，现实告诉他：杜威的实用主义教育思想，在中国行不通，因为它并不符合中国的国情。当时的中国是一个半殖民地半封建的国家，民族危机深重，经济相当落后，文化教育很不发达，新式学校数量不多，而且掌握在统治阶级及其知识分子的手里，广大劳动人民被排斥在校门之外。杜威的做法即使完全得以实行，也不能真正克服中国传统教育脱离人民、脱离社会、脱离生活的痛疾。于是，他从失败中不断总结经验教训，开始改造杜威的教育理论，将其“教育即生活”、“学校即社会”的主张“翻了半个筋斗”，改为“生活即教育”、“社会即学校”，提出了颇具中国特色的“生活教育理论”，并相继创办了晓庄师范学校、山海工学团、育才学校和社会大学等教育机构，开展了乡村教育、普及教育、国难教育、战时教育、全面教育和民主教育等运动，使教育成为民族解放、大众解放、人类解放的武器。正是在长期的教育实践中，他逐渐摆脱了杜威教育理论的影响，实现了对杜威的超越[①]。

需要指出，陶行知完成对杜威的超越，原因是多方面的，除了教育改革实践促使他思想上的变化外，还由于伟大的革命斗争，促使他在政治思想上也发生了根本的变化。也正是由于这后一个变化，才使他的整个思想完成了质的变化[②]。

陶行知是“由卓越的民主主义战士转变到伟大的共产主义战士”的[③]。他早年是一个爱国主义者和民主主义者。他的爱国心和平民性，使他具有

---

① 当然，这种“超越”只是就整个思想体系而言，并不意味着陶行知与杜威不存在任何思想上的联系。事实上，直到陶行知去世前，他的思想里面仍保留着一些杜威的东西。

② 董宝良：《试论陶行知与杜威在教育思想上的联系与区别》，《华中师范学院学报》1982 年第 6 期，第 95—104 页。

③ 胡乔木：《在中国陶行知研究会成立大会上的讲话》，《教工月刊》1985 年第 11 期，第 5 页。

救国救民的宏愿。为实现这一崇高的理想，他与同时代的许多爱国志士一样，努力向西方寻求救国救民之道，毅然赴美留学。当他留美学成归来以后，重新回到人民大众中间，推行平民教育。他满以为只要在劳苦大众中办学，普及教育，提高人民大众的文化水平，就可以改造中国的乡村乃至全社会。后来他才懂得，教育改革不触及政治体制是不可能的。国民党反动派是不允许他开办传播进步的教育思想，改造社会的学校的。所以他创办的晓庄师范，后来被封闭，他本人也遭通缉。血的教训，使他懂得了什么是反动、什么是革命的道理，促使他在进步道路上迈出了可贵的第一步。九一八事变发生后，目睹日益深重的民族危机和国民党反动派的妥协退让，他的政治思想进一步向左转。特别是在一二·九学生爱国运动被镇压之后，他就完全走上了反蒋抗日的革命道路，成为一个伟大的共产主义者，由党的亲密朋友变为党的忠诚战士。政治立场的转变和政治思想的变化，是陶行知超越杜威的重要动因。

还应看到，陶行知哲学观点的发展变化也是促成其教育思想逐渐摆脱杜威影响的一个因素。陶行知的哲学思想经历了一个由唯心主义到唯物主义、再由唯物主义到辩证唯物主义的发展过程。最初，陶行知是相信“知是行之始”观点的。早在金陵大学求学期间，他就对王阳明的“知行合一”学说产生了浓厚兴趣，笃信“知是行之始，行是知之成”，并将自己的原名“文濬”改名“知行”。留美回国以后，深受英国经验唯物主义、法国唯理论、德国实验主义以及美国实用主义的影响，萌发了唯物主义思想因素。在创办晓庄师范学校、开展生活教育实验过程中，通过对《墨辩》“亲知、闻知、说知”的吸取和自身教育实践的体验，哲学思想逐渐由“知是行之始”转变到“行是知之始”。30年代以后，在马克思主义哲学思潮的影响下，加上对本人教育实践的认真总结，进一步主张“行知行”，具有辩证唯物主义观点。哲学思想的变化也促使他的教育思想在根本立场和观点上与杜威分道扬镳。

二、生活教育与实用主义教育的区别

生活教育不仅与传统教育存在本质差异，也与实用主义教育有着根本不同。陶行知与杜威虽然都是从生活与教育的关系上去研究教育现象，但细加分辨，就会发现两者之间实有天壤之别。陶行知曾郑重声明：他的生活教育是真的，杜威的生活教育是假的。“又拿生活教育来说吧，您又可以发现两种不同的说法：一种主张‘教育即生活’；另一种是主张‘生活即教育’。我现在想把生活教育的特质指出来，目的不但要使大家知道生活教育与传统教育之不同，并且要使大家知道把假的生活教育和真的生活教育分别出来。”①具体说来，两者的根本区别体现在教育的性质、目的、内容、方法和组织形式等方面。

教育究竟为谁服务，向哪个阶级开门，教育对象应该是些什么人，这是陶行知与杜威教育理论的一个根本分歧。杜威在《民主主义与教育》一书中，一方面宣扬“教育民主”，“注意给大家以平等和宽厚的条件求得知识的机会”，一方面又强调“一个划分阶级的社会，只须特别注意统治阶级子弟的教育”。至于广大的劳苦大众及其子女，只须在杜威设计的实验学校学习一点初步的知识和技术，能为资本家创造利润就足够了。这就清楚地表明，杜威的教育对象主要是“少爷小姐”，他所办的教育是为资产阶级服务的“小众教育”。而陶行知的生活教育恰恰与此相反，提倡办为全国劳苦大众服务的“大众教育”。他反复声明他的生活教育是为人民大众服务的。“生活教育是大众的教育，大众自己办的教育，大众为生活解放而办的教育。”②他强调指出其生活教育的阶级实质：“它不是摩登女郎之金钢钻戒指，而是冰天雪地下的穷人的窝窝头和破棉袄。”③陶行知整个教育思想都贯穿着一条红线，即教育为人民服务，为穷苦大众服务。

教育要培养什么人，为哪一个阶级培养人才，这是陶行知与杜威教育理论的又一个根本分歧。历史告诉我们，不同的阶级有不同的教育目的。尽管杜威标榜自己是“教育无目的论”者，认为在教育过程之外不要再添加其他目的，教育本身就是目的，但他并不是说教育本身不该有目的。事实上，杜威的教育目的是很明确的。他说，教育目的就是“要养成配做社会的良好分子的公民”④，这种“良好”的“公民”在“政治方面的要求”是“不做欺

① 华中师范学院教育科学研究所主编：《生活教育之特质》，《陶行知全集》第3卷，湖南教育出版社1985年版，第25页。

② 华中师范学院教育科学研究所主编：《生活教育之特质》，《陶行知全集》第3卷，湖南教育出版社1985年版，第26—27页。

③ 华中师范学院教育科学研究所主编：《生活教育》，《陶行知全集》第2卷，湖南教育出版社1985年版，第635页。

④ 杜威：《杜威五大讲演》第二讲，晨报社1920年版。

诈卑劣的手段，还贵能互相监督，相互纠察”。在其他方面的要求是：“第一，乃是要做一个良好的邻居或朋友”；“第二，不但我受别人的益处，还要别人受我的益处”；“第三，应该做一个生利的生产的人，不要做分利的人”；“第四，应该做一个好的消费家”；“第五，应该做个良好的创造者和贡献者”。从这里我们可以看出，杜威对其教育对象要求成为一个美国的干练公民，既有谋生的知识与技术，又有维护其“民主主义”社会的思想与性格，以尽民主社会的义务和责任。由此可知，即使教育机会均等，平民子女包括黑人孩子得到受教育的机会，极少数可能成为资产阶级的得力帮手，但一般只能被培养成为资产阶级生产利润的工具，并对自己被奴役、被歧视、被剥削的命运具有容忍性。

与此不同，陶行知公开主张教育是有目的的，这就是“促进自觉性之启发，创造力之培养，教育之普及，及生活之提高”①，其宗旨是通过培养人才来改造社会，提高人民大众的生活。从创办晓庄师范起，他在要培养什么样的人的问题上就与杜威不一样，主张培养“在劳力上劳心”的现代人，能够为劳苦大众服务，改造社会的人。九一八后，国难深重，他又提出了培养保卫国土主权、争取民族解放的战士的要求。在办育才学校时，他进一步提出要把学生培养成追求真理的小学生、自觉觉人的小先生、手脑双挥的小工人、反抗侵略的小战士。抗战胜利以后，他更加明确希望把学生造就成民主革命的战士。从他一生办学的实践来看，不论在晓庄师范和山海工学团，也不论在育才学校和社会大学，他在党的帮助下，培养出一大批教育工作者、艺术人才和为革命献身的干部。仅以育才学校为例，当时全校共四百多学生，为延安和各解放区输送的干部，约占全部学生的三分之一。总之，杜威培养的是为资产阶级利益服务的人才，而陶行知培养的是为人民大众利益服务的人才。

由于陶行知与杜威在培养什么样的人的问题上根本不同，因此，他们采用的教育内容、方法和组织形式也不同。

杜威以个体适应性生活及在此基础上产生的经验为中心，主张将“教育生活化”，以“儿童自己本能的能力”为教育的素材。他所说的“生活”，并

---

① 华中师范学院教育科学研究所主编：《生活教育运动十三周年纪念告同志》，《陶行知全集》第 3 卷，湖南教育出版社 1985 年版，第 417 页。

不是整个实在的社会生活，而是片断的、非实在的、个人的日常生活。这种生活又是指儿童个体的思想、冲动、兴趣、习惯等先天的本能的生长、发展的生活，是儿童的游戏、讲故事、观察、手工活动的生活，是脱离社会的、日常的家庭生活。这种以儿童自我为中心的生活与经验的教育内容的观点，是杜威主观经验论哲学在教育上的表现，也是其改良主义政治思想在教育上的表现。杜威说："学校里的教育太枯燥了，必得把社会里的生活搬一些进来，才有意思。"这种"教育生活化"，实际上是把生活当作装饰品，去点缀教育的内容，而不是以整个社会生活当作教育的中心内容。它"将教育和生活关在学校大门里，如同一个鸟关在笼子里"，只是在学校范围内扩大儿童的生活经验，是拿教育作生活，而不是"拿全部生活去做教育的对象"①，以这种"鸟笼式"的生活为中心的教育，只能是改良主义的，仍然没有根本改变教育与生活相脱离的状况。

陶行知虽与杜威在反对传统教育以文字、书本为中心这一点上有共同之处，但是，他所提倡的"生活教育"是以社会生活及在此基础上产生的经验为中心，主张"用生活来教育"，以社会生活为教育的素材。这与杜威针锋相对，大相径庭。他认为，"过什么生活，便是受什么教育"，"要想受什么教育，便须过什么生活"，有什么样的生活就应有什么样的教育，教育的内容应根据生活的需要。从他的教育实践来看，的确是做到了这一点。晓庄时期，他规定教育内容为"中心小学工作教学做"、"分任校务教学做"、"征服自然环境教学做"、"改造社会环境教学做"、"学生生活处理"等；山海工学团时期，他明确提出了军事能力、生产能力、科学能力、识字能力、运用民权能力和节制生育能力等六大教育内容。育才时期，他总结了生活教育的实践经验，进一步提出要把开发现代文化宝库的"四把钥匙"——语文、数学、外语、科学方法教给学生。学生一方面根据各自的特殊才能分别编成专业组，学习专业知识的特修课；一方面又按文化程度分年级，学习文化知识的必修课。此外，还有生产劳动、军事训练、抗敌艺术演出、社会民主斗争等教育活动。这些教育内容，都是紧密结合改造社会、改造自然的社会生活实际，都是以半殖民地半封建社会中国人民大众的生活需要和政治需

---

① 华中师范学院教育科学研究所主编：《生活即教育——再答操震球之问》，《陶行知全集》第2卷，湖南教育出版社1985年版，第199页。

要为依据的，使生活与教育真正地联系在一起，克服了传统教育的痛疾。

在教育方法上，杜威和陶行知都强调“做”，一个是“做中学”，一个是“教学做合一”，但两者有本质差异。杜威的“做中学”，是他的“教育即生活”、“学校即社会”的教育论在教学中的应用，是杜威整个教育思想体系的一个组成部分，而陶行知的“教学做合一”，是受“生活即教育”、“社会即学校”的教育论指导的，同“做中学”在教育指导思想上就有明显区别。其次，杜威“做中学”的“做”，与陶行知“教学做合一”的“做”，虽然“做”字相同，但因两者的认识论基础不同，也有实质不同。杜威是经验论者，他所说的“做”，是指人与自然环境和社会环境所进行的交涉，从中得到的经验兼具主观与客观的性质，如果脱离人们的主观经验，这种经验就不能存在。这种“做”实际上是生物个体适应环境的活动。而陶行知早年虽然一度相信杜威的这种看法，但后来随着其哲学思想的发展变化，具有了辩证唯物主义观点，他所说的“做”，主要是指人类的社会生活实践，包括生产劳动、科学实验、阶级斗争、文化活动等。因此，陶行知的“做”与杜威的“做”，文字虽同，涵义实异。在教育实践中，他们也不一样：陶行知强调的“做”，是让学生同工农交朋友，为工农子女办识字班，参加革命运动，演出革命戏剧，办音乐会，宣传抗日救国，而杜威却只让儿童在“雏型社会”的学校里，做些日常生活的事，如在学校工厂中学做木工、金工，在学校农场里练习种地，在学校厨房中学烹饪，或到图书馆、实验室中看他们想看的书、做有趣的实验等。可见，两人所说的“做”，不仅有真“做”与假“做”之分，也有革命与不革命的性质之分。最后，从教学过程来看，两人虽然都强调“以做为中心”，但陶行知所说的“做”，是同“教”与“学”紧密结合的，是把知与行、理论与实践、教育与生活紧密结合的，是反对传统教育“读死书、死读书、读书死”的，它不同于杜威的“做中学”，只强调“做”，与“教”和“学”无内在联系，以做代学，以做代教，从而在客观上降低了教师在教学过程中的主导作用，忽视了向学生系统地传授文化科学知识。简言之，陶行知的“教学做合一”与杜威的“做中学”具有根本的不同。

在组织形式上，陶行知与杜威也有着严重的分歧。杜威提出“学校即社会”，主张“学校社会化”，认为如果不把现实的社会生活简化起来，缩小到一种雏型的状态，儿童一旦同纷繁复杂的现实生活接触，便会陷入迷乱“他不是被正在进行的那种活动的多样性所淹没，以致失去自己有条不紊的反应能力，便是被各种不同的活动所刺激，以致他的能力过早地被发动，致使他的教育不适当地偏于一面或者陷于解体”①。因此，他建议把学校办成一个小型的或雏型的社会。社会上的各种机构（如商店、工场、邮局等）都可以在学校里模拟，使学生在学校里就能接触到社会生活。陶行知认为杜威的“学校即社会”把社会上的东西搬一些进学校，把丰富多彩的社会生活压缩到渺小的学校中去，把真的社会变成假的社会，把生动活泼的教育内容变成死气沉沉、干巴巴的教育内容。因此，他批评杜威的“学校即社会”的教育好像把一只活泼的小鸟从天空中捉来，关进鸟笼里一样，顶多只是“顾念鸟儿寂寞，搬一两丫树枝进笼，以便鸟儿跳得好玩，或者再提几只生物来，给鸟儿做陪伴”，但“鸟笼毕竟还是鸟笼，决不是鸟的世界”②。这种教育，使学校与社会之间隔着一道墙。学校自学校，社会自社会，学校与社会仍然分离。学生被锁在小小的学校里，“闭门造车”，这样培养的人才根本无法适应社会的需要。

为了克服杜威“学校即社会”的不足，真正解决学校与社会的关系，陶行知提出了“社会即学校”的主张，在积极呼吁改进学校与社会的联系，以社会生活作为学校教育的内容的同时，进一步主张以社会作为教育的范围，“整个的社会是生活的场所，亦即教育之场所”③，使教学的课堂扩延到社会和大自然中去。这样，“教育的材料，教育的方法，教育的工具，教育的环境，都可以大大增强，学生、先生也可以更多起来”④。在教育实践中，陶行知组织学生以社会为课堂，走出校门，到工厂、农村演戏，宣传抗日救国，开展扫盲运动，投身民主教育运动，为革命事业作出了重要贡献。这与杜威“学校即社会”的“鸟笼教育”，把师生锁在学校的小天地里，脱离火热的社会斗争，只做些游戏、作业，恰好形成鲜明的对比。

需要说明，指出陶行知与杜威在教育思想上的种种区别，并不否认陶行知吸取了杜威的一些教育观点。概括起来，陶行知从杜威那里主要吸取

---

① 赵祥麟、王承绪编译：《杜威教育论著选》，华东师范大学出版社 1981 年版，第 4 页。

② 华中师范学院教育科学研究所主编：《生活教育》，《陶行知全集》第 2 卷，湖南教育出版社 1985 年版，第 633 页。

③ 华中师范学院教育科学研究所主编：《生活教育》，《陶行知全集》第 2 卷，湖南教育出版社 1985 年版，第 633—634 页。

④ 华中师范学院教育科学研究所主编：《社会即学校》，《陶行知全集》第 2 卷，湖南教育出版社 1985 年版，第 201 页。

了以下几方面的内容：一是重视发挥教育改造社会的功能；二是反对传统教育只重视以文字、书本为中心，忽略教育与生活、社会相联系；三是强调"做"，注重行动，加强知与行、理论同实际的联系，反对死读书本、手脑两分；四是注重科学实验，以科学方法办教育；五是提倡教育民主化，反对教育工作中的专制独裁做法。

陶行知之所以能吸取杜威的某些教育观点，决不是偶然的。这首先是由于杜威反对传统教育的不少主张，有很多积极的因素，如强调教育应当与社会有广泛的联系，反映社会对教育的要求，要适应儿童身心发展的特点和规律，注重培养学生适应社会的能力，发展学生的个性，要加强知与行的结合，重视科学，重视实验，等等。尽管它们包容在实用主义思想体系之中，但它们还是在某种程度上反映了现代教育的若干客观规律。其次，也是由于陶行知善于从中国的国情出发，根据当时国内教育改革的需要，批判地吸取了杜威教育思想中的积极成分。此外，这种吸取也是符合事物发展的客观逻辑的。因为一种新的教育思想的出现，总是要批判继承一些原有的教育思想，它不可能凭空从天上掉下来。当然，也应看到，新出现的教育思想与原有的教育思想虽然有联系，但又不等于在这两种新旧教育思想之间没有质的区别。众所周知，马克思、恩格斯创立唯物辩证法时，是批判吸取了黑格尔的辩证法的。关于这一点，斯大林曾明确指出："但这并不是说，马克思与恩格斯的辩证法和黑格尔的辩证法是一个东西。"又说："其实，马克思与恩格斯仅仅从黑格尔辩证法中采取了它的'合理的内核'，而摒弃了黑格尔的唯心主义的外壳，并向前发展了辩证法。"①因此，我们完全可以说，陶行知在创立生活教育理论时，吸取了杜威教育理论中的"合理的内核"，摒弃了那些实用主义的杂质，并把教育同生活联系的主张向前推进了一大步。正是基于这一点，我们说，陶行知不是杜威，陶行知就是陶行知。

---

① 联共（布）中央特设委员会编：《苏联共产党（布）历史简明教程》（中文版），人民出版社1954年第8版，第136页。

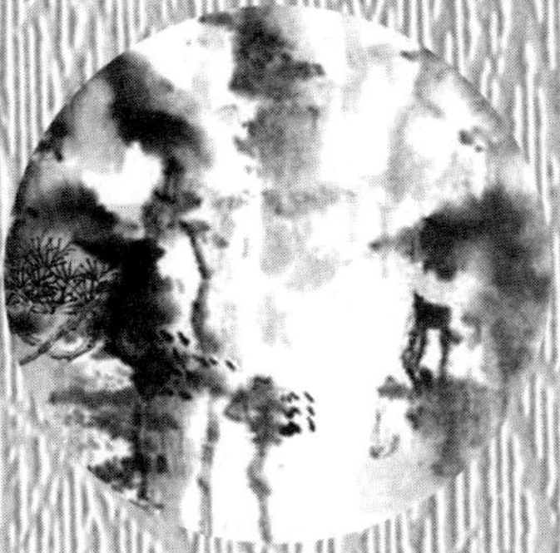

第三编

陶行知教育学说的根本原则和具体主张

陶行知教育学说不仅是一个完整的理论体系，而且是一个立体建构的理论体系。在“生活即教育”、“社会即学校”、“教学做合一”这三大基石之上，他以教育民主精神为指导，通过长期的实践探索，使这种立体建构得到不断的完善。因此，在分析和把握他的教育思想体系时，就不能只作单向线性式的了解，而应该进行多层次全方位的剖析。

他的教育学说根本出发点就在于使全体人民都受到教育，因此，教育民主化始终是其建构理论体系的指导原则。这种原则的精神外化，就是对教育最高形式——民主教育的追求。故此，人们对其教育学说的理论大厦经堂入奥时，必须把握这种教育民主精神的价值取向及其外化的具体形态。这是本编内容之一。

本编内容之二，是介绍在民主精神指导之下，实现生活教育理论的具体途径。由于这些途径所通向的领域不仅包括整个社会的不同层面，而且包括整个国家的不同区域，并且就教育性质来看，也包括不同类型的教育范畴。因此，这些途径的最后和全面的实现，也即是教育民主化的最终和完满的完成。

对于教育对象而言，在完成社会主体的群体教育民主化的同时，陶行知对这种教育的对象个体造就进行了全面论述。这种个体造就，就是以什么样的内容来提高受教育者在社会实践中的活动能力和改造能力。因此，对这种教育之内容的具体实施进行介绍，无疑是本编的内容之三。

任何一种进步的教育，其主要作用在于改造人，并借此来推动社会不断地向前发展。而人的改造是一种终身的改造，因此，完整意义上的教育是一种终身教育。对陶行知“终生教育”观的认识和评析，构成了本编的内容之四。

第七章　民主教育

提倡民主教育，实现教育民主化，是陶行知几十年来立足于教育事业孜孜追寻民主政治的必然结果，也是他自身民主资质长期汇集凝淀的客观反映，即民主精神的光芒在教育领域的真实折射。

陶行知的民主教育或教育民主化思想有一个形成和发展过程。早在学生时代，他就服膺孙中山的三民主义，萌生初步的民主意识。在留学时期，他又受到美国资产阶级民主观念的感染，民主意念开始萌发。而“五四”时期的民主思潮的激荡，使他过去零收碎采的民主因素得到熔冶炼化，并且随着自身职业取向的确定，开始专注教育中真正民主的实现。于是，民主教育思想开始破土萌芽。自此以后的人生旅程中，他一直踏着时代的步伐，继续传承弘扬这种教育民主化的思想精华，并对这种民主观念不断地改造添新。尤其在人生的后半期，他又对无产阶级民主意识进行内功潜化，从而最终形成一种教育属于人民、教育依靠人民、教育为了人民幸福和新民主主义范畴的民主教育观念。因此，民主教育作为陶行知教育学说形成过程中的精神主旨，始终贯穿于他的整个教育思想体系的建构过程中，即是说，以民主第一为思想内核和本质特征的教育主张，始终是陶行知教育学说中一条带有根本性意义的指导原则。

依循这种指导原则，早在“五四”时期教育改革的声浪中，他就以一种批判者、革新者的精神和态度，对封建教育和洋化教育进行了有力的抨击，渴望实行一种能体现民主精神的新教育，以此来实现自己“要使全中国人都受到教育”的宏大目标。随着理论的不断丰富和趋向完善，作为思想体系中的内在主旨的民主精神，开始在他的教育改革实践中得到外化，这就是生活教育的提倡和实行。在随后的20余年的教育实践中，虽说他的教育理论时有翻新，他的教育活动也形式多变，但始终是按照民主第一这条教育思想原则立言立行[①]。值得注意的是，在其人生的最后阶段，依据社

① 概括地说，在陶行知的整个教育学说和教育活动中，“民主教育”是其内在精神，“生活教育”是其外化内容，“人民教育”是其施行主体。

会形势所揭示的时代主题，他则直接揭橥"民主教育"，即将自己思想中的教育民主精神完整地外化在系统性教育理论的建构上面，并据此原则、精神对中国教育体系重新作出全方位的模式设计。

第一节　民主教育的性质与目的

一、民主教育的性质

在对民主教育作出全面系统的论述时，陶行知首先阐明了它的内在特质，明晰地揭示出这种教育的基本性质特征就在于"民有"、"民治"、"民享"。虽然自"五四"之后，尤其当他的思想逐步由旧民主主义转向新民主主义以来，他曾对民主教育作过多次不同的表述，但究其内容和实质，始终是教育属于人民、教育依靠人民、教育为了人民的幸福。

1.民主教育是人民的教育。

所谓民主，通俗来说，就是"大家有份"、"全民作主"。所谓民主教育，就是这种教育是老百姓自己所需要的东西，它的权利属于人民大众。首先，民主教育的教育权利为人民所享有。实现这种教育，就是人民大众都有获取教育的机会和享受教育的权利，而不是像过去社会的教育那样，人民大众只是对教育尽义务——尽一个纳税人的义务，来供养少数人对知识文化的享有。在民主教育中，"教育是人民应享之权利而不是人民应尽之义务"①。其次，民主教育的教育内容为人民所必需。实现这种教育，就是要通过教育把知识化作新鲜空气，普遍地广及于人民大众，人人可以自由呼吸，以此增加自己新的生命活力，养成其为国家主人翁的资格，使之联合起来"做自己的主人，做国家的主人，做世界的主人"②。

2.民主教育是人民办的教育。

在提倡和推行国难教育时期，陶行知就指出，教育是"力的表现"、"力的变化"。与那种仅靠少数人的力来实行，并且也只以造就少数人的力为

① 华中师范学院教育科学研究所主编:《苏联宪法草案中之公民权》,《陶行知全集》第3卷,湖南教育出版社1985年版,第146页。

② 华中师范学院教育科学研究所主编:《民主教育》,《陶行知全集》第3卷,湖南教育出版社1985年版,第569页。

目标的传统教育不同，民主教育是一种依靠大众的力量来实现并造成大众的力的教育。从其根本上看，民主教育一方面是教人争取民主，另一方面是教人发展民主；在反民主或民主不够的时代，它的任务是教人争取民主；在政治走上民主之路的时代，它的任务是教人依循民主原则，发挥整个社会的创造力以为全民造幸福。但无论是争取民主或是发展民主，都要靠广大人民的群策群力才会成功。“这广大人民在数量上是愈广大愈有力量，在认识上是认识得愈深刻愈有力量。”[①]经济贫困、人口众多的国情，更决定了这种教育的实现，只能本着“大众出力大众干”、“大众自己教自己”的办法，依靠人民大众组织起来的联合力量，来解决诸如从师资培养到机构建设等方面的难题。为了说明这种教育“民治”的观点，陶行知分析说明了自己创办“工学团”时期，依靠百姓自己办校的“人民办教育”的精神，并特别提到中国共产党领导下的陕北革命根据地的民办教育事业。在他看来，虽说人民大众也有一个有待启发思想和帮助进步的过程，但在这个过程中，民主教育的兴起和发展的主要依靠力量，还得是他们自身，并且一旦他们达到了“联合自动”的水平，那么推进教育的主要动力就在于他们自己。因此，在实施民主教育过程中，人民大众一方面是这种教育的主要对象和学生，另一方面又是这种教育的主要动力和先生。这种教育既要教人民大众行动，教他们根据集体意识而行动，又要靠人民大众行动，靠他们凭借集体力量而行动。

3. 民主教育是为人民自己的幸福而办的教育。

服务于人民，造福于人民，是陶行知民主教育的根本方向。他认为，教育要做到为人民生活所必需，就必须成为使人民增进幸福减少痛苦的工具，而不再是少数掌握特权者用来统治、麻醉、欺骗和压迫人民的工具。通俗地说，它是为老百姓的需要而办的，并非如统治者为了使老百姓能看布告、便于管理，才让老百姓认识几个字。这种教育是引人向上向前生活的力量，其主旨在于人民获得最高利益，并非服务于个人利益，也非为一党一派及任何小集团谋利益。这种教育的“民享”思想，早在他求学时期就有所萌生。在他的毕业论文《共和精义》中，他就指出过，教育的作用就是使人

① 华中师范学院教育科学研究所主编：《民主教育之普及》，《陶行知全集》第3卷，湖南教育出版社1985年版，第571页。

民由贫变富，兴智化愚，使人民在经济上生计渐臻满意，在政治上养成国家主人翁资格。到了40年代提出和推进民主教育时期，为了说明这种为人民幸福办教育的观点，他翻新了孔子"大学之道"的本义，赋予其全新的内涵"大学之道，在明民德，在亲民，在止于人民的幸福"，指出民主教育中一切所教所学所论所作，为的都是人民的幸福，"一切的学问，都要努力向着人民的幸福瞄准"①。

4. 民主教育的成功标志。

民主教育的性质，是指这种教育是人民的，为人民所办，并为人民自己的幸福而办。但是，民主本身是一个过程，尤其在当时的社会条件下，在一个民主不够甚至反民主的时代，民主的内容和意义还亟待于发展。所以，在现时历史阶段中，还难以获得完整意义上的民主教育。那么，如何才算得是民主教育，即如何才算真正地将民主运用于教育之中，为此，陶行知提出了测定民主教育成功的标准，即"民主的教育必须办到各尽所能，各学所需，各教所知"②。所谓各尽所能，就是使人民大众的能力或创造力都能得到发挥。所谓各学所需，囿于当时社会经济条件的不足，陶行知没有明说，但从他的整个民主教育思想而言，是指人民获得争取和适应整个民主生活的能力。所谓各教所知，就是人民之中任何一分子，都做到乐于即知即传，而且跟他们学的人也即知即传，使整个中华民族成为一个教人、好学的民族。上述三个方面的内容，既包含了民主教育的性质，而且这些内容的完善，不但能够使民主教育"全面普及"，还可能使其做到"立体普及"。这三个方面内容的完全实现，标志着民有、民治、民享教育的最后成功。

二、民主教育的目的

任何教育的实施，都有自己的目的。陶行知民主教育的目的，就是"教育为公"，并通过教育为公、文化为公，以达到"天下为公"，即实现民主政治社会。在教育上实行民主，是建立民主社会的一条重要途径，"大道之行，天下为公"。这种教育为公的目的，如果从民主教育实施的主体对象上看，

① 华中师范学院教育科学研究所主编：《社会大学运动》，《陶行知全集》第3卷，湖南教育出版社1985年版，第587页。

② 华中师范学院教育科学研究所主编：《实施民主教育的提纲》，《陶行知全集》第3卷，湖南教育出版社1985年版，第540页。

就是人人享受教育的机会均等，人人应当接受免费的教育，所以它又是一种全民教育或完整意义上的国民教育。在此机会均等的国民教育基础上，再根据受教育者各自才能的特殊性，采用因材施教的原则，施以特殊的教育，即人才教育，使其才能得到充分的发挥，为人民的事业和利益作出更多的贡献，更好地实现文化为公这一崇高理想。

1. 实现民主教育的目的，特征之一是教育机会上男女平等。

传统中国社会，一向男女有别、男尊女卑，女子毫无接受正常教育的权利和机会。即使到了五四运动以后，虽说中国社会的各个层面都不同程度地经受过一次民主思潮的冲刷，但不少地方，男女界限仍然防范甚严，女子接受教育的机会仍然受到种种限制，女子教育极不发达。因此，教育机会上的男女平等，主要是指在各级各类教育中女子教育权利的获得。早在金陵大学时，陶行知就愤慨地指出，男女之间的不平等，为天下最不平等之事，严正地揭明"男女同赋人权，本无尊卑贵贱可言"①，立下了实现男女平权教育平等的心志。自此以后，他一直主张教育的实施对象应该不分性别，并且始终把女子教育作为自身致力开发的领地之一。

2. 实现民主教育的目的，特征之二是教育机会上老少平等。

中国社会的传统观念，一向认为"读书"乃年少所为之事，成人以后只是"用书"而已。针对这种普遍的社会心理，陶行知在生活教育中很早就提出活到老、学到老，并且常常举自己的母亲学文化作例，要求成人尤其要求老人应该立志向学，以求"秉烛之明"。在他看来，所谓教育，就是整个生活，在实施教育和接受教育上都应取消年龄的限制，任何个人都应以永远学而不倦、好学至死作为自己的求学态度和目标。而一般意义上的学校教育，"好像是整个房子当中的客厅"②，只是人生教育整个链条中的一环。为此，他积极主张并力行终身教育，而且对终身教育的原则、对象、内容和途径等，都作出深刻而详尽的阐述，为后人完成了终身教育的理论建构。

3. 实现民主教育的目的，特征之三是教育机会上贫富平等。

陶行知所处的时代，中国社会是一个贫富悬殊的社会，是一个存在着阶

① 华中师范学院教育科学研究所主编:《一夫多妻之恶结果》,《陶行知全集》第 1 卷，湖南教育出版社 1984 年版，第 5 页。

② 华中师范学院教育科学研究所主编:《教育生活漫忆》,《陶行知全集》第 3 卷，湖南教育出版社 1985 年版，第 624 页。

级剥削和阶级压迫的社会。在“富人不养猪，穷人不读书”的时代中，上学读书接受教育，往往是富家子弟的事情，穷人的孩子即使偶有求学念书的机会，也往往只是接受一些浅近的教育，而且为时甚短、辍学中途。因此，教育机会上的贫富平等，主要是指在民主教育中，穷人同样有接受同等教育的机会与权利。抱着“要使全中国人都受到教育”的志愿，陶行知早在提倡民主教育之前，就倡导和推行过种种面向经济贫困的社会下层劳动群众的教育活动，其中平民教育就是为社会中下层人民而举办的教育事业之一。

4. 实现民主教育的目的，特征之四是教育机会上出身平等。

中国社会向来存在一种“以衣帽取人”的不良意识，过分看重人的社会地位和社会出身，表现在教育上，就是学校招生不问能力只凭“资格”，一切以“文凭”是问。陶行知认为，虽说资格或文凭也可证明人的能力，但并非所有人的能力和人的所有能力都能为其所证明。因此，那种有资格就能进学，没有资格就被赶出校门的现象，必须彻底改变，一切只依人的本身才能作为入学的标准和凭证，这样才能做到不遗真才、造就真才。为了打破资格的限制，他甚至在教育实践中反传统之道而行之，对于那种单纯追求资格的“文凭迷”一概拒之于门外。与这种社会地位平等相应地就是教育机会上的阶级平等。因为在当时中国社会中，能得到教育资格的往往只是富有阶级，教育机会被剥夺、无力取得资格的往往是农工阶级及其子弟，而这些人正是民主社会中的真正主人。因此，要实现民主教育中的阶级和社会地位的平等，主要在于农工劳苦阶级获得平等的教育机会，尤其是占中国人口百分之八十以上的乡村农民阶级更是如此。为此，他在推行平民教育的基础上，又将发展教育的主攻目标，移向了乡村教育的改造。

5. 实现民主教育的目的，特征之五是教育机会上民族平等。

这种民族平等思想，在他尚为学子之时就有较明晰的见解，认为中国是一个多民族的国家，只有做到“畛域铲除，博爱心生，国人以兄弟相视”，才能得到共和国内各族平等的“实际”①。为此，他特别批评了那种视少数民族为“边民”等民族歧视政策和观念，并强调指出，要实现民族教育中的真正民主化，必须尊重各兄弟民族的风俗习惯，不能强迫他们学习汉文、接

① 华中师范学院教育科学研究所主编：《共和精义》，《陶行知全集》第1卷，湖南教育出版社1984年版，第45页。

受汉化，而应该是让他们造自己的文字，学自己的文字，以自己的文字来训练自己民族的人才、教育自己的人民。与此同时，他呼吁社会组织人手来编辑“特殊民族的教科书”，以此做到“百川分流，泽及万方，合于教育机会均等之旨”[①]。在教育实践中，指出教育界同志的责任，在于用“四通八达的教育”，“来创造一个五族一心的中华民国”[②]，并且还身体力行，深入少数民族地区开展和推行民族教育，使之成为自己志在开辟的领地之一。

总之，民主教育的目的就是教育为公，换言之即为机会均等。这种机会均等，既表现为接受教育的机会均等，又表现为管理教育的机会均等。这种机会均等，反映在教育主体上，就是“要求贫富的机会均等，男女的机会均等，老幼的机会均等，各民族各阶层的机会均等”[③]；反映在社会地域上，就是无论内地边疆远近城乡，所有中国境内的中华国民，都有分享这种教育的权利；反映在教育过程上，它又表现为“入学时求学的机会均等，长进的机会均等，离校时复学的机会均等，失学时补习机会均等”[④]。这种教育的实施，其现实政治意义，就在于反对把国家的公器变做一党一派的工具之“党化教育”，反对那种“党有党办党享”的教育，以教育为公来求得“天下为公”的民主社会[⑤]。

提倡教育为公，强调机会均等，是指通过民主教育来使人人有享受教育、管理教育的机会，但这些并不排除对人的特殊才能的培养和发挥。任何时候任何社会，作为社会主体中的单个分子来说，都有自己的个性爱好和独到才能，因此教育必须根据因材施教的原则，来造就社会发展所需要的各种专门人才，尤其是为了民主社会得到实现的民主人才。这种人才，既要有天下为公的民主精神，又要有改造社会的过硬本领。有了民主精

---

① 华中师范学院教育科学研究所主编：《评〈分部教科书〉》，《陶行知全集》第 2 卷，湖南教育出版社 1985 年版，第 695 页。

② 华中师范学院教育科学研究所主编：《五族共和与教育者之责任》，《陶行知全集》第 1 卷，湖南教育出版社 1984 年版，第 441 页。

③ 华中师范学院教育科学研究所主编：《创造的儿童教育》，《陶行知全集》第 3 卷，湖南教育出版社 1985 年版，第 528 页。

④ 华中师范学院教育科学研究所主编：《实施民主教育的提纲》，《陶行知全集》第 3 卷，湖南教育出版社 1985 年版，第 542 页。

⑤ 华中师范学院教育科学研究所主编：《民主教育》，《陶行知全集》第 3 卷，湖南教育出版社 1985 年版，第 569 页。

神，才能使自己更好地将学到的东西贡献给大众事业；有了真实本领，才能有利于社会的进步，加速民主社会的实现和巩固。因此，这种因各种特殊才能加以特殊教育的“人才教育”，并非改变了“教育为公”、“文化为公”的主旨，相反更为有效地体现了这种教育为公的真实涵义。

因材施教造就民主人才，体现了陶行知教育思想的科学精神。早在“五四”时期，陶行知就刻意追求将科学精神贯彻于“新教育”之中。在极力揭露旧教育缺乏科学精神的弊病之时，他力求输入“科学的方法”和“科学的工具”，以救治这些缺陷。在他看来，发扬科学精神是办好新式教育的关键，因此，后来他一再强调，无论受教育和教育者，都应该把科学精神放在首位：“学生求学，第一步就要有科学的精神”①；教师授教，就必须发扬科学精神，“用新的学理，新的方法，来改造学生的经验”②。在后来薪传“五四”时期科学精神的过程中，他进一步认识到，教育上发扬科学精神，除了讲求科学方法外，更重要的是灌输科学知识。这是因为，当今世界是一个科学的世界，整个世界都是向着科学猛进。在这种时代中，中国必须领受科学的洗礼，迅速完成农业文明向工业文明的过渡，使自己成为一个科学的国度，才能在科学的世界中适于生存。所有这些，决定了民主教育必须注重科学人才的培养，尤其是科学人才幼苗的栽培，使一些具有“驾驶自然”的天资者“学习科学，帮助创造科学的新中国”③。而要培养科学的幼苗，撒播科学的种子，遍开科学之花，丰收科学之果，就必须根据受教育者的天资、性情、兴趣和爱好，因人而异，因材施教，在使他们获得一般知能、懂得一般做人的道理的同时，培养他们的特殊才能，引导他们将来成为专才，回到老百姓中去，以自己所学到的东西贡献社会，为人民兴福利，为民族谋幸福。总而言之，人才教育并不是教他们升官发财，使之成为“人上人”的“小专家”，而是“要以他们学得的东西帮助改造世界，为整个人类谋利益”④。

① 华中师范学院教育科学研究所主编：《学生的精神》，《陶行知全集》第1卷，湖南教育出版社1984年版，第570页。

② 华中师范学院教育科学研究所主编：《新教育》，《陶行知全集》第1卷，湖南教育出版社1984年版，第123页。

③ 华中师范学院教育科学研究所主编：《从五周年看五十周年》，《陶行知全集》第3卷，湖南教育出版社1985年版，第513页。

④ 华中师范学院教育科学研究所主编：《育才学校创办旨趣》，《陶行知全集》第3卷，湖南教育出版社1985年版，第379页。

因材施教造就民主人才，反映了陶行知教育思想的经济观念。早在《教育者的机会与责任》一文中，陶行知就指出，一种好的教育，就是给学生一种技能，使他可以贡献社会。这即是说，好教育是养成学生技能的教育，使他可以独立生活，都有贡献社会的技能，使社会得着许多便利。因此，教育者的着眼之处，就在于通过"技能教育"使受教育者能为社会生利的经济意义。这种教育经济观念，在民主教育中，就是培养接受民主教育的人们的创造力，使他们的智力得到开发，为社会服务、为人类造福的文化科学水平和技能得到提高。要做到这一步，对于教育者来说，"要同园丁一样，首先要认识它们，发现它们的特点，而予以适宜之肥料、水分、太阳光，并须除害虫，这样，它们才能欣欣向荣，否则不能免于枯萎"①。"予以适宜之肥料"等，就是因材施教。他譬喻说，松树和牡丹花所需要的肥料不同，若用松树的肥料培养牡丹，牡丹就会瘦死；反之，若用牡丹的肥料培养松树，松树接受不了就会烧死。由此可见因材施教是较侧重于受教育者生活技能的培养，使之能够在经济生产上为实现民主社会生利造福，贡献力量。所以，从整个民主教育的性质上看，这两者实为殊途同归，都是为了实现"文化为公"的最高目的。

第二节　民主教育的方法与原理

一、民主教育的方法

民主教育方法，即通过什么样的途径或运用什么样的手段来实现民主教育，这在整个民主教育理论中占有很重要的地位。根据生活教育原理，陶行知指出，民主教育方法，"要使学生自动，而且要启发学生使能自觉，要客观，要科学，不限于一种，要多种多样，因材施教，要生活与教育联系起来"②。在这些总原则指导下，他还从中国的国情出发，概括出一些实施民主教育的具体方法或措施，指出在中国要会用穷办法，要做到来者不拒、不

---

① 华中师范学院教育科学研究所主编：《创造的儿童教育》，《陶行知全集》第3卷，湖南教育出版社1985年版，第528页。

② 华中师范学院教育科学研究所主编：《实施民主教育的提纲》，《陶行知全集》第3卷，湖南教育出版社1985年版，第542页。

能来者送上门去，并且要注重创造，使受教育者走上创造之路，做到手脑并用，劳力上劳心。

1. 民主教育是“使绝大多数之劳苦大众及其小孩得以享受教育”，实现这种教育，就要坚持“会用穷办法”的办学原则。

“中国原是个穷国，所以教育也要采用穷办法”，这是陶行知一贯的主张。在他看来，从历史发展阶段来看，中国是从农业文明开始向工业文明过渡，但从社会现实来看，中国现在还是一个农业国，大家靠着双手生产，社会生产力十分低下，尤其近百年来的帝国主义侵略和长期战争的破坏，更使得社会经济极端贫穷，人民生活非常困苦。在如此社会经济条件下，要教一切穷人都得到教育，而不只是少数少爷小姐享受教育，“我们必须发现穷办法，看重穷办法，运用穷办法，以办成丰富的教育”，这种以“穷办法来教一切穷人都得到教育的事业”，才能算是“真正的民主教育”①。如何运用“穷办法”呢？陶行知认为，一方面，在物质上，在客观条件上，“我们必须以最低廉的价格，给民众提供有益的文化粮食”②，利用一切可资教育的物质条件来给人民大众以文化知识的教育。他举例说，文化用具没有条件购买，桌面可以作纸张，树枝可以当木笔；课本没有准备好，马路上的招牌也可以用来作教材；至于教学设备，更是随地而教，随处而学，因地制宜，因时制宜。诸如此类的穷办法，既经济又便利，是人人可为、处处可为、时时可为的事情。另一方面，在人力上，在主观条件上，“动员社会上现有的一切可能动员的力量、学校及个人尽力为民众服务”③。这就是利用全国公民中已有的知识力量，即已受过一定教育的人们，依据“文化为公”的精神，按照“分享真理的原则”，采用“小先生制”、“传递先生制”等“即知即传”的方法，使那些能读能写有文化的人们，以“传递教师”的身份，不拘形式和场合来帮助家人、帮助邻居、帮助一切与己有过交往的人，并使之养成求知好学的习惯，从而使整个中华民族成为一个教人好学的民族。在这种依靠广

① 华中师范学院教育科学研究所主编：《民主教育》，《陶行知全集》第 3 卷，湖南教育出版社 1985 年版，第 570 页。

② 华中师范学院教育科学研究所主编：《全民教育》，《陶行知全集》第 3 卷，湖南教育出版社 1985 年版，第 555 页。

③ 华中师范学院教育科学研究所主编：《全民教育》，《陶行知全集》第 3 卷，湖南教育出版社 1985 年版，第 555 页。

大人民的群策群力的教育运动中，要使全国老百姓无论男女老少贫富贵贱，都能很快地得到救命的民主教育，“不但可能做到全面普及，并且可能做到立体的普及”①。

2.“民主教育应该是整个生活的教育”，实现这种教育，要贯彻“生活与教育联系起来”的方法。

生活决定教育，教育又反作用于生活，因此，凡有生活的地方即可施以教育，到处可以生活即到处可以办教育。但是生活有积极的生活，也有消极的生活，有进步的生活也有反动的生活。在传统社会中，传统教育只有名人阔佬介绍才能进去，只有那些有钱有闲有面子的少爷小姐们才有书念。那是小众教育。而民主教育是一种大众教育，因此只能从大众生活的斗争中钻出真理来，让大众的生活与生活相摩擦，即受过某种教育的生活与没有受过某种教育的生活相摩擦，从而产生生活的火花，发生教育的作用。此外，完整意义上的生活，它是随着社会的进步和时代的改变而不断变化的，因此生活教育必须紧贴着时代的脉搏。当大众没有解放之前，生活斗争是大众唯一的教育，并且孤立地去干生活教育是不可能的，大众要联合起来才有生活可过，也只有联合起来才有教育可受。从真正的生活教育看来，大众都是先生，大众也都是学生。在这种生活中，“教学做合一”，即知即传是大众的生活法，即是大众的教育法②。当大众联合起来追求民主和实现民主之时，大众又必须以造成民主的作风为其生活的主要内容，在这种全新的生活方式中，生活与教育联系起来的主要表现，就是“在民主的生活中学习民主。在争取民主的生活中学习争取民主。在创造民主的新中国的生活中学习创造民主的新中国”③。

3.民主教育应该照顾民情习俗，实现这种教育，还必须采取“来者不拒，不能来者送上门去”的方法。

民主教育一个最重要的特征，就是教育普及，全国人民都享有教育的

---

① 华中师范学院教育科学研究所主编：《民主教育之普及》，《陶行知全集》第3卷，湖南教育出版社1985年版，第573页。

② 华中师范学院教育科学研究所主编：《生活教育之特质》，《陶行知全集》第3卷，湖南教育出版社1985年版，第26页。

③ 华中师范学院教育科学研究所主编：《民主教育》，《陶行知全集》第3卷，湖南教育出版社1985年版，第570页。

权利和得到教育的机会。要实现这种教育，招生的性质和形式就得改变，做到“来者不拒”，不能来者能通过免费送教育上门的办法受到教育①。这里，来者不拒是一回事，这是由民主教育的性质所决定，民主教育是全民的教育，学校大门自然朝整个社会敞开。送上门去则是另一回事，表明仅仅做到来者不拒还不够，还必须做到“不能来者”也得到教育的熏陶，这又绝非一般意义的“强迫教育”或“拉伕教育”，而是一心一意、真心真意地给老百姓以实实在在的教育。这种办法的实施，取决于中国的风俗民情。它是一种方法，也是一种策略。在当时的中国社会，要真正做到教育普及，存在着种种难以攻破的难关，其中尤以农民教育和女子教育最为艰难。农民教育难以普及，关键在于经济上农民生活的困苦，生产上农事活路的繁忙；女子教育难以普及，除了经济等方面的原因外，更为关键之处在于传统封建习俗的影响。所有这些民情和风俗，都向民主教育提出了挑战，给它带来了困难，决定了教育的普及工作，除了“招进来”外，还必须“送上去”，最充分地利用现有的条件和设备，把民主教育的思想、人员及物质，输送到我国最边远的角落、最落后的乡村、最守旧的人群，以便使中国最落后、最保守的地方也能尽早获得教育，实现民主。

4. 民主教育注重培养创造力，实现这种教育，运用“手脑并用、劳力上劳心”的方法尤为重要。

培养创造力，是陶行知民主教育的一个重要特征，通过“培养创造力，以实现创造的民主和民主的创造”②。创造力的培养，关键在于自动，有自己动手动脑的能力和自觉性，因此，作为教学方法，“手脑并用，劳力上劳心”，是陶行知的一贯主张。在他看来，“手和脑若能打成一片，农民和工人始能成为革命的农民和革命的工人，教育者也始能成为一个有创造能力的学者”。如何做到“手脑并用”、“劳力上劳心”？陶行知指出，在现实情况下，尤须把学习的基本自由还给学生，进行“六大解放”。一是要解放头脑，撕掉精神的“裹头布”，使头脑从固有的迷信、成见、曲解、幻想中解放出来，从法西斯细菌中解放出来，使它能想并能想得通。二是要解放双手，剪去

① 华中师范学院教育科学研究所主编：《全民教育》，《陶行知全集》第3卷，湖南教育出版社1985年版，第556页。

② 华中师范学院教育科学研究所主编：《民主教育》，《陶行知全集》第3卷，湖南教育出版社1985年版，第569页。

指甲，摔掉无形手套，脱离传统束缚，能够很好地执行头脑的命令，动手向前开辟，使它能干并且干得好。三是要解放眼睛，敲掉带有封建的有色眼镜，教大家看事实、认真理，使它能看并且看得清。四是要解放嘴巴，使他享受言论自由，做到有事能问、有话直说，并且心甘情愿高兴问、高兴说，能摆龙门阵，谈天、谈心、谈出真理来。五是要解放空间，要把人民和小孩从文化鸟笼里解放出来，把大自然、大社会作为他们的生活世界，让他们从中寻觅更丰富的资料，扩大知识的眼界，才能各学所需、各教所知、各尽所能，以发挥各人内在的创造力。六是要解放时间，把人民和小孩从劳碌中解放出来。现在一般学校把课程时间排得太满太紧，而且考试过多，使学生失去学习人生的机会，养成无意创造的倾向。解放时间，就是不把功课表填满，不逼迫学生去赶考，不和家长联合起来在功课上夹攻，而是要给学生一些空闲时间消化所学，并且学一点他自己渴望要学的学问，想想问题，谈谈国事，干一点自己高兴干且于老百姓有益的事情，还应该有空玩玩，品尝做人的味道。有了这六大解放，也就做到了“手脑并用”、“劳力上劳心”，贯彻了教育中的民主精神，“只有民主才能解放最大多数人的创造力，并且使最大多数人之创造力发挥到最高峰”①。

二、民主教育的管理

民主教育必须实行民主的管理。如何实现民主管理，它不是专家治校、教授治校，更不是以地方行政来替代学校行政，而是根据民主教育的性质及其目的，来实现人民教育人民办的方针，并且发动学生自己管理自己，发挥现有学校领导和地方教育行政管理人员的积极作用，利用各方面的力量来共同搞好民主教育的管理工作，以利民主教育的顺利进行。

1. 民主管理要实现“人民办学”。

根据民主教育的性质，此理甚明。民主教育最重要的一条，就是“人民办的教育”。这种人民办的教育，通俗地讲，就是实施教育者是老百姓，接受教育者也是老百姓，“校董是老百姓，校长也是老百姓”②。只有人民自己办

---

① 华中师范学院教育科学研究所主编：《创造的儿童教育》，《陶行知全集》第 3 卷，湖南教育出版社 1985 年版，第 529 页。

② 华中师范学院教育科学研究所主编：《实施民主教育的提纲》，《陶行知全集》第 3 卷，湖南教育出版社 1985 年版，第 540 页。

的学校，才反映人民的愿望，符合人民的要求，赢得人民的爱护，实现为民服务的目的。“人民办学”，也是陶行知办理教育事业的优良传统，自晓庄师范直至社会大学，他所主办的学校都是依靠人民的力量创办而成，都和周围百姓社会建立了极其密切的联系，甚至有的学校还有人民群众直接参加管理。

2. 民主管理要实现“学生自治”。

学生自治，就是要求学生对于学问和道德等方面都能够自治自修。从学生这方面说，学生自治就是“学生结起团体来，大家学习自己管理自己的手续”；从学校这方面说，学生自治就是“为学生预备种种机会，使学生能够大家组织起来，养成他们自己管理自己的能力”①。从人的成长规律来看，今日学校学生，即是明日国家主人，要想实现民主社会、建设民主国家，必须有受过民主熏陶的公民，这就首先要有能够共同自治的学生；从学校自身办理来看，对于他人所订的规划、所办的事体，学生总不免有些隔膜，总不如让他们自己来办理那样的精细周到、自为自在。学生根据自己的切身生活经验，自立规矩，既体现了民主精神和自由意志，也利于纪律约束和集体领导，使民主在校园之内得到真正的体现。当然，学生自治，也必须讲求一定的范围和权限。这种自治，不是自由行动，而是共同治理；不是打消规则，而是大家立法守法；不是放任，与学校宣布独立，而是学习自治的道理，受到民主的熏陶。

3. 民主管理要肃清官僚习气。

针对国民党教育当局官僚主义的视学作风，陶行知认为这种摆架子、表资格的恶习必须肃清，指出各级教育行政机构对学校视察监督的视学员和督学之类人员，不应该给学校带来恐怖，而应该带来春风。早在20年代初他就指出，中国学务不发达的原因固多，而教育行政办学指导人员之不得培养是很重要的原因之一，故此主张，“凡教育界需要的人才都应当受相当的培养”②。这种培养，应该说既包括知识学问的造就，也包括民主作风的养成。为了搞好民主教育的管理，他为这些视察监督人员指出了应当发挥的角色作用。这些作用就是：一要鼓励老百姓办学，这就要做感化的工

---

① 华中师范学院教育科学研究所主编：《学生自治问题之研究》，《陶行知全集》第1卷，湖南教育出版社1984年版，第132页。

② 华中师范学院教育科学研究所主编：《新学制与师范教育》，《陶行知全集》第1卷，湖南教育出版社1984年版，第216页。

夫，向老百姓表明教育的真相，证明教育的能力，使人民自觉管理教育，并视教育为人生日常所必需，从而积极投身于民主教育事业的兴创；二要考察学校是否合乎民主道理，从办学方针、办学方向和教学内容上，检验它是否合乎民主要求，促进民主精神的贯彻落实；三要积极指导学校如何办得好，不是抱着查案的心理去吹毛求疵，而应该用积极的态度给校长及教师以激励、鼓舞和帮助，使学校成为民主教育的温床。

4. 民主管理要明确校长责任。

陶行知认为，从在学校中的地位来看，“校长是一个学校的灵魂”①，一个学校的好坏，和校长最有关系；从在社会中的作用来看，校长肩负着社会发展的责任，小者关系着千百人的学业前途，大者关系着国家与学术的兴衰。因此，他指出，要想评论一个学校，先要评论它的校长；要想管好一个学校，先要选好它的校长。作为民主教育的校长人选，这一角色必须具有民主精神，在自己的管理工作中，要承担和完成种种有助于民主教育进步的任务。他有责任使教师进步，这就是对从各处来到一起工作的教师进行民主精神的培养，再通过教师的进步来使学生进步。他有责任为着民主教育的发展，在学校中提拔乐意为老百姓服务的人才，使学校在民主教育运动中起着“发电厂”的作用，通过这些人才不断地把光、热和力输送给民众，把学校与社会的千家万户联结起来。最后，作为一个民主的校长，他应当有社会即学校的观点，把整个社会看作学校，而自身的学校不过是一间课堂，从而打开学校的大门，使教育面向整个社会，一方面运用社会的力量来促使学校进步，一方面又动员学校的力量来帮助社会进步，这样才能使学校对于大的社会作出民主的贡献，使学校在整个民主事业中，真正成为培养和造就民主人才幼苗的温床，以此尽其为校长的最大的责任。

第三节 民主教育的内容与要求

一、民主教育的学制

对于办理教育的人们来说，学制于教育事业，如同建造房屋先有适用

---

① 华中师范学院教育科学研究所主编：《半周岁的燕子矶国民学校——一个用钱最少的活学校》，《陶行知全集》第 1 卷，湖南教育出版社 1984 年版，第 473 页。

的图样一样，因此，如何制订学制，制订何种学制，是任何教育家都必须认真考虑的问题。对于这一问题，早在20年代之初，针对中国社会自清末以来的教育制度或则泥古仍旧、或则仪型他国的偏颇做法，陶行知就进行了毫不留情的批判，指出制订学制像搞建筑工程一样，拿他人图案建造房屋必定难得满意，由此开始形成了自己的学制观念，对学制的性质、功用及其包含的内容都作过探讨。后来，在此基础上，通过长期的教育实践经验的积累，他依据国情变化，提出了民主教育学制的制订原则和总体模式。

1. 学制的制订要适合国情、个性和事业学问需求。

陶行知认为，学制是一种普遍的教育的组织，它同一切制度都是时势的产物一样，随着时势的变迁而变化。时势未到，招之不能来；时势已去，挽之不能留；时势继续地变化，学制亦继续地改变。它的功用，就是随着这种时势的变化，按着各种生活事业的需要，划分各种学问的途径，规定各种学问的分量，使社会与个人都能依据他们的能力，在各种学问上适应他们的需要。由此，陶行知指出，学制应包括三种要素，也即是制订学制必须考虑到三个方面的内容。一是“社会之需要与能力”，即考虑到各种社会对于学问上之需要，有相同的、有不同的，它们设学的能力有大有小；二是“个人之需要与能力”，即考虑到各种学生对于学问上之需要，有相同的、有不同的，他们求学的能力有大有小；三是“生活事业本体之需要”，即考虑到各种生活事业在学问上所需之基础，有相同的、有不同的，它们所需的准备的最低限度有大有小，而且这种基础与准备之伸缩可能，也有大小的不同[①]。总之，一种积极的有独创性的学制，就必须是“适合国情、适合个性，适合事业学问需求的学制”[②]，因此，那些不合时代之沿袭和不适国情之抄袭诸般做法，均在摒除之列。正是基于这些观念和认识，陶行知提出民主教育的学制应包括的原则，是“单轨出发”、“多轨同归”和“换轨便利”。

2. 立足服务大众的“单轨出发”。

“五四”时期，在《普露士教育之基本改革》一文中，陶行知就指出，厉行推广统一学校，一律取消根据阶级而设的学校，是“共和教育的一个大胜

---

① 华中师范学院教育科学研究所主编：《评学制草案标准》，《陶行知全集》第1卷，湖南教育出版社1984年版，第192页。

② 华中师范学院教育科学研究所主编：《我们对于新学制草案应持之态度》，《陶行知全集》第1卷，湖南教育出版社1984年版，第191页。

战”，表示了自己对教育平等的强烈愿望。后来他一直要求和争取不分贫富男女，都能受到一定程度的初等教育。他认为，无论是争取民主或是发展民主，都要靠广大人民的群策群力才能够成功，因此普及救命的民主教育是实现民主政治的前提。在民主教育中，学校成为民主的温床，通过这种教育，使学生成为民主的小先生，民众成为民主的干部。他的这种“民主教育开始是单轨，不分贫富以单轨出发”的思想，符合了民主教育主要目的，即“教育为公”的需要，其立足之处，就是教育为劳苦大众服务，教育是人民自己的事业，它为全体人民所享受。

3.体现因材施教的“多轨同归”。

民主教育从单轨出发，以后依各人的才能分成多轨，“各人所走路线虽不同，但都将力量贡献给抗战，贡献给国家，这叫多轨同归”①。单轨出发，主要指初级教育阶段对全体人民的教育普及，通过这种普及，然后在中等以上教育阶段，根据各人才能的不同和社会需要的各异，分成多轨，实现民主办学的多样性。前者主要解决各种生活事业必不可少之基础准备，也就是各种社会、学生和生活事业对于学问上之需要的共同的东西，后者则为了适应那些社会、个人和生活事业各自对于学问上之需要的不同的东西。但是，这种学制上的“多轨”，办学的多样性，并非各奔前程，而是做到殊途同归，即都是为了创造民主和民主创造。在当时的历史条件下，都是服务于民族的抗战利益，从整个民主教育事业看，都是为了贡献于国家。

4.促进人才成长的“换轨便利”。

所谓换轨便利，就是要求给予发展中的学生，在他们才能或才干改变时有调换“轨道”的便利，以便更好更快地造就人才。这种换轨，既有学科之内的调整，也有学科之间的转换，它有利于改变那种择事不慎、学不能专的弊端，也有利于对那些有特殊才干者的培养，从而完整地实现民主教育的目的，即在教育为公、机会均等的同时，又能很好地实现对有特殊创造力的人才进行教育。

在提出上述三项民主教育学制原则的同时，陶行知还特地提到了婴幼教育、成人教育以及留学教育。对于婴幼教育，他提出要广泛地设立托儿

① 华中师范学院教育科学研究所主编:《实施民主教育的提纲》，《陶行知全集》第3卷，湖南教育出版社1985年版，第544页。

所，目的在于让妇女从家庭中解放出来。对于成人教育，他提出要增设补习大学和夜大学，目的在于提高社会劳动力的技术素质。对于留学教育，他主张凡在国内可以学到的东西就不应出国，只有当设备不能在国内设置的学科，才能派大学毕业有研究能力的研究生出外留学。一般地说，这些教育不包括在普通的学制之内，然而陶行知对这些特加论及，正反映了他的民主教育的全民性和全面性。

二、民主教育的课程

民主教育的课程就是民主教育的原材料。开设什么样的课程以及选用什么样的教材，就是用什么样的教育原材料来造就出合格的民主人才。为此，从民主教育的目的出发，陶行知对民主教育的课程内容和组织，以及教材内容和编写，都进行了探讨和说明。

1.课程内容要合乎社会需要，重视科学教育。

从生活教育的基本原理出发，陶行知指出，好的教育是引人向上向前生活的力量，“教育为着要引人向上向前过生活，它的本身便必须是向上向前的生活，一切要通过生活才成为真正的教育”①。民主教育的提倡和实施，就是为了“引人向上向前过生活”，因此，向前的生活就是这种教育的全部内容，也是它的全部课程。“我们的实际生活，就是我们全部的课程；我们的课程，就是我们的实际生活。”②

按照这种观点，首先，陶行知从社会发展的角度出发，把整个人类社会看作“动的社会”，在这种动态社会中，“课程为社会需要与个人能力调剂的工具”③。因为社会无时不在发展，生活无时不在变化，这种变化和发展，必然对人才知能和教育内容不断地提出新的要求，因此，从事教育的人们，就必须明了“动的社会”的种种需要，将他们分别编成最能活用之课程，再根据社会和生活的新的需要，不断地把那些“学非所用”和“用非所学”的流

---

① 华中师范学院教育科学研究所主编：《桂林战时民众教育工作人员须知》，《陶行知全集》第3卷，湖南教育出版社1985年版，第299页。

② 华中师范学院教育科学研究所主编：《晓庄试验乡村师范学校创校概况》，《陶行知全集》第2卷，湖南教育出版社1985年版，第17页。

③ 华中师范学院教育科学研究所主编：《地方教育行政为一种专门事业》，《陶行知全集》第1卷，湖南教育出版社1984年版，第162页。

弊完全革除，添加新的功课去适合他、指导他，“社会的新需要没一定，增加的新功课也当随之而异”①。这样，才能使受教育者的能力不致虚耗，又能使社会需要不致偏废。

其次，在这种课程设置因时而异的原则下，课程内容的革新增添，必须要照顾到两个方面的需要。一是因为人是生活在一定的文化圈或地域环境之内，而文化进步没有止境，环境变化也没有一定，这就要求在规定课程内容和范围时，必须考虑到学生学了这种课程后，能否适应自身所处的地域社会的进步之需要。二是因为人还是生活在一定的职业社会之内，各种职业要求的人才不同，而人们适应职业的能力也各异，这就要求课程设置还要考虑到，受教育者能否适应自身所处的职业社会的进步之需要。

再次，民主教育的大目标在于民主国家的建立和民主社会的实现，原则上讲，这种教育的课程内容要合乎世界潮流和民主精神。20 世纪的潮流是人类社会已进入一个科学昌明的时代。在这个时代中，应当有一个科学的中国。尤其在现时历史阶段中，中国正从农业文明向工业文明过渡，这就更需要科学。“没有真正可以驾驭自然势力的科学，则农业文明必然破产，工业文明建不起来”，因此，作为民主教育的课程内容，“最重要的知识技能，无过于自然科学”②。只有用科学教育培养受教育者的科学兴趣，发展他们的科学天才，中国才具备了实现民主社会的动力和才智。总之，民主教育课程内容的规定和选择，“了解社会是很重要的”，同时，要认识到科学不发达，国家和人民就不能致富，民主社会就不得实现，所以，还必须注重这种教育的科学内容，以利“科学的生产”和“科学的劳动”③。

2. 课程组织上要做到“普及与提高并重”。

人才是教育的产品，课程内容就是教育的原材料。民主教育既要机会均等又要注重人才教育。要适应这一目的，使民主教育在理论体系上做到手段与目标相一致，在课程组织上，就必须做到“普及与提高并重，使老百

---

① 华中师范学院教育科学研究所主编：《师范教育之新趋势》，《陶行知全集》第 1 卷，湖南教育出版社 1984 年版，第 168 页。

② 华中师范学院教育科学研究所主编：《教学做合一下之教科书》，《陶行知全集》第 2 卷，湖南教育出版社 1985 年版，第 292 页。

③ 华中师范学院教育科学研究所主编：《实施民主教育的提纲》，《陶行知全集》第 3 卷，湖南教育出版社 1985 年版，第 543 页。

姓都能受教育，并且有特殊才干也能发挥”①。这种普及与提高并重，包括两层涵义。一是就受教育者个体来说，在接受民主教育时，在普及的基础上提高，在掌握一般基本文化知识的基础上，去掌握专业知识技能，这是一个成才“过程”问题。一是就受教育者整体来说，在教育一般的情况下注重教育特殊，即根据受教育者的智能才干的不同，在施行普通教育的同时，要注意特殊教育或人才教育的培养，这是一个成才“分类”问题。由此可见，民主教育的课程组织，既要顾及全体人民接受民主教育，又要留心有特殊才能的分子应得到特别的训练和培养。但这种普及与提高、一般和特殊，并非指截然分开的两种教育，而是“在一般基础教育与特殊教育中予以统一”②。早在平民教育时期，陶行知就认识到这种普及与提高并重的必要，多次提出在普及的同时，要“因材施教”、“按事施教”，但当时的环境和条件，使他不能兼顾两端，只能全身投入一般普及性的教育。如他在《〈平民千字课〉编辑大意》一文中，谈及《平民千字课》编辑的宗旨时就指出，这种教材的编写，其教育对象是12岁以上不识字的国民，它所要达到的目的，一是培养人生与共和国国民必不可少的精神态度，二是训练处理家常信札、账目和别的应用文件的能力，三是培养继续读书看报领受优良教育之志愿和基本能力。国家的经济能力和国民的文化基础，使他只能眼看着那些有特殊才能的穷苦孩子，由于没有得到培养的机会而“枯萎”，“这是一件非常可惜的事情，这是民族的损失，人类的憾事，时时在我的心中，提醒我中国有这样一个缺陷要补足”③。所以，后来在育才学校施行人才教育时，他就按照“普及与提高并重”的课程组织原则，将课程分为普修课和特修课两种。普修课的目的在于文化知识的普及，特修课的开设是为了使各人就性之所近，从容发展其独到才能。从总的方向来看，育才学校办的是人才教育，但和传统的人才教育有所不同，它不是先准备普通的基本教育，然后受专门的高等教育，它不作这种严格的时间上的划分，而是选拔具有特殊

---

① 华中师范学院教育科学研究所主编:《实施民主教育的提纲》,《陶行知全集》第3卷,湖南教育出版社1985年版,第543—544页。

② 华中师范学院教育科学研究所主编:《育才学校教育纲要草案》,《陶行知全集》第3卷,湖南教育出版社1985年版,第367页。

③ 华中师范学院教育科学研究所主编:《育才学校创办旨趣》,《陶行知全集》第3卷,湖南教育出版社1985年版,第376页。

才能的儿童，在开始时便同时注意其一般基础教育与特殊基础教育。“前者所以使儿童获得一般知能及优良的生活习惯与态度；后者所以给予具特殊才能之儿童以特殊营养，使其特殊才能得以发展而不致枯萎，并培养其获得专门知能之基础。”

这种课程组织方法，能够“及早防止一般基础学习及专科基础学习之裂痕”，“及早培养儿童对于世界和人生一元的看法”[①]。这种一般基础教育与特殊专门教育的有机结合，既可保证教育的普及，使全体人民都受到教育，又可保障教育的提高，使特殊才干得到造就和发挥。

3.课程安排“要有系统但也要有弹性”。

对于课程安排，陶行知一贯强调要有系统。早在东南大学任教时期，他就指出，课程安排要注意“使各科联络贯通”，采用“钩接的办法”，使各学科“教授程序”“有系统的知识”。这种对知识进行系统的传授，使受教育者在接受理论的讲授后赋予实验时，不单可以得其所以然，且能特别发生若干新思想、若干新意味。所以，“既要望教育发达，对于此点，就应该详细研究，求个结果”[②]。后来，在倡导“活的教育”时，他再次强调，“所教授的书籍，要有统系的，前后都能连贯得起来，不是杂乱无章的，这才是活的教育”[③]。自此以后，课程安排讲求知识的系统性，成为他推行各种教育运动的原则之一。生活教育理论形成之后，针对现有“文字中心”的课程只能给学生以零碎知识的弊端，他从社会进步的需要和生活教育的原理出发，认为科学的课程安排，应该在“以生活为中心”的指导下，“最先须将一个现代社会的生活或该有的力量，一样一样的列举，归类组成一个整个的生活系统，即组成一个用书系统”，再由各学科的专家们，依据性质和学力把它们一一编好，并编一些建在具体经验上面融合贯通的理论，从而造成整个的用书的系统，帮助着实现那丰富的现代生活。同时，在讲究课程的系统性之时，还要讲求其弹性。这种弹性，一方面从教学的内容上讲，是要根据生

---

① 华中师范学院教育科学研究所主编：《育才学校教育纲要草案》，《陶行知全集》第3卷，湖南教育出版社1985年版，第367页。

② 华中师范学院教育科学研究所主编：《与贵州教育团的谈话》，《陶行知全集》第1卷，湖南教育出版社1984年版，第119页。

③ 华中师范学院教育科学研究所主编：《活的教育》，《陶行知全集》第1卷，湖南教育出版社1984年版，第182页。

活变化的需要，随着学术的进步，对现有的课程“继续修改扩充”，“使用书继长增高的进步，帮助着生活继长增高的向前向上进”①。另一方面从教育的方法上讲，对于课程的安排要注意时间上的弹性，使受教育者在用功已安排好的课程的同时，有时间来考虑问题，谈论国事，做些有益于人民的事情，也有一定的空闲来调节个人的生活乐趣，以利创造力得到尽量的发挥。

4. 教材编选要做到从丰富中求精华，从生活中求活的教材。

针对中国现时教材的内容状况，陶行知指出，这种从清末起始数十年一贯制的教科书，虽说枝节上有些进步，但在根本上无甚变化，是一种以文字做中心的“认字的书”、“读文的书”，并且其中所用又非第一流的文字，而是用零碎的文字做中心，每课教几个字，传授一点零碎的知识，所以学生读了一课，再也没有进一步追求的愿望，吃教科书如同嚼蜡，没有再吃第二回的兴趣了，连蛀书虫都养不成，更不用说能培养他们何种创造力了。这种以文字做中心的教材，“它没有生命的力量。它是创造、建设、生产的最大的障碍物。它叫中国站在那儿望着农业文明破产，而跳不到工业文明的对岸去”，“在二十世纪是产生不出力量”②。因此，这种教材根本不能为民主教育所采用，民主教育应该要用“以生活为中心”的教材。他譬喻说，教育好比菜蔬，文字好比纤维，生活好比各种维他命。以文字为中心而忽略生活的教科书，好比是有纤维而无维他命的菜蔬，吃了不能滋养体力，也就是说，现有的教材，并不能给受教育者以创造力来适应民主生活。因此，必须根据生活教育的原理，以生活为中心来编选有益于民主进步的教材。在他看来，“民主教育的教材应从丰富中求精华，教科书以外求课外的东西，并且要从学校以外到大自然、大社会中求得活的教材”③。这就是说，作为民主教育的教材，不能仅仅局限于一般意义的教科书的范围之内，它还必须而且更重要的是，在坚持做到从丰富中求精华的编选原则上，更多地去求课外的、校外的东西，这就是“以生活为中心”的“活的教材”。

---

① 华中师范学院教育科学研究所主编：《教学做合一下之教科书》，《陶行知全集》第2卷，湖南教育出版社1985年版，第295—299页。

② 华中师范学院教育科学研究所主编：《教学做合一下之教科书》，《陶行知全集》第2卷，湖南教育出版社1985年版，第294—295页。

③ 华中师范学院教育科学研究所主编：《实施民主教育的提纲》，《陶行知全集》第3卷，湖南教育出版社1985年版，第543页。

早在20年代初，陶行知就提倡用活的教材和书籍，去进行“活的教育”。所谓“活的教育”和“活的教材”，就是要“与时俱进”，“拿些活的东西去教那活的学生，养成活的人材”①。及至“生活教育”的理论形成后，他进而指出，“我们的课程，就是我们的实际生活”，强调教材的内容径直取材于社会生活的实际。但社会生活内容，千变万化，千头万绪，分析出来的具体事实必定整千整万，不可能全部纳入寻常的教学之中，这就需要按照“从丰富中求精华”的原则，根据“自主的精神”、“互助的精神”、“涵养的精神”和“改进的精神”②，去估量每件事实的价值。“价值估量之后再作选择的工夫，把价值最低的除开，需要可缓的除开，学校不必教不能教的除开，留下来的容纳到学校里去，编成教材，制为课程，佐以相当设备，配以相当程序，使教师指导学生脚踏实地的去做去学。”③这样编选出来的教材，既易懂又有趣味，必定对受教育者具有“进一步追求之引导”，引导他“动作的力量”、“思想的力量”和“产生新价值的力量”④。概括地说，就是使受教育者能够产生出争取和发展民主的创造力，产生出过上民主生活的能力。

三、民主教育的教师

创办教育的正确思想确定之后，教师就成为决定的因素。在陶行知看来，教育是生活的改造，是社会的改造，而教师就是这种改造的领导者，他起着教人化人的作用，同时他也为人所化。正是这种互相感化，使教育发挥自身改造社会、改造生活的功能。因此，在教师手里操着幼年人的命运，操着民族和人类的命运。基于从这种对教师社会地位和作用的认识，陶行知对于民主教育的师资提出了严格的要求。

1. 民主教师要肃清专制流毒，树立民主作风。

这就是通过民主教育，清除教师队伍中存在的种种不民主和反民主的

---

① 华中师范学院教育科学研究所主编：《活的教育》，《陶行知全集》第1卷，湖南教育出版社1984年版，第181页。

② 华中师范学院教育科学研究所主编：《平民教育概论》，《陶行知全集》第1卷，湖南教育出版社1984年版，第491页。

③ 华中师范学院教育科学研究所主编：《中国师范教育建设论》，《陶行知全集》第1卷，湖南教育出版社1984年版，第640页。

④ 华中师范学院教育科学研究所主编：《教学做合一下之教科书》，《陶行知全集》第2卷，湖南教育出版社1985年版，第299—300页。

习惯和态度。这些不民主和反民主的东西，是二千余年流传下来的专制余毒，加之国民党政府十余年来的法西斯训政熏染而成。其中，孤高的先生架子，必然使自己在事业上匹马单身而难有所作为；自满的学问态度，必然使自己固步自封不求长进；严格的师生界限，必然使自己难以做到与学生"精神交通"……诸如此类非民主的习惯、"做官的态度"，都不能为民主教育所容纳，都在肃清之列。一个民主教师，应该具有"人民第一、一切为人民"，"天下为公、文化为公"，"虚心学习、集思广益"，"平等待人"，"共同长进"等良好的民主作风。这些民主作风的养成，就要求民主教师天天学习，天天进行再教育，"自己在民主作风上精进不已，才能以身作则，宏收教化流行之效"①。

2.民主教师要"虚心"，既要"跟民众学习"，又要"跟小孩子学习"。

如何引导学生努力求学，就地位而论，好学的教师最为重要。惟有学而不厌的教师，才能教出学而不厌的学生。社会在不断进步，世界上新理无穷，教师在学问上没有虚心好学精进不已的精神，天天卖旧货，绝对不能带领学生去追求真理和创造民主。因此，作为民主教师最重要的一条，就是要活到老、学到老，做到"己立而后能立人，己达而后能达人"。从学问内容上讲，民主教师最重要的不能忘了社会科学。每一位现代的教师，必须把基本的政治问题、经济问题、世界大势、社会的历史的发展和正确思想方法弄清楚，凭着集体的力量督促自己长进。同时，民主教师还必须拥有自然科学知识，具备科学的头脑，负起造就"科学的中国"的时代责任，学做"富兰克林的父亲"或"爱迪生的母亲"，能够带领学生"玩科学的把戏"，对他们施以科学教育，培养他们的科学兴趣，发展他们的科学上的天才。就学习对象而言，站在民主教师面前有两位最伟大的老师，这就是老百姓和小孩子。陶行知认为，作教师的人最要紧的是跟老百姓学习。这就是一方面要学习人民的语言、情感和美德；另一方面要理解人民，钻进人民的队伍中与他们共患难，彻底知道他们所要除的是什么痛苦，所要造的是什么幸福，让他们教导我们作教师的人怎样为他们服务才算满意。概括地说，向人民学习，就是要做到"民之所好好之。民之所恶恶之。教人民进步者，拜

---

① 华中师范学院教育科学研究所主编：《小学教师与民主运动》，《陶行知全集》第3卷，湖南教育出版社1985年版，第605页。

人民为老师"[1]。只有通过向老百姓学习，才能教他们进步，达到引导他们共同创造民主的目的。作教师的人还要跟自己所教的小学生学习。从知识上讲，并非说教师要完全跟小孩子学，而是说只有跟小孩子学，才能完成做民主教师的资格，免除做专制教师的危险。如果作教师者不了解学生的问题、困难和愿望，不懂得他们的爱好、心理和脾气，就不知道他们的力量所在，不能使他们很好地发挥自己的创造力，因此，"我们要跟小孩子学习，不愿向小孩学习的人，不配做小孩的先生"[2]。

3. 民主教师要"宽容"，与学生共甘苦，做民众之公仆。

只有宽容，才能最好地实现民主。讲求宽容，首先就得坚持平等的师生关系，在学习上互教互学、教学相长的同时，还要做到在生活上师生同甘苦、共欢娱，注重师生亲密无间的接近。真正做好一名民主教师，一方面就得自己要说话也让别人说话，自己要做事也让别人做事，自己要长进也让别人长进；另一方面，要学生做的事自己要躬身共做，要学生学的知识自己要躬亲共学，要学生守的规矩自己要躬亲共守，做到与学生共学、共事、共修养。做到了上述这些，才能消除专制作风，打通师生隔阂，做好思想交流，使民主教育得到真正的实现。民主教师的"宽容"，还应该从事业出发对社会进行"宽容"。作为一名民主教师，必须有一种"教师专业精神"，在利益和地位上不计较个人的得失，认识到自己肩上的担子，是永久有益于世的大有可为的事业，要能任劳任怨，受得住世俗社会的"白眼"，真心诚意地做人民的"公仆"，"我自为牛为马；任人呼虎呼龙"[3]。

四、民主教育的学生

民主教育，从其施教对象来看，它是"为人民大众服务的教育"，其学生队伍旷古空前，"有人民的地方，就是民主教育到的地方"[4]；从其施教过程

① 华中师范学院教育科学研究所主编：《小学教师与民主运动》，《陶行知全集》第3卷，湖南教育出版社1985年版，第605—606页。

② 华中师范学院教育科学研究所主编：《小学教师与民主运动》，《陶行知全集》第3卷，湖南教育出版社1985年版，第606页。

③ 华中师范学院教育科学研究所主编：《古庙敲钟录》，《陶行知全集》第2卷，湖南教育出版社1985年版，第527页。

④ 华中师范学院教育科学研究所主编：《实施民主教育的提纲》，《陶行知全集》第3卷，湖南教育出版社1985年版，第545页。

来看，它无所谓毕业，亦无所谓"毕年"，是一种相伴人生的终身教育；从其施教内容来看，它是一种"整个生活的教育"，即在生活中学习民主、争取民主和创造民主。所有这些，不但规定了这种教育与传统意义上的一般教育有所不同，而且也决定了这种教育的学生与传统意义上的一般学生有所区别。

1. 民主教育的学生要能"过民主生活以学民主"。

人们常言，学生是祖国的未来。对未来国民的期待如何，就应以此期待来塑造今日学生。在专制时代，统治者所需要的公民是要他们养成被治的习惯，所以传统教育所需要和所能够造就的只能是驯服的奴才。到民主时代，它所需要的公民是要他们有共同自治的能力，所以民主教育所能够和所亟需培养的应该是"能够共同自治的学生"。对于这种道理，陶行知早有阐明。在"五四"时期，他就指出"今日的学生，就是将来的公民；将来所需要的公民，即今日所应当养成的学生"，根据中国社会的发展方向，现在国家所需要的是"能够共同自治的公民"，因此，"我们学校一定要养成学生共同自治的能力"①。这种思想到了提倡民主教育时期，则直接揭橥为民主教育的施教对象，"他们是中国民主的小建设者"，因此，必须在这种教育过程中，坚持"民主第一"的原则，让他们"过民主生活以学民主"②。由于民主是一个过程，是一个由争取到创造的过程，所以，"在民主的生活中学习民主"，包括两个发展阶段或两层的含义：在争取民主社会的历史阶段，就应该"在争取民主的生活中学习争取民主"；在创造或建设民主社会的历史阶段，就应该"在创造民主的新中国的生活中学习创造民主的新中国"③。至于如何在整个教育过程的"客厅"——一般意义上的学校中过上民主生活并在此中学习民主，陶行知认为，这种"学习"主要是学生的民主精神的培养和民主习惯的养成。这就是要在思想意识上形成民主观念，德行品性上循守民主原则，行为举止上养成民主经验，日常生活中体现民主

① 华中师范学院教育科学研究所主编：《全民教育》，《陶行知全集》第3卷，湖南教育出版社1985年版，第554—556页。

② 华中师范学院教育科学研究所主编：《全民教育》，《陶行知全集》第3卷，湖南教育出版社1985年版，第554—556页。

③ 华中师范学院教育科学研究所主编：《民主教育》，《陶行知全集》第3卷，湖南教育出版社1985年版，第570页。

作风。所有这一切，又都是建立在学生自动、自觉的基础之上，由此而走上“创造之路”，为实现民主社会发挥充当引导人们走上民主道路的角色作用。

2. 民主教育的学生求学“须具有科学的精神”。

前面讲过，在“五四”时期，陶行知受时代潮流的浸濡，就极力主张输入“科学的方法”和“科学的工具”，以救治现有教育缺乏科学精神的弊端，并且指出，如果中国教育事业，“每人都存用科学方法去办教育的决心，每人都去研究或解决一个小的问题，我敢说不出二十年，中国教育准有好的成效”①。如此等等对于整个中国教育事业的见解和主张，既反映了“五四”时期教育科学思潮对于陶行知的影响，也说明了陶行知对于教育的科学态度的形成。在这种教育的整体科学观指导下，随即他又明确地对学生提出了要具有科学精神的具体要求。他认为，科学精神既是办好整个中国教育事业的关键，也是为教者和为学者治教治学的根本原则，其中“学生求学，第一步就要有科学的精神”②。在后来的教育实践中，他一直坚持这一观念并且不断丰富其内容。他曾多次指出，有了“科学的精神”，读书才是真读书，教育才是活教育，否则就成为读死书、死读书、读书死，那是传统教育或旧教育下的学生在生长过程中的真实写照。那里的学生不是“读书”而是“吃书”，他们所接受的教育是一种“吃人教育”。与这种“吃人教育”相悖的是，新时代的学生的生长过程，则是用活书、活用书、用书活。时代赋予这种学生的使命是“用活书去生产，用活书去实验，用活书去建设，用活书去革命，用活书去树立一个比现在可爱可敬的社会”③。这种社会就是追寻不辍、矢志以求的民主国家。于是，求学所需具备的精神与实现民主社会的崇高目标，在他那里得到了有机的联系。正是站在这种认识高度，他不仅在《实施民主教育的提纲》中把“要科学”列为民主教育方法的原则之一，并且在实践上始终关注对学生进行科学精神的培养。别的不说，单就育才学校

---

①　华中师范学院教育科学研究所主编：《教育与科学方法》，《陶行知全集》第 1 卷，湖南教育出版社 1984 年版，第 296 页。

②　华中师范学院教育科学研究所主编：《学生的精神》，《陶行知全集》第 1 卷，湖南教育出版社 1984 年版，第 570 页。

③　华中师范学院教育科学研究所主编：《新旧时代之学生》，《陶行知全集》第 2 卷，湖南教育出版社 1985 年版，第 417 页。

的创办而言，他对育才的办校宗旨、规则、计划等的制订，诸如“三方针”、“十字诀”、“十六常能”、“二十三常能”等，无一不是建立在要求学生养成“科学的精神”的认识基础之上，无一不是将科学作为追求民主的手段之一。

3. 民主教育的学生所学的是“人生之道”。

在早年提倡新教育时期，陶行知基于教育讲求民主的意识，在对“学生”进行释义时，指出“学生所学的是人生之道”，但这种“人生之道”不是一般意义上的谋求生存，而是一种“高尚的生活、完全的生活、精神上的生活、永久继续的生活”。由此，他认为新教育的任务，就是“养成‘自主’、‘自立’和‘自动’的共和国民”，其中“自主的就是要做天然界之主，又要做群界之主”，这就要求作学生者具有天天加增的“利用天然界的能力”和“对于群界要讲求共和主义”①。从这种思想认识基础出发，随着民主教育思想逐步明晰，他将所谓“利用天然界的能力”和“讲求共和主义”的思想，丰富改造为创造力的培养和对社会进行民主的创造，并且就这两者的关系作了辩证的说明，指出对于民主教育的接受者来说：一方面，创造力的培养是以实现民主的创造和创造的民主为目的，同时也是其先决条件或必要前提，这就是他屡屡提到的“培养创造力，以实现创造的民主和民主的创造”②；另一方面，民主是创造力得到充分发挥的客观因素或必要条件，对此他在《创造的儿童教育》和《实现民主教育的提纲》等文中作了详细的阐述。他认为，在专制时代或不民主的环境下，创造力虽然也有表现，但那仅是限于少数人，而多数人的创造的天才被埋没，或因穷困忙碌而不能发挥，即使发挥也会受千磨万折，受到极大的阻碍，“如果要大量开发创造力，大量开发人矿中之创造力，只有民主才能办到，只有民主的目的，民主的方法才能完成这样的大事”③。由此可见，培养创造力和争取民主社会，是同一事物的两个方面。培养创造力是为了更好地争取和创造民主；讲求民主才能真正实现“六大解放”，有了“六大解放”，创造力才可以尽量发挥出来。所有这些也

① 华中师范学院教育科学研究所主编：《新教育》，《陶行知全集》第1卷，湖南教育出版社1984年版，第123—126页。

② 华中师范学院教育科学研究所主编：《民主教育》，《陶行知全集》第3卷，湖南教育出版社1985年版，第569页。

③ 华中师范学院教育科学研究所主编：《创造的儿童教育》，《陶行知全集》第3卷，湖南教育出版社1985年版，第528页。

即是民主教育的学生所学的“人生之道”。这种“人生之道”的追求和实现的最高标准，就是“千学万学学做真人”。民主的社会是一个真人的世界，民主的追求就是一个学做真人的过程，“这教人求真和学做真人的教学自由，也只有真正的民主实现了才有可能”①。

4. 民主教育的先生与学生“并没有严格的分别”。

在传统教育中，先生教，学生学，先生是执教者，学生是受教者，天经地义，泾渭分明。但在陶行知那儿，这种万古不变的法则也得到改变：“人人都是先生都是学生。”在构建生活教育理论时，针对国内学校里先生只管教、学生只管受教的情形，陶行知就认定这种现象大有改革的必要，于是提出了教学做合一的教学原理。依据这种理论，在做上教者即为先生，在做上学者就是学生，“从广义的教育观点看，先生与学生并没有严格的分别”②。这种思想认识，从民主教育自身的性质出发，后来又得到了深化。究其原因，除了前述为教师者要跟老百姓学习、拜小学生为先生的理论缘由外，还因为民主教育是一种终身教育和全民教育。作为终身教育来说，人生在动，教育也在动，知识在不断地变化和发展，民主也在不断地发展和变化，因此人们在追求和创造民主的过程中，永远有学习的必要，即使身为先生者，只要你对知识和民主树立了追求高深的精神，不愿意贩卖索然无味的“旧货”，你也就永远脱离不掉民主教育学生的身份。作为全民教育来说，根据“文化为公”的原则，每个拥有知识的人，都有与同胞分享真理的责任和机会，都有对他人传递真理的义务和权利，都应该以自己的一技一艺之长自动地帮助他人不断地长进。即使学会一个字的人，他也有向他人教授那个字的资格和责任。而且根据中国现有的经济条件和人民的文化水平，也只能以这种先生者又是学生、学生者即当先生的教学合一、师生相长的办法，才能使整个中华民族之全体好学上进，互相影响，成为“一个教人、好学的民族”，才有可能让民主教育做到“全面普及”和“立体的普及”③。

---

① 华中师范学院教育科学研究所主编：《小学教师与民主运动》，《陶行知全集》第 3 卷，湖南教育出版社 1985 年版，第 608 页。

② 华中师范学院教育科学研究所主编：《教学做合一》，《陶行知全集》第 2 卷，湖南教育出版社 1985 年版，第 42 页。

③ 华中师范学院教育科学研究所主编：《民主教育之普及》，《陶行知全集》第 3 卷，湖南教育出版社 1985 年版，第 573 页。

陶行知的民主教育理论已如上述。虽说这种理论的完整体系是在他的最后生命时期才最终完成，但其中的部分因素和具体观点，早自“五四”时期就有所发现、有所发挥，并在后来的实践中得到不断改进、不断完善。正如他说民主是一个过程一样，他的民主教育思想的形成也是一个过程。这个过程尤其表现在对于实现教育“民主”的认识上面，存在着一个从旧到新的转化程序。尽管他早年对民主的见解和教育的民主因素的认识也有失科学之处，但从其总体发展方向来看，这些不足或缺陷在后来的理论完善过程中都作过和正在作出不同程度的修正。他对民主教育从精神到原则乃至整个体系的建构，体现了一个真正教育家的开拓和创造的精神，而这种教育理论也正是他所提出的并致力创造的“值得自己崇拜之创造理论”。为了实现这种理论所设计的蓝图，他在自己平生的教育实践中，依据生活教育的原理，选取全民教育的途径，进行着不同方向、层次和程度的种种尝试和探寻，从而在中国教育领域中开辟出一块块崭新的事业园地，力求达到让全体中国国民“既有个人学习的欲望，又爱好集体分享知识”，“成为中国和世界民主不可摧毁的栋梁”和“不可战胜的保卫者”这一崇高而远大的目标[①]。

① 华中师范学院教育科学研究所主编:《全民教育》,《陶行知全集》第3卷，湖南教育出版社1985年版，第563页。

第八章 全民教育

全民教育，作为陶行知教育学说的又一指导原则，它主要贯穿在生活教育的具体途径方面。通过全民教育，陶行知教育学说的民主精神得到了真实完整的体现。实行全民教育的思想，在他人生事业旅程之始已显端倪，“要使全中国人都受到教育”就是他立志献身教育事业时的心愿。早在《第一流的教育家》一文中，他就明确地提出：教育工作者的“责任”，就在于不能让“国家有一块未开化的土地”和“有一个未受教育的人民”①。在随后的整个人生中，他围绕这一责任所提倡和推行的种种教育，无一不可视为全民教育观的体现。从他的教育理论和事业所涉及的领域，人们不难看出，他的“全民教育”所实现的是一种立体的途径。这就是用一种“四通八达的教育”来打破传统“恶魔”分得太严的“横阶级”和“纵阶级”的“此疆彼界”，以此来破除既有教育的种种不平等，而实现种种平等的教育。概括地说，在他的事业成效所辐射的范围之内，诸如阶层上的上下不平等、区域上的城乡不平等、性别上的男女不平等、年龄上的长幼不平等、民族上的内边不平等，都无不在这种“四通八达的教育”中化解无形。正是在这种化解的过程中，他凭着无所畏惧的“创造精神”和“开辟精神”，从理论和实践两个方面为后人踏出了一条全新的途径，为中国教育事业的发展开拓出一块块崭新的领地。

第一节 平民教育

一、平民教育的实践活动

陶行知在平民教育上的实践活动起步甚早。早在 1920 年夏天，为了

① 华中师范学院教育科学研究所主编：《第一流的教育家》，《陶行知全集》第 1 卷，湖南教育出版社 1984 年版，第 114 页。

提高中小学师资水平，他在南京高等师范举办暑期学校时，就曾组织学生到附近平民社会中推行平民识字活动。这是他受“五四”时期平民主义教育思潮的影响，在实践上迈向平民教育的第一步。也正是这一步，使他开始把事业的目标转向平民社会，立下了“要用四通八达的教育来创造一个四通八达的社会”的志愿，并且产生了改善现时平民教育的意念。对这种思想认识上的变化，他后来回忆说：“‘五四’以后，学生由爱国运动进而从事社会服务，教导人民，自动开设的平民学校遍地都是。虽办法不无流弊，却能引起我们对于平民教育改善的兴味。”①

到 1923 年 6 月，在参观浙江嘉兴等地的平民教育之后，陶行知就开始全力投入平民教育事业，并酝酿致力于一个宏大的计划，这就是“想在十年之内使十二岁以上、二十五岁以下一万万不识字之人民，受一千基础字所代表之共和国民的基础教育”②。在这个时期内，为了改善和推进平民教育事业，他活动频繁、积极主动，多方联络同人，一面准备着平民教育教科书的编写，一面筹备着平民教育全国性组织的成立。在 6 月，他与朱其慧等人在上海组织了中华平民教育促进会筹备会，为平教会总会的成立作好了充分准备；还与朱其慧、王伯秋等人共同发起成立了南京平民教育促进会，开始了地方性全面推进平教事业的第一次试验。在 8 月，中华平民教育促进会总会在清华学校召开，并于是月 26 日正式成立。由于对平教事业的热心提倡和在平教事业上成绩突出，陶行知被推选为该组织的董事部书记兼安徽省执行董事。这一全国性组织的成立，使平民教育运动有了自己的司令部，如火如荼的平民教育事业更形炽烈。

从全国范围看，1923 年 6 月是平民教育从局部试验变为全国运动的转折点，标志着全国平民教育高潮的到来。而这种平教事业历史性转折的完成，陶行知所起的角色作用十分重要。只要对他当年活动轨迹稍作掠影，不难看出他为平民教育事业的进步所作的贡献。拿 1923 年秋季来说，在 10 月初至 11 月初之间，他先后在南京、安庆两地宣传和推行平民教育。在南京，无论商店、旅馆、饭店、学堂、私馆，甚至和尚庙里，都留有他推行平

---

① 华中师范学院教育科学研究所主编：《平民教育概论》，《陶行知全集》第 1 卷，湖南教育出版社 1984 年版，第 489 页。

② 华中师范学院教育科学研究所主编：《关于编辑国民基础教育教科书的目标》，《陶行知全集》第 5 卷，湖南教育出版社 1985 年版，第 26 页。

教活动的足迹。在给妹妹陶文渼的信中，他告知说："我过几天还要到军队里，工厂里，清节堂里，监狱里，济良所里去推广平民教育。"[①]在安庆，他继续带着类同虔诚信徒的"布道精神"，对平民教育的宣传和推广做到了不遗余力，积极地向社会各阶层人物宣讲平民教育的意义。在接受他宣传讲演的对象中，有他的徽州同乡，也有安庆的全城商董；有国民小学教师，也有全城私塾教员；有中国学校的男女学子，也有教会学校的信徒学生；有警察，也有官员；有牧师，也有和尚……在他的心中，真可谓普天之下，皆为平民教育之所；所遇平民，尽是接受平教之人。正如他自己所说："我脚迹所到的地方，就是平民教育所到的地方。"[②]就这样，他从 1923 年夏天开始，在随后的两年多时间内，为了平民教育事业，他穿梭般往来于上海、南京、武汉、北京等十多个大中城市，足迹遍及苏、浙、皖、赣、鄂、豫、冀、察等八个省区。为了推进平民教育运动的深入开展，他还积极参加了一些省区的平民教育促进会的成立大会，甚至直接领导、筹备和组织这些地方平民教育促进会的成立。如在自己的家乡安徽，他不仅参加了该省平教促进会成立大会，还被推选为该会董事。对于家乡平教事业的发展，他异常关注，曾建议过将南京歙县试馆的收入全部转用于家乡的平教事业。在积极推行平民教育的具体活动过程中，除了个人醉心于这一事业，他还多次号召周围社会携手同心，把那些亟待文化教育改造的国民"赶紧的培植起来，使他们个个读书明理，并愿为国鞠躬尽瘁"[③]。

在积极推行和宣传平民教育活动的同时，陶行知还十分重视平民教育的教材编写工作。早在平民教育由局部试验转为全国运动之时，他就认为，办教育好比开饭馆，既然要人来吃饭，就要使人有饭吃。于是，他主动担当了平民教育中能够给人饭吃的"厨子"，与北京大学教授朱经农联手编写平民教育的课本——《平民千字课》。这套平民教育教材，是根据"自主的精神"、"互助的精神"、"涵养的精神"和"改进的精神"，以发扬国民性的

① 华中师范学院教育科学研究所主编：《我脚迹所到的地方》，《陶行知全集》第 5 卷，湖南教育出版社 1985 年版，第 32 页。

② 华中师范学院教育科学研究所主编：《我脚迹所到的地方》，《陶行知全集》第 5 卷，湖南教育出版社 1985 年版，第 32 页。

③ 华中师范学院教育科学研究所主编：《作十万新民寿六旬王母》，《陶行知全集》第 5 卷，湖南教育出版社 1985 年版，第 41 页。

优点、补充国民性的缺点为原则编写而成。这套教材共 4 本，共收录常见字约1200个，每本 24 课，总计 96 课，按照每天上一课的进度，计 3 个月时间即可学完。读完这 4 册课本，可“培养人生与共和国国民必不可少之精神态度”，以及“培养继续读书看报领受优良教育之志愿和基本能力”①。该书的编写，是依着国语的文法，教育心理的原则，共和国民所需要的知识，采取编故事的方法，使人们读一课之后，看看某人很好，自己就自然而然地愿意做那种人，看看某人很坏，自己就不愿意做那种人。“这是把公民和读书的精神化合在一处，以培植其作国民的能力。”②为了使平民教育能够得到持续的发展，除了课本《平民千字课》外，陶行知还与文化界、教育界同仁一道，于 1924 年夏秋之际，组织成立平民文学委员会，随后陆续编辑出版“平民丛书”数十种，为平民教育运动提供大批“有营养”的读物。与此同时，他还发起创办了《平民周刊》，用来交流经验、沟通信息，鼓励和促进各地平民教育事业的不断进步。

在实践中，陶行知还注重对平民教育经验的研究、总结和推广，这种取实践经验来指导实践的作法，尤其表现在对平民教育组织形式和教学方法的创造、总结和推广上。在平民教育兴起之初，人们主要依靠开办平民学校来推进这种教育事业。但陶行知仍很快就发现，仅凭这种教育组织形式，难以承担全国二万万之众平民的教育普及之重任，于是他创造发明了一种较为经济易行、适应人民生活习性的教育组织。这就是“平民读书处”。这种教育组织，是“以家庭、商店以及诸如此类的地方作单位，鼓励家庭或商店等处识字的人教他的亲人或同事识字”③。由于在这种教育组织内，教的人是里面的，学的人也是里面的，教员不从外面去请，学生不到外面去招，只要家长、店主和主持的人员负责督促即可行事，因此，它很能补平民学校之不足。比较而言，平民学校有如开饭馆，谁要求来吃饭就来吃，而平民读书处则如设在各人自家和单位的厨房，可以给人吃家常便饭。此

① 华中师范学院教育科学研究所主编:《〈平民千字课〉编辑大意》,《陶行知全集》第 1 卷,湖南教育出版社 1984 年版,第 361 页。

② 华中师范学院教育科学研究所主编:《长江流域平民教育运动之性质组织及方法》,《陶行知全集》第 1 卷,湖南教育出版社 1984 年版,第 411 页。

③ 华中师范学院教育科学研究所主编:《民国十三年中国教育状况》,《陶行知全集》第 1 卷,湖南教育出版社 1984 年版,第 540 页。

外，为了配合平民学校和平民读书处取得更大的成效，使受教育者的知识得到巩固，尤其是解决那些属于流动性质工作的人们读书难的问题，他还积极推广另一种平教组织形式——“平民问字处”，让那些不能按时上学，并且家中无人教导，即平民学校和平民读书处两者都不能解决的求学者们，有了一个可就课本中不明白的任何问题随时随地寻求解答的机会和机构。在改造和创新教育组织形式的同时，在教学方法上，为了使平民教育得到更好更便利的推行，通过实践中的观察和研究，陶行知还从自己子弟读《平民千字课》的活动中领悟总结出“连环教学法”。所谓连环教学法，是利用家里或单位已经识字的人来教不识字的人，不识字的人一面学又一面将其所学去教其他不识字的人。这样，你教我，我教他，他再教旁人，在一个家庭或一个单位，采用这种方法，只要有一个人能认字看书，就可以在一段时间内使全家的人或周围的人都能读书识字。这种方法可以直接地把平民教育推广到每个家庭里面去，在各个社会细胞里发生良性连锁效应，使平民读书处更易于推行，促进平民教育事业向纵深方向发展。

总之，是实践使陶行知感受到平民教育中的生活乐趣，唤醒了他自己头脑中已有的平民精神，还让他认清了在中国从事教育事业的实际国情。在平民教育实践中，他越来越看清，要在中国办好教育事业，实现以平民的教育来让全国的平民识字看书做真国民的目标，平民教育非下乡不可，其行进轨道必须深入广大的乡村社会。为此，他明确地指出：“中国以农立国，一百个人当中有八十五个住在乡村里。平民教育是到民间去的运动，也就是到乡间去的运动。”然而，现今办教育的人总爱在城里凑热闹，那冷静的乡村实在没有人过问，只有“把乡下人的幸福放在心里”，才算教育工作者具有了真正的“远见之明”[①]。经过此番觉悟以后，他就投身于自己提倡的乡村教育运动之中，开始进行中国教育事业又一块崭新领地的开辟工作。

二、平民教育的具体主张

对于平民教育，陶行知界定为“平常人民的教育”，指出这种教育是要

① 华中师范学院教育科学研究所主编：《平民教育下乡》，《陶行知全集》第5卷，湖南教育出版社1985年版，第50页。

用最少时间、最少经费，教导年长失学之人读书学文化、爱国做主人。在此基础上，对这种教育在教育整体中的地位和作用，在社会进步中的功能和意义，以及这种教育实施的组织形式和实现成功所应具备的条件，他都从理论上进行切合中国国情实际的阐述，形成了自己独到的平教思想体系。

1.平民教育是“各种教育的基础”，“普及教育的先声”。

陶行知指出，平民教育的最直接目的，是教一般人民读书识字做好人，让他们具有初步的文化知识。这种教育的施教对象，主要是指中国境内现有的十二岁以上的国民。按照当时中国四万万人口的概略估算，除开约一万万二千万十二岁以下儿童属于义务教育的对象，再减除十二岁以上人口中约八千万已具识字读书能力者，其余二万万人要叫他们都能识字读书，这就是平民教育的目的和任务了①。从教育的角度来看，让二万万人享受文化教育，这本身就是一件十分重大的事业，更何况受过此等教育者，在此基础之上可以就自己生计最有关系的职业，从书刊报纸上多得些改进的知识和最新的方法，或则再去争取其他各种培养技能和学问的教育机会。如众所知，任何教育都必须以读书识字为其前提，所以，仅从在教育事业整体中的地位而言，平民教育是“各种教育的基础”。此外，中国国贫民穷，教育事业落后，人民未受教育者十有七八，在当时的社会条件下，实现普及教育并非易事。只有当人民识字读书有了一定的文化知识后，才能彻底改变过去那种对子女教育漠不关心的态度，也才有教育子女的知识和能力，既可用自己的知识来教育子女，也明白读书之重要而不让子女失学。所以，从教育事业整个发展进程来看，“今日之平民教育，就是将来普及教育的先声”②。

2.平民教育是培养国民精神的“钥匙”，改造社会环境的起点。

在分析平民教育的社会作用或功能时，陶行知认为，处于20世纪新世界之中，中华民族的迫切任务，就是如何建设好一个民主富强的新国家，这就需要全国人民能够和衷共济，以主人翁的责任感团结起来共同承担国家建设的重任。但中国社会主体素质现状是，大多数人既乏用文字来做个人生活的介绍，更无担负共和国民责任的能力，普遍缺乏作为一个真正“国

① 华中师范学院教育科学研究所主编:《平民教育概论》,《陶行知全集》第1卷，湖南教育出版社1984年版，第488—489页。

② 华中师范学院教育科学研究所主编:《平民教育概论》,《陶行知全集》第1卷，湖南教育出版社1984年版，第488页。

民”的资格。提倡和推行平民教育，就是为了在较短的时间内，一面让平民读书识字，掌握一定的文化知识，利于人民之间毫无隔阂的意见沟通，一面又让他们受到一些国民常识的灌输，培养做好人做国民的基本认识能力。尤其从这种教育接受者的年龄来看，他们或正处于享有国民资格的年龄层次，或正处于国民教育时期，离做公民的资格时间很近，因此，用教育对他们加以积极的影响，必将为国家进步增加不可估量的有益效力。由此可见，实施这种培养“公民生活的能力”和增进“个人生活的工具”的教育，无疑是让全国人民得到一把国民精神的“钥匙”[①]。一旦这种“钥匙”掌握在手，人们就可以不断地改造自己成为合格的国家主人。而个人为社会之一分子，个人自身的改造必然带来社会环境的改造，因此，平民教育又是改造社会的一个重要方法，是改造社会环境的出发点。

3. 平民教育需要采用多种组织形式，需要自己的教材与师资。

因为平民教育的施教对象具有不同的社会层次，施教地区具有不同的经济条件，这就决定了这种教育不可能像平常正规教育那样，采用单一的学校这种教育组织形式即可完成其事，它的组织形式必须是根据形势发展而灵活多变，根据对象不同而式样各异。一般地说，任何教育要能得到顺利的发展，在现有的社会条件下具有极强的适应力和生命力，它的组织就必须符合社会情形和民众习俗。根据这一原则，陶行知经过自身实践的经验积累，概括出中国的平民教育一般可以采用三种组织形式，这就是平民学校、平民读书处和平民问字处。平民学校类同一般的国民小学，采用班级制度，设立教师轮流给各班上课，“和通常的班级教学差不多”[②]。而平民读书处则与平民学校有所不同，它以一家、一店、一机关为单位，不收外来的学生，也不从外面请进教师和助教，“它的方法是用内里识字的人教不识字的人”[③]。至于平民问字处，它是专为那些“平民学校和平民读书处都不能解决”的平民的教育而设立，采用这种形式的教育组织，对那些流动性

---

① 华中师范学院教育科学研究所主编:《长江流域平民教育运动之性质组织及方法》,《陶行知全集》第 1 卷,湖南教育出版社 1984 年版,第 411 页。

② 华中师范学院教育科学研究所主编:《平民教育概论》,《陶行知全集》第 1 卷,湖南教育出版社 1984 年版,第 490 页。

③ 华中师范学院教育科学研究所主编:《我们送的寿礼》,《陶行知全集》第 5 卷,湖南教育出版社 1985 年版,第 71 页。

工作者帮助极大。它的具体作用和作法，是让“不识字的人可就课本中他不明白的任何问题到问字处寻求解答”[①]。作为一种教育，有了自己的教育组织还不够，还不能完整地体现出自己的内容和风貌，还必须具有能够反映自己性质特色的教材和师资。比较前者，这些更为重要。有关这些，陶行知结合中国社会实际进行了具体的阐述。对于平民教育的教材，他指出其编写原则最根本的一条就是要明了它的对象与目标。它的对象是12岁以上不识字的平民，它的目标是教这些平民识字读书并获得做人做国民的精神。因此，这种教材的编写主旨就是要使受教育者“吃的刚好”，“合乎卫生”，且“要有味”[②]。其具体要求是，编写这种教材时，要考虑到这多人受过这种教育后，对于国家前途应当有何贡献，对于个人生活应当有何影响，充实那国民性中固有的东西，补足那国民性中缺少的东西，并且让他们在读书过程中，读过第一课就想读第二课，用自己自然的兴味来维持自己的恒心和努力，同时学做好人好事，不愿做坏人坏事。只有这样的教材，才能把公民和读书的精神化合在一处，达到教育的预期目的。在编选好教材的同时，还得培养好适当的师资。考虑到这种教育的接受对象面广人众，所以它的师资来源可以采用多种渠道取得。诸如小学以上的教职员、中学以上的学生、16岁以上的高等小学生、40岁以上受过小学教育者、私塾教员具教学能力者等，以及其他愿尽义务者如假期回乡的农村学生等，都可担负此项工作。总之，凡有能力并乐以助人识字读书者，均可任平民教育的教师。对于这些教师，一般都进行短期训练。这种训练的办法也应因地区不同而不同，如在农村采用巡回法，在市区采用集中训练法。有了适当的教材与师资，再加上相当的指导，平民教育就有了办法，它的成功也就有了希望。

4. 平民教育需要全社会“通力合作”，需要改变社会的传统观。

因为平民教育是要全国人民不识字者识字、不读书者读书，其事体重大、任务艰巨，绝非少数人所能为之事，“必须通力合作，效果方大”[③]。这

---

① 华中师范学院教育科学研究所主编:《民国十三年中国教育状况》,《陶行知全集》第1卷,湖南教育出版社1984年版,第540页。

② 华中师范学院教育科学研究所主编:《〈平民千字课〉编写主旨》,《陶行知全集》第1卷,湖南教育出版社1984年版,第409页。

③ 华中师范学院教育科学研究所主编:《中华教育改进社第二届年会社务报告》,《陶行知全集》第1卷,湖南教育出版社1984年版,第383页。

种“通力合作”,包括多方面内容。首先,在组织领导上,除了主持全国平民教育工作的组织及其成员“异常热心”此项工作外,各地负责平民教育工作的组织还必须各尽其责。比如各地的董事部就必须“均有继续的性质”,而且它们各自的内部“要大家合作”。保持继续的性质,就能使其成员在新旧交替时,后继者不会丢掉前行者的计划,免除平教事业遭受不应有的损失或中断;做到大家合作,可以招揽各方面的领袖和富有能力的人物都来加入此项事业,使凡是有热心又有时间作此事者都成为平教事业的支持者和推进力,既可增加领导力量,又可减少社会阻力。再如各地要有干事“专门来办事”,来作踏实的具体推进工作,使平民教育得到顺利的推行和发展。其次,在参加对象上,“非全社会的人都来赞助参与不可”。这种赞助参与,通俗地讲,即是能教者教之、能学者学之。任何人众,包括军、政、警、绅、工、商、学、农,甚至宗教人士和在监犯人,都可以识字者人人为师,文盲者人人求学,打破行业的界限,“各界无不通力合作”①,做到所有的“此疆彼界”完全打通。再次,在教育经费上,根据“穷学穷办”的方针,采取两条腿走路的办法。这就是一方面要求各级行政都建立平民教育的正式预算,另一方面求援于“社会上之赞助”,通过私捐公集,“使社会大多数人民,都为平民教育挑一个小小的担子,并使他们个个人都和平民教育发生一点密切的关系”②。这就是依靠全社会的力量来办好有益于全社会的事业。在实现全社会通力合作的同时,还应该在地域上划定范围,在人员上确定责任,这样才能达到改造社会的最终目的。在依靠学校和机关进行平民教育的地方,就应该在这些地方附近划一范围,或由本地平民教育促进会划分区域,特别指定这个学校或机关负起这一地区内平民的读书识字的责任。“如经过一时期之后,这个范围以内,没有一个不识字的,就是这个学校或机关的成绩。反之,若查出尚有不识字的,则这个学校或机关亦必负其责任。”③在依靠平民读书处等进行平民教育的地方,则必须对有关人员落实

① 华中师范学院教育科学研究所主编:《平民教育概论》,《陶行知全集》第1卷,湖南教育出版社1984年版,第496页。

② 华中师范学院教育科学研究所主编:《平民教育概论》,《陶行知全集》第1卷,湖南教育出版社1984年版,第492页。

③ 华中师范学院教育科学研究所主编:《长江流域平民教育运动之性质组织及方法》,《陶行知全集》第1卷,湖南教育出版社1984年版,第414页。

责任。这里“最重要的成功要素”，是“主人要肯负督促之责”，即凡平民读书处设立的地方，必定要那个地方主人坚守督促职责。这些主人的身份，或为家长，或为店主，或为机关的领导。只有当这些人肯负责督促，平民教育才可开办。此外，身为助教者“要有专责感”，身为指导员者“指导要有定期”①。这样，以指导员来指导助教、鼓励学生，使教者学者不致懈怠；而教者有了职责感，明白自身责任所系，才能愉快地接受督促和指导，更好地推动平民教育事业前进。

要完成平民教育的推进事业，还有一项艰巨的工作必须完成，这就是对于这种教育的接受者即教育的对象，推进平民教育时还必须改变社会上的传统观念。虽说中国人向来的观念都很看重读书和读书人，但在社会思想意识上，还未以不读书和不读书之人为可耻，而且在社会的经济生活中，读书者与不读书者同样可以找饭吃，所以大家以读书与否为无关紧要之事。这就使得社会上有相当一部分人不经劝导，甚至不强迫就不愿读书。因此，要在全国范围内推行平民教育，就必须用某种方法或手段，使那些视读书与否“无所谓”的人们改变自己头脑中的传统观念，做到人人愿意读书并且积极地去读。要达到这一目的，使工作做好，陶行知指出，必须使读书与人的羞耻观念联系起来，使读书与人的经济生活发生关系。对于前者，就得靠社会舆论的力量，大家尽力去宣传“不读书为可耻”，及至一家之中或一单位之中有一人不读书，大家皆引其事为可耻，“则平民教育，庶乎有普及之望”②。对于后者，除了宣传，还得运用政令的强迫限制，使他们形成不读书者不得饭吃的观念，转而积极向学，以利平民教育的顺利推行。

三、平民教育的评价

对于平民教育，尤其对于陶行知的平民教育事业，人们向来褒贬不一。他的平教思想和平教活动，可以说自其起始就受到了观点迥异的评价，而且这种评价往往随着政治形势的变化在不断地修正或更改。今天，作为一种历史的总结与借鉴，人们完全可以变换认识问题的角度来作出客观的分

---

① 华中师范学院教育科学研究所主编：《论平民读书处之得失》，《陶行知全集》第1卷，湖南教育出版社1984年版，第452—453页。

② 华中师范学院教育科学研究所主编：《长江流域平民教育运动之性质组织及方法》，《陶行知全集》第1卷，湖南教育出版社1984年版，第420页。

析论定。这就是从平教运动的发展进程来认识他的角色作用，从平教运动的事业成效来总结他的创造贡献，从平教运动的流派走向来分析他的道路选择。

中国的平民教育事业，早在清朝末年就受到人们的注意。随着新式教育的兴起和发展，在开民智、兴民权的时代潮流感染下，社会对国民整体的文化素质应该得到普遍提高的认识逐日加强，实施教育的主要对象也随之逐渐转向平民社会。最早办理平民教育的人们，主要是一些热心的教会人士。他们从传播福音这一目的的基本要求出发，编写过由浅入深的普通读物和识字课本，以布道的精神和布道的形式在中下层社会间进行初步的识字教育活动。受其影响并与之相呼应的是，一些抱有用文字教育来"开民智"、"造新民"的目的的知识界人物，为了使一般的国民获得文字工具，也开始了如简字运动等形式或方式的普及性教育活动。由于社会认识的不足和推行力量的薄弱，初始阶段的平民教育范围有限、影响很小。民国肇始，教育革新，基于新的国民必须掌握文化工具的"国家主人翁"观念，社会要求给予平民阶层以教育机会的呼声日益强烈，但无论就其经济力量和学校条件，当时的国家都难以满足这种时代要求。于是，开展群众性普及式教育活动的平民教育得到了发展的气候和条件。尤其正在兴起的新文化运动所提出的"拥护民主"口号在教育领域的回荡传射，"民主国家"的人民应该拥有平等教育权的民主观念，在教育界文化界引起了强烈的反响，一时旁流杂出，倡应纷纷，促成平民教育在"五四"前夕形成一股强大的教育思潮，并且在实践上汇集成一种强大的推进力量。当时一些具有初步共产主义意识的知识分子就明确提出，实现民主国家，在教育领域必须贯彻"庶民"方向，打破"政治上、经济上、社会上一切特权阶级"，实现"纯正的'平民主义'"或"无产阶级的'平民主义'"①。一些资产阶级和小资产阶级知识分子也都纷纷加入平教阵营，如中华教育改进社于 1918 年揭橥现今教育的"共和精神"，不外"发挥平民主义"和"养成公民自治习惯"。在上述种种思想观念指导下，当时社会大批的知识分子和一般新进青年学生都纷纷走进平民社会，通过开办平民学校、开展平教讲演等活动形式或途径，掀起了一场"以学就人"的平民教育运动。至此，平民教育走向了前所未有的高

---

① 李大钊：《平民主义》，《李大钊选集》，人民出版社 1959 年版，第 426—427 页。

潮，由早期的一般性教育活动发展成一场声势浩大的教育运动，而且教育内容也加入了崭新的成分，这就是除了早期所提倡的平民文字教育外，更加留意平民社会民主精神和习惯的提倡与养成。所有这些，无不说明平民教育运动的出现顺应了时代的潮流，是一种社会发展和教育发展的必然产物，标志着中国教育事业正在由专注上流社会的传统型向重视下层社会的现代型转化。就当时的时代任务而言，它无疑是新文化运动和新教育运动的一块重要的阵地。从后来的历史走向来看，它在中国教育发展史上占有相当重要的地位，为后来的群众性教育普及事业奠定了原始基础。自"五四"一直到新中国成立后的扫盲活动等，无论教育精神和对象、教学形式和方法，都可以从它那儿寻找到事业发祥的基因和胎胚。因此，对于中国教育事业的发展，对于民族文化素质的提高，这场教育运动的历史贡献和进步作用都不可抹煞。从这种意义上看，作为这场运动的倡导者和参加者之一的陶行知，他的平教思想和平教事业自然应该得到充分肯定。

虽说在这场运动中他至 1923 年之夏才赴以全力，但平民教育能由局部试验转为全国运动，并且很快就建立了号令全国的指挥机构，使这场运动如火如荼的势焰迅速燃遍大江南北广大地区，所有这些无不显示出陶行知存在其中的角色作用。如果人们从这种教育自身特点来分析促进这场运动迅速发展的因素，这种角色作用将会显得更为真切和明显。

由于平民教育是一种以广大的平民大众为其施教对象的教育，就当时中国社会既有的经济条件而言，它又是一种"以学就人"而非"以人就学"的教育，因此，这种教育无论在组织形式上还是教材教法上都不同于一般意义上的学校教育，而且还必须依据平民社会生活的特殊情况，在教学过程中做到因时而异、因地制宜。所有这些既形成了平民教育的特点，又成为它自身发展的障碍。为了克服这些障碍，陶行知在总结前人事业经验的基础上，为这种教育事业的迅速发展作出了一系列的创造性贡献。

其一，在平民教育的教学组织方面，陶行知创造推行了"平民读书处"。早期的平民教育活动，一般都采用平民学校这种组织形式。这种平民学校大多同一般学校一样，采用班级授课制度，而且课程开设较多，因而存在种种的局限，诸如在学校一方必须有相应的设备和师资，在学生一方必须有相当的时间和精力，尤其对于那些因职业或它种原因不能按照钟点来上课的平民，更难以收到教育的成效。

由此可见，仅仅依靠这种教育组织来推行平民教育，无论从社会能力还是从社会需要来看，都存在着亟待改进的问题。针对这种状况，陶行知创造发明了“平民读书处”这一既经济实用又简便易行的教育组织形式，从而使每个平民可以摆脱职业或事务的限制，随时随地接受读书识字的教育。这种把平民教育做成“家常便饭”的教育组织，根据中国的国情尤其社会经济条件和民众生活习惯，比平民学校更易于使平民教育得以推行和发展。

其二，在平民教育的教材建设方面，陶行知编辑出版了《平民千字课》。由于这种教育自身的平民性质，要在最短的时间内让大多数国民读书识字，只能采用易读易懂便于大众接受和吸收的东西，不能使用传统教育的教科书，也不能采用一般学校教育的系统教材。

因此，早期平教工作者们就注意到浅显易学的教材编写，并且取得了一定的成绩。但是，当平民教育由局部试验转向全国性运动之后，随着教育目标的扩大和社会形势的变化，重新编写一种既实用又科学、既有时代特色又能适用全国的“相当之教科书”，用作平民教育的发展和推广的工具，自然成为“此刻最重要的一件事”①。

为此，陶行知联合朱经农在陈鹤琴所著《字汇》的基础上，根据一千多个常用字和平民目标，编辑成四册一套的《平民千字课》，在平教会总会正式成立后，即作为推行平民教育的主要教材而被广泛采用。这项工作的完成，对于正处在高潮期的平民教育运动来说，无疑使平民教育成为“叫人到处可以买米”的“有米之炊”②。这种教材在短期内即达二百余万份的发行量，有力地说明了陶行知他们的工作对平教事业的推动作用。

其三，在平民教育的师资来源方面，陶行知发明推广了“连环教学法”。平民教育是一种全社会性的教育改造运动，故其所需要的师资队伍极其庞大。当这种教育处于试验时期，其师资问题主要依靠短期集中训练的方法来解决。但当运动发展到全面铺开之时，原先解决师资来源的途径明显过于狭窄，而且受到人力和财力诸方面的种种限制，使运动难以继续发展和

① 华中师范学院教育科学研究所主编：《关于编辑国民基础教育教科书的目标》，《陶行知全集》第5卷，湖南教育出版社1985年版，第26页。

② 华中师范学院教育科学研究所主编：《请看〈三字经〉之流行》，《陶行知全集》第5卷，湖南教育出版社1985年版，第65页。

深入。为了解决这一难题，通过亲身实践的观察总结，陶行知受自己子弟间互教互学《平民千字课》行为的启发，创造发明了“连环教学法”。施用这种方法，“凡是识字的人都可以教不识字的，都可以做平民读书处的助教或教师”①，这就无疑为平民教育开发出一个取之不竭的师资源泉。值得一提的是，在后来生活教育实践中，根据这种方法的即知即传原理，他又发明了“小先生制”和“传递先生制”，为着实现教育普及的理想和事业，继续发挥着创造力的作用。

毋庸讳言，就当时社会的时代要求来说，在广大的社会中下层面施行平民教育，对社会改造所起的是一种改良渐进的作用。对此人们多有论述。也正是认识到这一点，当年这场运动的参加者们，不少人物后来离开平教阵地而走向能使社会发生质变骤进的革命道路。自不待说，这种道路的选择无疑值得后人景慕和誉赞。但那些留守平教阵地继续此种事业的人们的行为，是否就该抹煞或受到谴责批判呢？这里有两点事理值得说明。其一，从社会的改造形式而言，虽说革命和改革所采取的运动方式有所不同，但它们在社会改造过程中是相辅相成的两种基本形式。在人类社会漫长的进化历程中，改革属于常规形式，是一种经久绵延的历史推动力量，虽说在社会改造方面所显现的效果比较迟缓，但不可或缺；革命属于非常规形式，是一种短促骤变的历史推动力量，虽说在社会改造方面能起暴风骤雨般的变化，但难得常有。而且，这两者之间存在着一种量变质变的关系。在社会改造过程中，改革是一种量变，革命是一种质变。只有量变发生到一定的时候才能产生质变，质变本身是量变的积聚和扩张，是量变的一种特殊形态，不仅质变之前、质变之中都需要有和包括着量变，而且质变之后仍然需要量变的补充和继续。因此，在社会改造和进化过程中，改革和革命二者均不可偏废，都有自己的发生价值和进步作用。其二，从教育的社会功能而言，教育与政治不同，在改造社会方面它追求的是一种“远效”而非“近功”。它本身的性质和使命，决定了这种社会活动形式只能对社会产生一种日积月累、循序渐进的改良作用。因此，教育家的职业使命，就是在这种日月序进之中完

① 华中师范学院教育科学研究所主编：《平民读书处之试验》，《陶行知全集》第1卷，湖南教育出版社1984年版，第426页。

成对社会主体的教育改造工作，并通过改造了的社会主体来实现社会的完整改造。而且从人类社会的整个进化历程来看，社会主体的改造是一种最根本的改造，人类社会的一切进步无不因此种改造而发生发展，即使革命形势的到来和形式的采用，也无不以此作为必要的准备和前提。所有这些说明，对于陶行知他们不仅其事业值得肯定，而且对于他们道路的选择也不应过分苛求。当然，平民教育自在中国兴起以来，其事业的参加者们的职业身份、社会背景以及教育目的就各有不同，其中固然不乏为当时社会政治装潢门面之徒。但就陶行知而言，虽说他在20年代初选择改造中国社会的具体途径时，囿于职业的性质和特点，没有参加政治斗争或武装斗争，但就他自身道路发展的方向和性质来看，也是革命斗争所需要的一条重要战线，参加教育改革同样是积极的进步活动。他同样注意到了中国社会改造的根本方向在于工农群众，注意到了对于乡村社会的改造和建设，这是整个中国改造事业的根本点和总趋势。于是，在认识到“平民教育是到民间去的运动，也就是到乡间去的运动”之后，他主动从城市下到乡村，把平民教育的对象扩大到广大的农民阶级。这种事业道路的走向，不仅为他对教育事业新领域的开辟打下了基础，更重要的是他的教育民主精神得到了继续和发扬，同时对他个人的社会观和世界观的最终形成也都具有关键的作用。

综上所述，陶行知的平民教育的理论和实践，虽说也存在着种种的不足，从人类社会的改造角度来看，其理论和行为在早期有些地方可能还没有脱离改良范畴，从他的学业渊源和对平民教育事业予以注意的时间来看，固然可见杜威的平民主义教育思想的投影，但是，真正使他注重平民社会的教育或教育的平民化，是他自身的中国性和平民性的基因在起着根本作用，而“五四”时期民主精神的传播，使他认识到要做到教育的民主化必须先让教育权从上流社会的专有转变成全体国民的共有，因此，他的平教思想和事业，应该看作他对教育民主化认识的初步反应。相对于仅注重上流社会的“贵族”教育而言，他的平民教育无疑从社会主体层面上开辟了一块教育事业的新领地。

尤其在平民教育运动的后期，随着这种领地的开发，陶行知的教育民主精神也开始有了更为真切的体现，他对乡村社会的注意和乡村教育道路的选择，已经标示出他正在向着“人民教育家”的地位转变。

第二节　乡村教育

一、乡村教育的实践活动

陶行知的乡村教育实践活动，是一个随着思想认识不断提高而逐步发展的过程。南京高师时期主张市乡教育分治，表明他已从思想认识上注意到乡村教育的发展；平民教育时期提倡平民教育下乡，标志着他对改进乡村教育的实践起步。通过一个时期的乡村教育的实验，到九一八事变以后，他的生活教育理论在乡村教育的实践中完成了一个循环。这就是他自己所说的，"一向在农村里工作的我们"，又把生活教育的理论"发展到大都市"①，由乡村教育运动转入到普及教育运动之中。因此，他的乡村教育实践活动，大致可分为三个发展阶段。

（一）发端：平民教育下乡

陶行知发展乡村教育思想，在平民教育时期就已经初步形成。在中华平民教育促进会总会正式成立之际，其《组织大纲》中就规定设立"乡村教育部"，后来又在"进行方针与计划"中，规定"乡村平民教育之研究"为重要内容之一。但在平民教育从何处着手的问题上，平民教育促进会的组织者之间意见有所分歧。有人认为，中国各地乡农都习惯于惟城市社会之马首是瞻，故平民教育必须从城市开始，"要想说服乡农识字读书，平民教育运动首先必须在城市获得胜利，用以影响乡农的视听观感"②。对此，陶行知不以为然。在他看来，中国的平民绝大多数在乡村，"平民教育是到民间去的运动，也就是到乡间去的运动"③，明确表示自己对平民教育运动发展方向的认识和态度。到 1925 年，经过两年来的平民教育的具体实践，他更加认识到乡村教育的重要性与迫切性，并且利用一切机会进行宣传和提倡。如当年 8 月，在中华教育改进社的第四届年会上，他把乡村教育列为该社

---

① 华中师范学院教育科学研究所主编：《教育生活漫忆》，《陶行知全集》第 3 卷，湖南教育出版社 1985 年版，第 626 页。

② 吴相湘：《晏阳初传》，台湾时报出版公司 1981 年版，第 71 页。

③ 华中师范学院教育科学研究所主编：《平民教育下乡》，《陶行知全集》第 5 卷，湖南教育出版社 1985 年版，第 50 页。

“现在所办理之事业”两项内容之一。是年12月，在参加北师大教育系发起成立的“乡村教育研究会”成立大会时，他进一步提出了自己的试验乡村教育的主张，并且初步拟出了自己的乡村教育行动步骤与计划，即先试办乡村小学，再试办乡村师范，以为改良乡村生活之中心。不久，他就开始将自己的计划付诸实际。1926年初，在《师范教育下乡运动》一文发表后，他开始了自己的行动。在随后的一年时间内，他开展了对南京及江苏其他一些县份的乡村教育的实地考察研究。在考察过程中，筹划创设了试验乡村幼稚园和筹办试验乡村师范。随后，根据自己一年来乡村教育的调查研究和乡村学校的筹办实验，他将自己的经验性认识归纳成“十八条信条”。这些信条的订立，也就是他以生活教育理论指导乡村教育的一系列办学原则的确立。其内容包括乡村教育的方法与内容、乡村教师的条件和责任、乡村学校的地位和作用，等等。其中，他特别对乡村学校的教师提出了严格的要求，认他们为“改造乡村生活的灵魂”，正因为他们担负着“改造乡村生活的使命”，所以，凡是有志于乡村教育的人们，都必须做到心里装满农民的甘苦，为着乡村生活的改造向着农民“烧心香”：“从事乡村教育的同志，要把我们整个的心献给我们三万万四千万的农民。”①为了使乡村教育得到真正的改造和全面的开展，他号召教育界同仁们一齐来为中国教育找出一条生路，为着全国乡村教育新局面的打开，而承担起当代人的“新使命”。这就是“集合一百万同志，提倡一百万所学校，改造一百万个乡村，使个个乡村都得着充分的新生命，合起来造成中华民国的伟大的新生命”②。

（二）高潮：乡村教育改造

早在《师范教育下乡运动》一文中，陶行知就指出，要完成乡村教育实验改造，首要的条件就是有合格的乡村教师，因此，在着手自己的乡村教育计划之始，他就把创办乡村师范作为自己从事乡村教育的主要任务和事业起点。自提倡“师范教育下乡”以降，他就留意试验乡村师范学校的校址的寻觅。经过多次考察，最后于1927年1月下旬把试验乡村师范校址确定

① 华中师范学院教育科学研究所主编：《我们的信条》，《陶行知全集》第1卷，湖南教育出版社1984年版，第651页。

② 华中师范学院教育科学研究所主编：《新使命》，《陶行知全集》第5卷，湖南教育出版社1985年版，第144页。

在南京神策门外老山脚下的小庄。不久，在《新教育评论》上刊出了《试验乡村师范学校招生》广告，其中声明，“小名士、书呆子、文凭迷最好不来”，表明了该校的办学方向。为了进一步表明该校是一所“乡村”师范，在该校的立础礼上，他宣布改“小庄”为“晓庄”，取日出而作之意。到 1927 年 3 月 15 日，在乡村师范的开学典礼上，他再次强调指出，晓庄不同于平常学校，一无校舍，二无教员，但是“我们的学校是世界上最伟大的，我们要以宇宙为学校，奉万物为宗师，蓝色的天是我们的屋顶，灿烂的大地是我们的屋基”。后来，他多次勉励全校人员，要取得在乡村教育中的“第一流的建树”，必须以实际生活为“真正指南针”；“实际生活向我们供给无穷的问题，要求不断地解决。我们朝着实际生活走，大致不至于迷路。在实际生活里问津的人，必定要破除成见，避免抄袭。我们要运用虚心的态度、精密的观察、证实的试验，才能做出创造的工作。这种工作必以实际生活为指南针”①。依据以“实际生活”为“真正指南针”的办学原则，在晓庄师范，他全面贯彻和实验了生活教育理论的“生活即教育”、“社会即学校”、“教学做合一”等指导思想和方针，以教学过程中的“教学做合一”一条鞭的方法，把学校与社会联为一体、师生与乡民联为一体，从而在中国教育史上开辟出一条乡村教育的新路。

晓庄乡村师范立础礼举行不久，为了贯彻自己“中心小学”“为试验乡村师范的中心”，“是师范学校的主脑”的主张，陶行知又指导在晓庄附近的佘儿岗等办起了晓庄小学，并在 3 月 5 日开学，吸收当地农民子弟入校。该校在晓师开学后不久，于 6 月 16 日迁入新址，原址被利用开办起乡村医院。到 1928 年春上，晓师的事业逐步扩大。在第一院小学师范院的基础上，增设了第二院幼稚师范院，创设了晓庄中心小学、中心幼儿园、民众夜校、晓庄医院和联村救火会等，学校也改名为“晓庄学校”。同时还成立了晓庄科学社，组织生物研究室等。除此之外，在“中心小学教学做”的教育实验中，晓庄学校还派出学生到吉祥庵、三元庵、万寿庵、蟠龙山、神策门、黑墨营等乡村建设起中心小学。中心小学的校长、教师都由晓庄学校的学生轮流担任，每五人一组任期半年。这样既锻炼了全校师范生，又普及和

---

① 华中师范学院教育科学研究所主编：《实际生活是我们的指南针》，《陶行知全集》第 5 卷，湖南教育出版社 1985 年版，第 180 页。

提高了周边乡村小学教育，使生活教育的理论得到进一步推广。与“中心小学教学做”并行的是，晓庄学校还实行了“改造社会环境教学做”的教育实验，组织学生创办民众学校、建立中心茶园，对当地农民进行文化知识等方面的社会教育。到1929年夏，晓庄学校的事业，已经发展到除小学、幼稚师范外，有中心小学八所，中心幼儿园五所，民众学校三所，中心茶园二所，乡村医院、联村救火会、中心木匠店和石印工厂各一所。然而，就在晓庄的事业日益兴旺之际，由于全校师生参加了1930年春反对帝国主义残酷行径的示威游行，招致国民党政府的嫉恨，于4月12日下令解散晓庄学校，至此，陶行知推行的创造性的乡村教育事业受到了毁灭性的摧残，他本人也因横遭通缉而避难东渡。

在晓庄学校时期，陶行知在实验乡村教育之时，发明和丰富了一系列的创造性教育思想和办学主张。其中最值得一提的是“艺友制”师范教育的发明和“教学做合一”理论的完善。陶行知对“艺友制”师范教育的创见，是鉴于现行师范教育之学理与实习分离的缺憾，同时也认识到其他各种行业施行艺友制的实效，由此发明“艺友制”来更好地为乡村教育培植真人才。在他看来，“学做教师有两种途径：一是从师，一是访友。跟朋友操练比从师来得格外自然，格外有效力。所以要想做好教师，最好是和好教师做朋友。凡用朋友之道教人学做教师，便是艺友制师范教育”①。这种“艺友制”师范教育的施行，起自1927年底晓庄幼稚园开学之时，当时接受了三人为艺友，以此教育方式来培养乡村幼稚园教师。到次年春，晓庄乡村师范、燕子矶小学、尧化门小学、晓庄小学、鼓楼幼稚园、燕子矶幼稚园联合招收艺友，使这一教育方式得到推广。与此同时，陶行知还在《申报》与《民国日报》上发表了《艺友制师范教育答客问》，较为全面地论述了艺友制教育理论，并指出“艺友制”的根本方法是“教学做合一”，这就是“先行先知的在做上教，后行后知的在做上学。大家共教共学共做，才是真正的艺友制，惟独艺友制才是彻底的教学做合一”②。这种“艺友制”创见，同时也丰富了“教学做合一”的理论。作为“生活教育”的主要理论之一的“教学做合

① 华中师范学院教育科学研究所主编：《艺友制师范教育答客问》，《陶行知全集》第2卷，湖南教育出版社1985年版，第54页。

② 华中师范学院教育科学研究所主编：《艺友制师范教育答客问》，《陶行知全集》第2卷，湖南教育出版社1985年版，第56页。

一”思想，其形成甚早，但真正最后得到完善，是在晓庄施行实验乡村教育时期。在这个时期中，结合自身在乡村教育中的具体实践，陶行知多次对这一理论作过全面的阐述。如在1927年11月2日“寅会”上所作的《教学做合一》的演讲中，陶行知就把“最近的思想组织起来”作了“进一步的叙述”，阐明教学做是一件事不是三件事，这就是“我们要在做上教，在做上学。在做上教的是先生，在做上学的是学生。从先生对学生的关系说：做便是教；从学生对先生的关系说：做便是学。先生拿做来教，乃是真教；学生拿做来学，方是实学。不在做上用工夫，教固不成教，学也不成学”①。所以，从广义的教育观点上看，师、生并没有严格的区别，“因为一个活动对事说是做，对己说是学，对人说是教”，“因此教学做是合一的”②。至此，他的“教学做合一”的理论得到了最后的完成。

（三）尾声：办乡村工学团

根据“教学做合一”的理论，在流亡日本归国后，1932年夏，陶行知又开始了一种新的乡村教育组织形式的创建，这就是将“工场、学校、社会，打成一片”的“乡村工学团”的筹办。他在《乡村工学团试验初步计划说明书》中指出：“乡村工学团是一个小工场，一个小学校，一个小社会。在这里面包含着生产的意义，长进的意义，平等互助自卫卫人的意义。它是将工场、学校、社会，打成一片，产生了一个改造乡村的富有生活力的新细胞。”③在《古庙敲钟录》中，他作过理想的设计，即把中国建成无数个工学团，人人生产、人人长进、人人平等互助、人人自卫卫人，于是中华民族也就有了新生命的希望。在他创造的这种新型教育组织形式中，招收对象由儿童所组成即称之为乡村儿童工学团，由青年所组成即称之为乡村青年工学团。而这里的“青年”，不是根据年龄而是根据求学的态度来定义的，老年人而有青年求学精神者，亦可得入乡村青年工学团。总之，“乡村工学团的主体，是本村的真农人。所谓真农人，是靠自己动手种地吃饭的人”。这就是说，这

① 华中师范学院教育科学研究所主编：《教学做合一》，《陶行知全集》第2卷，湖南教育出版社1985年版，第42页。

② 华中师范学院教育科学研究所主编：《教学做合一》，《陶行知全集》第2卷，湖南教育出版社1985年版，第42—43页。

③ 华中师范学院教育科学研究所主编：《乡村工学团试验初步计划说明书》，《陶行知全集》第2卷，湖南教育出版社1985年版，第593页。

种乡村教育的主要受益者，是在田间耕作的劳动大众及其子女。在上述计划说明书中，他还依据“生活教育”的基本原理，对这种乡村工学团的教育内容和教学方法作了说明，根据当时的乡村社会的需要，提出了军事、生产、科学、识字、民权、生育等六大训练。按照这些内容和方法，他提出了“工以养生，学以明生，团以保生”的口号。在上述原则和方法指导下，他组织起了一个“乡村改造社筹备会”，并于1932年10月1日创办起第一个乡村工学团——山海工学团。随着工学团这种形式的乡村教育的兴起与发展，他所发明的“小先生制”得到了广泛的推广，“由小先生在‘即知即传’的口号下传播给农民、劳工、妇女们，他们马上就当‘传递先生’再传给别人去”①。按照这种精神，他指导创立了为培养办工学团人员的“少年工学团”，并且成立了“山海小先生联合会”，研究即知即传人的方法和本领，以期普及教育为宗旨。于是，借助“小先生制”和“传递先生制”的功力，他又去推行“要城里与乡下同时并进”的普及教育事业，开始了自己的普及教育运动。

二、乡村教育的具体主张

对于乡村教育，早在1921年春，陶行知在调查南京的教育状况时就认识到，由于市、乡的人口密度不同、经济能力不同、环境性质不同，决定了这两种社会环境中的教育，无论在课程编制、教学方法，还是行政组织上都应有所不同，主张市、乡教育应分开办理，“分治就两受其利，合治就两受其弊”②。后来，他再次指出，这种分治的办法比现时合治制度要好得多，“这不是自私的分家，乃是两全的分家”③。与此同时，他还通过让人诚服的数字分析，尤其是乡村学龄儿童所占人口的百分比，指出发展乡村教育事业之大和责任之重。在此认识的基础上，逐渐形成了自己的乡村教育思想。

---

① 华中师范学院教育科学研究所主编：《教育生活漫忆》，《陶行知全集》第3卷，湖南教育出版社1985年版，第626页。

② 华中师范学院教育科学研究所主编：《地方教育行政为一种专门事业》，《陶行知全集》第1卷，湖南教育出版社1984年版，第160页。

③ 华中师范学院教育科学研究所主编：《市乡教育分治与南京教育》，《陶行知全集》第1卷，湖南教育出版社1984年版，第282页。

1. 乡村教育是立国根本大计。

在提出市、乡教育分治之时，陶行知就根据中国社会结构和全国教育现状，指出中国现在受教育有三桩不平均的地方，其中之一即是乡村教育。在现时中国社会中，本来整个教育事业都不发达，而占人口百分之八十五以上的乡村，其学校只有百分之十，因此，乡村教育不发达已到极点。然而，中国以农立国，人口十有八九住在乡下，要提高民族文化素质，改造中国社会现状，密切注意和极力发展乡村教育，其意义十分重大。尤其在以工业经济为主导的现代世界中，整个社会发展趋向正从农业文明过渡到工业文明，在此时代背景下，必须认识到“乡村教育是立国之大本”①。这就是说，“我们要想建设新中国，必须用教育的力量，来唤醒老农民，培养新农民，共同担负这个伟大的责任”②。

2. 乡村教育要走出一条生路。

在陶行知看来，现在中国的乡村教育不仅不发达已至极点，而且现时办理的乡村教育，根本不注意农民的真正需要，不合乎乡村的实际生活，不能起到造就新型农民、改造乡村社会的作用，反而把好好的农民子女继续不断地变为不事生产的废人，因此，在“深信乡村教育是立国之大本”的同时，还应本此主张“走乡村教育一条生路”③。所谓“乡村教育的生路”，概括地说，“就是建设适合乡村实际生活的活教育”。它要求“从乡村实际生活产生活的中心学校，从活的中心学校产生活的乡村师范，从活的乡村师范产生活的教师，从活的教师产生活的学生、活的国民”④。依据这样的生路去发展的乡村教育事业，其学校系统、师资建设、教学方法等，与原有的乡村学校相比较，都必须有一番彻底的改造。

首先，在学校系统的结构上，最重要的是“活的中心学校”的建设。“中心学校有了办法，再办师范学校。师范学校的使命，是运用中心学校之精

---

① 华中师范学院教育科学研究所主编:《对于乡村教育及本校赞助人之总致谢》，《陶行知全集》第 2 卷，湖南教育出版社 1985 年版，第 135 页。

② 华中师范学院教育科学研究所主编:《改造乡村教育案》，《陶行知全集》第 2 卷，湖南教育出版社 1985 年版，第 117 页。

③ 华中师范学院教育科学研究所主编:《对于乡村教育及本校赞助人之总致谢》，《陶行知全集》第 2 卷，湖南教育出版社 1985 年版，第 135 页。

④ 华中师范学院教育科学研究所主编:《再论中国乡村教育之根本改造》，《陶行知全集》第 2 卷，湖南教育出版社 1985 年版，第 1 页、第 5 页。

神及方法去培养师资。他与中心学校的关系也是有机体的，也是要一贯的。中心学校是他的中心而不是他的附属品。"[1]由此推而言之，师范学校既以中心学校为中心，那么，有哪一种的中心学校就有哪一种的师范学校：有幼稚园为中心学校，就可以办幼稚师范；有小学为中心学校，就可以办初级师范；有中学或师范为中心学校，就可以办高等师范或师范大学；有各种职业机关或学校做中心学校，就可以办各种职业师范。一句话，就是整个乡村教育事业围绕着活的中心学校来改造和发展。由于中国改造乡村社会的乡村教育尚处初创时期，加之中国一般的乡村大都拿不出很多的钱来办教育，所以在现阶段主要是属初级教育阶段的中心小学的建设。对于何谓"中心小学"问题，在《试验乡村师范学校答客问》一文中，陶行知解答说："中心小学以乡村实际生活为中心，同时又为试验乡村师范的中心。平常师范学校的小学叫做附属小学，我们要打破附属品的观念，所以称它为中心小学。中心小学是师范学校的主脑，不是师范学校的附属品。中心小学是师范学校的母亲，不是师范学校的儿子。中心小学是太阳，师范学校是行星。师范学校的使命是要传播中心学校的精神、方法和因地制宜的本领。"[2]有了这种"活的学校"，才可以施行"活的乡村教育"。这种教育既以乡村实际生活为中心，又是改造乡村生活的中心，它的教学内容，要彻底地改变传统乡村教育的精神面貌，再也不是为了适应汪洋大海般小农经济社会的毫无生气和变化的旧教材，而要运用社会的力量，了解社会的需要，使之能够满足中国社会由农业文明向工业文明的过渡，对社会的进步起着促进和推动作用。

其次，在乡教师资的建设上，"活的乡村教育要有活的乡村教师"。陶行知指出，要使乡村教育得到改造和发展，必须多多创办好的学校，而要有好的学校，先得要有好的教师。"教师得人，则学校活，学校活，则社会活。"[3]所谓好的乡村教师，最关键的地方就是一个"活"字。与那种用围墙

① 华中师范学院教育科学研究所主编：《中国师范教育建设论》，《陶行知全集》第1卷，湖南教育出版社1984年版，第641页。

② 华中师范学院教育科学研究所主编：《试验乡村师范学校答客问》，《陶行知全集》第1卷，湖南教育出版社1984年版，第666页。

③ 华中师范学院教育科学研究所主编：《地方教育与乡村改造》，《陶行知全集》第2卷，湖南教育出版社1985年版，第130页。

隔离于社会的学校中“四体不勤、五谷不分”的“夫子”比较而言，他不是教人离开乡下向城里跑，教人穿衣不种棉、吃饭不种稻，教人羡慕奢华看不起务农者，教人分利不生利，教农夫的子弟变成书呆子，所有这些只是传统教育的教师所作所为，因此，那是一种“死”的乡村教师。而活的乡村教师，除了具有一般意义上现代社会的教师所必备的知识和条件外，还必须做到“第一有农夫的身手，第二有科学的头脑，第三有改造社会的精神”，在乡村社会中，他们足迹所到的地方，能使学校气象生动，能使社会信仰教育，能使科学农业著效，能使活的教育普及，能使农民自治生利……一句话，这种教师“就是改造乡村生活的灵魂”①。

再次，在教学方法的采用上，就是全面地贯彻和运用生活教育的“教学做”。“活的乡村教育要有活的方法，活的方法就是教学做合一”②：教的法子根据学的法子，学的法子根据做的法子；凡事怎样做就怎样学，怎样学就怎样教。比如种田这种事，就要在田里做、在田里教、在田里学。教学做有一个共同的中心，这个中心就是“事”，就是实际生活，“全部的课程包括了全部的生活：一切课程都是生活，一切生活都是课程”③。也就是说，这种教育要用活的环境，不用死的书本，它要用环境里的活势力，去发展学生的活本领，即征服自然、改造自然的真本领。整个教育过程，就是“要叫学生在征服自然、改造社会上去运用环境的活势力，以培养他自己的活本领”，把自己造就成为能叫中国乡村得到彻底改造的“最有生活力的农民”④。这种农民能够“劳力”与“劳心”结合，动手与动脑相成，在乡村社会的改造和建设中，能够使其成功地完成农业文明向工业文明的过渡。因此，他们在社会进步中占有极为重要的地位，是让中华民族获得新生的“活的国民”。

3. 乡村教育的改造有赖于献身精神。

在投入乡村教育运动之始，针对人们普遍不愿做乡村教育工作，甚至

---

① 华中师范学院教育科学研究所主编：《再论中国乡村教育之根本改造》，《陶行知全集》第2卷，湖南教育出版社1985年版，第1—5页。

② 华中师范学院教育科学研究所主编：《中国乡村教育之根本改造》，《陶行知全集》第1卷，湖南教育出版社1984年版，第653页。

③ 华中师范学院教育科学研究所主编：《中国乡村教育运动之一斑》，《陶行知全集》第2卷，湖南教育出版社1985年版，第33页。

④ 华中师范学院教育科学研究所主编：《再论中国乡村教育之根本改造》，《陶行知全集》第2卷，湖南教育出版社1985年版，第1—6页。

从乡下招来的师范生也不愿回乡服务的现象，陶行知主张，师范学生应该到“眼面前的乡村”，“去作改造乡村之实习”，以便将来能负“改造一个乡村之责任”，担当“改造乡村生活的使命”①。自此以后，他一再强调，中国的乡村教育要得到极大的发展，乡村社会要得到彻底的改造，最重要的条件也是最根本的前提，就是从事教育工作的人们有勇于为乡村社会、乡村儿童献身的事业精神，胸怀一颗“爱中华民族中最多数而最不幸之农人”的心。在从事乡村教育工作的第一年，他强调指出，从事乡村教育的同志，应该把自己“整个的心”献给全体农民，要向着农民“烧心香”，心里要充满了农民的甘苦，只有“常常念着农民的痛苦，常常念着他们所想到的幸福”，有了一颗“农民甘苦化的心”，“才配为农民服务，才配担负改造乡村生活的新生命”②。在从事乡村教育工作的第二年，他又激励那些乡教工作者们，“乡村教育之能否改造，最要紧的是要问我们肯不肯把整个的心献给乡村儿童”，“倘使我们肯把整个的心捧出来献给乡村儿童，那么，无论如何困难，必有达到目的之一日”③。在从事乡村教育工作的第三年，根据几年来乡教工作的经验，他进一步总结性地指出：乡村教育的真正发展，所有的计划和方法都属于次要的东西，“那超过一切的条件是同志们肯不肯把整个的心献给乡村人民和儿童。真教育是心心相印的活动。唯独从心里发出来的，才能打到心的深处”④。从这种向农民献出“整个的心”的要求出发，他规定“改造社会的精神”为“活的乡村教师”的必备条件之一。同样，他也把“社会改造家的精神”列为乡村学校校长的必备条件之一，认为有了这种精神，再加上“农夫的身手”和“教师的头脑”，才算得上一个“乡村标准校长”⑤。有这样的校长和教师，才能真正做到把“中国的教育雨”倾落在“劳

① 华中师范学院教育科学研究所主编：《师范教育下乡运动》，《陶行知全集》第1卷，湖南教育出版社1984年版，第601页。

② 华中师范学院教育科学研究所主编：《我们的信条》，《陶行知全集》第1卷，湖南教育出版社1984年版，第651页。

③ 华中师范学院教育科学研究所主编：《晓庄试验乡村师范的第一年》，《陶行知全集》第2卷，湖南教育出版社1985年版，第62页。

④ 华中师范学院教育科学研究所主编：《第二年的晓庄》，《陶行知全集》第2卷，湖南教育出版社1985年版，第13页。

⑤ 华中师范学院教育科学研究所主编：《天将明之师范学校》，《陶行知全集》第1卷，湖南教育出版社1984年版，第614页。

苦人的田园里”，用以“滋长时代落伍人民的文化”，“培植最有生活力的农民”，才能把乡村教育办好，使乡村学校真正成为“改造乡村生活的中心”，进而把乡村社会改造好，使其都具有“充分的新生命”，再在此基础上“合起来造成中华民国的伟大的新生命”①。

三、乡村教育的评价

乡村教育，就其教育实践而言，占据着陶行知人生道路的一段极为重要的旅程，是他毕生献身教育事业的一个重要的途径；就其教育思想而言，在他的生活教育理论体系中占据着极其重要的位置，也正是这种教育使他的生活教育理论得以完整地形成。因此，对其进行历史性的评价，在认识和把握他的整个教育学说方面无疑具有关键性的作用，甚至在了解他的整个世界观和政治观的转化形成方面，也可取得借管窥豹之功。

乡村教育在中国真正受到社会的重视，始自五四运动时期。自第一次世界大战以来，在军阀连年混战的社会政局下，帝国主义和封建主义的双重压迫，使中国农村经济急剧萎缩，农业生产和农村社会每况愈下，农民的反抗斗争也延续不断。“中国农村的黑暗，算是达于极点。”一些关心时局发展和国家命运的人们，越来越清楚地认识到，“中国是一个农业国，大多数的劳工阶级就是那些农民”，因此，要解决中国的问题，首先就得解决农民的问题。于是，农村和农民逐渐成了社会问题的聚焦点。这种问题如何解决，受“五四”时期教育的平民化和民主化的影响，一些先进知识分子纷纷寄希望于乡村教育的发展，以教育来改造农民阶级和改进农村社会，甚至后来走上革命道路的早期共产主义者如李大钊等人，彼时也都主张知识阶级迅速“到农村去”，与农民阶级“打成一气”，以教育来改变农民乃至中国的命运②。在这种思想潮流影响之下，20 年代以后的乡村社会的教育事业开始出现了一种新的气象，这就是以改造乡农社会为目的的教育组织和机构的出现。如在 1922 年初，湖南就有“以增进农村人民常识，改进农村生活为宗旨”的长沙农村补习教育社的成立，开始进行一种新形式新内容的乡村教育活动。随着时间的推移，到第一次国内革命战争时期，乡村或

① 华中师范学院教育科学研究所主编：《再论中国乡村教育之根本改造》，《陶行知全集》第 2 卷，湖南教育出版社 1985 年版，第 16 页。

② 李大钊：《青年与农村》，《李大钊选集》，人民出版社 1959 年版，第 146 页。

农民教育蔚为大观，受到了社会各界的注目和重视。在这一时期，随着政治斗争的深入发展，包括乡村教育建设在内的乡村社会的改造，开始形成了两种不同的推进力量。一是中国共产党人领导下的农民阶级教育事业，它是整个农村革命事业的一个重要组成部分。一是酝酿萌发于一些知识界教育界人物中的乡村教育思潮，希望通过乡村教育来改进农业生产、改善农民生活、改造农村社会。他们沿着改良的道路，自1925年起始纷纷在农村社会中建立起一些教育试验区。据有关统计资料反映，这种乡村教育实验区至1935年时就达193处。虽说这些乡村教育的建设者们的立场、内容、目的和观点都不尽一致，但他们所从事的事业有一个共同的基本点，这就是企图用教育来改造农民和建设农村，在解决农村问题的基础上去解决中国社会问题。他们之间互相联络、互通声气，形成了一场波澜壮阔的乡村教育运动。这场运动的高潮期一直持续到抗战前夕，为中国农村社会的教育事业开创出一种前所未有的局面，也为中国农村教育的改造积累下一些宝贵的经验。由于这场运动发生和发展处于一种特定年代的特定历史环境，人们往往过于从政治角度去论其是非，而忽略了认识问题的基本点，这就是从中国近代社会的走向来看，它是推动中国农村迈向现代社会必不可少的环节，是自晚清以来中西文化冲突的社会反应圈渐次波动扩及广大农村社会的必然结果。也正是这一点，才使得这场运动的参加者如此之众，持续期如此之长，影响面如此之广。因此，就改进乡村社会而言，这场运动本身的历史作用不可抹煞。而在这场运动中，无论在理论上，还是在实践上，陶行知都是其中最有影响、最有建树的人物之一。他所创办和主持的乡村教育事业，在社会功能上发挥了传统教育从未有过的积极作用，为中国乡村教育的建设探索了一条崭新的道路。

与传统的乡村教育相比较，陶行知的乡村教育是一种以改造农村社会、造就新型农民为出发点的“活的乡村教育”，其最终目的在于使乡村社会获得“充分的新生命”以完成农业文明向工业文明的过渡，实现中华民族的“伟大的新生命”。为了实现这一目标，他对乡村教育作出了一系列的创造。

首先，在乡村学校方面，他提倡并实现乡村学校为“改造乡村生活的中心”。在陶行知从事乡村教育的时代，虽说近代新式教育出现在中国社会中已达半个世纪之久，但在汪洋大海般小农经济的中国乡村社会中，除了少数风气早开的地方外，大多数乡村社会的教育事业的主要任务承担者，仍然是传统教育组织如私学、塾馆等，由那些前清遗下的童生、生员等封建的遗老遗少们教读“三、百、千”等与农村生活毫无联系的“死教材”，即或有一两所新式小学点缀这种现代文明的荒原之间，“也不过刚有一个形式。小学教师的知识，不晓得去现代延迟到几世纪”①。然而，在农业文明向工业文明过渡的现代社会中，“不运用社会的力量，便是无能的教育；不了解社会的需求，便是盲目的教育”②。这种“无能的”、“盲目的”教育，对于社会的进步，根本不能起到促进和推动的作用，因此这种死的乡村教育所出的人才亦于农业社会的进步毫无所补。对比之下，陶行知所提倡和推行的乡村教育，在当时的社会实际生活中起着“改造乡村生活的中心”的角色作用。拿晓庄师范来说，除了学校的各种教学做以外，学校在周围的乡村生活中，俨然处在一个地方的政治文化的中心地位。在其创办的三年时间内，举凡晓庄周围社会的地方行政公益事业、医药卫生事业、地方安全自卫工作、农村文艺体育活动、乡村社会教育、农村环境绿化等事宜，无一不被晓庄作为自身教学和生活内容的不可分割的部分，充分体现了“活的乡村教育”，“要用活的环境，不用死的书本”，“运用环境里的活势力”去发展学生“征服自然改造社会的活本领”③的乡教办学原则。这种以乡村学校作为“改造乡村生活的中心”的思想和实践，不待说有其不足和偏颇之处，但在当时社会中，尤其是与那种教出身农村者瞧不起种田人的传统乡村教育相比较，无疑有力地改变了教育与农业社会不相闻问的态度和状况，使空洞的、消耗的教育，一变而成为科学农业的根据地和大本营，使教育成为农业生产和乡民生活改进的媒介，为创造乡村社会新生命准备好必要的前提条件。

其次，在乡村教师方面，他要求并实行乡村教师为“改造乡村生活的灵魂”。在中国数千年封建社会中，教师向来被认作一个与物质生产无甚关联的特殊社会职业。“四体不勤、五谷不分”是自孔夫子以来社会对做教师

---

① 李大钊:《青年与农村》,《李大钊选集》,人民出版社 1959 年版,第 147 页。

② 华中师范学院教育科学研究所主编:《教育的新生》,《陶行知全集》第 2 卷,湖南教育出版社 1985 年版,第 712 页。

③ 华中师范学院教育科学研究所主编:《中国乡村教育之根本改造》,《陶行知全集》第 1 卷,湖南教育出版社 1984 年版,第 653 页。

者的讽谑。即使进入近代社会以后，虽说资本主义经济生产要求学校提供具有一定生产技能的知识人才，但那是对学校的“产品”即学生求职于社会的要求，作为靠书本知识营生的教师者们，学校与周围社会仍然是被围墙隔开的两个毫无联系的世界。尤其在广大的乡村，那些深受传统教育熏陶的学究，除了“子曰诗云”、“之乎者也”以外，就是教农夫子弟变成书呆子，离开乡下往城里跑。在这种“走错了路”的教育事业中，这些为人之师者，既是领上错路的头羊，又是驱入歧途的牧者。而陶行知一再提出并率先力行的“活的乡村教师”，则完全是一种新型的为人师表者。他们心里充满农民阶级的甘苦，肩上担负着改造乡村社会的使命，具有生活农村、亲近农村的最基本的知识和本领，这就是“农夫的身子”、“科学的头脑”和“改造社会的精神”，故此能切实做到“和马牛羊鸡犬豕做朋友，对稻粱菽麦黍稷下功夫”[①]，使教育与农业以及一切乡村社会所需要的事业真正携手。在促进乡村社会向现代文明过渡的过程中，他们不仅自己掌握有这种过渡最重要的知识技能，而且还能够将这些知识技能传授给农民并使他们善于运用之，使现有的农业生产能够减少投资和耗费反而增进收成。因此，在当时的乡村社会中，他们成了“改造乡村生活的灵魂”。这样的乡村教师，即使在今天的社会主义新农村的改造和建设过程中，也仍然是一种难得的知识精英。

再次，在乡村学生方面，他主张并培养乡村学生为“最有生活力的农民”。教育事业要造就出什么样的人才，即教育目的论问题，是任何教育家都最为关注的事情。对于这一问题，中国古代大多数教育家的最高鹄的是“经纶天下”的“大儒”或“圣人”，近代资产阶级教育家的根本目标是适应资本主义经济生产的有操作现代机械技能的“国民”。为了“谋中国三万万四千万农民之解放”的陶行知的乡村教育，则是“用最少的金钱来办最好的学校，培植最有生活力的农民”。这种“最有生活力的农民”的培养，并非那种流于形式“与生活脱离”的学校教育所能具备，而只能在“以生活为中心”的学校中才能实现。从晓庄学校的课程安排来看，这种乡村教育的学生在学校里所学习的内容，是以生活为中心的“教学做”，不是以文字为中心的教

① 华中师范学院教育科学研究所主编:《对联》,《陶行知全集》第4卷，湖南教育出版社1985年版，第750页。

科书。正是通过这些课程或教学内容的教学做密切结合，使学生能够“探知识的来源，求知识的归宿”，以利自己做到“劳力”与“劳心”结合，在改造乡村社会中手脑并用地“去生产、建设、试验、创造”，“叫中国一个个的乡村都有充分的新生命，合起来造成中华民族的伟大的新生命”。

陶行知的乡教理论和事业，除了比较传统的和既有的教育有诸多突出之处外，在整个二三十年代景象纷呈的乡村教育运动中，其独特之处也卓然可见。

首先，从思想发展可见其人民性。由《平民教育》一节不难看出，陶行知的平民教育思想及实践，是其人民教育观的最原初的表露和实现。在教育民主化或平民化观念指导下，经过一个时期实践的探索和体验，他认识到了中国社会最大的问题在于乡村社会的根本改造，中国教育最大的需要来自农民阶级的文化要求，因此，要实现平民社会的教育权利和机会，首要的一步就得解决农民社会的教育问题，真正的“平民教育”也就是到“乡间去的运动”。他的乡村教育是直接承续平民教育发展转变而来，但这种承续并非简单的惯性沿袭，而是一种事业上的改造翻新，尤其是其教育的民主或人民因素增添继长的必然结果。正是通过乡村教育，才使他的教育人民性得到较为完整的体现和形成，并且对既往的“平民教育”之不足有了明晰的认识和科学的指正。这就是他多次提到过的，他的乡村教育是一种“人民的教育”、“大众的教育”，比照这种真正的大众教育而论，平民教育不过是一种“小众代大众办的”教育而已。这种理论的深化和认识的提高，有力地证明了他并非像其他平教事业进入乡教道路的人们那样固守平民教育观念，而是对早年平民教育的原初人民性因素进行加工、改进、丰富和发展，再以之作为自己教育理论的建构原则和教育实践的指导思想。正因有此，他才与曾为同仁的其他乡教活动家们分道扬镳，并在后来国难当头之时对他们的种种不良行径予以严厉抨击，指出那种由大人先生所倡办的“平民教育”或“民众教育”，是一种抛弃人民利益、逃避现实斗争的“逃走教育”①。概而言之，陶行知的乡村教育虽说由平民教育发展而来，但他所发展的只是其中的人民性因素，虽说他的乡教事业仍然不出二三十年代乡教

① 上海市陶行知研究会、上海市陶行知纪念馆和上海师范大学陶研会编：《大众教育问题》，《陶行知佚文集》，四川教育出版社 1989 年版，第 100 页。

运动的范畴,是其中一个重要的组成部分,但他并非随大流凑热闹地走入这一运动的潮流之中,而是人民教育观念内在推动的必然选择和结果。故此,他的乡村教育道路一起始就是为着“三万万四千万人民之幸福”而创造而开辟。

其二,从道路走向可见其进步性。陶行知的乡村教育事业,虽说到30年代初仍在推行,但就其事业的性质来看,它并不属于那种挟政权之力以推进“与农民处于对立的地位”的“乡村建设”运动的范围。也就是说,在二三十年代的乡村教育运动中,一般乡教者们推进的事业或多或少地与国民党政权结合在一起,他们的目的或是为了恢复传统社会的“伦理本位”,或是为了阻止劳动大众和进步青年“跟着共产党走”,甚或成为对革命根据地进行文化围剿的方面军。但陶行知不为种种权势所胁迫诱惑,一直坚定不移地朝着“人民的教育家”的道路迈进。在自身独特的乡教理论指导下,从事着真正为了“根本推翻、根本改造”既有乡村文教制度,为着广大的贫苦农民阶级“另找生路”的乡教事业。正如他自己所言,他的心中始终只有一个“中心问题”,这就是“如何使教育普及,如何使没有机会受教育的人可以得到他们所需要的教育”①。因此,他走的改造乡村教育的道路,是一条真正的“人民教育家”的纯正事业的道路,而不是如同诸多乡教实验区那样以教育附庸政治,实行反动的“政教合一”。

值得指出的是,陶行知不是没有带任何政治色彩来办理教育,但他的政治是一种进步的政治而非反动的政治,晓庄师范对于进步青年知识分子的“宽容”和“保护”,尤其护校时期他对先进青年学生的掩护营救,就是最有说服力的证明;他也不是不明白政权力量对于教育事业的推进作用,但他所认识的以行政力量推进教育,只是要求他们“对于劝学兴学都应负责”,“决不许其干涉校务”,更不可允其直接插手教育机构权柄的把握。正因有此认识上和行动上的种种进步,致使他的乡教事业遭受到无端的横祸,在当时政权势力容无可容的处境中抱恨夭折。

综上所述,陶行知的乡教理论和实践,是其教育民主或人民观念在一定发展阶段上的必然产物。他的乡教理论形成过程,就是他的“生活教育”

---

① 华中师范学院教育科学研究所主编:《普及教育运动小史》,《陶行知全集》第2卷,湖南教育出版社1985年版,第718页。

学说得到整体性建构的过程，他的乡教事业的发展道路，标示他完全走上一个“人民的教育家”的发展道路。比较既往注重都市社会区域的教育而言，他的乡村教育无疑在社会区域上开辟了一块新的领地。

就在这种领地的开辟过程中，陶行知的世界观发生了根本性的变化，从此以后，在人生道路上奋勇前行的陶行知，始终是时代最进步势力的忠实旅伴。

第三节　女子教育

一、女子教育的实践活动

早在金陵大学时，作为一名具有先进思想的青年学子，陶行知就注意到中国社会中的女子问题和教育问题。在女子问题上，他认为现时中国女子所处双重奴隶地位的状况不能容于共和时代，主张男女平等，强调“男女同赋人权，本无尊卑贵贱可言”①。在教育问题上，他认为要建造共和国家，必须重视教育事业的发展，用教育来提高人民智能和增长社会财富，“教育实建设共和最要之手续，舍教育则共和之险不可避，共和之国不可建”②。如此等等，对社会现象的种种感性认识，在后来的“要使全中国人都受到教育”的志愿中得到了整合与联缀，成为他拨动女子教育乐章的伏弦。

当陶行知从海外归国步入高校讲坛后，在时代潮流的感染下，面对中国教育事业的现状，他对女子教育问题更为关切。在当时的中国社会中，女子接受教育依然存在着种种社会阻力。学校门外百分之九十五以上的女性文盲，说明了社会歧视女子教育的普遍性；小学以外教育机构中女子仍不得与男子同校受教，则说明了教育领域中女性地位低下的严重性。如何“使个个女子都能得到教育的机会”，以及如何“使各级教育女子所得教育之机会都能平均”，在陶行知看来，这是女子教育亟待解决的最重要的两

① 华中师范学院教育科学研究所主编：《一夫多妻之恶结果》，《陶行知全集》第 1 卷，湖南教育出版社 1984 年版，第 5 页。

② 华中师范学院教育科学研究所主编：《共和精义》，《陶行知全集》第 1 卷，湖南教育出版社 1984 年版，第 51 页。

大难题，也是任何致力于女子教育平权者的一项最艰巨的时代任务。为了解决女子教育平权和促进女子教育发展，陶行知尽个人之力作了两个方面的努力。在舆论宣传方面，他先后指出了发展女子教育的作用与价值，论述了女子教育有益于女子对社会责任的承担、家庭成员的上进以及后代文化素质的提高，以此来唤醒国人对女子教育的重视。同时还为女子教育的发展，提出了一系列解决问题的措施，诸如为了促进女子教育的改良，服务女校者应与服务男校者取得同等待遇；为了绕避世俗后进势力的阻挠，受过教育的女子应成为女子教育的主要动力；为了拔除社会以中学男女同学为吞不下去的鱼刺，他提出应策略地寻求解决问题的途径，即“赶快的提倡多设女子中学”。在教改实验方面，他利用自己在高校中所处的地位，尝试性地解决高等教育阶段女子的教育平权问题。这就是他在南京高师时期大胆地作出的试点性改革。在南京高师，他先后提议过允准女子旁听、招收女子特别生和在高校中直接实行男女同校，公开强调高等教育机构招生工作，应该“不论男女均可录取”，而且在他的促成下，南京高师于1920年秋季学期首次招收了女生，成为全国首先招收女生的两所高教机构之一，为女子在高教领域中获取与男子同等教育的机会和权利，开辟了一块崭新的试验园地，打破了“高等教育对于男女同学的困难”[①]，推动了女子教育工作的深入进展。

在推进平民教育时期，陶行知一面继续关注着和致力于学校教育中的女子平权问题，如在中华教育改进社第四届年会上指出，“现在中国之教育，实为畸形之发展，若不增设女子学校，实与机会均等主义有所违背”，故敦请政府通令各省区增设女子中学，同时要求各专门大学招收女生[②]。在女子师大改组问题上，他也提出了恳切的意见，要求当局主管教育者们做到实事求是，“创造一个名实相符的女子师范大学”[③]。在另一面，随着生活教育学说的发展，他将自己对女子教育的主要注意力逐渐由高等学府下移到庶民社会，由正规的学校教育转向普通的社会教育。这种思想认识的

① 华中师范学院教育科学研究所主编:《中国建设新学制的历史》,《陶行知全集》第1卷,湖南教育出版社1984年版,第198页。

② 《教育改进社年会之回顾》,《申报》1925年8月25日。

③ 华中师范学院教育科学研究所主编:《女师大与女大问题之讨论》,《陶行知全集》第1卷,湖南教育出版社1984年版,第576页。

转变，一是女子教育在正规学校教育中已取得了一定的进步，如“绝大多数中国大学已为女子敞开大门，并实行了男女同校”①。而各地陆续建起的女中以及一些中学实行男女兼收，也在某种程度上缓解了城市女子中等教育的难题②。但更重要的原因，是他对平民社会教育事业的重要性之认识，看到了中国教育事业的根本问题在于广大的平民社会。由此出发，要发展女子教育事业，自然要注重平民女子的文化知识水平的整体提高。缘此，他借助自己在教育界中的地位向社会发出积极的倡议，并组织起推动这种女子教育的中华女子教育促进会。当他编辑出版平民教育的教材《平民千字课》时，为了试验这种教材的社会适用性，他曾设立过三所试验学校，其中就有一所专为女子所创办，并且指派自己的胞妹陶文渼亲自主持这项教育试验。与此同时，他还以安徽第四女子师范作为推行平民教育的主要据点之一，号召女校师生用自己的知识去发展家庭、家乡和周围社会的女子教育事业，并用这种事业去改造社会环境。而他本人也正是以佛入地狱的精神，用平民教育去改造着女子社会，甚至尼姑庵、济良所等非平常女子的生活处所，也成为他实践平民教育足迹所至之地。更为难得的是，在推行平民教育实践过程中，他还发明了各种积极可行的办法，即“专办女子平民学校”，让一部分乡村女子获得正规教育的机会；提倡家庭自建平民读书处，采用家人互教的连环教学法，解决一部分缺乏条件和没有机会的女子接受教育的问题；号召女学生寒假、暑假回乡教村里的妇女，使她们受到短期的读书识字的训练；极力提倡女子学校造就出女子领袖，依靠她们来发展女子的教育，使女子平民教育得以大量推广。所有这些具有现实效果的实践经验，都符合中国百姓的习性，减轻了女子教育推进过程中的阻力，有利于女子教育事业的发展。

在推行乡村教育时期，为了实现自己“用四通八达的教育来创造一个四通八达的社会”的宏愿，陶行知对乡村女子教育的提倡不遗余力，认为占全国妇女“百分之八十五”的乡村女性，是“世界上最需要帮助”的文盲阶层，号召从事妇女运动的人们，要看到她们的招手，听到她们的呐喊，走进

---

① 华中师范学院教育科学研究所主编：《民国十三年中国教育概况》，《陶行知全集》第1卷，湖南教育出版社1984年版，第528页。

② 华中师范学院教育科学研究所主编：《民国十三年中国教育概况》，《陶行知全集》第1卷，湖南教育出版社1984年版，第526—527页。

她们的社会，用教育来改造她们成为能负社会责任的新国民。为了挡避保守落后的社会层面的讥枪诮箭，他函劝妹妹文渼做“中国第一次到乡下去的女学生”①。不负他的厚望，陶文渼很快就成为其兄推行乡村女子教育的益友与助手，以晓庄为中心的精神乐园，以女娲炼石补天的意志，为了“香姑”们的教育事业，贡献出了自己的全部年华。由于有了此等具献身精神的乡村女教育家，使得陶行知的乡村女子教育事业得到了较为顺利的发展，除了晓庄学校石破天惊般招中国历史上最早下乡就读的女学生外，他还能因时因事成立各种妇女学习训练班，如因救护难民而创办的妇女教育班，因照顾妇女农闲学习而开设的农暇妇女工学处等。所有这些，使得他的乡村女子教育事业发展多样化：在教育形式上，既包含学校教育，也包含社会教育；在施教对象上，既有一定学业年限者，也有短期临时受训者，从而为乡村女子教育创造出了一条新的发展道路。经过晓庄时期的实践，陶行知的女子教育思想也得到了深化和发展。诸如在乡村女子教育的首要任务方面，主张“以乡村妇女运动教学做”，培养出“乡村妇女运动之导师”，以利女子教育在乡村发展和推广；在乡村女子教育的最好途径方面，要推广“夫妻学校”，既可消除世俗的成见，又可建立起“模范乡村家庭”，使之在改造旧乡村、创造新乡村的伟大运动中，成为广大农民社会中一种移旧创新的“新村魂”；在乡村女子教育的最良收益方面，它不仅提高乡村女子的文化知识水平，还可以促进乡村幼教事业的发展，并以此来为乡村受过教育的女子“开一职业上之出路”。

总之，乡村女子教育，使广大的乡村女性学到了求职生利的知识和本领，提高了这个在中华民族中地处最低下的阶层的文化素质，在改造她们自身的同时改造着中国的乡村社会。

晓庄时期以后，虽说随着时局变化和社会发展，需要陶行知兼顾繁多的社会工作，但鉴于中国教育事业的真正难于攻破的堡垒是女子教育，“女子教育不解决，普及教育就无法解决”②的社会现状，他一直未放松对女子教育的提倡和推行。为了在世俗社会重重罗网之中攻克教育的“娘子关”，

---

① 华中师范学院教育科学研究所主编：《第一次下乡的女学生》，《陶行知全集》第5卷，湖南教育出版社1985年版，第184页。

② 华中师范学院教育科学研究所主编：《普及教育》，《陶行知全集》第2卷，湖南教育出版社1985年版，第761页。

他在连环教学法的基础上发明了“小先生制”，让受过教育的儿童来教文盲女性识字读书。这种小先生制的实践推广，在一定程度上和一定范围内，解决了女子教育的师资严重不足的难题，解开一些守旧人物禁锢的头脑，解放了大批的文盲女性。他将这种小先生制誉为“热烈无比的太阳”，他们所到之处，“女子教育就如雪团见太阳，一见冰消，问题一笔解决”①。这一方法的发明推行，对施行女子初步教育有一定的社会效果，所以，在当时的社会环境之下，“小先生制是解决女子教育难之最有效的办法”②。在他生命的最后10年间，尤其在重庆育才学校时期，陶行知在自己主持的教育机构和自己从事的教育实践中，更加坚持“女子教育机会均等”的教育民主原则，突破经济困难，无视社会偏见，大量招收女性学员，实行男女兼收并授。如育才学校创办之初，全校152名学生中女性就占69名，及至第二年，在300名正规生中，女性又占129名，两年间女生均占全校学生总数的40%以上，基本上做到了男女的机会均等。与此同时，他还积极投身于自身学校之外的女子教育活动，诸如兼授过求精中学高级妇女干部训练班，并一直关心这些学员成长，为她们寄送《战时教育》等课外读物，培养抗战妇女干部尽着一个教育工作者所能尽到的心力。这种心力一直尽到他的生命最后时刻。在全面提倡民主教育时，“男子与女子”的教育机会均等，依然是他的整个事业计划的指导原则之一。

二、女子教育的具体主张

陶行知对于女子教育的论述，包括两个方面的内容。一是实施女子教育具有何等的价值和意义，一是实现女子教育应该注意的工作与措施。

1. 女子教育是实现个性价值的重要前提。

早在学子时代，陶行知就对中国女子低下的社会地位予以极切的关注。在他看来，中国女子之所以其独立人格不得实现，毫无个性价值可言，根本原因之一，是女子自身缺少独立生活的意识和资本，尤其在经济生活上依赖男子而不能自立。然而，“女子同为人类，自应有知识技能，去谋独

---

① 华中师范学院教育科学研究所主编：《小先生与民众教育》，《陶行知全集》第2卷，湖南教育出版社1985年版，第745页。

② 华中师范学院教育科学研究所主编：《全民教育》，《陶行知全集》第3卷，湖南教育出版社1985年版，第555页。

立生活”[1]，尤其在现代社会的民主潮流中，女子更应该努力改变自己所处的双重奴隶地位。而解决这种地位的一条重要途径，就是让她们接受教育。对女子实施教育，既可让她们成为“读书明理之人”，从思想觉悟上认识到自身的人生社会价值，又可为她们“开一职业上之出路”，使她们取得自主做人的知识技能，从经济上站稳自立立人的脚跟。所以，女子教育是实现个性价值的重要前提，能够让女子积累实现个性价值的资本，迈步走进地位平等的人生。

2. 女子教育是提高社会素质的重要保证。

由于女子在家庭中的特殊地位，女子接受教育，除了使受教育者本人能实现自我价值，做到自立立人外，还能收到家庭教育的良好效果。一方面，有了知识的女性，可以利用自己的感化力量，“溶化男子的性情与人格”，“将坏的男子变好”，使其不致堕落；另一方面，女子受过教育，自己会读书，明白了读书的重要，就不会再轻易地让自己的儿女失学，同时，由于自身具有了文化知识，女子也就具备了照应自己子女成长的良好条件，“可以巩固子孙的教育”[2]。由此可见，女子教育还是家庭整体知识水平得到提高、文化素质得到加强的最重要条件。而家庭是社会的细胞，一旦在全国范围内实施女子教育，对于整个社会来说，不仅既有的主体得到良性改造，更为长远的利益，是从素质保障了整个民族的未来。

3. 女子教育是促进国力强盛的重大措施。

“人民贫，非教育莫与富之；人民愚，非教育莫与智之。”[3]教育是提高国民素质的必要前提，它的发展和普及，关系着国民主人翁意识的养成和国民生计的发展。因此，对全体国民普施教育，应定为一项基本国策。在实施这项国策时，女子教育的关系重大。这是因为，在中国社会中，女子几乎占国民总数的一半，而这个一半又绝大多数是文盲。这就是说，在擎着中华民族“大厦”的“四万万根柱子”中，有二万万根是“不能用的

---

① 华中师范学院教育科学研究所主编：《教育者的机会与责任》，《陶行知全集》第1卷，湖南教育出版社1984年版，第257页。

② 华中师范学院教育科学研究所主编：《教育者的机会与责任》，《陶行知全集》第1卷，湖南教育出版社1984年版，第258页。

③ 华中师范学院教育科学研究所主编：《共和精义》，《陶行知全集》第1卷，湖南教育出版社1984年版，第51页。

木材”①。要救这二万万根“木材”不致朽而无用，只有对她们施行真正的教育，使她们的素质得到改造和提高，培养她们与男子一道“去共同担负社会的责任”的意识与能力，发挥她们支撑大厦建设国家的“半边天”的作用，这样，中国就会获得比现在增强一倍的国力。可见，女子教育的兴起与发展，还是促进国家强盛的根本要图之一。

4. 普及女子教育的前提条件在于实际地位的平等。

民国成立以来，女子教育从理论上讲得到了一定的重视，形式上女子获得了一些接受教育的机会和权利。但在现实生活中，即使到了“五四”时期，女子教育“亟待解决的问题正还不少”，其中最突出也是最重要的问题，是女子享受教育的权利与地位的实际不平等。这种实际不平等，就其表现形式来看，一是在受教育者的数量方面，男女接受教育的比例极为悬殊，即使女子教育最为发达的地区，其入学数也只占学生总数的12%—13%；二是在所受教育的质量方面，女子在中高等教育中处于受歧视遭排斥的地位，“中等学校毕业以后，女子几无上进之路”②。至于男女同校受教，更是整个社会吞不下去的一根鱼刺。因此，要使女子得到教育并使之普及和提高，必须首先做到“各级教育女子所得教育之机会，都能平均”③，即不仅要在形式上有与男子一样的接受教育的机会，而且还要能在各级教育机构中享受到与男子同等受教、同样学习的权利。

5. 实践女子教育的主体力量在于受过教育的女性。

在陶行知看来，发展女子教育事业是一项伟大的运动，并非一时一事，亦非少数同志所能解决的问题。固然这种事业本是全国人民所应担负的责任，但限于现时社会整体的觉悟水平和推行女子教育的一些具体困难，尤其“男女有别”等陈腐世俗观念在人们头脑中作祟，要真正地掀起和推动女子教育的潮流，使中国二万万女子都化为读书明理之人，这一艰巨工作任务的承担，在现时社会条件下，非受过教育的女子出来万众一心的提倡

① 华中师范学院教育科学研究所主编：《教育者的机会与责任》，《陶行知全集》第1卷，湖南教育出版社1984年版，第258页。

② 华中师范学院教育科学研究所主编：《规定女子旁听办法案》，《陶行知全集》第1卷，湖南教育出版社1984年版，第143页。

③ 华中师范学院教育科学研究所主编：《女子教育在学制上占领地位之十五周年纪念》，《陶行知全集》第1卷，湖南教育出版社1984年版，第244—245页。

不可，相对男性教育工作者来说，她们更是“当仁不能让”。只有受过教育的女子觉醒起来，自觉觉人，“群策群力，组织团体，做全部的提倡事业”，女子教育才能取得“不可限量的进步”①，才有真正解决的可能。

6.发展女子教育的工作重心在于乡村的女子社会。

实施女子教育，必须考虑并结合中国的国情来确定工作的重点和中心。中国是一农业国，乡村女子占全国女性的85%，而这些女性又几乎全属文盲阶层，发展女子教育的工作重心应该放在她们身上，她们是一个“世界上最需要”用知识去“帮助”的群体②。要改造中国社会，提高民族素质，这是一个工作任务最重、难度最大、最需要人去献身的社会阶层。因此，相应而言，一个有志献身于人民教育事业的人，尤其青年男女知识分子，也就应该时刻记住国家有这么一群未受教育的人民，本着开创的精神去履行自己的历史责任，到乡间去办起“夫妻学校”，使之成为改造乡村生活的中心和灵魂。这样，乡村妇女教育就可以得到格外的推广和上进。

三、女子教育的总结评价

近代意义上的女子教育，在中国经历了一个曲折的发展过程。1844年，英国东方女子教育协进会会员、传教士爱尔德赛(Miss Aldersay)在宁波创办一所女塾。这是近代外国人在华设立的最早的教会女学，也是中国女子接受新式教育的开端。自此以后，随着西方资本殖民势力的扩张，教会女学逐步发展。据有关资料记载，到1902年，进入传教士设立的女学堂学习的中国女子有四千余人。但是，中国社会自身对于女子接受近代教育的认识觉悟甚晚，而严格意义上的中国人自己开创的女子教育事业起步更迟至甲午战争之后。自19世纪70年代以降，一些睁眼看世界的中国志士，在接踵而至的西方文明冲击波的浸濡下，开始认识到女子教育的问题，对西方国家女子接受教育的情况逐渐有所介绍，如1873年李善兰的《泰西学校论略序》、1882年王之春的《广学校篇》等，就对西方国家女子教育作了说明。到19世纪90年代初，有人开始初步提出“参访西法、增设女塾”的

---

① 华中师范学院教育科学研究所主编：《女子教育在学制上占领地位之十五周年纪念》，《陶行知全集》第1卷，湖南教育出版社1984年版，第244—245页。

② 华中师范学院教育科学研究所主编：《晓庄试验乡村师范的第一年》，《陶行知全集》第2卷，湖南教育出版社1985年版，第61页。

主张，其中尤以郑观应于1892年写就的《女教》影响至大。在文中他主张“广立女塾”，以教育来使中华女性“为贤女、为贤妇、为贤母”，从而“相子佐夫”，“不致虚靡坐食”①。甲午战后，人们对办学校兴教育的迫切性和必要性有了进一步的认识，一时“朝野之间，竞言兴学”，于是女子教育作为社会改良的一个重要组成部分被列入了时代课题之一。面对列强瓜分中国的狂潮，一些维新人物把女子教育与开发民智、强盛民族联系起来。如梁启超在《论女学》中就指出，“天下积弱之本，则必自妇人不学始”，强调“妇学实天下存亡强弱之大原”，积极提倡学习泰西开办女学的经验，重新发扬“圣人之教，男女平等”的遗风，兴办女学发展女子教育，以收“上可相夫，下可教子，近可宜家，远可善种”②之效。至1898年5月，在梁启超等人促成下，经元善发起创办的经正女塾在上海正式开学。于是，维新人物的理论倡导取得了社会的实践效应，女子教育由舆论提倡转向实践试行，开始了完整意义上的中国近代女子教育的起步。一时间，女子教育机构小有可见。但这种景象很快就随着戊戌变法的失败而云散烟消，经正女学也于1900年中秋节后停办。

女子教育真正兴起时期在20世纪初年。义和团运动之后，中国社会出现了一股兴办新式教育的热潮。这就是所谓“新政”时期教育事业的发展。这个时期的女子教育也取得了一定程度的进步，其表现可概括为三。一是人们对于女子教育的大力提倡，表明女子教育已在中国社会中形成一种强烈的时代观念。在当时的社会势力之中，包括改良派和地主阶级开明派人物，无不以提倡女学为时兴，不少人甚至直接将兴女学与争女权合为一谈，尤其一些女性创办或为女性而创办的报刊对女学的提倡更是不遗余力。二是各种女子学堂的兴办，表明女子教育在中国社会中已成为一种不可阻抑的新生事物。在一些风气初开的地方，女子教育有了一定程度的发展，陆续出现了各种形式的女子学堂，如上海就有务本女塾、爱国女学等教育机构的创建。除了普通教育外，还出现有女子师范学堂、各种实业女校、女子专门美术学堂和女子体育学堂等。这一时期的女子教育多以小学为主，女子中等教育间或可见。三是有关女子教育章程的颁行，表明在传统

① 郑观应：《女教》，《盛世危言》第3卷。

② 梁启超：《倡设女学堂启》，《饮冰室合集》第2册。

教育中毫无地位可言的女子教育获得了法定的地位。在1903年清廷颁行的《奏定学堂章程》中第一次提到了女子教育,但规定“女子只可以家庭教育之”,其独立地位不得实现。到1907年迫于社会各方面的压力,面对各地女学纷起的既成事实,清政府不得已颁行了《女子小学堂章程》和《女子师范学堂章程》,承认了开办女学的重要,打开了女子教育的闸门。但是,这一时期政府明文规定女子不得与男子同校共课,女子教育仍然受到严重的歧视。辛亥革命以后,民国政府对女子教育作了一定程度的改进,女子和男子在初等教育及中等教育的学制上已趋一致,男女同校的禁令也稍有放宽,如1912年元月颁布的《普通教育暂行办法》第十四条中就规定,“初等小学可以男女同校”。从这一时期学校教育发展来看,除了女子小学教育外,女子中等教育也有一定程度的进步。自1912年《女子中学章程》颁行后,不少省市先后都有普通女子中学的出现。在高等教育层次中,也出现过为女子专设的专科性或准高等层次的教育机构,如1912年上海就有女子法政学校的创办。到五四运动前夕,教育部又将北京女子师范学校升格为女子高等师范学校。不过,这一时期的女子教育仍然以小学为主。据中华民国教育部第五次之教育统计图表载,到1916年,全国有女性学生172764人,其中受中等教育者为8005人,其余均为女性小学生。综观这一时期的女子教育,就其整个趋势来看无疑有所进步和发展,但在实际上仍然存在着不少问题,尤其是一些原则性问题,对这种教育的发展起着极大的阻碍作用。诸如在人们的思想认识方面,自清末以来对于女子教育提倡“贤妻良母主义”的倾向依然存在;在男女同享教育权方面,中学及其以上阶段的教育机构中,女子仍然不得与男子同校受教;在接受教育的女性社会中,广大的乡村女性完全被冷落在校门之外,甚至不少县份毫无女子接受教育的事例可言。对照而言,陶行知对于女子教育的理论和实践,正是在这些方面作出了超前启后的贡献,从这些贡献中,人们不难看到他在女子教育发展史上的地位和作用。

首先,陶行知对于女子教育意义的全面认识,体现了他的民主精神。诚然,自中国社会提倡女子教育以来,也有一些人物超离“贤妻良母”的教育目标,主张女子接受教育以争取自尊、自主、自立的社会地位,但就整个理论体系来看,真正有如陶行知这样全面地认识女子教育的意义和作用的人物却不多。陶行知对于女子教育不仅指出其“治内”的作用和意义,而且也指出其“治外”的作用和意义，即女子教育的实现，从治身、治家到治国、治世，都能体现其功用和价值，这种价值体现包括着经济、政治和社会诸方面的内容。因此，陶行知的女子教育观已脱离了既有的“贤妻良母主义”的羁绊，使女子教育走出“家庭”而走向社会，其最后目的是使中华女性同胞得到再造而成为强盛民族建设国家的有用之材，以便与男子一道“去共同担负社会的责任”，从而牢固地撑起中华民族的“大厦”。这种女子教育观明显地反映出了一种时代意识，即“五四”时期倡行的民主精神，紧扣着女子问题上要求男女平权、妇女解放的时代主题。

其次，陶行知努力实现高教层次的男女同校，体现了他的创造精神。如前所述，中国的女子教育，直到“五四”时期，在男女同校受教方面仍然是一大难以逾越的障碍。虽说当时在中国土地上办理的教会大学早已试行过男女同学，而且取得了良好的结果，但在中国人自己办理的学校中，中等教育以上男女同学仍然是一块封闭甚严的禁区。早在 20 世纪初，我国一些进步人士就倡导过男女教育平等，但对于男女同校受教问题提倡甚少。民国成立以来，不少新进人物为实现各级教育层次的男女平权同校作过种种努力，终因社会阻力过大而成果局限于小学教育阶段。及至新文化运动时期，随着妇女解放潮流的激荡，一些主张男女平权的人们一再呼吁要在中高等教育阶段上做到男女平等，但多半限于理论方面的宣传，加之反动的北洋军阀政府的腐败和封建势力的反对阻挠，这些进步主张根本得不到采纳实行，直到 1919 年，全国国人自行办理的大专院校中“女子竟无一人”。由此可见，陶行知等人率先在中国人自办的学校里实现男女同校①，无疑在中国教育史上是一个创造。自此以后，除了北京女高师等女子专校外，国人办理的一些大学都先后解除了女禁。据 1922 年的调查，仅国立高

① 在近代中国社会中，有一种超然中国学制之外的教育事业，这就是教会学校。在教会教育事业中，高教机构里试行男女同校起步甚早，如岭南大学 1905 年就招收有插班女生，1918 年正式实现男女同校。但在国人自办的高教领域中，不仅男女同校问题迟迟不得解决，就是完整意义上的女子高等教育事业，也迟至 1917 年才得问世。这就是北京女子师范学校国文教育专修科和手工图画专修科的设立（民国六年开办国文教育专修科，民国七年又办手工图画专修科，民国九年女子高师完全正式成立）。至于女子与男子同校享受高等教育，人们一般都持“1920 年北京大学和南京高师开放女禁”之论。不过，如从完整意义上理解中国人自办的高等教育中正规女大学生的招生首创工作，南京高师似应更为完备合理。

教机构就有 11 所大学实现了男女同校，此外一些省立和私立的高校也兼收女性学生。因此，从中国社会教育的发展进程来看，陶行知等人的创造性贡献，使中国女性初步争得了平等接受全程教育的完整权利。

再次，陶行知致力于开发女子教育的乡村领地，体现了他的开拓精神。在传统中国社会中，女子教育无地位尤其表现在乡村。直到五四运动前后，在广大的乡村社会中，女子教育仍然处于一种几乎空白的状态。据陶行知自己调查的数据得知，至 20 年代初，全国尚有五百余县没有一个女学生①。因此，从国家教育事业的整个发展前景来看，在缺乏教育的乡村这块亟待开化的土地上，乡村女子又是其中最亟需教化的阶层。当人们大多由于种种原因正对这块教育荒原望而却步之时，陶行知能够从高等学府下到穷困乡村，无视传统社会遗留下来的重男轻女观念的普遍存在，冲破世俗偏见等重重阻力来开办乡村女子教育，为乡村女子在教育领域中争得一席之地，这是他素来提倡的开拓精神的体现。在开拓乡村女子教育领地的过程中，为了尽量减轻来自后进社会层面的压力，他还依据民俗和国情，先后设计过种种解决乡教女子师资的方案。如主张有知识的女性下乡办理“夫妻学校”，鼓励乡村学校留意造就立志乡村的女教育家，以及发明推广传递先生制和小先生制来解决女子初步教育的难题。如此等等，都为中国乡村女子教育事业的发展向后人提供了值得借鉴的经验。

从近代中国女子教育的发展走向，人们不难看到陶行知的关键角色作用。由于民主潮流的激荡，自清末发展起来的女子教育至“五四”时期已发生着深刻的变化。从教育领域的角度来看，“五四”人物对女权的争取、对民主的提倡、对妇女解放的努力，其思想光芒无一不在陶行知的女子教育思想中得到一定程度的折射。对于女子教育，“五四”人物们不乏鼓吹者提倡者，然而，理论的张扬固然可敬，但任何理论如果不付诸实际行动，不在实践上得到相应的实现，这种理论再高明、再新奇也终归纸上谈兵。相对而言，陶行知更为可敬之处，就在于他在建构自己的女子教育理论的同时，用更多的精力和时间去致力于现实的行动，以自己的事业实践色彩去改变女子教育中一些领地中的“雪花效应”，而且这种实际行动比当时的同仁们

---

① 华中师范学院教育科学研究所主编:《教育者的机会与责任》,《陶行知全集》第 1 卷,湖南教育出版社 1984 年版,第 257 页。

走得更深更远。当然，囿于时代尤其社会条件的局限，陶行知以个人的力量所创造的女子教育事业，其社会效应所覆盖的区域毕竟有限，即使在思想认识上他也一时出现过某些困惑，如早年提倡男女教育平权时，对中学阶段的男女合校曾存有顾虑，“并不是主张中学男女同学的人”①。所有这些从另一个角度说明，要在一个陈旧观念笼罩下的社会中创造一番革新事业，其步履何等艰难，也告诉人们陶行知在如何顺应历史潮流来推动中国教育事业的进步。

第四节　幼儿教育

一、幼儿教育的实践活动

陶行知的幼儿教育实践活动，主要在其乡村教育时期，因此，从他整个一生的教育事业来看，幼儿教育是他乡村教育的一个重要的组成部分，也是他生活教育理论的一块重要的实验园地。

对幼儿教育实践认识，早在 1924 年，陶行知就基本上提出了自己对于中国学前教育——幼稚园教育的总体看法。在为《1924 年世界教育年鉴》所撰的《中国》篇中，就中国幼稚园教育的主要作用、首要工作和办园方向等方面问题，他提出了自己的见解和主张。他认为，幼稚园的训练，给儿童提供了积极的自我表现的机会，也提供了儿童与教师相互影响的机会，因此，这种教育形式非常必要，应该得到社会的普遍关心和支持发展。为了建立更多的幼稚园，以利幼教事业的发展，当前的首要工作任务，就是要建立起训练幼稚园教师的教育机构。与此同时，他还对中国现有幼稚园在使用教材和方法上，不顾中国儿童的实际照搬国外一套的作法提出了意见，赞同把幼稚园办成既是训练母亲的中心，同时又是幼儿教育的中心，以此来端正中国幼稚园教育的办园方向②。

到了 1926 年，随着乡村教育事业的进展，陶行知开始注意到了建立和

① 华中师范学院教育科学研究所主编：《为反对中学男女同学的进言》，《陶行知全集》第 1 卷，湖南教育出版社 1984 年版，第 301 页。

② 华中师范学院教育科学研究所主编：《民国十三年中国教育状况》，《陶行知全集》第 1 卷，湖南教育出版社 1984 年版，第 518 页。

发展乡村幼稚园的重要作用和意义。是年10月，他以中华教育改进社主任干事的名义，连续两次致书江苏省省长陈陶遗，要求在南京燕子矶创设试验乡村幼稚园，并且指出，倘能依据“适合国情、节省费用、裨益平民”三大方针切实试验来建设乡村幼稚园，“则全国儿童幸福及乡村生活，不难开一新纪元”①。虽说此愿发出后因他事影响而几经耽搁，但到1927年11月11日，中国的第一个乡村幼稚园——南京燕子矶幼稚园，总算呱呱坠地。从此，陶行知开始了自己的乡村幼教工程的构建，也使中国幼教事业在乡村这块“新的大陆”中靠岸立足。

南京燕子矶幼稚园的创立，固然是陶行知对整个乡村教育事业和整个幼儿教育事业的理性认识的必然结果，但触发他致力于开创乡村幼稚园的导线，是依着一颗“爱满天下”之心对于农民生活的观察与同情，根据“爱吾幼以及天下人之幼”的崇高道德原则，从自己的母亲对幼孙疼爱的现象中，引发出立志建起乡村幼稚园的良愿，这就是他在《在燕子矶幼稚园开学典礼上的讲话》一文中所说的“三次感触”：“第一次我觉得乡村里有设立幼稚园之必要，是宋调公君告诉我农忙时往往有母亲一只手抱着小孩子，一只手拿着凳子到学校里来托先生给他看管。他只求先生守着小孩子不给他走开，她就感激不尽了。又一次看见一位母亲在田中讲故事，对面地下放一个筐子，里面坐着一个小孩子，这孩子便是她的儿子。又一次我遇了一个小学生，我问他为什么不进学校，他说现在田里很忙，他要帮助妈妈带小妹妹。”②有了这三次感触，联想到自己的慈母如何疼爱孙儿的情景，于是他“决定要使全国个个乡村都有一个幼稚园为儿童造福，并立志要在这一年之内把第一个乡村幼稚园成立”③。但在当时社会环境下，因其是中国第一个乡村幼稚园，是一件崭新的事业，在社会方面，一时难以取得较多的同情，在人才方面、经济方面，都有相当的困难。为此，陶行知劳力费神，寻园址，觅人才，筹经费，求援手，经过几番周折，总算万事俱备。当幼稚园新

---

① 华中师范学院教育科学研究所主编：《农村急需设立幼稚园》，《陶行知全集》第5卷，湖南教育出版社1985年版，第137页。

② 华中师范学院教育科学研究所主编：《在燕子矶幼稚园开学典礼上的讲话》，《陶行知全集》第2卷，湖南教育出版社1985年版，第51页。

③ 华中师范学院教育科学研究所主编：《在燕子矶幼稚园开学典礼上的讲话》，《陶行知全集》第2卷，湖南教育出版社1985年版，第51页。

园舍在南京之郊长江之滨的燕子矶麓落成后，陶行知亲手书挂一块门牌："谁说非学校，就算非学校；彼且为婴儿，与之为婴儿"，并在活动室悬挂北平香山慈幼院院长熊希龄先生手笔对联一副："老吾老以及人之老，幼吾幼以及人之幼。"门牌和对联的内容，充分反映了陶行知办理乡村幼稚园的指导思想和发展乡村幼教事业的崇高精神。

燕子矶幼稚园问世不久，继其之后，在1928年春季和1929年春季，陶行知又先后主持创办了晓庄幼稚园与和平门幼稚园。到30年代初，他又指导筹办了迈皋桥幼稚园和新安幼稚园。其间，他还将鼓楼幼稚园纳入自己的乡村幼教试验体系。尤其值得一提的是，在1929年上半年，他又指导建立起幼稚师范学院(蟠桃学院)，成立了晓庄幼稚教育研究会，进一步对培养幼儿教育师资和进行幼儿教育科学研究等作出努力，并且都取得了一定的成绩。就这样，从1926年10月发表《创设乡村幼稚园宣言书》以来，陶行知的幼教理论已在实践中结出了第一批硕果。尽管由于反动势力的迫害，他的整个乡村幼教事业随同晓庄学校被封闭而夭折，但就在这一批乡村幼教实验园地中，他或是通过在其中的实践活动，让自己的幼教理论得到贯彻和实现，或是通过对这些实践活动进行总结，使自己的幼教理论得到丰富和发展。如在办学方针上，他全面地贯彻和推行"中国的"、"省钱的"、"平民的"三原则，所招收儿童绝大多数为农家子女，其教学用具和玩具，也全是就地取材，举凡荷叶、麦秆、鸡蛋壳之类，甚至自然界的野花杂草，也都成为幼儿手中的"恩物"，就连食用的点心，也全是清一色的乡间土货，它如游戏、唱歌、讲故事等，也主要取材于乡村儿童耳目所近之事物，至于园中的一切活动时间秩序，全都从照应农家生活和生产出发来安排。再如在幼教师资训练上，他探索发明了"艺友制"的训练方法，在各幼稚园内都造就出一批"艺友"。拿燕子矶幼稚园来说，在其创办伊始，就培养了三名艺友。后来蟠桃学院成立后，以幼稚园自身的教学做来训练艺友，更被作为发展乡村幼教的师资主要途径，像为陶行知屡屡提及的前燕子矶小学校长丁超和尧化门小学校长宋鼎(调公)他们的夫人，就都是蟠桃学院等训练出来的艺友。总之，晓庄时期的乡村幼儿教育实践，是陶行知的幼教理论的原型浇铸，也使他的幼教理论模式得到定型。

晓庄以后，在社会黑暗势力的高压下，陶行知并没有放弃对中国幼教事业新道路的探索，恰恰相反，他在开创乡村幼儿教育"新大陆"的基础上，又积极地探究另一块“幼稚园之新大陆”的“登岸”，这就是致力于中国第一个劳工幼儿团的创建。在这个“中国第一个劳工幼儿团”筹办之际，陶行知指示，幼儿团的地址，应以靠近女工住所为最好，其事业主体应是工人阶级本身，管理权应在试办一个时间后移转于工人之手，艺友也要在女工队伍里物色，在办团过程中，要跳出传统的托儿所和幼稚园的窠臼，既要包含它们的优点，又要肃清它们的流弊。总之，要把它办成“一个真正工人的幼儿工学团”，“一个富有意义的幼儿工学团”①。正是在他的倡导和指引下，上海沪西幼儿工学团在他的幼教事业得力助手孙铭勋和戴自俺的主持下，于1934年4月1日诞生于上海沪西女工集中区的劳勃生路，专门用来招收劳工子女免费入学。从此，陶行知所探明的中国幼儿园的两块“新大陆”，其“登岸”的历史任务都得以完成，中国的幼教事业又前进了一步。继沪西劳工幼儿团之后，为了使自己多年来探寻“幼稚园的新大陆”的思想得到全面的贯彻，紧接着他又指导戴自俺等人在山海工学团总部所在地，开办了山海乡村幼儿团。正如晓庄时期创办的一批乡村幼儿园是整个乡村教育事业的一个重要组成部分，陶行知对于这些劳工幼儿团的实践创造，亦是他的整个“工学团”教育活动的重要组成部分之一。同样地，他的幼教理论和方法，在这些幼儿团的实践活动中也得到了发展。如他指出，在幼儿团中，应大胆试用七八岁的孩子作为幼儿的保姆、看护及游戏的伴侣。正是在这种思想指导下，“幼儿小陪伴”很快就得到发明和试用。所谓幼儿小陪伴，是在“艺友制”和“小先生制”的基础上，用七八岁的小孩，来做幼儿园里幼儿的陪伴或看护，他们是幼儿的小朋友、小护理和小先生。这些小陪伴们所具备的条件，不是一班老妈子所具备的，即使幼儿团的工师也没有具备完全，所以，它是“幼儿团最宝贵的新收获”②。

二、幼儿教育的具体主张

与所有有见识的教育家都很重视幼儿教育一样，陶行知的教育学说体系中包括了丰富的幼儿教育思想。在理论见解方面，他主要从四个方面对

---

① 华中师范学院教育科学研究所主编:《劳工幼儿团的接生婆》,《陶行知全集》第5卷,湖南教育出版社1985年版,第280页。

② 戴自俺:《乡村幼儿团》,《陶行知幼儿教育的理论与实践》,四川教育出版社1987年版,第505页。

幼儿教育进行了论述。这就是幼儿教育的地位和作用，幼儿教育的批评与改进，幼儿教育的开拓与发展，幼儿教育的师资及教学。

1.“幼稚教育尤为根本之根本”。

陶行知认为，教人要从小教起，而小孩子从能走路、会讲话的时候起到进小学止，是最可爱最要教导的时期。根据科学研究的启示，尤其是幼稚教育的科学实验业已证明，凡人生所需要之重要习惯、倾向、态度，多半可以在六岁以前培养成功。即是说，六岁以前是人格陶冶最重要的时期，人格教育端赖这一时期的培养。这个时期培养成功与否，与其后来成材与否有着培本治标的关系。由于幼稚教育紧紧地衔接着小学教育，故这一时期教育之良否，关系着后来的一切学校教育的成效。这一时期培养得好，以后只须顺着他继长增高地培养上去，自然成为社会优良分子。否则，如果培养不良，坏的习惯、倾向和态度一经养成，则将来进入学校后，或是为纠正那些不良东西让教师费九牛二虎之力，且只能收到事倍功半的成效，或是听其滋长蔓延，任其成为一名不良分子而作害于社会。总之，幼稚教育是人生最为关键的环节，“幼儿比如幼苗，必须培养得宜，方能发荣滋长，否则幼年受了损伤，即不夭折，也难成材。所以小学教育是建国之根本，幼稚教育尤为根本之根本”，发展这种教育，应该作为“我们最关心的一个问题”①。但是，中国社会的一般态度，总以幼儿的教育不关重要，漠视他们的需要、能力、兴味和情感，忽视对他们的培养和教育。由此，对于教育工作者来说，除了端正自身对幼稚教育的认识之外，还必须唤醒国人明白幼年的生活是最重要的生活，幼年的教育是最重要的教育，改变那种漠视幼稚时代及其教育的态度，引起全社会注意和重视幼稚教育的改进和发展。

2.“创造平民的、省钱的、适合国情的幼稚园”。

只有明白幼稚教育的重要，才能重视幼稚教育的发展。在此基础上，还必须明白应该开办和建设什么样的幼儿教育机构，才能使中国的幼教事业有一个正确的发展方向，走一条顺利的发展道路。对此，陶行知明确地指出：发展中国的幼教事业，必须“创造平民的、省钱的、适合国情的幼稚园”。在他看来，中国现有的幼稚园存在种种流弊，既不利于幼儿的成长，

① 华中师范学院教育科学研究所主编：《如何使幼稚教育普及》，《陶行知全集》第2卷，湖南教育出版社1985年版，第81页。

更不利于幼教事业的推行。他称其中最为突出者为幼稚园的“三种大病”①。一是外国病，即仿效外国，不适国情。这种仿效不是经验上的借取，而是不顾国情所提供的条件，从形式到内容上的整体抄袭。二是花钱病，即费用太大，普及太难。这种弊病是依“外国病”而来的。既然处处模仿外国，样样仰息洋人，自然花费过多，而在经济贫困的中国，费钱很多的事情也自然难以推广。三是富贵病，即所收儿童，多属贵族。随着幼稚教育的洋化，幼教学费高昂，平民子弟自然望而却步，于是幼稚园成了富贵人家和伪智识阶级的专利品，失去了发展幼稚教育造就国民后代新价值的意义。至于外国教会在中国开办的幼儿教育机构，尚另有灌输宗教、制造成见的弊端。面对幼稚教育存在如此种种弊病，陶行知认为，要在中国发展幼教事业，必须下定决心，把“外国的”幼稚园化成“中国的”幼稚园，把“费钱的”幼稚园化成“省钱的”幼稚园，把“富贵的”幼稚园化成“平民的”幼稚园。这就是说，要用科学方法去试验和建设一个中国的、省钱的、平民的幼稚园，从而打下实现普及幼稚教育这一宏大目标的基础。所谓“中国的”幼稚园，就是说要力谋幼儿教育之适合中国国情，充分运用眼前的或中国已有的音乐、诗歌、故事、玩具以及自然界等来陶冶儿童，至于外国的“恩物”和其他材料之具有普遍性、永久性之物，也可适当选粹使用，以利儿童眼界的开阔，但所有这些，又必须以家园所出物为中心。所谓“省钱的”幼稚园，就是要在打破外国偶像的基础上，依据周围社会所提供的经济条件，做到少花钱多办事办好事，而不是用很多很多的钱把幼稚园弄得华贵无比。要想幼稚园在中国尤其在平民社会中普及起来，自非省钱不为功！所谓“平民的”幼稚园，是要把幼稚教育为富贵人家和伪智识阶级的专利品改变成整个国家儿童的共享物，在教育平等的基础上，把它普及到平民阶级社会中去，让劳动大众的子弟个个都能享受到其中的幸福，使之成为全体儿童表现自我、接受教育的中心。

3.“工厂和农村是幼稚园可以发现的新大陆”。

在建设适合国情、节省费用、裨益平民的幼稚园的幼教思想原则指导下，陶行知指出，从事幼教事业的同志，还要明白什么地方最需要最欢迎幼

---

① 华中师范学院教育科学研究所主编:《创设乡村幼稚园宣言书》,《陶行知全集》第1卷,湖南教育出版社 1984 年版,第 619 页。

稚园，要善于发现这种教育事业的“新大陆”，并且致力于这种“新大陆”的开拓和发展。在他看来，征之中国的国情，尤其是社会经济生产的状况和条件，“工厂和农村是幼稚园可以发现的新大陆”①。在工厂，当女工上班做工之时，对于幼儿的处置是进退两难。若将小孩留在家中，无人照料和看护，大人和小孩均感痛苦。若将小孩带进厂内，那么工厂里面的特殊紧张的环境，不仅影响女工正常工作，阻碍儿童发育生长，甚至还会危及幼儿安全。因此，为儿童教育计，为女工精神计，为工业生产效率计，凡招有女工的工厂，必须在其附近开办相当之幼稚园，以此“增进儿童之幸福而减少为母者精神上之痛苦”②。在农村，幼稚园同样格外来得需要。创办乡村幼稚园，除了为乡村幼儿创造幸福条件和积极表现自己的场所外，又可以为农忙时节的农妇解除无暇照管孩子的后顾之忧，利于她们节省精力来忙于生产，还可以直接帮助小学生减少旷课和辍学——因为有许多农村小孩的缺课退学是要在家里看管弟弟妹妹。除了这些，乡村幼稚园的推广，还可以为受过教育的乡村妇女“开一职业上之出路”，并且使这种幼教场所成为乡村妇女运动之“中心”③和妇女教育之关键。由此可见，“乡村幼稚园的功效比城市幼稚园还要大”，它的开创和发展，对于整个幼稚教育来说，是一个前景无限、收效无穷的“新大陆”，更值得人们去开拓和献身。

在幼教事业“新大陆”的开发上，随着生活教育理论的发展和工作中心的转移，陶行知对于乡村幼稚园的创办极为注意，并进一步具体地阐述了乡村幼稚园的办园原则和方针。他指出，乡村幼稚园的开办和发展，决不可将现有寻常幼稚园的办法移到乡下。“倘若我们要办乡村幼稚园，非根本的把幼稚园变成平民的、中国的和省钱的不可。”④具体说来，就是乡村幼稚园的经济化、平民化和中国化。乡村幼稚园的经济化，除了在费用上

---

① 华中师范学院教育科学研究所主编：《幼稚园之新大陆》，《陶行知全集》第1卷，湖南教育出版社1984年版，第626页。

② 华中师范学院教育科学研究所主编：《幼稚园之新大陆》，《陶行知全集》第1卷，湖南教育出版社1984年版，第625页。

③ 华中师范学院教育科学研究所主编：《推广乡村幼稚园案》，《陶行知全集》第2卷，湖南教育出版社1985年版，第103页。

④ 华中师范学院教育科学研究所主编：《中国乡村教育运动之一斑》，《陶行知全集》第2卷，湖南教育出版社1985年版，第32页。

打破外国偶像而有所节省外，还必须通过训练本乡师资、运用本村小学手工科及本村木匠制造玩具这两条途径，来实现省钱的幼稚园。乡村幼稚园的平民化，在于把它献给整个儿童，在于平民儿童享受机会的均等和幼儿教师与儿童的真情亲近，切忌迁就富贵人家的意见而排斥穷苦人家的儿女。乡村幼稚园的中国化，是要乡村幼稚园适合于乡村儿童的生活，那些搬洋货、赶时髦、取法外国的方法固然不行，而不顾及乡村生活的特点，一味比照城市幼稚园的做法亦不可取。此外，办好乡村幼稚园，还要在教学上取材乡土环境所提供之物，在时间上依据农妇的农活忙闲程度来安排调整。只有做到上述这些，才能既让幼儿得到教育和幸福，又能真正为农民生活解决一定的实际困难以应济农民的需要，便利乡村幼教事业的顺利发展。

4."幼稚教育之普及"要"改变训练教师的制度"。

在中国，普及教育的最大难关是严格教师的训练，而幼师的培养和来源更是其中最难的问题之一。因此，早在 1924 年陶行知就关注幼教师资队伍的建设问题，指出办幼稚教育首要的事情是解决师资培养机构的创办。到了乡村教育时期，对于幼教师资来源问题，他进一步认识到，固然幼稚师范是培养幼师的重要途径，"但幼稚师范必须根本改造才能培养新幼稚园之师资"，况且，随着乡村幼教事业的发展，"我们也不能专靠正式幼稚师范去培养全部的师资"。于是，他又创造出"艺友制"，以乡村幼稚园自身的教、学、做，来训练乡村幼稚园的教师，这样，"多办一所幼稚园，即是多加一所训练师资的地方"①。采用这种"艺友制"来培养乡村幼教师资的方法，应以训练本乡师资为主要途径，"多招现任乡村教师之夫人、未婚妻、近亲训练之"，以求"造就一人，便得一人之用"②。在改变训练教师制度、广开幼教师资来路的同时，陶行知还着眼于师资质量的提高，指出乡村幼稚园教师第一重要的事情是应当做康健之神，必须受过严谨的卫生训练，以保证儿童们身康体健。其次，对她们的训练还必须达到下述五项目标，即"看护的身子"、"科学的头脑"、"艺术的兴趣"、"儿童的伴侣"以及"乡村妇

① 华中师范学院教育科学研究所主编:《如何使幼稚教育普及》,《陶行知全集》第 2 卷,湖南教育出版社 1985 年版,第 83 页。

② 华中师范学院教育科学研究所主编:《推广乡村幼稚园案》,《陶行知全集》第 2 卷,湖南教育出版社 1985 年版,第 104 页。

女的朋友和导师”[1]。在此基础上，让她们真正承担起乡村儿童的教养重任。当然，这种教养仍然是依据适合中国国情的原则，对现有幼稚教育内容重新改造，彻底改变现有幼稚园照搬外国教材和方法的流弊，在教学过程中，采用本国自制的玩具作为教具，选用本国的童话、儿歌等作为辅导内容，同时要求国家教育部门组织专门人才，搜集和审查国内已有的幼教材料，并采用科学方法编制出适合儿童的需要、能力、兴味和情感的教材与课程，在立足本国条件的基础上，吸收外国“一切关于幼稚教育的经验”，创造一种具有中国特色的“今日之幼稚园”，使之成为个个幼儿都能享受其中幸福的幼儿教育中心[2]。

三、幼儿教育的评价

自 1840 年德国学前教育家福禄拜尔（Friedrich Wilhelm August Froebel）创立世界上第一所幼儿园以来，幼儿教育日益受到世人的瞩目。随着西方教育思想和学校制度在中国的介绍和传播，这种新式幼教形式渐渐受到中国社会的注意。如最早比较全面介绍西方学制的郑观应，就于 1892 年在《盛世危言》“学校”篇中提到过西方各国教育均“初训以幼学”，但他对这种“幼学”未作任何说明。幼儿教育真正在中国社会受到重视是在 20 世纪之初。1902 年，当康有为在《大同书》中规划为三至五岁幼儿设立“慈幼院”（育婴院）时，他的弟子梁启超直接在《新民丛报》上把幼稚园教育列为教育制度的初级阶段。梁氏早在 1896 年撰写《变法通议》时就指出过幼教的重要性，认为“人生百年，立于幼学”，现在他又在《教育政策私议》中积极提倡仿效日本教育制度，设立幼稚园以收五岁以下儿童教育之。比起康氏幼教计划因《大同书》长时间“秘不示人”而胎死腹中来说，梁氏的幼教主张的社会影响要大得多，不过，他的主张也未能得到施行。中国的幼稚园教育事业是随着新型学制的公布而正式产生和发展的。1901 年 9 月，清廷发布实行“新政”上谕时就提过各州县应“多设蒙养学堂”。1902 年制订的“壬寅学制”列有蒙养教育的字样，但这种要求六至七岁儿童入蒙养院

① 华中师范学院教育科学研究所主编：《改革乡村教育案》，《陶行知全集》第 2 卷，湖南教育出版社 1985 年版，第 118 页。

② 华中师范学院教育科学研究所主编：《今日之幼稚园》，《陶行知全集》第 2 卷，湖南教育出版社 1985 年版，第 160 页。

的“蒙养教育”实属小学教育之初步。真正让幼稚教育占有一席地位的是“癸卯学制”，其章程规定蒙养院“为保育三岁以上至七岁幼儿之所”。后来民国时期“壬子·癸丑学制”对此有所变动，如规定小学教育从六岁起始，使幼稚园教育减少一岁年龄，并把幼稚教育置于学校系统之外。这种变化到“壬戌学制”时有所纠正，即把幼稚园纳入学校系统，加强了幼教地位。在政府确定幼稚园教育的法定地位的情况下，人们开始致力于这种教育的实践行动。几乎与制订“癸卯学制”同时，湖北幼稚园于1903年秋筹办于湖北省城武昌，招收三至六岁的男女儿童入园，“是为我国设立幼稚园之始”①。自此以后，随着“新政”时期新式教育的发展，幼儿教育在中国社会有了明显的进步，在中国大地上出现了第一批幼儿教育机构。据清末学部统计，在1907年，各地办理的幼教机构已收入院幼儿4893名，在随后的两年间也均有2600多名。概观清末幼稚园办理情形，因其尚属事业初创阶段，办园者们均依自己兴趣各出心裁，彼此互无联系和借鉴，故此其名称也各不相同。有的称作蒙养院，如湖南蒙养院、严氏家塾蒙养院等；有的称作幼稚园或幼稚舍，如湖北省立幼稚园、上海公立幼稚舍等。但这一时期的幼教事业有一共同特征，这就是取法外洋：除教会办理的幼教机构和少数仿照教会幼稚园办理的幼教机构外，大多从形式到内容上都照搬日本幼稚教育的一套，甚至师资和教材也大多来自日本。因此，中国的幼教事业一开始就存在仪型外国、热衷洋化的弊端。进入民国以后，随着西方幼稚园教育思想在中国的进一步传播，这种倾向更为加剧和明显。与清末时期人们重视介绍和宣传日本幼稚园教育的情况有所不同的是，民元以后，社会对西洋的幼教思想的引介和了解日益增强，尤其是对福禄拜尔、蒙台梭利等人的教育思想的介绍日益增多。早在1908年，就有人在当时社会影响甚大的《教育杂志》上载文介绍福禄拜尔的幼教思想。1913年，该杂志又登载出宣传蒙台梭利幼儿教育法的文章，并对其“儿童之家”作了全面的介绍。自此以后，宣传和引进福、蒙等人的幼教理论和方法形成了一股巨大的思想潮流，甚至有如江苏省教育会还专门设立有蒙台梭利教育法研究会，研究和推广“儿童之家”。至1919年，美国实用主义教育家杜威等人先后应邀来华讲学，系统地传播了他们的教育学说，于是杜威的儿童中心主

① 陈鸿璧：《幼稚教育之历史》，《教育杂志》1927年第19卷，第2期，第1—8页。

义和克伯屈的设计教学法等在中国得到了引进。随着西方教育家幼教理论的输入，中国的幼教事业也开始逐步由“日本化”转向了“欧美化”。至陶行知提倡和实践幼稚园教育之际，中国的幼稚园已大都在采用欧美式幼教形式、内容和方法来办理了。如颇为著名的集美幼稚园和香山慈幼院即是典型事例。在那些欧美式的幼稚园中，仿照美国幼稚园实行学级编制，依照设计教学法安排幼儿课程，幼儿在园中终日耳目所接，诸如弹唱讲做，全是一些洋货，甚至点心都以舶来品为尚。这样的幼稚园“几乎成了外国货的贩卖场，先生做了外国货的贩子，可怜的儿童居然做了外国货的主顾”①。如此种种当然与中国的国情尤其与经济境况极不相符。因此，20世纪20年代之后，中国的幼教事业已处于一种非进行一番改造或改革不可的局面了。于是，中国教育界一些有远见的人们，为了医治这种幼稚园教育仪型外国的弊病，纷纷进行幼教中国化的实验运动，其中又以陶行知、陈鹤琴等人的幼教主张影响最大、幼教事业成果最著。由此可见，在中国的幼教发展史上，陶行知的幼教理论和实验有着相当重要的历史地位，对于中国学前教育的改进和发展来说，其理论建树和事业建设自然值得人们总结和鉴取。

首先，他对幼儿园“三大病”的革除，规定了中国幼教事业的正确方针。适合中国实际，反对仪型他国，是陶行知的一贯办学原则。早在1918年，他就对仪型他国来办理教育的现象提出了尖锐的批评，指出只有“能自树立，则能发古人所未发，明今人所未明”②。及至从事幼稚园创建工作时，他看到了当时各地幼稚园遇事照抄照搬外国的劣习，由于抄袭资本主义国家和教会势力下的幼儿园，使中国现行的幼稚园都患有“外国病”、“花钱病”和“富贵病”。这种“仪型外国”的病根深深地影响和损害着中国的幼儿教育事业。为此他针锋相对地提出“要把外国的幼稚园化成中国的幼稚园，把费钱的幼稚园化成省钱的幼稚园，把富贵的幼稚园化成平民的幼稚园”③。依照这种办园思想主张，他在自己创办幼稚园的实践中，始终极力

① 华中师范学院教育科学研究所主编:《创造乡村幼稚园宣言书》,《陶行知全集》第1卷,湖南教育出版社1984年版,第619页。

② 华中师范学院教育科学研究所主编:《试验主义之教育方法》,《陶行知全集》第1卷,湖南教育出版社1984年版,第62页。

③ 华中师范学院教育科学研究所主编:《创设乡村幼稚园宣言书》,《陶行知全集》第1卷,湖南教育出版社1984年版,第619页。

地使自己的幼教园地也使祖国的幼教事业，走向中国化、平民化和经济化。根据当时中国社会的经济现状和幼教事业的发展处境，应该说，陶行知对幼稚园所存在的“三个大病”的批评和革除，并与之对应地提出三项办园原则，无疑为中国幼教事业的发展规定了一条正确的方针。虽说在当时他并没有找到中国幼教事业落后的根本症结在于半殖民地半封建社会的政治、经济的束缚，但如果按照他所提出的原则去办理学前教育，必然使幼儿园事业得到长足的发展。即使在今天，这条发展幼教事业的方针，仍然具有现实的指导意义。人们还必须看到，在对待“仪型外国”的态度上，陶行知所反对的是不顾国情实际的全盘抄袭，而不是反对那种有选择的借取和吸收。关于这一点，他在《今日之幼稚园》中说得十分明白：我们的工作目标是“要造成今日之中国幼稚园”，“我们一方面在这里干，我们一方面还要吸收别人的经验，我们要把英国的，法国的，日本的，意大利的，美利坚的……一切关于幼稚教育的经验都吸收进来，我们来截长补短冶成一炉，来造成一个‘今日之幼稚园’！”[①]对照新中国成立以来四十年中国幼教事业所走过的曲折道路，对陶行知上述办园思想主张和指导原则，人们更易于领会到其中指导现实的深远意义。

其次，他对幼儿园“新大陆”的发现，指出了中国幼教事业的发展道路。中国的幼稚园教育自问世以来，虽说一直处于缓慢的发展进程中，在前述清末接受正规幼稚教育的儿童最高年份达4000余人的事业基础上，民国时期各地幼稚园教育有了进一步的发展。据江苏教育会幼稚教育研究会调查所得，在1918年仅上海一地新建的幼稚园就有15所之多，入园男女儿童达四五百人。但是，直到20年代初，这些幼儿教育机构的服务对象仅在于城市，在于城市的富有阶级，在于富有阶级的少爷小姐。至于贫困之家尤其劳动阶级的孩子，根本没有涉足幼稚园的条件和机会。特别对于广大的乡村社会来说，这种在都市“点缀门面”的学前教育，“乡村当中简直找不到他们的踪迹”。据陶行知幼教事业的主要助手之一孙铭勋所记，他曾参观过在南京的一所全国闻名的幼稚园，“他们的孩子，都是来自上等华人或上等洋人的家庭，在家里有老妈子丫头听差侍候，衣服可以一天换一次，打

① 华中师范学院教育科学研究所主编：《今日之幼稚园》，《陶行知全集》第2卷，湖南教育出版社1985年版，第160页。

扮得如同天仙一般”[①]。在此等幼教园地之中，穷苦人家孩子哪得插足之地！即使他处幼稚园偶有一二例外，但仅富人阶级对穷苦人家小孩的歧视成见，就足以剥夺这些小孩享有此间幸福的权利。关于此种成见，陶行知在《如何使幼稚教育普及》中说得十分明白：“他们以为自己的子女是好的，贫苦人家的子女是不好的。他们以为贫苦人家的子女进了幼稚园便要把他们的子女带坏了。因此，幼稚园便成了富贵人家和伪智识阶级的专利品。”[②]然而，中国真正最需要和最欢迎幼稚园的地方，却不是这些阶级，恰恰在那根本没有幼儿教育的劳工社会。这是因为发展幼稚园教育，是为了奠定人生的基础教育，而在现代社会中，除了教育这层意义外，还有更为广泛的社会意义，这就是开办幼儿园还是为了解放妇女劳动生产力。因此，陶行知对于工厂和农村这两个“幼稚园的新大陆”的发现，为中国幼教事业指出了正确的发展道路。而构成这种“大陆”的陆台基础主要是工农两大劳动阶级，因此，中国的幼教道路就是建立起工农大众子女的幸福乐园。他在指出这条道路之后，更有可敬可爱者，致全力于这些幼儿教育领域的开辟和发展。虽说他的幼教事业规模有限且为时甚短，但他所创办的第一批乡村幼稚园和第一所劳工幼儿团的问世，正如时人所评，是背负了一个“时代的使命”，完成了一种“历史的任务”。而这种“历史的任务”的完成，又让人们从一个侧面认识到这位“人民的教育家”的教育民主精神。

再次，他所创造的幼儿园“艺友制”为幼教事业的发展开辟了崭新的师资来源。师资培养，始终是发展教育事业的一个重大问题。中国社会自有幼儿园设置以来，人们对幼教师资问题就有所重视。如在清末，就有过严修主办的严氏家塾保姆传习所，在北京还出现过京师保姆师范这样专门培植幼教师资的教育机构。民国时期，幼教师资的培养得到人们的进一步重视，诸如南通张謇的幼稚园保姆传习所、苏州景海女师附设幼稚师范科等。但是，由于经济困难和人才缺乏等方面原因，直到二三十年代，在中国社会中真正称得上是培养幼教师资的教育机构仍然寥若晨星。尤其当陶行知

---

① 孙铭勋：《乡村幼稚教育经验谈》，《陶行知幼儿教育的理论与实践》，四川教育出版社1987年版，第581页。

② 华中师范学院教育科学研究所主编：《如何使幼稚教育普及》，《陶行知全集》第2卷，湖南教育出版社1985年版，第81页。

发现工厂和农村这两块“新大陆”，并极力提倡发展这种劳动社会的幼儿教育机构时，面对一个广阔无垠的幼教原野，建立一支庞大的幼教师资队伍自然成为首要问题。为了解决这一问题，陶行知除了在晓庄学校里招收部分幼稚师范学生和创立幼稚师范学院，培养出一大批具有相当素质的幼教师资外，更为可贵的是，他还在发展幼教事业进程中提出了“艺友制师范教育”的理论，发明“艺友制”来解决培养幼教师资的难题。当第一批幼教“艺友”在燕子矶幼稚园训练成功之后，他又予以及时的总结和推广，使这种艺友制不仅在晓庄各幼稚园产生出良性效果，而且还深深地影响着外地的教育事业。如当年福建集美幼稚师范、广西南宁国民基础教育研究院的幼师专科，以及后来在北平香山慈幼院的幼稚师范所办的平民幼儿园、在西郊罗道庄和核桃园所办的幼儿园等，都采用过这种方法来训练幼教师资①。实践证明，在扩大幼教师资来源上，这种“艺友制”是一条行之有效的途径，它是陶行知生活教育理论在师资建设问题上的具体实施。除了有利于幼儿教育在经济困顿的社会条件下得到推行和发展外，它还为乡村女子教育解决了部分难题，如在职业出路上辟开了一条途径。所有这些，对于今天农村幼教事业的发展，农村女性知识青年就业出路等问题，都还具有一定的现实借鉴意义。

总体而论，陶行知的幼教理论和实践，在中国幼教发展史上具有不可替代的重要作用，其中最为突出的表现，在于它有助于中国幼教事业重大“转向”的完成，这就是中国学前教育发展道路走向由“仪型他国”的西洋化转向适合国情的中国化，由为剥削阶级之所有转向为劳动阶级之所有，由专注城市社会幼教事业转向亦注重农村幼教园地的开拓。他的幼教理论和幼教事业，固然归属于二三十年代幼教改革思潮和幼教实验运动的一个组成部分，是一种时代潮流的现实反映，但他的思想和实践，又反过来促进了这种潮流的发展，并为之予以正确的导向。虽说他的幼教事业因遭扼杀而未成完整气候，但在他的直接教育导引下成长的一批幼教人才，在后来的历史中却丰富和发展了他的幼教理论，承担起他的幼教事业之后任，一直为着中国幼教事业的革新和改造而致力于斯。

---

①　参见戴自俺：《陶行知的幼儿教育理论及其实践》，《陶行知研究》，湖南教育出版社 1986 年版，第 120 页。

第五节 民族教育

一、民族教育的实践活动

对民族教育推行和实施，是陶行知整个教育实践活动的重要组成部分之一。在南京高师时期，为了探索中国教育改造的新路，他就提出，任何有志作“第一流的教育家”的人们，都必须具有“敢入未开化的边疆”的精神，放大胆量，大刀阔斧地做一个边疆教育的先锋，为着民族教育的进步勇于献身。数年之后，当他投身于平民教育活动之时，正是以此等精神来激励自己，注意推行少数民族地区的平民教育。在 1923 年拟定的《中华平民教育促进会总会之进行方针与计划》中，他就强调指出，要注意边疆平民教育的研究，注意蒙、藏、青海等少数民族地区平民教育的研究。为了使这些地区的平民教育得到顺利推进，他号召应在这些地区先行设立平民教育试验学校，培养推行人员，在通过试验取得经验的基础上，再行推广。

随着平民教育的深入，他对少数民族地区的教育更加关注，并且亲身投入这些地区的平教运动之中。1924 年 1 月 7 日，他从北京前往张家口，在蒙古族人民聚居地之一的察哈尔区推行平民教育。在察区期间，他做了大量的民族教育工作。为了使平民教育在这一地区得到推广，他积极地与政学各界领袖人物商讨该区平民教育的推行计划，参加察区的平民教育会筹备会议，并且出席了该区全区平教促进会的成立大会。除此之外，他还身体力行，向蒙古族青年学子宣传平民教育的作用和意义，阐明五族一家的共和精神。为了与蒙古民族兄弟打成一片，他根据汉文“按智慧行动的人”的意思，为自己取得一个蒙文名字——“麦勒根亚布达拉图”。在察期间，他还发现一条推行平民教育事业的有效经验，这就是利用该区现存的保甲制度，将平民教育贯彻到社会的最基层。察地之行，为时虽短，但给陶行知的印象极深，也使他取得了民族教育的初步经验，正如当时与友人的信中所述，他“此次在察哈尔进行一切，精神上得未曾得的愉快”，个人的行动受到欢迎，所提的办法又被采纳，面临平民教育在察地即将兴起之势，“知行现已深入蒙边教育之梦”①。正是他的兄弟般情谊和为民族教育乐

① 华中师范学院教育科学研究所主编：《深入蒙古教育之梦》，《陶行知全集》第 5 卷，湖南教育出版社 1985 年版，第 76—77 页。

于献身精神的感召，在他取道返京之时，受到了全体蒙古学生及其他热心平教事业的同仁们的热情送别。

从察地返回以后，陶行知对民族教育的兴趣更大，利用一切机会宣传民族教育，尤其是凭借自己在中华教育改进社内的身份，为着全国各民族教育平等，做出了大量有益的工作。如在中华教育改进社第三届年会上，他以“蒙古生活与教育”为题，向与会者们进行讲演，指出发展少数民族教育的重要性，并且解释了自己钟情这一教育事业的原因。正是在该次年会上他与同仁们的努力，使得该组织于1925年在太原举行第四届年会时，出现了一种前所未有的五族共和的局面。这就是在参加会议的代表中，除汉族外，满、蒙、回、藏等少数民族均有代表参加。面对中国教育事业的此等进步，陶行知欣慰之情溢于言表。在报告会务时，他兴奋地指出：“今年年会到有蒙古及西藏之代表，实为五族共和之好现象。”①为了使这种“好现象”得到保持和发展，在会议期间，他拟提案、作讲演，为发展民族教育进行了积极的活动。如在蒙古教育组的第一次会议上，他以主席的身份解释了有关蒙古教育的提案，对蒙古教育的方针、目的和措施等，进行了令人信服的阐明，致使该提案获得“一致通过”。在“中国教育政策之商榷”的讲话中，他又提出了“培植蒙贤治蒙，藏贤治藏，并培植五族共和之公民资格，以谋国内民族之合作”的民族教育方针，并且指出，为了促进边省地区教育的发展，提高少数民族的人才素质，政府应该在蒙藏等地设立高等教育机构②。所有这些，引起了与会者的热烈反响，也促成民族教育在这次会议中收到良好的成效。

继“蒙边教育之梦”，到30年代后，陶行知民族教育实践活动，又经历了一次广西之行③。先是在1934年，陶行知在拟定《普及教育研究院组织大纲》时就指出，对于少数民族教育普及的研究，除了蒙古和西藏等较大的

① 天马、健夫:《十七日年会开幕大会记》,《申报》1925年8月22日。

② 华中师范学院教育科学研究所主编:《中国教育政策之商榷》,《陶行知全集》第1卷,湖南教育出版社1984年版,第556页。

③ 广西是我国除了云南之外少数民族聚居最多最杂的省份,仅长期聚居在广西区域内的少数民族就有壮、苗、彝、瑶等不下十种,其中仫佬、毛难、京等少数民族则为广西所仅有。从人口上看,该区的僮族(1965年根据周恩来总理的建议改为壮族)是我国最大的少数民族。因此,陶行知1936年4月前赴广西讲学及讲演等活动,无疑是其民族教育的活动内容之一。

少数民族的教育应该关注和研究外，其他的特殊民族，诸如苗族、瑶族等民族的教育，也应该得到人们的重视，“须分别研究”，以利其普及和发展。到1936年4月，应广西民团干部学校的聘请，他研究和实践上述特殊民族教育有了付诸行动的机会。在广西，为了唤起各族人民团结起来一致抗日，他在近一个月的时期内，经梧州，过柳州，到南宁，至桂林，足迹遍及桂省，以《中国的出路》和《中华民族的出路》等讲题，向广大的广西军民进行讲演。在聆听其演讲、接受其教育的人群中，既有各地的大、中、小学校的教师学生，也有各地各级军政人员，还有大量的社会民众。据当时记者的报道，他的讲演“议论精辟，庄谐杂出，每讲至精彩之处，全场掌声如雷”[①]。除了讲学和讲演外，他还利用一切机会接近各兄弟民族的下层民众，为他们题字作诗，与他们交心谈心，深入地了解他们的生活、习俗乃至思想情感。在桂期间，他甚至还打算去桂平瑶山考察瑶族这种特殊民族的生活状况及该民族的教育的实施情况，以利自己对民族教育有一个更为深刻而全面的认识。

由于对民族教育有一个正确的认识，尤其自身亲历实践所取得的经验，使陶行知能够在民族教育问题上作出一些超乎时人的见解。

后来，陶行知在提倡民主教育时，对民族教育提出了系统而深刻的指导性意见，这就是民族教育要照顾各民族社会的特殊性，“让他们学习他们自己的文字，没有文字的，就帮助他们制造文字，让他们自己办学训练各民族的人才来教育他们自己的人民”[②]。所有这些精辟论见和主张，为后人发展民族教育事业，指出了一条正确而光明的道路。

二、民族教育的具体主张

对于民族教育，陶行知注意甚早。在其大学毕业论文《共和精义》中，就指出实行共和制度，必须对国内各民族“在政治上、生计上、教育上，立平等之机会”，将教育与政治、经济同等视为实现民族平等原则的重要措施和内容之一。在后来构建生活教育的理论体系过程中，为了使人们对“民族教育”有一个正确的认识，他对这种教育的作用、目的及其内容和方法等，

---

① 《陶行知1936年广西之行》，《行知研究》1987年第1期，第11页。

② 华中师范学院教育科学研究所主编：《实施民主教育的提纲》，《陶行知全集》第3卷，湖南教育出版社1985年版，第541页。

都进行了一些独到的论述。

1. 民族教育是建设五族[①]共和国家最要紧的方法之一。

在民族问题上，陶行知认为，过去中国政府所实施的民族政策，即对少数民族地区实行大汉族主义和武力压服等措施，都忘记了中华民国是一个五族共和的国家，不是从整个中华民族的利益出发，“不把五族通盘打算，只是在那里为一个民族打算”。这种站在一个民族的地位上着想的治国之策，推到极点，只能是“五族共争”，而非是“五族共和”。要想真正实现一个五族共和的民主国家，必须做到铲除畛域，博爱心生，各族平等，融洽感情，国人以兄弟相视，共同肩负民族责任。要达到这一步，必须靠教育来收其成效，凭借教育来“沟通精神上的贡献和缺乏”，使大家都对中华民国有一个彻底的了解，坚决的爱护，明白自己是中华民国的国民，有应享的权利和应尽的责任，明白五族有共同的利害，有一种存则共存、亡则俱亡的关系，并在共同理想精神支配下，去完成共建共和国家的历史责任。因此，对各民族实行四通八达的教育，是建设一个真正的五族共和的“最要紧的方法”之一[②]。为此，他进一步指出：“拿教育的精神方法来创造一个五族一心的中华民国”，“把五族的同胞都培养到一个相知、相爱、相敬的地位，都培养到一个亲兄弟的地位”，这就是在“民族教育”问题上，“我们五族教育界同志的责任”[③]。

2. 民族教育的根本目的是培养领袖和训练公民。

在强调民族教育的重要性的同时，陶行知还根据当时中国各少数民族社会的具体情况以及中国社会的发展趋势，指出了这种教育的目的性。中国各少数民族的社会情状，在当时来说，就是数千年来的奴隶制度仍然占

---

① 五族系指我国汉、满、蒙、回、藏五大民族。这是民国成立后一个时期内流行的一种对“中华民族”的概括性的提法，即通常用当时我国五个最大的民族来代替多民族国家的称谓。在民国成立后至 1927 年之间，中国的国旗就是以代替上述五族的红、黄、蓝、白、黑五色并列，表示“五族共和”。时人对中国社会制度的理想，就是建立一个主权归五族人民所有、实现民族平等、五族合作的政治制度的国家。因此，在陶行知对民族教育的种种论述中，也常以“五族”来指代整个中国境内的所有民族。

② 华中师范学院教育科学研究所主编：《五族共和与教育者之责任》，《陶行知全集》第 1 卷，湖南教育出版社 1984 年版，第 440—442 页。

③ 华中师范学院教育科学研究所主编：《五族共和与教育者之责任》，《陶行知全集》第 1 卷，湖南教育出版社 1984 年版，第 440—442 页。

据主导地位，各少数民族上层人物，尤其是那些贵族王公，不仅决定着中下层人民或生或死，也把握着民族前途何去何从。因此，实施民族教育，首先就得“培养领袖”。通俗说来，这就是依靠教育来培植“蒙贤治蒙”、“藏贤治藏”，使他们能够在中华民族的大家庭中，实现真正的民族自治和政治民主。与此同时，民族教育还必须依据中国社会的发展趋势，为了使其人民都具有主人翁的精神和建设共和国家的能力，还必须在“教育机会均等”的原则下，注重对其进行公民训练，“培植五族共和之公民资格，以谋国内民族之合作”，“图谋社会进化之需要”①。由此可知，民族教育的根本任务，概括地说，即是“培植领袖”和“训练公民”。

3. 民族教育必须注意适应其特殊需要和促进其教育普及。

陶行知认为，由于我国各少数民族大多位处贫瘠落后的边疆地区，而且他们普遍文化水平低下，“教育幼稚”，因此，在订立民族教育的具体措施方面，必须考虑到这种经济与文化双重落后的实际情况，同时还要照顾到各个民族的风俗人情，使这种教育既能“适应各民族特殊需要”，又能“促进各民族普及教育”。为此，他提出要在少数民族区域来一场“文化荒岛总开辟”的运动。这就是在西康、青海、甘肃、宁夏、新疆、蒙古、西藏，以及各省内文化落后民族所在地，“都应以人民和政府之力量创办中学、师范，并在每五百人聚居地创立小学、民众学校各一所”②，这样才能做好民族教育的普及工作。与此同时，政府还必须从整个社会范围内，在现代文明的传播和输送方面，对少数民族地区有所照顾，诸如凡属文化教育事业的邮递、运输、材料补助等，国家都应该提供种种方便，以利新知识、新信息在少数民族地区和穷苦边疆省区的传播。与此同时，针对以往民族教育中强迫少数民族学习汉文，用汉人教师去教他们的错误作法，陶行知还提出，必须以各民族之大众语为根据，来编辑各该特殊民族的教科书，训练蒙、回、藏等族的人才，用他们自身民族的文字或拼音符号来普及各该民族所需要的教育，没有文字的，还可以帮助他们制造文字，让他们自己办学训练各民族的人才，来教育他们自己民族的人民。这样做，教师现成的多，省掉麻烦不少。而且更重要的是，能消除那种因越俎代庖所带来的民族间的成见猜

① 《陶行知讲中国教育政策之商榷》，《申报》1925 年 8 月 28 日。

② 华中师范学院教育科学研究所主编：《中国普及教育方案商讨》，《陶行知全集》第 2 卷，湖南教育出版社 1985 年版，第 810 页。

疑，鼓舞他们自动普及教育的兴趣。因此，在少数民族生活的地区，“运用各民族自有的大众语及文字符号去普及现代生活教育是最快的方法”①。

总之，民族教育必须遵从各民族的习俗和意愿，为着民族和地方的自治，为着共和国家的建立，依据教育平等的原则，使全国各族人民都能够“得以自然发展其能力而为群用”，“养成其为国家主人翁之资格”②，以合教育普及机会均等之旨，以收百川分流、泽及万方之效。

三、民族教育的评价

在中国社会里，历来谈及教育问题，政府和社会所注重的往往只是汉民族社会的教育，至于其他各少数民族，素来认其为未经开化的蛮夷之氓，对于他们的教育，除了极少数特殊历史时期对某些民族有所关注外，其余一概漠然置之。即使有如清王朝对待满族社会的教育，也主要在于对上层社会即王公贵族们子弟的培养。在清末兴办新式教育的热潮中，一些如满、蒙、藏等在人口上占有较大比例的少数民族的教育也开始受到注意，在广大的少数民族地区，零星地出现了一些初等新式教育机构。

1908 年，清学部还订立了《满蒙文高等学堂章程》，规定这种学堂除了设置满、蒙文两科外，还附设藏文科，课程以满、蒙语文或藏语藏文为主课，并辅以普通及法政、测绘各学科。民国成立后，在中央设立了“蒙藏事务局”，相应地教育部设有“蒙藏教育司”或“蒙藏回学务科”，并在 1913 年公布了《蒙藏学校章程》等。

由此可见，清末民初的各届政府，在形式上对于少数民族的教育还是有所注意。这些文教政策的颁布和机构的设立自然对少数民族的教育起了某些促进作用。

但是，即使这些文件本身，也还是一种仅注重上层社会教育的“官样文章”。拿 1908 年的《满蒙文高等学堂章程》来说，其中招生对象规定为“考取举贡生监及职官年在三十五岁以内”的人才，而早此一年的《陆军贵胄学堂试办章程》更明文规定，“专考收王公世爵暨四品以上宗室现任二品以上

① 华中师范学院教育科学研究所主编：《攻破普及教育之难关》，《陶行知全集》第 2 卷，湖南教育出版社 1985 年版，第 797—798 页。

② 华中师范学院教育科学研究所主编：《共和精义》，《陶行知全集》第 1 卷，湖南教育出版社 1984 年版，第 45 页、第 51 页。

京外满汉文武大员之聪颖子弟”。即使民国肇造时期的民族教育，虽说在有关文件中美其名曰“以开发蒙藏青海人民学识、增进蒙藏青海人民文化为宗旨”。然而，在其具体条文规定中根本没有提及广大下层少数民族人民的文字，更不用说这种教育在实施过程中对下层社会有何照顾。如《蒙藏学校章程》所附“补习专科章程”和“预备科章程”等，有关招生问题分别规定“本科专收咸安宫学、唐古忒学、托忒学及前理藩部所属蒙古学旧有之学生”，预备科“征集蒙藏青海学生时，由各盟长、将军、都统、各办事长官挑选咨送其来京”。

要言之，直到民国初期，中国的民族教育主要是指贵族王公等上层社会的教育。即使在赵尔丰为边务大臣时期的川康地区的教育，虽被称作川康教育的“黄金时代”，对藏族社会下层人民的子弟有所照应，但其办学主旨在于消除藏族人民与汉族官员之间的“扞格”①，而且这些教育设施至辛亥革命以后多已“荡然无存”。在随后包括五四运动时期在内的一段历史时间内，社会虽说一再提倡“五族共和”、民族平等，但在发展少数民族地区教育方面，囿于传统的民族观念和教育基础，尤其这些地区经济的落后状况，这种教育事业一直得不到真正的重视和发展。甚至直到 1925 年中华教育改进社第四届年会之前，不少全国性教育工作会议和组织会议，连少数民族的代表都没有。对某些民族如蒙、藏、回等民族既有的教育来说，人们则过多地注重他们教学“国语化”，力求与汉民族做到“整齐划一”。所有这些，在某种程度上还对各该少数民族的感情有所伤害。由是观之，对照陶行知的民族教育的种种主张与事业活动，不难看出，他正是通过这种教育途径在开拓着另一块教育领地——在社会主体上由汉民族社会扩展向整个中国境内的各族人民，其历史意义和贡献自有值得人们总结的地方。

首先，他对民族教育领地的开拓，反映了一个教育工作者的时代责任感。人们知道，在中国社会历史上，民族问题向来是一个敏感的问题。自中华民国成立以来，名义上号称为五族共和国，其时民族之间的关系同样一直处于尖锐的矛盾之中。就在陶行知提倡和推行民族教育的时期，还发生着外蒙独立和争取其回归中华民族怀抱的大事件。因此，陶行知的民族

---

① 《筹设关外学务局折》，《赵尔丰奏议公牍全集》卷 3，民族文化宫图书馆 1961 年版，第 18 页。

教育理论和实践，就具有重大的历史意义和深远的现实意义。在他看来，要真正实现一个五族共和的民主国家，"要想一家团圆，就必须公平对待各兄弟民族"，尤其重要的是，要使他们"有回家的益处，而不受回家的害处"①，使他们真正感受到民族大家庭的温暖。而其中最重要的措施，就是发展民族教育来沟通精神和培养感情，使各族人民都觉悟到同在一面国旗之下做国民所必备的权利、义务、责任和精神，在相知、相爱、相敬的基础上，为建设一个民主的国家各尽自己作国民的最大努力。比其用武力威慑和靠政治权谋来谋求民族统一的行径，以教育来解决民族问题和促进民族统一，自然是一种图谋社会进化、治理多民族国家的行之有效且有益的措施。陶行知本人的民族教育的具体实践活动，也充分说明了这种用心血来浇灌的民族情感是何等的真挚与深厚，而作为教养者本人来说，也从这种实践活动中得到"精神上未曾得的痛快"。由此可见，陶行知的民族教育主张和实践活动，是一种具有宽阔胸襟的教育工作者的时代责任感的真实反映，其事业出发点在于维护整个中华民族的根本利益。后来在抗日战争前夕的广西之行，同样是为了这种利益，来以教育唤起各族人民团结抗战，表明他在以教育为方法来实现自己肩负的时代使命。

其次，他对民族教育原则的规定，拟就了一条办理民族教育的正确指导方针。陶行知的民族教育种种主张，其中最值得注意的是民族教育要"运用各民族的语言文字"和"适应各民族特殊需要"。

如前所述，在陶行知之前，虽说中国社会中也有过"民族教育"，但作为这种教育的指导思想，往往是大汉族主义贯穿其中，即在"整齐划一"的招牌下，用教育的手段来强迫少数民族接受汉化，教师是汉人教师自不待说，其教育材料也多是汉字汉文编写的内容。如前举清末"新政"时期川康地区的民族教育，即以强迫藏民入学以学习汉语汉文为主，致使藏人直视入学较支差为更苦，乃至"一语设学，即环跪告哀"，甚至形成雇人应读恶习②。诸如此类的"民族教育"，不仅难以收其成效，耽误"民族的青春"，而且易于在少数民族中引起猜疑和加深成见，伤害民族之间的感情，不利于民族的团结和进步。有鉴于此，陶行知主张民族教育要照顾各少数民族的

① 韵秋：《外蒙古独立之回想》，《申报》1924 年 8 月 23 日。

② 张为炯：《西康康区教育之今昔及其改进之意见》，《康导月刊》第 2 卷，1940 年第 10 期，第 9—13 页。

特殊情况，用各该民族本身自有的语言文字来编写教材进行教学，并且培植他们自己的人才使这种教育得到推广与普及，甚至还可以帮助没有文字的特殊民族制造文字，以利他们民族精神的发扬和传统的继承。这些由陶行知在二三十年代就提出，并在一定程度上付诸过实践的民族教育的理论原则，虽说在当时的社会条件下难以取得较大的成效，但是，他的这些主张和见解，与新中国成立后中国共产党所实行的民族政策，尤其是对于少数民族的教育政策，竟有惊人的合拍之处，这就足以证明陶行知民族教育的观念与认识的先进性和正确性。当然，陶行知对民族教育的某些主张，也有不尽科学或合理之处。譬如提倡这种教育一方面要训练公民，另一方面又要“培植蒙贤治蒙、藏贤治藏”等，明显带有双轨教育的涵义，尤其包含有依靠少数民族上层人物的“开明”来实现民主政治的意识。但是，考虑到当时中国社会实际，这些观念从理论上看还是比较符合少数民族的社会现实，在实践上能够适当地减轻民族教育推进过程中的阻力而易于收其成效。上述种种告诉人们，对于陶行知的民族教育思想进行探究和借鉴，将是一项有利于整个中华民族进步、有助于中国教育事业改革的有价值的工作。

第六节　职业教育和师范教育

职业教育是给予受教育者从事某种职业所需要的知识和技能的教育。从职业准备的角度讲，培养师资的专业教育也是一种职业教育。社会经济结构的复杂性，决定了社会不仅需要受过高等教育的职业人才，也需要大批受过中等专业教育的中级技术人才，还需要受过职业训练具备一定文化知识、专业知识的劳动后备军。

受民国初年实业教育思潮、职业教育思潮的影响，陶行知极其重视职业教育和师范教育。他认为职业教育和师范教育决定着教育发展的前途和命运，是生活教育的重要组成部分之一。他在职业教育和师范教育方面进行了长期的实践和理论探索，形成了富有特色的职业教育和师范教育的建设性理论。

一、职业教育和师范教育的实践活动

1916 年，陶行知留学哥伦比亚大学，因撰写博士论文，命题涉及中国

教育，请益于职业教育界大师黄炎培。黄复函云："国内青年，学成无用，中学毕业生就业者仅十之一，此为国内最急要之问题。解决方法，一在提倡职业教育；一在使普通教育方法之教材和训练方针，皆能切合于实用。"①美国发达的职业教育与落后的中国社会，使他认识到拯救苦难的中国，必须高度重视职业教育。1917年秋，陶行知始执教于南京高等师范，并被中华职业教育社吸收为"特别社员"。这一年，他在江苏省县视学讲习会上演讲在美国撰成的《生利主义之职业教育》，详细地阐述了职业教育的师资、设备、课程、学生择业等问题。在结论中，他对职业教育前途充满信心地说："国家造就一生利人物，即得一生利人物之用，将见国无游民，民无废才，群需可济，人性可舒。然后辅以相当分利之法，则富可均而民自足矣。"②因此，他积极推行职业教育。1919年12月，他根据社会之需，向所在的南京高师建议"添设速记、打字讲习科"等职业教育门类。这是我国高师开职业课程之始。

受民主和科学思潮的推动，他又在南京高师校务会议上提出《规定女子旁听办法案》，吸纳女子旁听。从而使女子高等师范教育向前推进了一大步。这与北京大学蔡元培校长试招女生相比肩，在当时是开风气之先的。

随着教育实践和实验的深入，陶行知的教育思想得到了发展，形成了"大职业教育观"。他认为普通教育、强迫教育主要是基础文化知识教育，是职业教育的第一级台阶。建立在这个基础之上的各级各类专业教育，都是为学生寻求职业做准备，因而都可视作职业教育。如，师范教育培养未来儿童敬爱的导师，必须授予他们教师职业所需的知识和技能。

在他看来，师范教育是整个教育体系的核心部分，它不仅决定着普通教育的前途和命运，也决定着职业教育的前途和命运。因而，他选择了以师范教育为改造中国社会和教育的突破口。1927年3月15日，他在南京郊区迈皋桥附近创办晓庄试验乡村师范。这是一所特殊的职业学校。他借此基地进行了大量职业教育实验，使职业教育一开始便具有生活教育的特色，从而将职业教育纳入了生活教育的范畴。

---

① 许汉三：《黄炎培年谱》，文史资料出版社1985年版，第35页。

② 华中师范学院教育科学研究所主编：《生利主义之职业教育》，《陶行知全集》第1卷，湖南教育出版社1984年版，第86页。

晓庄的实践，使他丰富和完善了师范教育理论。他对旧师范的弊病有了深刻的认识，对旧师范进行了破天荒的改造，形成了独树一帜的师范教育思想。从职业教育的角度看，陶行知在晓庄进行了大量的职业训练的尝试。譬如，晓庄师范筹备之初，他为学生准备了部分职业教育场所：仪器制造、杂货铺、印刷所、木匠铺、铁匠铺、裁缝铺、借贷社等，晓庄学校还与中华职业教育社合办了"晓庄中心茶园和木作店"，聘请晓庄农友陈金禄担任茶园经理，陶行知和吕镜楼出任指导。木作店是根据生利主义的职业教育原则和生活教育的教学做合一方法，培养技工人才。主持的工师和艺徒一样，第一年须入夜校上课，白天传授和学习木工知识和技能，第二年艺徒则半工半读。

晓庄师范被封后，陶行知于1932年提出"工学团"主张，提倡"工以养生，学以明生，团以保生"，生利主义的职业教育得到了升华。他拟订的《乡村工学团试验初步计划说明书》提出："乡村工学团是一个小工场，一个小学校，一个小社会。在这里面包含着生产的意义，长进的意义，平等互助自卫卫人的意义。它是将工场、学校、社会，打成一片，产生了一个改造乡村的富有生活力的新细胞。"①此"计划"公之于众后，他在上海近郊孟家木桥成立儿童工学团。10月1日正式成立山海工学团。后来，上海郊区沈家楼出现了棉花工学团等。在上海工人居住区，也活跃着报童工学团、晨更工学团、光华工学团等。职业教育一时如火如荼，形势十分喜人。

1938年9月，陶行知出席世界教育会议，并作为国民外交使节出访亚非欧美20多国后，途经香港时，他向各界人士发表了"归国三愿"：一创办晓庄学院，二创办难童学校，三在香港创办店员职业补习学校。直到离港前，他一直在香港筹办中华业余补习学校，任董事长。他要求学员"利用业余进修，集体追求长进"，实现了第三愿。

1939年7月，他的"三愿"中的第二愿变成了现实——重庆育才学校开学了。这是一所新型的职业教育实验园地。育才学校实行普修课与特修课并举的办法，将学生根据兴趣和特长分成文学、社会、自然、舞蹈、绘画、戏剧、音乐诸专业组，实行职业课与普通课结合，课内课外结合，理论与

① 华中师范学院教育科学研究所主编：《乡村工学团试验初步计划说明书》，《陶行知全集》第2卷，湖南教育出版社1985年版，第593页。

实践结合，教育与生产劳动结合，在职业教育理论与实践方面，作了一些可贵的探索和尝试。

1946 年 1 月 15 日，陶行知创办的最后一所学校——社会大学在重庆管家巷 28 号院内正式开学了。这是他在抗日战争胜利后创办的新型职工业余补习大学，标志着其教育思想和实践的发展，最终还是回归到职业教育上来。

在中国人民处于苦难深重之时，陶行知为中国人民的解放，民主教育的普及，毕生进行了大量的职业教育和师范教育实验和实践，为在一个贫穷落后、封建愚昧的国度推行职业教育和师范教育，摸索到了一套颇有价值的经验。

二、职业教育和师范教育的主张

陶行知在职业教育和师范教育的地位、宗旨、师资、课程等方面，留下了十分精辟的文字，论述极为深刻。

(一)关于职业教育的主张

1. 职业教育的宗旨。

何为职业教育？在陶行知看来，职业教育是应济生活所必需、生利利群的教育。他在《生利主义之职业教育》一文中指出："生活主义包含万状，凡人生一切所需皆属之。其范围之广，实与教育等。有关于职业之生活，即有关于职业之教育；有关于消闲之生活，即有关于消闲之教育；有关于社交之生活，即有关于社交之教育；有关于天然界之生活，即有关于天然界之教育。人之生活四，职业其一；人之教育四，职业教育其一。故生活为全体，职业为部分；教育为全体，职业教育为部分。"①他认为，职业教育是生活所必需的教育，职业为生活的分子，任何人不可能无职业，故任何人均应有职业的准备。正因为生活与职业存有如此密不可分的关系，所以职业教育必须以生利为宗旨。在他看来，职业教育必须以满足人们的全部需要为第一职志，"千万不要空谈教育，不要空谈生活"；"职业以生利为作用，故职业教育应以生活为主义"；"凡养成生利人物之教育，皆得谓之职业教育；凡

① 华中师范学院教育科学研究所主编：《生利主义之职业教育》，《陶行知全集》第 1 卷，湖南教育出版社 1984 年版，第 78 页。

不能养成生利人物之教育，皆不得谓之职业教育”①。因之职业教育不同于不能生利的赖子、乞丐、盗窃、寄生虫，它与衣食主义也判然有别。陶行知肯定地说，职业教育是提高劳动者素质的教育，是为了授予人们生利知识和技能的教育。陶行知十分强调职业教育要培养人们的现代意识。在他看来，职业教育的重要目标之一，便是要教人做人，教人生活。他希望受教育者要做一个人，做一个整个的人。“整个的人”的标志，是“要有独立的职业，为的是要生利。生利的人，自然可以得到社会的报酬”②。从教育与职业的关系看，当时教育最大的问题，是“择业问题”。早在美国留学时，他就敏感地觉察到这一重要问题。这一问题解决的途径之一，便是“择业时要根据个人的才干和兴趣”③。做一个整个的人，要能自强、自立、自动、自治、自警、自觉，这决定了首先必须有独立的职业。

职业教育无疑要教人生利。欲生利，必须有生利的才干。所以，职业教育应注意发展学生的智能，掌握和运用现代科学文化知识，学会服务社会的本领。正如他所强调的“学农的人要有科学的脑筋和农夫的手；学工的人，也要有科学的脑筋和工人的手”④。故他要求职业学校的教师必须有生利的经验，必须配备生利的设备，必须开设以生利为主的课程，以培养出能生利利群的学生。

2. 职业教育的师资与学生。

职教工作者与普通学校教师虽说同属教师，但在充任职业教育的条件、业务素质等方面，却有许多特殊性。

首先，必须有生利的经验。陶行知说：“职业教育既以养成生利人物为其主要之目的，则其直接教授职业之师资，自必以能生利之人为限。”⑤从

① 华中师范学院教育科学研究所主编：《生利主义之职业教育》，《陶行知全集》第1卷，湖南教育出版社1984年版，第80页。

② 华中师范学院教育科学研究所主编：《学做一个人》，《陶行知全集》第1卷，湖南教育出版社1984年版，第595页。

③ 华中师范学院教育科学研究所主编：《学做一个人》，《陶行知全集》第1卷，湖南教育出版社1984年版，第595页。

④ 华中师范学院教育科学研究所主编：《学做一个人》，《陶行知全集》第1卷，湖南教育出版社1984年版，第595页。

⑤ 华中师范学院教育科学研究所主编：《生利主义之职业教育》，《陶行知全集》第1卷，湖南教育出版社1984年版，第81页。

这里可以看出，从事职业教育的人员素质上最大的不同，是充任职业教育的师资不可缺少的条件。因为只有具备生利经验的教师，才能教育出能生利的学生。由此顺理成章地推出，无治病之经验者，不可以教医；无贸易之经验者，不可以教商。所以，“职业教师之第一要务，即在生利之经验”。办职业教育切忌不可以书生教书生，冒职业教师之名坑害职业学生。

其次，职业教育工作者须有生利的学识。陶行知认为，“欲求事物之改良，则非于经验之外别具生利之学识不可。无学识以为经验之指导，则势必故步自封，不求进取”[①]。中国工农业徘徊不前，其因与徒有经验而无学识不无关系。

其三，职业教育工作者必须有教授生利之法。从事职业教育的教师须谙熟职业学生的心理、教材性质等，使之能运用生利之法。

职业学校的学生与普通学校的学生虽说均为受教育者，但不同点亦泾渭分明。最重要之点是择业。职业学生应根据个人的才能、兴味，慎重择业，倘“择事不慎，则在校之时，学不能专；出校之后，行非所学”[②]。择业不当，造成极大浪费。他反对“学农者不归农，学商者不归商”，呼吁社会提供良好条件，使职业学生择业与才能兴味一致。择业如能适合学生的才能兴味，才足以乐其业，自见学当其性，用当所学，生活中将受无穷之益。择业还要方便试习，即对所学之农工商及它业，必皆躬亲历试之，试习之情形，真刀真枪，与真职业无异，切不可“带假面具”。这样，学依其才，则学自安，行自乐，自有生利的器量。

3. 职业教育的课程与设备。

职业教育课程设置的总原则，是生利的理论与生利的试习相结合。每一门课均应“以一事之始终”为基本标准：“每课有学理，有实习，二者联络无间，然后完一课，即成一事。成一事再学一事。是谓升课。自易至难，从简入繁，所定诸课，皆以次学毕，是谓毕课。”[③]所以，陶行知强调，职业课程

---

① 华中师范学院教育科学研究所主编：《生利主义之职业教育》，《陶行知全集》第1卷，湖南教育出版社1984年版，第81—82页。

② 华中师范学院教育科学研究所主编：《生利主义之职业教育》，《陶行知全集》第1卷，湖南教育出版社1984年版，第85、84、85页。

③ 华中师范学院教育科学研究所主编：《生利主义之职业教育》，《陶行知全集》第1卷，湖南教育出版社1984年版，第84页。

的配置，“须以充分生利为标准”。何谓“充分”？即“事之可附者附教之，事之可兼者兼教之”①。正业之外，应能兼附相当之业，使年无废月，月无废日，日无废时，才可以说是“充分生利”。譬如，学养蚕的，学成归于蚕桑之业，但一年仅两三月为养蚕期，余则闲居坐食，坐吃山空，这便是不能充分生利。如果习养蚕之业外再习一至二门它业，养蚕期一过，又转它业，则可以说是“充分生利”。

职业学生肄习课程多寡与程序，陶行知认为应单科独进，掌握一门生利的知识与技能后再习其他，这样，“毕一课，即生一利；毕百课则生百利”②。

做到“毕一课，即生一利”，陶行知强调学校必先具备职业教育的设备，否则，无论教师如何高明，如何有生利的经验，学生如何聪颖勤勉，终难成正果。道理很简单：“无农器不可以教农，无工器不可以教工。医家之教必赖刀圭。画家之教必赖丹青。易言之，有生利之设备，方可以教职业；无生利之设备，则不可以教职业。”③生利的设备对于职业教育顺利进行的重要性，不论自明。但是，陶行知反对办职业教育者盲目追求设备的高、大、全、新，而不问经济条件具备与否，主张注意运用自有的设备，利用职业界已有的设备。他称这种办法是“利用他人生利设备以施职业教育之彰明较著者也”④。

（二）关于师范教育的主张

1. 必须重视师范教育。

陶行知认为，师范教育关系到国民素质、民族的前途和命运。“师范教育可以兴邦，也可以促国之亡。”⑤他还明确指出：师范教育是“立国的根

---

① 华中师范学院教育科学研究所主编：《生利主义之职业教育》，《陶行知全集》第1卷，湖南教育出版社1984年版，第85页。

② 华中师范学院教育科学研究所主编：，《生利主义之职业教育》，《陶行知全集》第1卷，湖南教育出版社1984年版，第84页。

③ 华中师范学院教育科学研究所主编：《生利主义之职业教育》，《陶行知全集》第1卷，湖南教育出版社1984年版，第84页。

④ 华中师范学院教育科学研究所主编：《生利主义之职业教育》，《陶行知全集》第1卷，湖南教育出版社1984年版，第84页。

⑤ 华中师范学院教育科学研究所主编：《师范教育之彻底改革》，《陶行知全集》第5卷，湖南教育出版社1985年版，第161—162页。

本”,国家文明不兴,国力不张,政治腐败,教育落后,重要原因之一是对师范教育重视不够。在他看来,通过师范教育可以“推定国家的命运”,一个自由、民主、平等、博爱的“四通八达的社会”,要通过教育来建设,而教育要能承担起这一重任,首当办好师范教育。有鉴于此,他曾坚定地表示,自己要“为师范教育努力”,而且“现在正是为师范教育努力,以后仍是继续为师范教育努力”①。

师范教育须以培养服务于教育界人才为唯一的职志。一位普普通通的教师看起来是平平凡凡。他们常常名不见经传,但是就他对于社会的重大作用而言,却关系到整个国家的前途和命运。陶行知认为,社会上虽然有人视教师为“不得已而求其次的职业”,这实在是传统的陈腐之见。教师“负培养改造国民的大责任,国家的前途的盛衰,都在他手掌之中”,“要造就适当的国民,须有适当的教员”②。

然而,好的教员并不是岸边杨柳,可以自生自长。陶行知主张改造和发展师范教育,办好“为全国儿童和民族前途打算的师范教育”。事与愿违,中国当时的师范教育,存在着严重弊病,亟待改造:“好些师范学校只是在那儿教洋八股,制造书呆子。这些大书呆子分布到小学里去,又以几何的加速率制造小书呆子。倘使再刮一阵义务教育的大风,可以把书呆子的种子布满全国,叫全国的国民都变成书呆子!中华民国简直可以变成中华书呆国。”③书呆子一旦“普及”于全国,怎不叫人毛骨悚然!这样的师范教育,是亡国之音,是亡国的加速器。这样的师范教育不予改造,就会使贫穷中国在愚昧落后的流沙中愈陷愈深。国家欲摆脱困境,走出怪圈,必须劈开重重荆棘,改造旧师范,建设新师范。因此,他着重指出:“中国今日教育最急切的问题,是旧师范教育之如何改造,新师范教育之如何建设。国家所托命之师范教育,是决不容我们轻松放过的。”④所以,为中国师范教育

① 华中师范学院教育科学研究所主编:《师范教育之彻底改革》,《陶行知全集》第5卷,湖南教育出版社1985年版,第161页。

② 华中师范学院教育科学研究所主编:《师范教育之新趋势》,《陶行知全集》第1卷,湖南教育出版社1984年版,第166页。

③ 华中师范学院教育科学研究所主编:《师范教育之彻底改革》,《陶行知全集》第5卷,湖南教育出版社1985年版,第162页。

④ 华中师范学院教育科学研究所主编:《中国师范教育建设论》,《陶行知全集》第1卷,湖南教育出版社1984年版,第645页。

寻觅曙光，也就是为中华民族探索生路。

2. 师范教育必须向农民烧心香。

中国自1897年2月南洋公学设立师范院，首开师范教育以来，一开始便染上了“幼稚病”、“外国病”、“城市病”。民国初年模仿日本，出现了一大批“东洋车夫”；1922年颁布“学校系统改革案”，又倒向美国，“东洋车夫”改着“西洋装”。当时的“城市病”也十分严重，陶行知曾指出：“中国的师范学校多半设在城里，对于农村儿童的需要苦于不能适应。城居的师范生平日娇养惯了，自然是不愿到乡间去的；就是乡下招来的师范生，经过几年的城市化，也不愿回乡服务了。”①抛开占人口80%的农民于不顾的是不合中国国情的师范教育。

中国师范教育撇开占全国80%以上的农民，导致乡村教育不发达到了不能容忍的程度。陶行知认为，占中国人口80%以上的农人目不识丁，谈不上科学种田，“这种城乡不平均的现象，各国都不能免。但是我国的乡村，未免太吃亏了”②。为使他们能分享科学文化带来的愉悦，师范学校应面向农村，培养改造乡村的领袖。他认为，这样的师范学校在中国是绝种了，所以，好的教师在当时如同凤毛麟角：“大多数受过师范训练的人，至今办不出一个可以令人佩服的学校，岂不是大可叹息的事吗？我们再看看木匠徒弟所做的桌椅，裁缝徒弟所做的衣服，漆匠徒弟所做的牌匾，不由人要觉得十分惭愧了。”③

师范教育到底应如何办？陶行知通过创办南京试验乡村师范，回答了这一问题。晓庄试验乡村师范设立在南京北郊离燕子矶不远的乡村，这是一副治愈中国师范学校所患的“幼稚病”、“外国病”和“城市病”的重要处方。这所乡村师范从校址、培养目标、课程、教材到学生生活训练等，都主动地适应乡村，与农业携手。在他看来，以前师范教育所以没有绩效，就是因为它与农业“各干各的，不相闻问”。

---

① 华中师范学院教育科学研究所主编：《师范教育下乡运动》，《陶行知全集》第1卷，湖南教育出版社1984年版，第600页。

② 华中师范学院教育科学研究所主编：《师范教育之新趋势》，《陶行知全集》第1卷，湖南教育出版社1984年版，第167页。

③ 华中师范学院教育科学研究所主编：《艺友制师范教育答客问》，《陶行知全集》第2卷，湖南教育出版社1985年版，第54—55页。

创建新的师范教育，必须把整个身心献给三万万四千万农民，向他们“烧心香”。这决定了办师范的人心里充满农民的甘苦，常念着农民的痛苦与幸福，有一颗“农民甘苦化的心”。

3. 师范教育的培养目标。

自民初“师范教育令”①颁布以来，师范教育仅以造就中小学教师及师范学校教师为目标，几成不容推翻和怀疑的定说②。陶行知最早对此论发难和挑战，提出“广义师范教育”概念，认为师范教育的总目标，应当是培养乡村人民儿童所敬爱的导师。这些导师应接受健康的体魄、农夫的身手、科学的头脑、艺术的兴趣和改造社会的精神“五项训练”，陶行知称之为师范生须具备的“五大要项”，缺一便是发育不全的废品。

师范学校的培养目标必须根据教育界对人才的需求确定。他把教育界人才的需求分为四类：“一是教育行政人员，二是各种指导员，三是各种学校校长和职员，四是各种教员。”③从而扩大了师范学校只以培养小学、中学及师范学校和幼稚师资、蒙养员为唯一职志的范围。

教育界既然存有这四种需求，那么，师范教育就应责无旁贷地挑起以上四种人才培养的重担。但是，中国师范教育发展的事实并非如此。中国自创办师范教育以来，无论是高等师范还是初等师范，只是盯着四项中培养各科教员一项，“只是以造就教员为目的，对于教育行政人员、指导员、校长和职员的训练，都没有相当的注意”④。如 1926 年浙江教育行政会议上有人认为：“凡知识阶级人尽可为师，教育原理并无秘诀，不比他项筋肉技巧，非熟练不可。”⑤有一位教授还以“就我所留学的某国说，教育还不曾当作一门学术研究”为由搪塞。显然，当时对教育行政人员、指导员、校长和职员的训练，都被严重忽略了。结果正如陶行知所指出的：教育都交付给

---

① 1912 年 9 月，中华民国教育部公布“师范教育令”，明确规定“师范学校以造就小学校教员为目的”；女子师范学校“以造就小学校教员及蒙养员保姆为目的”，高等师范学校“以造就中学校、师范学校教员为目的”。（见《教育部编纂处月刊》第 1 卷，第 3 册）

② 《教育杂志》第四卷，第 8 号，1912 年 11 月。

③ 华中师范学院教育科学研究所主编：《新学制与师范教育》，《陶行知全集》第 1 卷，湖南教育出版社 1984 年版，第 215 页。

④ 华中师范学院教育科学研究所主编：《新学制与师范教育》，《陶行知全集》第 1 卷，湖南教育出版社 1984 年版，第 215 页。

⑤ 刘问岫：《中国师范教育简史》，人民教育出版社 1985 年版，第 58 页。

连教育的常识都不懂的“土绅士和小政客去办理”。在他看来，中国学务不发达的原因很多，但教育行政办学指导人员之不得相当培养，也是一个重要原因。因此，他主张“我们应当有广义的师范教育——虽所培养的人以教员为大多数，但目的方法并不以培养教员为限”①。他还认为，“凡教育界需要的人才都应当受相当的培养”②。

4. 师范教育课程设置的原则和方法。

在广义师范教育思想指导下，陶行知提出了“教育界的人才要什么就教他什么”，“谁在那里教就教谁”的主张。从他创办的南京晓庄师范学校及所撰写的《天将明之师范学校》《试验乡村师范学校第一院简章草案》和《中国乡村教育运动之一斑》等论著中，可以看出陶行知对于师范教育新课程设置的端倪。

第一，课程设置与生活合一。陶行知在创办晓庄师范之时，主张根据生活的需要开设课程。生活中有接人待物、洒扫应对之事，师范学校就应设置“招待教学做”、“洒扫教学做”、“烹饪教学做”等课程。乡村生活少不了要自己烧饭，故他强调“不会烧饭，不得毕业”。师范生不会种菜烧饭，到乡村就有吃不尽的苦头。过去科举考试尚且要自己背柴火烧饭，新师范岂有落于科举之后的道理！

第二，课程设置与生产劳动合一。现代社会要求人们过劳动生活，师范学校在课程设置上便应做到二者合一。晓庄师范设有征服自然环境教学做，其中包括农业、造林、园艺、基础土木工程，充分体现出所设课程与生产劳动紧密结合的特色，而且视农业生产情况开设的捉蛇、灭虫等灵活机动的课程，也贯彻了陶行知师范教育课程设置要与生产劳动合一的精神。

第三，课程设置与教育对象合一。陶行知曾撰《新学制与师范教育》一文，主张师范教育的课程因受教育者的不同而开设他们各自需要的课程。在课程计划制订之前，应从“功效”着眼，开展调查、分析和研究。譬如，对于教育行政人员而言，管理法、教育法令等是必开勿疑的，其他课程应根据

---

① 华中师范学院教育科学研究所主编:《新学制与师范教育》,《陶行知全集》第1卷，湖南教育出版社1984年版，第216页。

② 华中师范学院教育科学研究所主编:《新学制与师范教育》,《陶行知全集》第1卷，湖南教育出版社1984年版，第216页。

不同的教育对象设置最有用处的课程。

第四,课程设置与中心学校合一。陶行知称小学为中心学校,他反对将中心学校称为师范的“附属学校”。他认为师范学校应根据中心学校之需开设。中心学校是太阳,师范学校是行星。中心学校需要传授文化知识,师范学校就应设“中心学校教学做”——包括算术、自然、园艺、体育等10门课程。中心学校需要培训行政总务人员,师范学校就应开设“中心学校行政教学做”、“分任院务教学做”。所以,中心学校不仅是师范生实习的基地,同时又是控制师范学校课程及活动的指挥棒。

第五,课程设置与保证师范性合一。师范学校无疑应因时因地设置不同的课程,但万变不离其宗,“师范性”是不可更易的。所谓师范性就是教育界的需要。在陶行知看来,师范性是师范教育的出发点和归宿。目标的一致性决定了师范性必须与师范学校课程设置一致、合一。师范性的基本内容包括教育学、心理学等课程。这些课程是师范学校“师范性”的重要表征。

陶行知还主张将教学实习作为一门重要课程。因为师范生将来的特殊职业决定了“不但要自己学习,并且要同时学习教人”①。所以,教学实习是师范生必不可少的课程。

5. 师范生培养的途径。

教育界所需人才的养成,与以物为生产对象的产品生产过程大异其趣。师范生是特殊产品,师范生的培养是一个特殊的生产过程,仅靠课内教学不足以成其事。师范生与普通学校学生的知识结构差异颇大,它不仅需要扎实而全面的基础知识,还必须有较强的将知识转化为信息输送传递给学生的能力。教育学生的能力、按理想办学的能力,以及管理学校的能力,等等。因而陶行知很重视师范学校的中心学校建设,以中心学校作为养成这诸种能力的重要场所。

他指出,旧师范学校把中心学校视作附属品,“将学理与实习分为二事”,是将师范生关在笼子里培养,因而培养出来的学生仅能懂些理论知识,没有实际能力,是个书呆子。他认为,教育界所需人才的培养,必须通

---

① 华中师范学院教育科学研究所主编:《中国乡村教育运动之一斑》,《陶行知全集》第2卷,湖南教育出版社1985年版,第33页。

过中心学校真刀真枪的训练才能养成。“师范学校之使命，是要运用中心学校之精神及方法去培养师资。”通过中心学校的训练，师范生可以学到“中心学校的有效办法和因地制宜的本领”，受了这种训练的师范生，就可以到任何环境中去办学和工作。

陶行知把师范学校的师范部称作“后方”，把中心学校说成“前线”，后方的一切活动都是为了保证前方打胜仗服务的。在晓庄师范，学生都要轮流到中心学校去担任教师，他们必须事先拟定详细计划，事后要写出总结报告。学生通过一期又一期轮番到中心学校锻炼，在教学中学到并巩固了有关专业知识，掌握了教学的基本技能，学到了书本上学不到的东西。同时也暴露出知识结构中的缺陷和不足，返校后再有意识地补课，然后派出去创办新的乡村学校。将陶行知的师范生养成过程予以考察，可以得出这个特殊的教学过程，即“学习——实习——总结——再学习——再实习……”的循环往复的过程。

所以，在陶行知的教学论中，师范生实习占有尤其重要的地位。他曾批评当时师范学校的实习办法说：“现今师范教育之传统观念是先理论而后实习，把一件事分作两截，好一比早上烧饭，晚上请客。”[①]简直是存心叫人吃冷饭。为了加强实习环节，陶行知曾作过大胆的设想，提出师范生毕业时，如果成绩合格，便发给修业证书；然后到教育界服务半年，经考查的确能按生活教育原理办学的，才发给毕业证书。他的这一设想的旨趣所在，是加强实习环节，提高实习在师范生培养过程中的地位。

三、职业教育和师范教育的评价

中国职业教育起步较晚。数千年的中国教育，是教育与职业脱节的教育。职业教育发轫之后，便阻碍重重，步履维艰。在整个近现代社会，职业教育始终营养不足，发育不良，其原因是多方面的：首先是传统的巨大惰性的影响。中国传统教育重文轻职，直接导致社会上视职业为异途，读书做官才是“正果”，读书人以摆脱体力劳动为职志。因此，中国职业教育赖以生长的社会土壤始终是贫瘠的。

---

① 华中师范学院教育科学研究所主编：《晓庄三岁敬告同志书》，《陶行知全集》第2卷，湖南教育出版社1985年版，第209页。

其次，政治的腐败，经济的萧条，工厂濒临倒闭，使青年难于就业，因而就业前的训练必然“一损俱损”，形成恶性循环。

第三，职业教育理论的贫乏，导致教育实践盲目。所以，陶行知、黄炎培等职业教育界人士在理论上的深入探索，在实践上的大力推行，对中国职业教育的发展，不能说没有开风气之先的意义。陶行知的《生利主义之职业教育》是职业教育方面的杰作，成为中国职业教育的重要文献。他在该文中喊出的“造就生利之人物”的呼声，教育要面向生产和生活的呐喊，在当时无可否认地起到了振聋发聩的作用。非但如此，陶行知对职业教育各种理论问题的探讨，极大地丰富了我国职业教育的理论宝库，直到今天仍有其强烈的生命力。

职业教育与普通教育相比较，二者中包含着某些大相径庭的内容。普通教育是现代文化科学基础知识的教育，而职业教育则以“生利”为方针。职业教育的生命线就在于“生利”二字。陶行知强调，“生利”的理论必须紧密地与“生利”的实践相结合。关于“生利”的实践，陶行知尤其重视办学条件，职业学校应准备相当的设备，尽可能给学生提供良多的动手的机会。这是职业教育的关键所在，也是陶行知职业教育理论的精髓所在。

职业教育的师资、设备、课程等，都必须带有职业的特征。陶行知强调职业的教师除有一定文化知识而外，还必须强调它的“生利的经验”，没有生利经验的教师，任凭职业理论讲得天花乱坠，很难养成生利的学生。职业学校的课程到底应如何开设？陶行知提出以事为主，如养蚕、种桑、养鱼等事，学一事，便能在这事上生利，然后再学它事。按现代心理学观点来看，在教学过程中应尽可能给学生更多一些的新刺激，因而事与事交错递进，有可能激起学生对职业的更大兴趣。彼此沟通，学生可能学得更灵活，职业知识可能掌握得更扎实。当然，应看到陶行知并未疏忽学生对职业的兴趣，他极强调职业学生应“有最适应的才能兴味”，使“教与学咸得其宜”。陶行知对职业教育的教学提出的看法，是符合职业教育这种有别于普通教育所特有的教学规律的。

当今世界，各国竞争日趋加剧。这种竞争表面上是科学技术的竞争，但归根结底是教育的竞争。它要使每一位参与者具有现代意识，掌握更多更新的科学文化知识。这一要求决定了教育结构作出某些适应性调整或重新整合，将补习教育、继续教育、职业教育提到较高地位。陶行知很早就洞察到竞争社会对教育的挑战。1923年，他与朱其慧、晏阳初等人共同组织平民教育促进会，倡导在“读书之外，还教些实用的职业”。1927年，晓庄师范与中华职业教育社合办“晓庄中心茶园及木作店”，用生利主义的职业教育与教学做合一原则作指导，造就木工人才，并通过推广艺友制，使有志青年能根据自己的兴味及才能，充当某一事业专家的艺友。他积极开展职工补习教育。在20年代初，他就指出，补习教育“一是使缺少普通学识的补足必不可少的普通学识，二是使缺少生利能力的补足必不可少的生利能力，三是使已有学问能力的都可得继续增进学识技能的机会”①。职业补习教育的形式，更是灵活多样。对于“年长失学的人关于普通教育的补习，和未受过教育的工人关于职业教育的补习，几乎完全不能配入通常之学制”②。这些分析是极有见地的。他创办香港店员补习学校，提倡职业青年利用夜间空闲之时补习等，都是在以上认识基础上进行的。学习和研究陶行知的职业教育思想及实践，对于培养一支素质优良的合格劳动者，有着重大的借鉴意义。

在师范教育方面，陶行知对师范教育理论及其实践，其建树是举世瞩目的，对近现代中国师范教育的发展，贡献颇大。

中国师范教育自清末肇始到晓庄师范的创办，才短短的几十年时间，其理论上的贫瘠和枯竭，实践上的干涩和僵滞，是可以想见的。加之封建意识和“官本位”，“宁为卖货郎，不当孩子王”等传统与陋习的影响，以及山河破碎，内乱不止的国运，师范教育遭受到了灭顶之灾。起步之晚、发育之不良、重要性认识之不足，使中国师范教育呈萎缩之状。虽有维新志士振臂疾呼，如梁启超说“师范教育是群学之基”，黄遵宪亦把师范教育看成是基础教育之本，主要优先重点发展师范教育。但是，他们多在教育问题内部兜圈子，因而对发展师范教育所产生的推动力是有限的。陶行知继承了志士仁人们的宝贵遗产，而且进一步认识到师范教育与外部及民族的前途、命运的相关性质，提出了“师范教育可以兴邦，也可以促国之亡”的观

① 华中师范学院教育科学研究所主编：《中国建设新学制的历史》，《陶行知全集》第1卷，湖南教育出版社1984年版，第212—213页。

② 华中师范学院教育科学研究所主编：《中国建设新学制的历史》，《陶行知全集》第1卷，湖南教育出版社1984年版，第213页。

点，这在当时堪称振聋发聩之论。他将师范教育的重要作用提高到了一个新的高度，从而牢牢奠定了师范教育的地位，这是中国师范教育发展史上的一个里程碑。

在二三十年代，中国师范教育普遍染上了“流感”，陶行知称之为“城市病”、“外国病”。陶行知决心治愈这弱不禁风的师范教育，他堪称是疗师范之疾的神医。他改造师范教育的总体方案是在改造旧师范基础上建设新师范。他对旧师范教育的批评和揭露入木三分，但反对将旧师范连根拔掉；他对新师范教育建设的建议，比较符合中国的国情。师范教育建设问题，是陶行知教育理论的核心部分之一，其总体思路是改造中含孕着建设，建设中亦不无改造，二者同时并举，互不脱节。这样，不仅合理地利用了旧师范教育中的人力、物力、智力，同时也使新师范教育的诞生有所依托，使新与旧的两种师范教育交替与换轨时，不致出现断层。尤其值得注意的问题是，他把新师范建设的重点置于乡村，这可以说是抓住了中国师范教育的症结。当时，梁漱溟、晏阳初等教育家均受到乡村教育思潮的拍击，到乡村去开辟、创造，在乡村教育方面做了许多有意义的工作。但与他们相比，陶行知独具慧眼，不是把乡村师范教育作为帮助统治者训练传道的教员，而是培养向农民烧心香的可敬导师，并将其注意力集中到了乡村师范教育建设上。

陶行知提出的根据教育界对人才的需要来培养人才的“广义师范教育”的思想，使他的师范教育思想得到了升华。他曾指出：“我们应当有广义的师范教育——虽所培养的人以教员为大多数，但目的方法并不以培养教员为限。”①这一思想，以前并未得到人们的重视。在几十年后的今天，它对于帮助我们深刻认识“教育为本”②的战略方针和深入开展师范教育改革，尤有现实意义。当前，我国教育行政、办学人员离专业化知识化要求相差甚远，造成这一积弊的原因，不能说与师范仅以“培养教员为限”毫无关联。中国教育行政不发达，与此亦直接相关。显然，学习和研究陶行知师范教育思想与实践，对于当今师范教育改革，是大有裨益的。

---

① 华中师范学院教育科学研究所主编:《新学制与师范教育》,《陶行知全集》第1卷，湖南教育出版社1984年版，第216页。

② 华中师范学院教育科学研究所主编:《新学制与师范教育》,《陶行知全集》第1卷，湖南教育出版社1984年版，第216页。

第七节 高等教育

陶行知在平民教育、乡村教育、女子教育、幼儿教育、民族教育、职业教育和师范教育等方面的卓越贡献，已为人所熟知，但对他在高等教育方面的教育实践和理论探讨，却所知甚少。造成这种状况的原因是多方面的，其中重要的一点，在于我们过去对于这一方面的研究重视不够，介绍不够。这不能不说是过去陶行知研究中的一个严重不足。事实上，陶行知的教育生涯，首先就是从高等教育方面开始的。他最初几年的教育改革，主要集中在高等教育方面，给后人留下了一笔丰富的思想财富。

一、高等教育的实践活动

陶行知的高等教育实践活动，大致可分为前后两期。前期是指在南京高等师范时期(1917—1923 年)，后期即指 1945—1946 年的社会大学时期。

1917 年夏，陶行知回国。是年 9 月应南京高等师范学校教务主任郭秉文之聘，担任南京高等师范学校教育学专任教员，主讲教育行政和教育统计等课程。由此，陶行知开始了高等师范教育的实践活动，并着手对中国的教育现状进行考察，探索改革中国教育的途径。

1918 年 3 月，年仅 27 岁的陶行知担任南京高师代理教务主任。他“办事认真，对学生学习要求严格，同学们对他最敬畏，因此呼为‘老虎教务长’云”①。次年，南京高师学监主任兼代理校务陈容辞职后，陶行知暂时代理校务。南京高师合并入东南大学以后，又先后担任南京高师教务主任、东南大学教授、教育科主任、教育系主任等职务。同时，他还承担了许多其他工作，如南京高师校友会西文书记兼学艺部部长、南京高师“工读协助研究”、“改良考试”等委员会主任，以及“学生自治”、“暑期学校”、“女生研究”等委员会委员和《教育大辞书》特约编辑。

陶行知在南京高师、东南大学，对高等教育改革进行了全面而深入的探索。

首先，陶行知在实践基础上，撰写了一批高等教育理论与方法的论文，

---

① 李敷仁:《悼行知先生》,《解放日报》(延安),1946 年 8 月 11 日。

如《试验主义与新教育》《教学合一》《生利主义之职业教育》《第一流的教育家》《智育大纲》等。这些论文的问世，标志着陶行知的高等教育理论研究有了比较深的造诣，同时，也指导和促进着高等教育改革活动。

其次，进行了一系列高等教育改革活动。(1)倡导高等理科教育，注重科学实验，提出实验不一定有所发明，但发明必资于实验。进而提出要建立教育学的实验室——实验学校的观点。(2)批判教与学分离，倡导教学合一，将南京高师全部课程之“教授法”改为“教学法”。一字之差，砸烂了传统教育的老框架。(3)组织南京高等师范学校暑假留校学生20多人，调查研究失学成人补习教育问题。他还亲自率领学生跑遍南京各旅社、茶馆，访问车夫、小贩，调查了解，以寻求高等教育与平民教育相结合的途径。(4)与南京政法专门学校教务长王伯秋、金陵大学教务主任刘伯明等发起组织南京学术讲演会，起草该会章程。在讲演会成立大会上，到会者都推陶行知为临时主席。自大学学习以来，陶行知特别重视大学生口才、论辩能力的培养。(5)进行招生改革。在南京高师校务会议上提出《规定女子旁听办法案》《招收特别生办法》，主张男女同校，建立女子大学，促成南京高师与北大一起首开招收女生之风。(6)进行课程结构改革。1919年，在陶行知主持的南京高师教务会议上，他提出了“改良课程案”，主张将该校的课程改为“选科制”。(7)在南京高师办数届暑期学校。杨贤江论述说：“近年来南京高等师范学校之暑期学校甫经创办，而四方来学者即踊跃异常，可见我们暑期学校之前途会有无限之希望。”①这是陶行知使高等教育与社会联系的又一实验。

其三，领导并参与了学生爱国运动。五四运动爆发消息传到南京，陶行知参加了南京各界6000余人在小营演武厅召开的国耻纪念大会。陶行知在会上发表演讲，阐述了他誓雪国耻的决心。陶行知在南京高等师范学校和东南大学的高等教育实践，是他高等教育思想形成的重要时期。他的普通高等学校教育的理论，大多在此时提出，主要实践活动也是以这个学校为舞台。

1945—1946年，是陶行知从事高等教育实践的后期。主要是创办重庆社会大学。社会大学的创办也是陶行知在抗日战争后争取民主教育的

① 杨贤江：《教育评坛》，《教育杂志》第17卷，1925年第9期，第1—2页。

主要实践活动之一。社会大学的理论探讨，成熟于1945年，标志是《实施民主教育的提纲》《全民教育》《民主》《民主教育之普及》等一系列论文的面世，而社会大学正式开始上课是在1946年1月。

1946年1月，陶行知撰写《社会大学运动》一文，并发表了《社会大学颂》长诗，提倡开展社会大学运动。他指出：新的大学之道“在明民德，在亲民，在止于人民之幸福”①。该月15日，重庆社会大学在和平路管家巷28号育才学校办事处正式开学。陶行知任校长，李公朴任副校长，学生100多人，其中90%为职业青年，共分政治、文学、新闻、教育四个系。4个月为一学期，一年三期，8个学期（即两年又8个月）毕业。没有寒暑假，毕业后再实习一学期。陶行知在开学典礼上阐明了社会大学的宗旨、原则、教学内容、教学方法、发展计划等。他强调社会大学一切要简而易行，不要让自己的幻想把办法弄得太困难，而阻碍了发展与普及。社会大学正是在陶行知这种思想指导下成了一所团结、教育和提高职业青年革命觉悟、文化水平及专业知识的高等业余学校，以人格教育、知识教育、组织教育、技术教育为方针，人格教育是核心，以培养革命的人生观与正确的世界观。

社会大学每晚上四节课，课后开讨论会，师生共同讨论。学校管理采取民主自治制度。“学校经费则为学生自筹。一学期出学费二万元（约合1949年后的人民币2元——著者注），但贫苦学生可免交或因成绩好而得奖学金。学校设备虽较差，但均为学生自己设法装备。”②国民党政府以视察社会大学为名，刁难社会大学，要社会大学筹基金，履行立案手续，并有“设备简陋”的批语。陶行知反驳说：“‘简单’，社大学人是承认的，他的方法就要简单，简单才易行。‘陋’就要有一种不同的看法了：《陋室铭》的‘君子居之，何陋之有’是作了我们的辩护。有学问的人当教授，好学的青年做学生，又有新的大学之道来贯彻作指针，可以说得是‘君子办之，何陋之有？’”③

陶行知断言，假如政治民主了，政府一定会顾虑到这一些青年，给他们

① 华中师范学院教育科学研究所主编：《社会大学运动》，《陶行知全集》第3卷，湖南教育出版社1985年版，第586页。

② 华中师范学院教育科学研究所主编：《社会大学的创办》，《陶行知全集》第3卷，湖南教育出版社1985年版，第590页。

③ 华中师范学院教育科学研究所主编：《谈社会大学》，《陶行知全集》第3卷，湖南教育出版社1985年版，第594页。

以受大学教育的机会，办大学来普及这一类人的高等教育。所以将来不止是一个社会大学，遍地都会办起来。

重庆社会大学存在的时间不长，但这是陶行知后期高等教育理想化的产物。通过重庆社会大学的创办，可以看到陶行知高等教育思想的变化特征和发展趋势。

二、高等教育的具体主张

1. 高等学校的办学宗旨。

求学异域时西方教育机会均等的民主思想的影响，归国从教后“五四”时期教育领域民主潮流的浸濡，使陶行知对于高等学校办学宗旨的认识有着一贯始终的根本原则，这就是以民主精神来实现“教育为公”。在南京高师时期，他就指出，古今教育家之职，就在于在建设共和国家的过程中，以教育来完造好“共和之长城”，而要实现此等目标，就必须致力于改变现时国人受教育者十仅有一的状况，尤其在高教领域，不仅要产生出“正当之国民领袖”，更重要的是造就出“多数健全之公民”①。按照此等办学方针，他积极扩大南京高师的教育涵盖面，创造种种条件，便利更多人接受到高等教育的沐浴。这种教育为公的办学宗旨，尤其在两个方面取得了良好的实际成效，这就是根据民主办学精神，为女子享受高等教育创造了机会和为补习高等教育者开辟了途径。

陶行知这种办学宗旨的民主精神，在1945—1946年的争取民主的运动中，表现得更为充分。他对社会大学的办学宗旨规定为“大学之道：在明民德，在亲民，在止于人民之幸福”②。这就是说，社会大学之道，首先要明白人民群众觉悟、联合、解放、创造四条。“民德”、“亲民”，是要亲近老百姓，“我们要钻进老百姓的队伍里去和老百姓亲近，变成老百姓的亲人，并且要做到老百姓承认我们的确是他们的亲人”③，而最为根本的一条是要

---

① 华中师范学院教育科学研究所主编：《教育研究法》，《陶行知全集》第1卷，湖南教育出版社1984年版，第65页。

② 华中师范学院教育科学研究所主编：《社会大学运动》，《陶行知全集》第3卷，湖南教育出版社1985年版，第586页。

③ 华中师范学院教育科学研究所主编：《社会大学运动》，《陶行知全集》第3卷，湖南教育出版社1985年版，第587页。

为人民造幸福。一切学问,都要努力向着人民的幸福瞄准,照着人民所愿望的福禄寿喜四大幸福进行。

2.高等学校的办学任务。

不管何种类型的高等学校,都有一个共同的任务,即为社会培养各种不同的高级人才,以适应社会发展的需要,这是高等教育的基本功能。陶行知认为,高等学校的任务即高等教育的功能,是为社会培养需要的人才。陶行知根据当时中国的国情,他认为教育是民族解放、人类解放的武器,因此它的总任务是提高民族素质、争取民族解放,建立一个民主的新中国。而高等师范教育是实现这一任务的重要途径。高等师范学校是社会运行的重要枢纽,存在着其他类型学校不可替代的功能,这种特征表现在它的任务上,即:"一是教育行政人员,二是各种指导员,三是各种学校校长和职员,四是各种教员。吾国自办师范教育以来,无论高等师范、初等师范,只顾到第四项,只是以造就教员为目的,对于教育行政人员、指导员、校长和职员的训练都没有相当的注意。"①他的这种观念,符合中国当时的国情,指明了中国师范教育的问题症结所在。

进行科学教育和系统的文化知识学习和训练,也是高等教育的重要任务。受过高等教育与否,主要是看接受过系统的文化科学知识学习与训练与否。因而,陶行知在南京高师时就把系统知识的传授当作学校的重要任务。据曾在南京高师学习过的章柳泉先生回忆,陶行知一向主张高师学生应有广博的文化素养,特别要有历史知识。在注重系统知识传授的同时,陶行知还极为重视对学生实践能力的培养,如在南京高师倡导并参与了许多研究会、讲演会等,都可以说是在培养学生的实践能力。对于这一点,他愈是到晚年愈为重视。

在其生命后期创办的社会大学中,其根本任务虽与早期的高等教育的任务的论述,没有抵牾悖离之处,但所强调的重点却发生了明显的变化。其根本任务,简言之是争取民主,培养民主的斗士。围绕着这一任务,社会大学对学员进行人格教育、知识教育、组织教育、技术教育四大教育。李公朴先生解释说,"人格教育是以革命的人生观和正确的宇宙观的建立为中

① 华中师范学院教育科学研究所主编:《新学制与师范教育》,《陶行知全集》第1卷,湖南教育出版社1984年版,第215页。

心，而这又是四项教育的重点、核心”①。

根据有关人士回忆，社会大学“人格教育是重点，丝毫不意味着放松知识教育和技术教育。同学们在各自的系里学到了一定的专业知识。由于当时注重实习、运用，学得还是比较扎实的”②。可见，社会大学的任务，是根据当时革命斗争的中心任务提出并设计的，具有鲜明的时代感和斗争精神。

从上述陶行知对高等教育特别是对高等师范教育任务的论述中，我们清楚地看到，陶行知本着从中国当时社会和教育的实际情况出发，正确处理教育与社会的关系，遵循教育内在的发展规律，根据不同教育的不同对象，明确规定了不同教育的不同任务，符合客观实际，反映教育的特殊规律性。

3. 高等学校的招生。

陶行知高等学校招生方面的一大改革，是招收女子入学。中国几千年封建传统教育，置占人类半数的女子于不顾，信奉的“女子无才便是德”，使女子教育在学制上毫无地位可言。陶行知根据当时社会歧视妇女的问题，针锋相对地指出，女子教育在中国最不注重，中国全国有1300余县没有女子高等小学，又有 500 余县没有一个女学生。因此，陶行知极力主张高等师范学校招收女生入学。1919 年 12 月 7 日，陶行知在南京高师临时校务会议上提出了《规定女子旁听办法案》，称“查中国女子高等教育最不发达，中等学校毕业以后，女子几无上进之路。本校各科功课，有宜于女子旁听者，可否通融办理，容其旁听，遂其向学之志愿，未始非辅助女子教育进行之一法”③。

1920 年 4 月，陶行知在南京高等师范学校第 11 次校务会议上提出，“下学年招收新生班数，定为应招八班，总人数为一百八十。学生有应试资格来校应试者，苟能及格，不论男女均可录取”④。同年 6 月，陶行知又指

---

① 四川省纪念陶行知先生诞辰九十周年大会筹备组编：《陶行知纪念文集》，四川人民出版社 1982 年版，第 257 页。

② 四川省纪念陶行知先生诞辰九十周年大会筹备组编：《陶行知纪念文集》，四川人民出版社 1982 年版，第 257 页。

③ 华中师范学院教育科学研究所主编：《规定女子旁听办法案》，《陶行知全集》第 1 卷，湖南教育出版社 1984 年版，第 143 页。

④ 华中师范学院教育科学研究所主编：《报告招收新生问题》，《陶行知全集》第 1 卷，湖南教育出版社 1984 年版，第 146 页。

出，男女都应受同等教育。他认为：一是女子同为人类，自应有知识技能，去谋独立生活，去共同担负社会的责任；二是女子富于感化性，可以溶化男子的性情与人格，能将坏的男子变好。要想使男子不致堕落，非从女子教育着手不可；三是女子受教育，不但可以收到家庭教育的良效，也可以巩固子孙的教育。陶行知的这些论述，揭示了女子教育是社会发展的需要，也是人类发展的需要的客观规律。

1920 年，北京大学、南京高师同时招收女生，实行男女同校，在全国实开风气之先。这一南一北开风气者，北是蔡元培，南即陶行知。

南京高师时期，陶行知还为便利补习高等教育起见，利用各科学程有缺额之机，招收男女特别生，他建议特别生应招资格应具备：

甲、学校教职员及办学人员，经学校及教育机关保送者；乙、对于选习学程素有研究，经本校教员认可者。特别生招进来半年后，进行考试甄别，如“成绩不佳，得令退学”，并规定每学期学费 10 元，用品费、实验费另定，膳食自理，所习学程成绩及格，发给修业证书。这也是高等学校招生的新办法，在全国高等学校中，同样属于创举。后来，在社会大学的创办过程中，对其招生工作作了进一步的改革。在当时，据 1943 年国民政府的统计资料，在全国 10 万高中毕业生中只有 1 万人能够上大学，其余十分之九者，被摒弃在正规大学之外。从年龄上看，应受高等教育而失学者，从 16 岁—40 岁这 20 个年龄段中，失学青年以每年 10 万计，共有 200 万人。而这 200 万人既需要也有能力接受大学教育。此外，还有社会上具有同等知识水准和接受能力的青年，至少 400 万人，也同样需要大学教育。然而，当时全国正规大学的招生量不过 6 万余人。正是在这种情况下，为了解决那些渴望享受高等教育者的教育问题，社会大学便应运而生。综上可见，陶行知在高等学校招生方面，为后来者提示了两种模式，即高等学校招生模式和业余高等学校招生模式。这两种招生模式，后来都为教育工作者所继承。

4. 高等学校的课程设置。

课程设置是实现教育目标的重要保证，是由教育目标所决定的。科学合理的课程设置是学校培养合格人才的首要保证。陶行知认为，高等教育的课程设置应因学校的性质不同、教育目的不同而各具特色。陶行知毕生反对死板的教育，倡导实施灵活机动的教育。在课程设置上，他把“死”与

“活”辩证地统一起来了。“死”所强调的是基础必修课，如南京高师的教育科，所开设的“死”课程有：科学常识、科学发展史、普通心理学、教育心理学、儿童心理学、实验心理学、心理学史、教育统计学、测验之编制与应用、哲学史、中国文化史、教育思潮等。“活”课程，视社会需要、新学科等而开设。陶行知在 1919 年 7 月提出，课程设置要从社会和个性两方面讲，“从社会这面讲来，要问这课程是否合乎世界潮流，是否合乎共和精神。学了这课程之后，能否在中国的浙江，或是浙江的杭州，做一个有力的国民”①。当时社会上急需速记、打字人才，陶行知在 1919 年 12 月 17 日就提出《添设速记打字讲习科案》，要求学校“以应社会之需求”，造就此项人才。南京高师速记、打字二课程的开设，反映了陶行知根据社会之需设“活课程”的主张，揭示了高等学校课程设置灵活机动的特点与规律。这一精神，后来也贯穿于社会大学之中。社会大学的课程分为三类：一是公共必修课，如中国通史、近百年史、中国政治问题等，这些都是各系必学的；二是各系的专业课，如文学系，除上述各必修课外，还有自己单独开设的语文学、中国文学史、文艺思潮、创作方法、作品选读、民间戏剧、诗与习作、苏联文学等；又如新闻系，有社会研究、新闻学概论、时事分析、报馆管理、美国新闻事业、苏联新闻事业等；三是专题讲座，又分系讲座和校讲座两种。第三类设置灵活，可根据当时国际国内国计民生重大问题，举办各种形式各种专题的讲座。如秦邦宪的辩证唯物主义的几个法则；邓发的民主政府的工业和劳工政策、欧洲职工运动；田汉的西南地区的文化活动；于怀的国内局势问题和国际局势关系和影响；柳湜的边区民主教育的新气象；梁漱溟的中国古代文化之要义；吴玉章的辛亥革命的历史意义；等等。从社会大学的课程设置上，我们可以看到，课程设置与社会、生产、生活、政治、培养人才的目的联系密切，都是为社会培养需要的人才服务的。社会大学的课程设置模式，可看作是南京高师课程设置模式的延伸和发展。

5. 高等学校的教学方法。

1918 年，南京高师教育专修科正式成立，拟聘陶行知任该科主任。他在南京高师校务会议上提出的“教学法”代替“教授法”的主张，与守旧分子

---

①　华中师范学院教育科学研究所主编：《新教育》，《陶行知全集》第 1 卷，湖南教育出版社 1984 年版，第 129 页。

辩论两小时,未获通过,故而未接受教育专修科主任名义。1919 年 2 月,又发表《教学合一》一文,主张教师要"教学生学","教的法子要根据学的法子,教师不但要拿教的法子和学生学的法子联络,并须和他自己的学问联络"。五四运动以后,他借新文化运动方兴未艾之机,将南京高师全部课程中的"教授法"一律改为"教学法"。自此以后,"教学法"一词便流行全国。

"教授法"改"教学法",虽仅一字之差,却引起了一场教育思想和教学方法之深刻革命。即将过去那种把学生变成书呆子、字纸篓的恶劣教法,改变成教学生解决问题的方法,把过去教育中以书本为中心改变为以学生为中心。一句话,以此方法教学,是给学生以"猎枪"而再也不是仅给以"猎物"了。

沿着南京高师教学方法改革的思路,陶行知在社会大学时进一步提倡学生"自学为主,教授为辅",强调"主动、实践、集体"。各系按这一思想,组成学生学习小组,实行学习互助,开展课堂讨论,进行专题研究。此外,还组织各种研究组,开展学术研究,如时事研究组、音乐研究组、戏剧研究组、采编研究组等。文学系的学生还成立了新芽文学社。各系均办有壁报,每周一期,内容丰富,形式多样。在社会实习期间,新闻系到新华日报实习,文学系到新中国剧社实习,教育系到行知小学实习。

与教学方法改进相应的是,他在考试方法上面也作了独创的改进。社大的教学和考试方法,很适合成人学习的特点,为今后成人教育的发展,提供了重要借鉴。

6. 高等学校的教师和学生。

陶行知关于教师与学生关系的论述极为精辟。早在南京高师时就多次强调,学校是传授学术、作育人才之所,教员必须负起施教的责任,不允许有贩卖性的教授,教员不能因为生计而丧失人格。他要求教员:一要有信仰心,认定教育是大有可为之事;二是要有责任心,切不可当教育职业为住旅馆;三要有共和精神,不应摆出做官的态度,事事要和学生同甘共苦,要钻到学生队伍里面去指导他们;四要有开辟精神,要使中国无地无学生;五要有试验的精神,敢于怀疑,勇于创造。陶行知反对三种类型的教师:一是"只会运动、把持、说官话"的"政客的"教师;二是"只会读书、教书、做文章"的"书生的"教师;三是"只会盲行、盲动,闷起头来,办……办……

办……”的“经验的”教师。他主张教师将自己的自立、进步、胆量、试验精神，“向那未发明的新理贯射过去，不怕辛苦，不怕疲倦，不怕障碍，不怕失败，一心要把那教育的奥妙新理，一个个的发现出来……晓得国家有一块未开化的土地，有一个未受教育的人民，都是由于我们没尽到责任。责任明白了，就放大胆量……把那边疆的门户，一扇一扇的都给它打开”①。可见，高等学校的教师，既要有渊博的知识，也要有吃苦耐劳的精神；既要有对学生、对人类的同情心和责任感，也要有开拓创新精神。

关于高等学校的学生，他提倡学生要有学生精神。什么是学生精神？其一要有学而不倦的精神，对于新知的追求永无止境。其二要有科学精神，不论研究什么学科，总要看个明白，想个透彻，多发疑问，切不可武断盲从，“知之则知之，不知则不知”。其三要有改造社会的委婉精神，在任何环境里面做事，不可过于急进。其四对付环境，要有坚强的人格和百折不回的精神，不论在任何环境里，要抱有坚强人格，不可自由摇动，尤其是在利益生死关头要具有“富贵不能淫，贫贱不能移，威武不能屈”的气概。

陶行知还专门对女子师范大学学生提出了具体要求。他说，女子师范大学学生除修习基础学科外，还应具有：一是信仰国家教育事业为主要生活；二是愿为中学教员者，要对中学生作彻底了解，愿为师范学校教员者，于中学生外，还须了解小学生之能力与需要；三是对于将来担任之课程须有充分的准备，包括中小学所需之教材、教法之研究，实习和参观；四是自己的一举一动、一言一行，要修养到不愧为人师的地步。所有这些，既是对女子师范大学学生的要求，也是对整个师范生的要求，即以教师的业务素质和职业道德要求师范生。

7. 高等教育的行政管理。

陶行知在美留学时，曾主攻教育行政。归国后受五四时期民主教育思潮的影响，对高等学校的教育行政管理进行了一些研究。在这方面的基本主张是“学生自治”。当时，中国各省流行着一种“地方自治”思潮，陶行知颇为赞同地方自治。他深信地方自治可推动地方教育自治、教育独立。在他看来，教育独立、地方教育分权，首先要做到地方自治。故而主张首先在

① 华中师范学院教育科学研究所主编：《第一流的教育家》，《陶行知全集》第1卷，湖南教育出版社1984年版，第113—114页。

高等学校实验学生自治。陶行知对学生自治的含义、意义、好处、弊端、范围、实施等进行了深刻的论述。他认为,今日的学生,就是将来的公民,学生能自治,人民便能自治,国家就可以太平。何谓学生自治呢?就是“学生结起团体来,大家学习自己管理自己的手续”,从学校这方面说,就是“为学生预备种种机会,使学生能够大家组织起来,养成他们自己管理自己的能力”①。

学生自治有三个要点:第一,学生指全校同学,有团体的意思;第二,自治指自己管理自己,有自己立法、执法、司法的意思;第三,学生自治与别的自治稍有不同,因为学生在求学时代,就有一种练习自治的意思。他反复重申,学生自治不是自由行动,而是共同治理;不是打消规则,而是大家立法、守法;不是放任,向学校宣布独立,而是练习自治的道理。学生自治能够正确实施,可以作为学生修身伦理的实验,可以养成学生对于公共事业上的动力、智力、才力;能适应学生的需要,能辅助风纪的进步;能促进学生经验的交流发展。同时,陶行知也认为,学生自治如果实施不妥,也必然会产生一些弊端:把学生自治当作与学校争权的器具;把学生自治误作治人看,想驾驭别人;把学生自治立在与学校对峙的地位,容易闹意见。针对上述学生自治的益处与弊端,陶行知明确指出,正确实施学生自治必须注意:一、学生自治是学校的大事。全体学生要以大事来对待,认真去做。二、学生自治之权,出自学校,应有认可的手续。三、学生自治要做好舆论宣传,让大家明白其真意。四、自治立法要清楚、简单。五、学生自治要推选好学生自治的领袖。六、学校与学生要始终保持协助贡献精神。在这共和的学校当中,无论何人都不应该取那武断的、强迫的、命令的、独行的态度。七、学生自治要边试行、边改革,不断完善。陶行知的高等学校学生自治的思想,显然是他的教育行政管理民主思想与五四时期民主思想、地方自治思潮和教育独立思潮交相撞击和融合的产物。应该指出,在帝、官、封三座大山尚未被推翻时,要认真实施学生自治,这只是一种不切实际的想法。但是,作为一种高等教育行政管理的思想,它却有着一定的理论价值,为后来高等学校教育行政管理的改革拓展,提供了一条有益的思路。陶行知的

---

① 华中师范学院教育科学研究所主编:《学生自治问题之研究》,《陶行知全集》第1卷,湖南教育出版社1984年版,第132页。

这一思想，在南京高师虽未予以彻底实施，但在1946年的社会大学，却基本上变成了现实。他在《谈社会大学》一文中指出："社会大学的创办是独特的……好学的青年团结起来，自己发起，自己筹备、筹款，自己推董事，选校长，开出聘请教授名单。"[①]"学校管理采民主自治制度。教职员如校长陶行知、政经系教授邓初民、文学系教授茅盾等，均为学生自治会所提出者。学校经费则为学生自筹……学校设备虽较差，但均为学生自己设法装备。"[②]据部分社会大学校友回忆："社大始终坚持民主办学，学校虽有董事会，但最高决策机构却由校董、校长、教师、学生代表共同参加的联席的会议。各项日常工作也都是在校长领导下，由同学自己动手，分工负责，充分当家作主。"[③]

社会大学在教育行政管理上的实践，是陶行知南京高师时教育行政管理主张的具体运用和发展。

8.高等学校的建校选址。

高等学校是传授学术文化的场所，对于校址，有着特殊的要求。1923年春，陶行知曾以一封公开信的形式，撰写了《杭州大学之天然环境》一文，阐述了他关于高等学校的校址选定的思想。他描述杭州大学的环境说："未来的杭州大学校址，在凤凰山下面，是从前的敷文书院。大学范围，并不限于书院旧址。凡左近之山脉，都包括在内，约有一两千亩的面积，后面四五个山峰，并立如掌扇；东边的之江，西边的西湖，都近在咫尺。登高一望，杭、嘉、湖、绍四属数百万的生灵，还有那无边无际的东海，都在眼中，不住地引人向那远处、大处默想。"[④]这简直是诗一般的意境，故他慨叹选择这个校址的人"是何等的魂力，何等的目光"！

陶行知为何对杭州大学的环境如此大加赞赏？"因为天然环境和人格陶冶，很有密切关系。省立大学为一省人才教育之总枢，校址一层，更不容

① 华中师范学院教育科学研究所主编：《谈社会大学》，《陶行知全集》第3卷，湖南教育出版社1985年版，第593—594页。

② 华中师范学院教育科学研究所主编：《社会大学的创办》，《陶行知全集》第3卷，湖南教育出版社1985年版，第590页。

③ 四川省纪念陶行知先生诞辰九十周年大会筹备组编：《陶行知纪念文集》，四川人民出版社1982年版，第258页。

④ 华中师范学院教育科学研究所主编：《杭州大学之天然环境》，《陶行知全集》第5卷，湖南教育出版社1985年版，第20页。

忽略。”[①]

在陶行知看来，高等学校校址的选择，要满足五个方面的条件：一要雄壮，可以令人兴奋；二要美丽，可以令人欣赏；三要阔大，可以使人胸襟开拓，度量宽宏；四富于历史，使人常能领略数千百年以来之文物，以启发他们光大国粹的心思；五便于交通，使人常接触外界之思潮，以引起他们自新不已的精神[②]。

校址对学生的发展虽不起决定作用，但对陶冶人格，促进学习，鞭策自新，其作用不可低估。而且因杭大有天然环境，又有沪杭铁路与外界沟通，应该能罗致第一流的导师，培养第一流的人才，创造第一流的学术。用有条件论不唯条件论的观点来看，陶行知关于校址选择的思想是有积极意义的。正因为如此，陶行知希望浙江省议会不要因“经费困难”、“怕增加人民负担”、“为省钱的缘故”不惜将已成之胎打将下来……叫人们大失所望。他还说：“人民代表，体谅人民的经济能力，是应当的；但他们的责任，不是为人民省钱，是为人民用钱用的得当。我深信杭州大学是浙江人民未来幸福之泉源。用钱办这个大学，不是为人民耗费，乃是为人民保险储蓄作最有益的投资。这种代人民服务的机会，是不容易得的。若让它空空的失去，未免可惜。”[③]

陶行知还郑重地对现在和将来学校各省立大学筹备委员介绍一句话：“在校址选定之前，最好来看看杭州大学的校址。”

9. 高等学校的科学研究。

高等学校既是教学育才之重要阵地，也是学术发明的重要场所。因此，陶行知十分看重它在担负科学发明、学术研究方面的功能之发挥，一再强调“国之盛衰，视乎教育；而教育之新旧，视乎研究”[④]。把高校的科研工作放在重要的地位。如在南京高师，他就极为注意实验室的建设。这是因

① 华中师范学院教育科学研究所主编：《杭州大学之天然环境》，《陶行知全集》第5卷，湖南教育出版社1985年版，第20—21页。

② 华中师范学院教育科学研究所主编：《杭州大学之天然环境》，《陶行知全集》第5卷，湖南教育出版社1985年版，第20—21页。

③ 华中师范学院教育科学研究所主编：《杭州大学之天然环境》，《陶行知全集》第5卷，湖南教育出版社1985年版，第21—22页。

④ 华中师范学院教育科学研究所主编：《在南京高师教育研究会上的演讲》，《陶行知全集》第1卷，湖南教育出版社1984年版，第74页。

为实验室是科学发明所必备的条件，是登上科学殿堂的第一步台阶。尽管实验不一定能有所发明，但凡有所发明则必依乎实验。至于在具体的实验建设上，他还作出了一系列的探索。首先，他主张大学应该设教育科，开展教育科学研究。他说，国外“凡著名大学，莫不设教育科，其同时试验教育心理者以百计”①。为此，他组织并参加了教育研究会，发表了《试验主义之教育方法》《教育研究法》《试验主义与新教育》《试验教育的实施》等一系列文章，带领高师学生进行教育科学的研究。

第二，重视教育实验。陶行知指出：“近世发明史中，吾国人何至迄今无所贡献？故欧美之所以进步敏捷者，以有实验方法故；中国之所以瞠乎人后者，以无实验方法故。”②总之，一句话，“试验之消长，教育之盛衰系之”。在他看来，“何怪乎吾国教育之不振也！故欲教育之刷新，非实行试验方法不为功。盖能试验，则能自树立；能自树立，则能发古人所未发，明今人所未明”③。

第三，重视附属学校之设。陶行知认为，高等师范学校的附属学校是教育学原理发明的实验室，师范学校的附属学校应为试验教育原理而设。他呼吁：“凡是师范学校及研究教育的机关，都应当注重试验的附属学校。”④

在高等学校的科学研究上，陶行知身先士卒，以南京高等师范学校为基地，对教育作了深入探讨，且毕生研究不辍，其成就是举世瞩目的。

三、高等教育的评价

在中国的近代社会中，新式高等教育自兴起以来，虽说一直处于缓慢的发展过程中，但这种进程却是充满曲折和艰难。从时代潮流的走向来看，这种教育的变化发展跨度远远落后于时代的要求，尤其这种教育的办

① 华中师范学院教育科学研究所主编：《试验主义之教育方法》，《陶行知全集》第1卷，湖南教育出版社1984年版，第61页。

② 华中师范学院教育科学研究所主编：《试验主义之教育方法》，《陶行知全集》第1卷，湖南教育出版社1984年版，第60页。

③ 华中师范学院教育科学研究所主编：《试验主义之教育方法》，《陶行知全集》第1卷，湖南教育出版社1984年版，第60、62页。

④ 华中师范学院教育科学研究所主编：《试验教育的实施》，《陶行知全集》第1卷，湖南教育出版社1984年版，第110页。

学精神与主旨,与时代的主体精神和社会的迫切愿望相违久远。办理这种教育和接受这种教育的人们,绝大多数者一直处在科举时代的立场来认识这种教育的目的和作用。首先,反映在招生工作上,作出了种种条件限制。如在清末,就规定凡是进入大学堂者均须寻觅具有相当社会地位之人作保。“京城学堂须常有保人在京,外省学堂须常有保人在省。”①这种变相的等级身份限制,到民国初年虽然稍有所改变,但当时各高校所招学生仍然多为官绅富有人家的子弟,至于女子则完全被排斥在高等学府大门之外。其次,反映在学校开设上,出现了畸形发展现象。由于高等学府仍被人们视为进入官场的终南捷径,故此自科举废止以来,尤以法政学校或科目发展最为迅猛,以致到民国初年,法政大学泛滥成灾。为此民国教育部对此类学校一度严行整顿,仅 1913 年在苏、皖、浙三省停办改组了法政大学及专门学校就达 18 所之多。再次,反映在教学管理上,又仅那些执教高头讲章者视学校为官府,以讲堂为衙门,即使是学生者也以“老爷”身份和姿态出现。学校官场气息浓厚,腐败作风盛行,课程陈旧肤浅,管理混乱不堪,整个高校领域仍然是封建遗老遗少们的滋生地。上述种种现象,以全国瞩目的也是近代教育史上创办最早的体制完备的大学——京师大学堂最为典型,最能告诉人们清末民初中国高教事业发展状况的大致情形。早在这所学堂孕育时期,人们就把它作为培育稍具新学知识的官僚人才的基地,依此办学精神来招选“举贡监年三十岁以下者入学”②。自此以后,尤其科举制度最终废除以来,那些热衷爵禄官秩的人们一直把它作为科举及第的替身,即使民国后换上北京大学的招牌,此种办学精神仍不得丝毫改变,进入此校者皆有做官发财思想,高等学府成了猎获功名利禄的阶梯。针对此等现象,当民主精神对中国社会有所浸润以后,尤其到五四新文化运动时期,继蔡元培先生执掌北大实行改革以降,全国高教领域出现了一场前所未有的教育改革运动。这场改革所涉及的内容,包括学制的设置、招生的变化、课程的更新、管理的民主,乃至教学方法的改进案,正当这场变革的潮流未艾方兴之际,从海外求学归来的陶行知即行踏入改革的浪潮之中,并且因其倡行民主,勇于创新,很快就崭露头角,成为高校改革中的

---

① 舒新城编:《奏定大学堂章程》,《中国近代教育史资料》中册,人民教育出版社 1961 年版,第 617 页。

② 李端棻:《请推广学校折》,《戊戌变法》(二),神州国光社 1953 年版,第 293 页。

重要角色。因此，对他在高教事业中的一系列创新贡献进行总结评价，使人们不仅能进一步加深对其教育学说完整性的认识，而且还能窥视民主精神在中国高校领域如何得以浸染扩散之一斑。

首先，陶行知比较早地解决了高等教育的服务对象与方向这一根本问题。在从事高等教育工作实践中，陶行知一再强调穷国要有穷国办教育的办法，高等教育要联系中国社会实际，特别是高等师范大学要了解中国的基础教育状况，社会需要什么人才，高等学校就应培养什么人才，教育界需要什么人才，即须造就什么人才，教育界各种人才要什么，就该教他什么。不是要培养的人才去升官发财，而是要培养出“健全之公民”，将学到的知识贡献给人民大众。这说明，高等教育必须以社会实际需要为己任，与社会实际密切联系，为人民大众利益服务。在他早年就主张高等教育是“人民未来幸福之泉源”，开办大学教育“乃是为人民保险储蓄最有益的投资”。后来在创办社会大学时，他又坚持“大学之道，在明民德，在亲民，在止于人民之幸福”。可见，陶行知是近代中国最早解决高等教育服务对象和方向问题的先驱者之一。无论从理论建树，还是从实践创造方面，均可看出陶行知对于高校改革是一种立体实施方案。这种改革既包括招生对象的扩大和学校管理的民主，也包括课程设置的变革和教学方法的更新，陶行知能够顶着传统势力的压力，斩断重重荆棘，在南方高校中首倡招收女生，又试行招收特别生，为男女平等地享受高等教育的权利，作出了积极努力，深刻地体现了他的教育民主平权思想。依照这一思想精神，在其生命的晚年，为了解决广大的社会知识青年能获得高等教育的机会，他又建构了业余高等学校招生模式，为高等教育再次拓展出新的发展途径。在教学方法上，他一反传统地将教授法改为教学法，从而引起了教学方法上的一场深刻革命。将学生摆到教学过程的主体地位，摆正了教与学的关系。后来在社会大学时期，他对教学方法作了进一步改革，其师生间民主讨论、自学的教学方法，是对传统的书院教学方法的继承和弘扬，也为今天的高等学校、成人教育的教学，指明了改革方向。社会大学独树一帜的考试方法，也给人们改革考试制度提供了有益的思路。在课程开设上，他能够依据国情所需，既注重学科基础知识灌输，又照顾社会发展的具体需求，以此等教学内容来完成高等教育培养社会亟需人才的目的和任务。尤其重要的是，他既注意课程开设的灵活性，更注意把握所有课程的开设“是否合乎世界潮流、是否合乎共和精神”的办学原则。而这一点，正是处于改革潮流之中的今日高等教育最应注重和借鉴之处。在学校管理方面，他提倡学生自治，其目的意在培养出自立、自主、自信的新型知识人才，而这种人才是自近代社会以来，一些有见识的教育家们孜孜以求的人才目标。就中国整个社会发展进程来看，这种人才正是使中国走上全面现代化的根本保证，亦是中国社会政治民主化的主要动力。综上可见，陶行知在高校领域对理论和实践的改革贡献，正是贯彻和发展“五四”时期民主精神的具体结晶。也正是这种民主教育观念，使他无论是在高校时期还是在社大时期，无论是正规大学教育还是业余大学教育，都能够体现出一种共同的办学宗旨和精神，这就是“教育为公”思想的形成与发展。

陶行知高等教育的理论与实践，虽然产生在20年代，距今已经相去久远，但仍具有重要的现实指导意义。陶行知在半个世纪以前所洞察的高等教育中的许多问题，至今也仍然不同程度地存在着，只是问题的性质不同罢了。如何探索一条在穷国办高等教育的路子，也就是如何在有限的教育经费条件下，办好中国的高等教育，以适应社会主义现代化建设发展的需要，是我国高等教育面临的一个重要任务。陶行知用穷办法办高等教育的尝试，不仅为社会培养了一批有用人才，也为推动新民主主义革命发展做出了贡献。因此，我们要认真学习和研究陶行知高等教育思想，从中国社会实际出发，端正办学思想，改革教学内容与方法，加强民主管理，建设和发展有中国社会主义特色的高等教育，培养适应社会发展需要的合格高级人才。

第九章　全面教育

全面教育思想是陶行知教育思想的一个重要组成部分，在他的整个教育学说中占有非常重要的位置。了解陶行知的教育学说，不可不涉及全面教育思想。

陶行知的全面教育思想，孕含着他的德育观、智育观、体育观、美育观和生产劳动教育观。他曾借儒家的智仁勇的外壳，表达全面教育的思想"我们需要智仁勇兼修的个人"，申说要办智仁勇合一的教育。这几个方面互相渗透，相辅相成，构成一个相对完整而又有一定独立性的整体。学习和研究陶行知的全面教育思想，应将上述方面作为一个动态的、有机的整体来认识。

陶行知的全面教育思想，批判地继承了古今中外教育遗产的精华，形成了鲜明的中国特色。他的许多具体主张，对于深化教育改革，贯彻党的十三届七中全会提出的教育方针，具有重大的理论意义和实践价值。

第一节　陶行知的德育观

德育观是陶行知全面教育思想的重要组成部分之一。陶行知极其重视对青年一代的道德教育，将它摆到了学校教育工作的重要位置。他通过深入地研究对青年一代施加一定的社会思想和道德价值导向，以形成和发展学生的良好思想品德观点，由此产生了与传统的封建道德迥然有别的具有一定历史性、民主性及民族文化传统特色的道德教育观。

一、德育的根本任务

为了对受教育者进行有目的、有计划、有组织的系统的道德影响，将社会思想和时代道德价值转化为个体的思想意识和道德品质，陶行知针对传统道德教育培养伪君子之积弊，博采外国道德教育理论之英华，融汇中国上下几千年道德教育之精蕴，根据时代气息、民族特点，提出了德育的根本任务是“学做真人”的思想。

1943年，广东百侯中学复校十周年。这是晓庄师范的学生创办的生活教育理论实验基地。陶行知特地写来了《百侯中学复校十周年纪念》的贺词，并亲为百侯中学作校歌，明确地提出德育的任务是“教人求真”的观点。《百侯中学复校十周年纪念》一诗中说：“千教万教兮，教人求真；千学万学兮，学做真人。”《百侯中学校歌》中还有“岁寒松柏，求仁得人。千教万教，教人求真；千学万学，学做真人”之句。必须说明的是，这一思想虽在晚年提出，但这是其一贯的思想，是陶行知毕生的追求、始终奉行的道德价值标准和人生准则。陶行知在他早年撰著的《伪君子篇》中就下定了决心“及早努力，百折不回”，“行出一真是一真，谢绝一伪是一伪”①。

在陶行知看来，教师的谆谆诲语和良苦用心，目的只是“教人求真”，是为了教他们追求真理做真人；而受教育者三更灯火五更鸡，目的则是“学做真人”。他指出：“教师的职务是‘千教万教，教人求真’；学生的职务是‘千学万学，学做真人’。”②

陶行知“教人求真”、“学做真人”的观点，是在对传统道德教育培养“伪君子”、“人上人”进行批判、革新、改造基础上形成的。从孔子、孟子、董仲舒、朱熹，一直到王阳明、王夫之，无不认定德育的根本任务是教人“明人伦”。所以，朝廷选拔官吏、表彰贞烈，均将伦理道德摆到第一位。这种传统的道德教育范式，所培养出的“伪君子”以几何加速率增长，他们“满口仁义道德，一肚子男盗女娼”。他们不是追求真理、坚持真理，而是“与世浮沉，随祸福毁誉而变，其本色以博名。故其出处、去就、进退、取与，不定于义理，而定于毁誉祸福”③。他指出“败德之人，不得志害身家，得志害天下”。“伪君子”遍地横流，必然“酿成伪家声、伪国风，伪世俗，灾及万世而不可穷”④。所以，道德教育的目标观念不更新，伪君子将遗害

---

① 华中师范学院教育科学研究所主编：《伪君子篇》，《陶行知全集》第1卷，湖南教育出版社1984年版，第28页。

② 华中师范学院教育科学研究所主编：《小学教师与民主运动》，《陶行知全集》第3卷，湖南教育出版社1985年版，第608页。

③ 华中师范学院教育科学研究所主编：《伪君子篇》，《陶行知全集》第1卷，湖南教育出版社1984年版，第28页。

④ 华中师范学院教育科学研究所主编：《伪君子篇》，《陶行知全集》第1卷，湖南教育出版社1984年版，第26—27页。

无尽。

为了民族的勃兴，非向养成“伪君子”的总根子封建传统道德教育开刀不可！在陶行知看来，“道德不立，智勇乃乖”，在这个世界上绝对没有“无德而能终其善”的。学生是民族的未来，对他们的教育必须抛弃欺骗的、堕落的、腐朽的道德教育，竭其学，断其流；否则，终究“不能止同学之欺行，安望他日除国家之稗政、革社会之恶俗乎？挽狂澜而息颓风”[①]必自此起步。

因而，“教人求真”的道德教育任务的提出，体现了陶行知强烈的社会责任感和忧患意识。养成真人说到底是要救我苍生，拯救苦难的中华民国。是故他反复告诫受教育者，“为人须为真人，毋为假人”，青年学子应该每天问一问“自己的道德有没有进步？有，进步了多少？为什么要这样问？因为道德是做人的根本。根本一坏，纵然使你有一些学问和本领，也无甚用处。否则，没有道德的人，学问和本领愈大，就能为非作恶愈大”[②]。

“教人求真”之“真”的内涵，陶行知作了如下界定：

第一，应当是教人奋不顾身地追求真理。“真”和“伪”是相对的概念。伪君子为名利所动，丢掉了人生最宝贵的人格，“演出千百之伪状”；而真人则求真知，说真话，实事求是地办事，贫贱不能移，富贵不能淫，威武不能屈，美人不能动。

1940年底，陶行知的次子陶晓光到成都无线电厂工作，厂方催要一纸资格证明书。晓光没有正规学历，便向育才学校副校长马侣贤写信，讨了一纸证明书。陶行知闻讯后，立即又是发电报，又是寄快信，催退回资格凭证，并要求他坚持做到“宁为真白丁，不作假秀才”，“决不向虚伪的社会学习与妥协”。他还严厉地批评了与他同事多年的马侣贤“擅自作主”，又告诫晓光“倘使这样真实的证明不合用，宁可自己出钱，不拿薪水”，也不可随波逐流、同流合污，并叮嘱晓光记住“追求真理做真人”“这七个字，终身受用无穷”[③]。

---

① 华中师范学院教育科学研究所主编：《为考试事敬告全国学子》，《陶行知全集》第1卷，湖南教育出版社1984年版，第23页。

② 华中师范学院教育科学研究所主编：《每天四问》，《陶行知全集》第3卷，湖南教育出版社1985年版，第471页。

③ 华中师范学院教育科学研究所主编：《追求真理做真人》，《陶行知全集》第5卷，湖南教育出版社1985年版，第700页。

第二，必须教人做人中人，而非人上人。中国的传统教育教人们“闻鸡起舞”，“吃得苦中苦，方为人上人”；它教学子受尽天下奇耻大辱，目的是为一朝“跳龙门”，而陶行知则主张教育学生做“人中人”。在20年代，陶行知就提出了“做人中人”的思想。一次，上海法租界八仙桥徽宁小学举行毕业典礼，安徽同乡许世英在会上说：“希望你们继续升中学，升大学，用心学习，别怕吃苦。古语说：‘吃得苦中苦，方为人上人。’你们要争取做个人上人。”陶行知的讲话，则与许氏截然相反：“你们要努力多求真实的知识……如果每个人只顾自己做个人上人，那就是脱离群众了。希望你们要树立同群众打成一片的思想，做个人中人。”①

“做人中人”是陶行知道德教育目标之一。这一思想，他后来在育才学校作过详尽阐述：“不是培养他做人上人。有人误会以为我们要在这里造就一些人出来升官发财，跨在他人之上，这是不对的。我们的孩子们都从老百姓中来，他们还是要回到老百姓中去。”②

在陶行知看来，做“人上人”者试图化大众，因与大众格格不入，故很难实现其政治抱负。相反，做个“人中人”，把自己置于大众之中，自己首先大众化，然各方可化大众。当然，自己如成了“人下人”，落后于群众，倒成了“一分病子”，那就不能“负起改良个人之责”。他说：“因社会集众人而戚，多一分病子，即病一分。”③

第三，必须教人具有道德判断能力。陶行知认为，道德判断能力，“是在判断上得来的，它是在实际里学得的本领，不是与生俱来的良知良能”。是非是判断行为的一种符号，“在实际生活中，人们对于某一种行为加以某一种符号，丝毫不容假借”④。是非判断的能力须经长期教育形成。教育者必须要求受教育者将是说成是，将非的说成非；千万不能混淆黑白，指鹿为马。同时，教育者也不能“只许自己是，硬说别人非”。

陶行知注意到是非判断具有时代性、地域性、阶级性。一个时代有一

---

① 张国良：《再记我所知道的陶行知先生》，《行知研究》1984年第11期。

② 华中师范学院教育科学研究所主编：《育才学校创办旨趣》，《陶行知全集》第3卷，湖南教育出版社1985年版，第379页。

③ 华中师范学院教育科学研究所主编：《共和精义》，《陶行知全集》第1卷，湖南教育出版社1984年版，第47页。

④ 华中师范学院教育科学研究所主编：《是非》，《陶行知全集》第2卷，湖南教育出版社1985年版，第458—459页。

个时代的“是非”，一个地方有一个地方的“是非”，一个阶级有一个阶级的“是非”，但这并不是没有同一性和统一的尺度。陶行知以中国大众成员之一的身份提出了同一的是非标准：“（一）公者是，不公者非；增进大众福利者是；损害大众福利者非。大众福利与小集团福利冲突时，拥护大众福利者是，拥护小集团福利者非。（二）真者是，不真者非。（三）推动时代前进者是，阻碍时代前进者非。”①

陶行知的是非价值观，完全是建立在大众利益基础上的，是他的民主思想、道德观的具体体现。他的大众是非观，与其“人民第一，一切为人民；天下为公、文化为公”和他的新“大学之道，在明民德，在亲民，在止于大众之幸福”的思想是完全一致的。

第四，教人养成良好的道德习惯和自我教育能力。如何培养受教育者良好的道德习惯和自我教育的能力，这是道德教育的根本任务之一，也是道德教育所面临的难题之一。在陶行知看来，道德教育必须注重自治，应注重培养学生自我体认、自我鼓励、自我解剖、自我评价及自治的能力，把道德教育的重点放到培养学生自我学习、自我监督、自我改造的习惯上面。在他看来，道德教育方式多种多样，其精髓是不可置学生于消极被动地位；而传统的家长式、管卡压式、监督式、处罚式等，堪称是“纯粹由上而下的教育，只能造成被动的群众”②，将学生朝气蓬勃的青春活力活生生地戕杀殆尽。

为了实现道德教育的这一目标，陶行知在育才学校道德教育实践中，将工作的重点放在良好习惯的培养上，亲自制订了《育才三方针》《育才十二要》《育才卫生教育二十九事》《育才学校之礼节与公约》《育才二十三常能》等学习和生活制度。为了培养学生自我教育的习惯，自觉地将思想改造当作一辈子的事，他提出“自觉觉人”、“自警警人”、“自立立人”、“自治治人”等与学生共勉。在陶行知看来，如能做到自觉、自警、自立、自治，就能觉人、警人、立人、治人，以至达到改造社会的目的。相反，如果没养成良好的道德习惯和自我教育的能力，只是“责成少数教职员监察纠正”学生的过

① 华中师范学院教育科学研究所主编：《是非》，《陶行知全集》第 2 卷，湖南教育出版社 1985 年版，第 458—459 页。

② 华中师范学院教育科学研究所主编：《国难教育方案之特质》，《陶行知全集》第 3 卷，湖南教育出版社 1985 年版，第 20 页。

失，必然会导致两种弊病接踵而至："第一种是少数职员在的时候，就规规矩矩；不在的时候，就肆行无忌。第二种是大家学生以为既有职员负责，我们何必多事，纵然看见同学为非，也只好严守中立。"[①]可是，学生一旦养成了良好的道德习惯和自我教育的能力，他们就会不断"新其体健，新其学问，新其道德"，自觉洗心革面，一刷污俗，其善念、善言、善行就会"与日俱新，与月俱新，更与年俱新"，进而使"民国精神形式，同从兹更始，永永留存，渐渐发育，直至万万载"[②]。

二、德育的具体内容

为了把受教育者培养成为有良好品德的"真人"，陶行知对德育的内容进行了精心设计。

陶行知的道德教育内容的形成，是中西文化交流碰撞、融合联璧的产物。它具有阶级性、历史性，无时无刻不在发展变化，其归宿是民主化、民族化。陶行知从小就饱受中国传统文化道德的熏陶，出洋留学后，又接受一种全新的文化系统和道德价值标准。他在这种文化系统和道德价值标准的思想基础上，对中国传统道德教育的内容一一剖析，扬弃了其中封建性的糟粕，如损人利已、因循守旧、多子多福等；吸收了其中民主性精华，如"兼爱"、"信义"、"和平"等。同时，对西方道德教育进行了批判继承，扬弃了西方极端个人主义价值观，吸取了其中重视创造、发展个性等精华。因此，其道德教育内容融合了中西道德教育之优长，既洋溢着时代气息，又体现出鲜明的民族特色。具体而言，大致可分为以下诸点：

1. 爱国主义教育。

陶行知生活的年代，中国内忧外患，凄风苦雨侵袭着饱经风霜的中华民族。在这块灼热的土地上，人们围绕着救亡图存、富国强民问题，爆发了一次又一次的爱国民主斗争。具有强烈的社会责任感和忧患意识的陶行知，是这种斗争的参与者和组织者，他的道德教育思想始终贯穿着爱国这根红线。

---

① 华中师范学院教育科学研究所主编：《学生自治问题之研究》，《陶行知全集》第1卷，湖南教育出版社1984年版，第136页。

② 华中师范学院教育科学研究所主编：《民国三年之希望》，《陶行知全集》第1卷，湖南教育出版社1984年版，第33页。

他曾以朴素的语言，阐述了这样一个深奥的道理："国家是大家的。爱国是个人的本分。顾亭林先生说得好：'天下兴亡，匹夫有责。'我觉得凡是脚站中国土地，嘴吃中国五谷，身穿中国衣服的，无论男女老少，都应当爱中国。"①他认为，生在国家有难、民族遭强权凌扰之时，应勇敢地挑起抗战建国的重担。他曾打了一个生动的比方，白血球遇到细菌入侵毒害人体，是不会袖手旁观的，不拼个你死我活决不善罢甘休。他说："我们生在此时，有一定的使命。这使命就是运用我们全副精神，来挽回国家厄运，并创造一个可以安居乐业的社会交与后代。这是我们对于千万年来祖宗先烈的责任，也是我们对于亿万年后子子孙孙的责任。"②当然，爱国方式多种多样，"各人所处地位不同，爱国的方法也不能尽同。小孩们用心读书，用力体操，学做好人，就是爱国"③。农人种好田，工人做好工，便是爱国。

他反对所谓"教育清高"论，认为"文化脱离了政治经济便成了不可思议"。为教育而教育是加重国难的教育，绝不是解决国难的教育。他反复强调：教育"是以民族的生命为生命。唯有以民族的生命为生命的教育，才算是我们的教育。国难教育是要教人救民族之命，则教育之命自然而然的得救了"④。

陶行知的爱国主义的道德教育思想能产生较大影响，很重要的是他具有热爱祖国的高尚品质。他虽是西洋留学生，能走上平民主义的道路，是因为他把自己深深植根于祖国。他在美国留学，西方风习总将他向贵族化转移，但因他具有深刻的民族性、平民性，终于"像黄河决了堤，向那中国的平民的路上奔流回来了"⑤。他后来倡导、推行的平民教育、乡村教育、普及教育、国难教育、战时教育、民主教育，都具有鲜明的爱国主义特色。

---

① 华中师范学院教育科学研究所主编：《预备钢头碰铁钉》，陶行知全集》第5卷，湖南教育出版社1985年版，第67页。

② 华中师范学院教育科学研究所主编：《创造一个四通八达的社会》，《陶行知全集》第5卷，湖南教育出版社1985年版，第56页。

③ 华中师范学院教育科学研究所主编：《预备钢头碰铁钉》，陶行知全集》第5卷，湖南教育出版社1985年版，第67页。

④ 华中师范学院教育科学研究所主编：《国难教育方案之特质》，《陶行知全集》第3卷，湖南教育出版社1985年版，第19页。

⑤ 华中师范学院教育科学研究所主编：《创造一个四通八达的社会》，《陶行知全集》第5卷，湖南教育出版社1985年版，第55—56页。

2. 集体主义教育。

陶行知十分注重培养学生集体主义观点，重视对学生进行关心集体、助人为乐的情感和善于在集体中生活的教育。陶行知借鉴中华优秀教育遗产，结合中国的具体情况，进行集体主义教育实验，收到了较显著的成绩和良好效果。

在近现代史上，中华民族一直和战争、屈辱、穷困、饥饿拴在一起。在这种特殊的社会环境里，陶行知的道德教育思想必然具有集体主义色彩。处在这样的特殊历史时期，需要整个民族形成一个集体的巨人，这样才能保住追求民族解放的大集体。要使集体繁荣昌盛，必须帮助学生认识形成集体的重要性，明白人是“不能离群”的，正确处理个体与群体、自我与民族的关系。

形成集体主义观点，应注重养成做人中人，善于团结人，乐于助人的品德。陶行知曾尖锐地批评旧教育使学生出现各顾各、互不团结的现象，说：“中国学生，愈学愈弱，愈教愈懒，陷在迷信的环境而不能觉悟，遇了丑陋的事情而惯于苟安。在人中做人，又不会团结，以至造成‘一个和尚挑水吃，两个和尚抬水吃，三个和尚没水吃’的怪现象！”①

陶行知还认为，集体主义教育必须建立在对集体有“爱”的情感的基础上。晓庄学校所以能成为“活生生的巨人”，是因为它是“从爱里产生出来的”。爱上了集体，就会为它奋不顾身，发挥出集体的强大凝聚力。

创办育才学校后，陶行知将劳动生活、健康生活、政治生活和文化生活置于集体生活中，成立“指导委员会”等各种集体组织，借以培养学生的集体意识，通过集体教育个体，通过集体感化个体，通过集体舆论约束个体言行，最终达到在集体中接受集体教育的目标。所以，育才学校所施行的全部教育，都无不建立在集体生活基础之上，“用众人的力量集体地创造合理的生活，进步的生活和丰富的生活”，借集体的营养“滋养儿童”②。

3. 民主教育。

民主是陶行知毕生追求的政治理想，民主教育是他的德育思想的主要内容。民主教育用陶行知的话说，是指“教人做主人，做自己的主人，做国

① 华中师范学院教育科学研究所主编：《小学目标案》，《陶行知全集》第2卷，湖南教育出版社1985年版，第110页。

② 华中师范学院教育科学研究所主编：《育才学校教育纲要草案》，《陶行知全集》第3卷，湖南教育出版社1985年版，第369页。

家的主人，做世界的主人"①。作为道德教育内容的民主，内涵主要是尊重老百姓，热爱劳动人民，为老百姓谋幸福。陶行知将《大学》中所述的"大学之道"改为"在明民德，在亲民，在止于大众之幸福"。他在重庆创办社会大学时，又对"亲民"作了更为深刻的诠释："社会大学之道，要亲近老百姓。我们认为亲民的道理，比新民的道理来得切。我们要钻进老百姓的队伍里去和老百姓亲近，变成老百姓的亲人，并且要做到老百姓承认我们的确是他们的亲人。"②

开展民主教育的旨趣，是要建立人们之间的平等关系，和个人与社会之间的正确关系。在学校，师生间应建立平等关系，平等地讨论问题。在陶行知创办的学校，旧的师道尊严早无影无踪了。陶行知个人还与学生建"黄金世界"(厕所)，同样烧火做饭。这是民主精神的具体体现。

4. 理想教育。

正确的理想教育，能够给学生实现远大目标以巨大的精神力量。在陶行知看来，人若无理想，便会堕落成为一位鼠目寸光的衣食主义者，但人亦不可有妄想和幻想，超越社会现实条件而想入非非，理想应在实际生活中萌发。

对学生不可不进行正确的理想教育，如以不正确的理想引诱学生，"以衣食主义相号召，则教师为衣食教，学生为衣食学，无声无臭之中隐然养成一副自私之精神"③。陶行知认为，理想是一种正确的、蓬勃向上的"人欲"。传统教育以天理压制人欲，实际上是以"天理"为冠冕堂皇的理由，给学生戴上脚镣手铐，强迫学生"做的事无论怎样，要以天理为第一要件"，勿生人欲，勿生理想。对此，他进行了义正辞严的反驳。他指出，传统教育"是以天理为一件事，人欲为一件事。人欲是不对的，是没有地位的。在生活即教育的原则之下，人欲是有地位的。我们不主张以天理来压迫人欲的"④。他认为，一个人没有人欲，没有理想，便成了行尸走肉，与其说活

---

① 华中师范学院教育科学研究所主编：《民主教育》，《陶行知全集》第3卷，湖南教育出版社1985年版，第569页。

② 华中师范学院教育科学研究所主编：《社会大学运动》，《陶行知全集》第3卷，湖南教育出版社1985年版，第586—587页。

③ 华中师范学院教育科学研究所主编：《生利主义之职业教育》，《陶行知全集》第1卷，湖南教育出版社1984年版，第79—80页。

④ 华中师范学院教育科学研究所主编：《生活即教育》，《陶行知全集》第2卷，湖南教育出版社1985年版，第184页。

着，不如说已经死去。正是在这个意义上，陶行知说传统的天理为第一要件的教育，杀的人"骨可以堆成一个泰山，血可以合成一个鄱阳湖"。所以，不引导学生在事实的基础上产生理想的教育，"就是要把人加上脚镣手铐"。

陶行知理想教育的可贵之处，在于他强调有了理想，就应为实现这个理想而不懈的奋斗。他说"有理想而无实习理想之机会，则理想不得达"，应该"朝发理想，夕生事实"①。将理想变成现实，必须富于开拓创新、试验探索精神。这样，理想才是真正意义上的社会前进的动力。

5. 人格教育。

人格，从广义上说，也可称为个性，是个人的心理面貌或心理"格局"，是个人的意志倾向与各种稳定而独特的心理特征的总和。道德范畴中的人格教育，常被理解为个人的品德、操行的砥砺。

陶行知强调对学生要不断进行健全人格的教育。他所说的"健全人格"，内容有四："一、私德为立身之本，公德为服务社会国家之本。二、人生所必需之知识技能。三、强健活泼之体格。四、优美和乐之感情。"②这实际上是要求受教育者做一个整个的人，在"知、情、意"，"智、仁、勇"，"真、善、美"等方面和谐发展。

人格教育对于一个人的"立身"而言，至关重要。一个真正的"伟丈夫"，"必须抱有坚强人格，不可自由摇动，尤其到了利害生死关头之时，必富有'富贵不能淫，贫贱不能移，威武不能屈'的气概。这才是一个真正的大丈夫，真正的国民"。陶行知十分推崇明代的方孝孺的那种威武不能屈的气节。燕王朱棣篡位时，要他拟《即位诏》，方却大书"燕王篡位"，被夷十族。他对明末大臣史可法亦赞不绝口。清兵进攻扬州，史孤军血战十日，清兵五次致书劝降，他均不启封。城破被俘，清将相待如宾，欲委以重任，史怒发冲冠，说："头可断，身不可屈。"陶行知认为，这种可歌可泣的高风亮节，寻常可能难以体会到，"但到危急存亡利害相冲的关头，就看得清清楚楚"③。

---

① 华中师范学院教育科学研究所主编：《共和精义》，《陶行知全集》第1卷，湖南教育出版社1984年版，第48页。

② 华中师范学院教育科学研究所主编：《教育改进》，《陶行知全集》第2卷，湖南教育出版社1985年版，第224页。

③ 华中师范学院教育科学研究所主编：《学生的精神》，《陶行知全集》第1卷，湖南教育出版社1984年版，第571页。

养成高尚的人格，最要紧的是要筑起“人格防”。倘若能够自觉地筑起“人格防”，就可以自觉地抵御伪道德的侵蚀，人格便可以永远不受玷污。

筑起人格防，首先必须奠下“公德”和“私德”两块基石。这两块基石如稍有不慎而松动，整个的人格防就会崩溃。所以，每一个人应该随时随地“顾到公德，卫护公德”，使“集体的基础”不至动摇。“私德”对于牢牢筑起“人格防”尤其重要。“私德”是公德的前提，是“人格防”的基石之基石。不修私德，必然会影响到公德。

应如何修私德？最重要的一点是要做到“苟非吾之所有，虽一毫而莫取”。陶行知曾就某些人公私混淆的“小节”问题，阐述了建立人格防的“大道理”：“我国人应当痛改的一个习惯就是公私混杂。政界中人，有的连家里用的煤炭，妇女们用的首饰也要在公家开账。学校中人，有的写私信也要用公家的信纸信封。甚至于有人把公款放在家，记在自己的账上；结果，始而混杂，继而挪移，继而亏空，终于公家破产，个人信誉扫地。公私之间应当划条鸿沟，绝对隔离，不使他有毫厘之交通。私账混入公账，公账混入私账，就是混账。”[①]在他看来，人格教育的要紧之处，是要保证公、私之间有一条鸿沟，切不可“混账”。只有将“私德”和“公德”统一起来，“由私德的健全，而扩大公德的效用”，才能扎稳“人格防”的基石。

人格教育也应提早进行。尽管小孩在未破蒙时期尚不明人格的重要，但正如“少成若天性，习惯如自然”的道理一样，正确的人格教育，会使儿童终生受益。所以，陶行知在给江苏省省长陈陶遗的信中，建议开展幼儿的人格教育：“人格教育端赖六岁以前之培养。凡人生之态度、习惯、倾向，皆可在幼稚时代立一适当基础。吾国人漠视幼稚时代之重要，学校教育耗费精神，纠正幼稚时代已成之不良态度、习惯、倾向，可谓事倍功半。”[②]对于这样一个“做人的根本”问题，必须从小抓起，愈早愈好。这样才能收到事半功倍之效。

三、德育的基本途径和方法

从总体上考察陶行知德育的基本途径和方法，其根本特点是“活”或

---

① 华中师范学院教育科学研究所主编：《尊重公共财产》，《陶行知全集》第1卷，湖南教育出版社1984年版，第612页。

② 华中师范学院教育科学研究所主编：《幼稚园应有之改革及进行方法》，《陶行知全集》第5卷，湖南教育出版社1985年版，第135页。

“动”。具体来说，主要途径和方法有：

1. 身教与言教合一。

身教是中国传统的道德教育方法之一。在陶行知看来，身教重于言教。教师将清规戒律、伦理道德教条空洞地说一千，道一万，倘若自己不身先士卒，以身示范，其教育必失败无疑。所以，他主张“教师应当以身作则”，行不言之教，用自己的行动去感召学生。他把道德的这一途径和方法作为“信条”，“下定决心，终身奉行，始终如一”。陶行知凡是要求学生做到的，自己先行一步。他完全抛弃了留洋学生的架子，穿布衣草鞋，与学生一同开荒、种菜。要求学生追求真理做真人，首先要求教师“千教万教教人求真”，还应当“肯说真话，敢驳假话，不说谎话”和有“真知灼见”。要使学生接受民主的洗礼，教师必须富有民主作风。陶行知曾反省自己，认为自己在许多场合免不了有些专制独裁，“需要再教育来肃清一切不民主，甚至反民主的习惯与态度”。

另一方面，陶行知也不忽略和放弃言教。他将诗教与说服教育结合起来，为道德教育提出了新的途径和方法。他进行道德教育常用诗歌的形式表达道德要求，给人以形象、生动、真切感人的深刻印象，收到良好的效果。譬如，他奉劝学生不要动不动就骂人，作诗云：“你骂我，我骂你，骂来骂去，只是借人的嘴巴骂自己。”①学生受到教育之余，“回敬”了一首新作：“你打我，我打你，打来打去，只是借人的手打自己。”此后，学生大多改掉了骂人的不良习气。他劝学生手脑并用，作诗云：“人生两个宝，双手与大脑。用脑不用手，快要被打倒。用手不用脑，饭也吃不饱。”②他勉励人们珍惜年华，立大志做大事，亦赋诗曰：“人生天地间，各自有秉赋：为一大事来，做一大事去。多少白发翁，蹉跎悔歧路。寄语少年人，莫将少年误。”③

陶行知对学生的言教，除作诗、谈话、写信外，采用较多的是寅会演讲，通过说理进行说服教育。在寅会上，他作了《农夫的身手》《政治家与政客》

① 华中师范学院教育科学研究所主编：《骂人》，《陶行知全集》第4卷，湖南教育出版社1985年版，56页。

② 华中师范学院教育科学研究所主编：《手脑相长歌》，《陶行知全集》第4卷，湖南教育出版社1985年版，第173页。

③ 华中师范学院教育科学研究所主编：《自勉并勉同志》，《陶行知全集》第4卷，湖南教育出版社1985年版，第27页。

《每天四问》等著名演讲。他的道德教育诗及讲演，多是从生活中观察到的或及时反馈来的信息，用简捷明快、形象生动的诗歌阐明其道德价值观；通过犀利简洁的讲演，表达其爱憎，针对性强，能使学生明显提高道德认识和制止不道德行动。

总之，陶行知在进行德育的过程中，将身教与言教相结合，运用并创造出一些行之有效的道德教育方法，是陶行知对德育理论的贡献。

2. 知情意合一。

道德教育中的问题，仅凭单一的手段，是难以圆满解决的，应该谋求一种综合的、整体的、全方位的诊治办法。陶行知认定育才学校要办的是知、情、意合一的教育。在他看来，知、情、意的关系是辩证的："知情意三者并非从割裂的调练中可以获取。书本教育也许可以使儿童迅速获得许多知识，神经质的教师也许可以使儿童迅速地获得丰富的感情，专制的训练也许可以使一个人获得独断的意志，但我们何所取于这样的知识，何所取于这样的感情，何所取于这样的意志？知情意的教育是整个的、统一的。"①育才学校注重道德教育上的整体协调，不是灌输儿童死的知识，不是培养儿童脆弱的感情，也不是发扬个人盲目的意志；而是培养儿童社会兴趣与行动意志，调节并启发追求真理的感情，并能努力与奉行，培养"合于社会及历史发展的意志"②。

据此可以看出，知、情、意互相补充，相辅相成，但彼此间又有一定的独立性。实行知情意合一的道德教育，目的是为了使儿童的"人格获得完备的发展"。

3. 爱教训合一。

对学生进行道德教育的大前提是对学生的爱。陶行知推行乡村教育，便是把整个的心，整个的爱都献给三万万四千万的农人，为农人"烧心香"。在晓庄师范，他不仅是学生们的师长、朋友，还是他们的慈祥的父亲。孩子们的学习、生活，诸如吃喝拉撒睡等，均包揽无余。重庆育才学校时期，他宁可成天拖着疲惫的身体与物价赛跑，宁可当新时代的武训，宁可四处托钵化

① 华中师范学院教育科学研究所主编：《育才学校教育纲要草案》，《陶行知全集》第3卷，湖南教育出版社1985年版，第367页。

② 华中师范学院教育科学研究所主编：《育才学校教育纲要草案》，《陶行知全集》第3卷，湖南教育出版社1985年版，第368页。

缘，也要保证儿童们不辍学。这些都说明陶行知对学生有一颗炽热的爱心。

从“爱”的前提出发，陶行知一贯主张教训合一，坚决反对传统教育的“教训分家”。他一针见血地揭露传统教育的弊端说：“教育好像是教人读书，训育好像是训练人做人或是做事；教育好像是培养知识，训育好像是训练品行；教育又好像是指所谓的课内活动，训育则好像是所谓课外活动。”这是完全违背道德教育基本规律的。事实上，二者是一对孪生胎，是一个不可分割的整体。他指出：“智识与品行分不开，思想与行为分不开，课内与课外分不开，做人、做事与读书分不开，即教育与训育分不开。”①很显然，陶行知是主张“爱、教、训”不能分开，只可分工协作，齐抓共管，共同做好学生思想品德教育工作。尤其是在创办育才学校后，他更加强调“育才学校主张教训合一”的原则，反对教书与育人“井水不犯河水”，反对实行管教的不管导、管导的不管教的机械的分道扬镳的道德教育，主张将道德教育渗透到学校的教学及全部的工作之中。

4. 劳动生活、健康生活、政治生活、文化生活合一。

为人欲有益于劳苦大众，首先应做一个整体的人。生活教育的主张是整个的生活要有整个的教育。在《育才学校教育纲要草案》中，陶行知认为，集体生活才是整个的生活，这是因为集体生活是儿童自我向社会化道路发展的重要推动力，为儿童心理正常而合乎逻辑发展所必需；集体生活可以逐渐培养一个人的集体精神；它是用众人的力量集体地创造合理的生活、进步的生活和充实丰富的生活，并以这种生活之血液来滋养儿童，以集体生活之不断的自新创造的过程来教育儿童。

陶行知所说的集体生活，包括如下四种，即劳动生活、健康生活、政治生活和文化生活。四者合一教育的途径，是通过对传统教育的深刻批判而寻得的。他指出，传统的教育中有所谓劳动教育而忽略劳动生活，有所谓健康教育而忽略健康生活，有所谓政治教育而忽略政治生活，有所谓文化教育而忽略文化生活。所以，针对传统教育中教育与生活脱节的种种弊窦，育才学校实行劳动、健康、政治、文化生活合一的道德教育。这种新型的道德教育思想，“认定劳动生活即是劳动教育，用劳动生活来教育，给劳

① 华中师范学院教育科学研究所主编：《晓庄三岁敬告同志书》，《陶行知全集》第2卷，湖南教育出版社1985年版，第210页。

动生活以教育;它认定健康生活即是健康教育,用健康生活来教育,给健康生活以教育……它认定文化教育,用文化生活来教育,给文化生活以教育”①。这四种生活是一个整体。陶行知认为,政治生活是其他三种生活的解释、动员、组织的过程。四者都是政治教育:劳动生活、健康生活、政治生活对于学生精神和品格上之陶冶及锻炼,便同时是文化教育。

5. 自治与民主合一。

陶行知反复强调言行一致。他认为“修身伦理一类的学问,最应注意的,在乎实行;但是现今学校中所通行的修身伦理,很少实行的机会。即或有之,亦不过练习仪式而已。所以嘴里讲道德,耳朵听道德,而所行所为却不能合乎道德的标准,无形无影当中,把道德与行为分而为二”②。

陶行知认为,要沟通言行一致,表里如一,将道德认识变成道德实践,“非给学生种种机会,练习道德的行为不可”。这种机会就是自治。他反复强调,“德育注重自治”。要求开展道德教育必须为学生预备种种机会,使学生能够大家组织起来,养成他们“自己管理自己的能力”,让学生在实践中、生活中自己教育自己,自己管理自己。他认定自治如果办得妥当,“可算是实验的修身,实验的伦理,全校就是修身伦理的实验室。照这样办,才算是真正的修身伦理”③。

学生自治与民主管理结伴而行。在陶行知看来,要建立民主的共和国,先要有民主意识的公民;要有民主的公民,先要培养民主的学生。将自治与民主合一,可以使学生“充分发挥个人的精神,促进人群的进化”。而欲使学生自己约束自己,必须将自治与民主结合,让学生自己制定规章制度。他以亲身经历分析:“我们办学的人所定的规则,所办的事体,不免有与学生隔膜的。”相反,“有的时候学生自己共同所立的法,比学校里所立的更加近情,更加易行,而这种法律的力量,也更加深入人心”④。所以,他主张给学生提供

---

① 华中师范学院教育科学研究所主编:《育才学校教育纲要草案》,《陶行知全集》第3卷,湖南教育出版社1985年版,第370页。

② 华中师范学院教育科学研究所主编:《学生自治问题之研究》,《陶行知全集》第1卷,湖南教育出版社1984年版,第134页。

③ 华中师范学院教育科学研究所主编:《学生自治问题之研究》,《陶行知全集》第1卷,湖南教育出版社1984年版,第135页。

④ 华中师范学院教育科学研究所主编:《学生自治问题之研究》,《陶行知全集》第1卷,湖南教育出版社1984年版,第135页。

"自由解决的机会",学校要发扬教育民主,将民主与自治结合,充分相信学生,实行"六大解放",即解放儿童的双眼、头脑、双手、嘴、空间和时间,让学生自由主动地去学习,最后达到以民主推动他们自治,以自治推进民主。

民主与自治结合的道德教育,是"教人做主人,做自己的主人,做国家的主人,做世界的主人"。因而,育才学校所实施的道德教育,是以民主和自治合一的力量去冲击权威制度的残余,批判"可以培养奴才和奴隶,但不能培养人民做主人"的传统道德教育。

6. 环境、校风合一。

人是环境的产物。不言而喻,环境具有许多周密的制度规章不可替代的影响。恶劣的环境,实为罪恶者师。这一点,陶行知在晓庄师范时期早就指出:"茶馆一有赌博,小学生便潜去参观。学校一年教不好的孩子,赌场一天可以把他教坏。"①所以,陶行知很早就提醒人们,环境对于青少年的成长,影响不可忽视,这"是我们应当注意的一件事"。

早在 1923 年,陶行知就认识到环境在道德教育方面的作用,并以书信为体裁写了一篇重要论文。他指出:"天然环境和人格陶冶,很有密切关系。"在他看来,选择校址应注意"五项目标",其中对于道德教育产生正面影响的,就有"雄壮"、"美丽"、"阔大"和"富有历史"四项。

艺术化的环境给学生以美的享受,是陶冶性情、塑造美好心灵的重要途径之一。在艺术化的环境中学习和生活,有助于培养良好习惯,革去不良习气,因而陶行知要求育才学校在经费拮据之时仍要保持整洁、艺术化的校容,学生宿舍的毛巾应一条线、脸盆一条线、鞋子一条线等,给人线条美;对于学生的服饰,应保持整洁美。衣服不在质地奢华,只要整齐干净即可,最忌脏乱,邋里邋遢,使人见而生厌。

天然的艺术环境不可多得,如果没有人力相辅,自然是"绿水青山枉自多"。人力胜天工,办学育人固然不可忽略自然环境,但更应着力于校风、学风建设。为使育才学校酿成蓬勃向上、精诚团结、奋发勇猛、艰苦创造的良好校风,陶行知亲自制订了"育才三方针"及校歌、校徽、校训、校章等,积极引导全校师生"向着创造生活前进"。学生在这环境中可以在不知不觉

① 华中师范学院教育科学研究所主编:《第二年的晓庄》,《陶行知全集》第 2 卷,湖南教育出版社 1985 年版,第 133 页。

中受到洗礼，并将好的品质传递给别人。

四、陶行知的德育观评价

怎样认识和评价陶行知的道德教育思想？首先，我们应该认识到，陶行知是一位历史人物，认识和评价他时，应该将他置于一定的社会历史范围之内。当中华大地"全盘西化"口号甚嚣尘上之时，陶行知不随波逐流，不是专心去拉"东洋车"或"西洋车"，也不像保守派那样把西洋道德、精神文化否定得一无是处，而是吸收中西精神文化优长，去探求适合中国人民心理习惯、为人民喜闻乐见的道德教育形式，这种孜孜以求的精神应予以充分肯定。他的既不倾向崇洋，也不泥古仿古的立场，为我们揭示出一条切实可行的道德认识路线。

陶行知自始至终十分强调道德教育培养"大丈夫"、"伟丈夫"的目标，其后期尤其如此。综考其"大丈夫"概念的内涵，早期和"五四"以后，有着某些质的区别。早期大致比较倾向于传统道德教育的认同，而"五四"以后，则更多的是强调中西道德教育、精神文化的珠联璧合，既含蕴着传统道德遗产的精华，亦吸收了西方文化坚持真理、不屈不挠、民主自由之精髓。再如，陶行知强调道德教育的目标是培养"真人"、"求真"。这是对西方追求真理，"吾爱吾师，吾更爱真理"精神的继承，同时又是对庄子和张甑山"真人"思想的继承与发展，追求民主、科学是标志。综考陶行知所设计的"伟丈夫"、"大丈夫"，实际是指争取民主的斗士，抗战建国的战士。他所设计的"大丈夫"人格范式，对于道德教育、人格教育，是不乏借鉴价值的。

从总体上看，陶行知的道德教育观是受其生活教育理论支配的。陶行知道德教育的途径和手段，与生活教育的途径和手段可以合而为一，具有浓郁的生活教育特色。将道德教育与生活视为水乳交融的整体，使学生在生活中接受所需的教育，这是他对德育论的重大贡献。陶行知曾撰文对传统的道德教育独立于生活之外的观点进行了尖锐的批判，指出传统的道德"嘴里讲道德，耳朵听道德，而所行所为却不能合乎道德的标准，无形无影当中，把道德与行为分而为二"①。在陶行知看来，言行脱节与其说是道

① 华中师范学院教育科学研究所主编：《学生自治问题之研究》，《陶行知全集》第1卷，湖南教育出版社1984年版，第134页。

德与行为分立之恶果，倒不如说其祸根是道德教育与生活分离。解决问题的关键，是使道德教育不要成为干巴巴的说教，使之深深地植根于生活之中，让受教育者从生活中受教育，在实际中受教育；生活无时不有，道德教育也要永不中断。所以，道德认识的提高，是一辈子的事，修养永无止境。

陶行知将道德视作行为规范，是支配人们言行的"法律"。德育在他的教育思想中，始终是起主导作用的，是智育及其他训练的基石。

他说："'道德为本，智勇为用'。欲载岳岳千仞之气概，必先具谡谡松风之德操；欲运落落雪鹤之精神，必先养皑皑冰雪之心志。德也者，所以使吾人身体揆于中道，智识不致偏倚者也；身体揆于正道，而后乃能行其学识，以造人我之幸福，学识不致偏倚，而后乃能指挥身体，以负天降之大任。道德不立，智勇乃乖。"①他举例说，"有勇无德，楚项羽所以有垓下之围；有才无道，盆成括所以有杀身之祸；智勇兼备而无德，拿破仑所以有拘囚之恨"②。陶行知早在 1913 年对德智关系、道德与业务关系的如此精辟论述，对于正确处理德育与智育的关系，有着积极的意义。

当然，陶行知对于道德教育的论述，也不是尽善尽美的，还存在着某些不足之处。最主要的一点，是他对道德教育作用的估计，有偏高"出格"的倾向。这显然与"道德至上"的中国文化背景对他的潜在制约有着密切关系。人类创造了文化，文化也制约着人类。正因为如此，我们对陶行知也不宜过于苛求。

第二节　陶行知的智育观

作为一位反传统教育的教育家，陶行知提出了与传统的智育观截然不同的智育思想。陶行知不是把智育仅仅当作向受教育者有目的、有计划、有组织地传授文化科学知识和技能、发展受教育者智力的活动，而是把它当作全面发展教育的重要组成部分之一。

---

①　华中师范学院教育科学研究所主编：《为考试事敬告全国学子》，《陶行知全集》第 1 卷，湖南教育出版社 1984 年版，第 21 页。

②　华中师范学院教育科学研究所主编：《为考试事敬告全国学子》，《陶行知全集》第 1 卷，湖南教育出版社 1984 年版，第 21—22 页。

一、智育的根本任务

陶行知早在南京高师任职时，就极为重视智育，并在1919年9月17日以《智育大纲》为题在南京高师作演讲。以后又发表《伪君子篇》《"伪知识"阶级》等文章，较详尽地阐述了其智育思想。在他看来，"智育所有事，而皆所以致其诚也。故本校智育，亦以诚为本"[①]。

他以"诚"作为智育的根本任务，要求学生能真实无妄，并"依据诚训以养成学生思想及应用能力"，还"深望诸生能思想以探知识之本源，能应用以求知识之归宿"[②]。他旗帜鲜明地反对那种把智育的任务规定为"以灌输知识为务，而不求所以得其源流"[③]，着眼点在培养应用能力。

"诚"为训育之本，亦为智育之本。根据陶行知的意思，可推知智育的根本任务是为德育的根本任务服务的。德育的根本任务是使学生"追求真理做真人"，而智育的任务要解决的是使学生如何去"追求真理"，如何去"做真人"。也就是说，在陶行知看来，学生具备了有思想和应用知识能力的条件，才能"追求真理做真人"。所以，智者的根本任务，是培养学生的科学精神，掌握科学的知识和科学的方法，训练学生应用科学知识的技能。

在陶行知看来，授予学生系统的科学知识及各种技能，不是要把天真活泼的青年学生变成知识的奴隶、守知奴、书柜子等。凡此种种，共同的特征是以背诵前人的书本知识为唯一的任务，共同的目的是升官发财。他们或者钻到故纸堆里走不出来，沦为知识的奴隶，成了"两耳不闻窗外事，一心只读圣贤书"，不问实际，远离生活的书呆子、蛀书虫；或者学得满肚子学问，却视之为升官发财之"利器"，不可示人，即知不传人，成了像守财奴一样的守知奴。"书呆子"、"守知奴"是中国传统智育的特产。它有培养"书呆子"、"守知奴"的完善程序：首先，它为"书呆子"、"守知奴"提供了大量的伪知识。知识有真伪，凡是以"书中自有黄金屋，书中有女颜如玉"，"万般

---

① 华中师范学院教育科学研究所主编：《智育大纲》，《陶行知全集》第1卷，湖南教育出版社1984年版，第70页。

② 华中师范学院教育科学研究所主编：《智育大纲》，《陶行知全集》第1卷，湖南教育出版社1984年版，第70页。

③ 华中师范学院教育科学研究所主编：《智育大纲》，《陶行知全集》第1卷，湖南教育出版社1984年版，第70页。

皆下品，唯有读书高”等腐朽思想激劝读书人的知识，都是伪知识。传授伪知识的智育，目的就是培养“书呆子”和“守知奴”。由于统治者激之以权位，诱之以钱财，使青年们“整千整万的向着这条死路出发，他们的亲友仍旧是拿着鞭儿在后面使劲的赶”①。

陶行知鄙弃“伪知识”，警告人们说：“伪知识是流沙，千万不可在他上面流连忘返。早一点觉悟，便是早一点离开死路，也就是早一点走向生路。”②为了从“伪知识”的流沙中走出来，陶行知对他的智育的根本任务的观点进行了具体诠释：“一、从今以后，我们应当放弃一切固有的伪知识；二、从今以后，我们应当拒绝承受一切新来的伪知识；三、从今以后，我们应当制止自己不要再把伪知识传与后辈；四、从今以后，我们应当陪着后起的青年共同努力去探真知识的泉源。”③如果我们深入细致地考察陶行知所创办的学校的智育的话，不难看出，其任务恰好是这四个“要项”的具体写照。

二、智育的具体内容

陶行知的智育具体内容，形成于对传统教育的分析批判过程中。

针对中国教育上的积弊，陶行知以生活为中心，依据生活的需要，提出了他对智育内容的看法。

首先，智育的内容要“活”。陶行知强调，活的教育要随时随地拿些活的东西去教那活的学生，养成活的人才。拿活的东西去教学生，不但能引起学生活的精神，还可以引起他们的快乐。“教员对学生，若不以活的教材去教他，他自然也就不能进步。”④活的教学内容，其特点是与时俱进。陶行知不是要学生只读无字书，而是要学生读“活的书籍”。书何以分死活？“书籍所记载的，无非是人的思想和经验，那个人的思想、经验要是很高尚的，与人生很有关系的，那就可算是活的书籍。若是那著书的人思想、经验

① 华中师范学院教育科学研究所主编：《“伪知识”阶级》，《陶行知全集》第2卷，湖南教育出版社1985年版，第94页。

② 华中师范学院教育科学研究所主编：《“伪知识”阶级》，《陶行知全集》第2卷，湖南教育出版社1985年版，第95—96页。

③ 华中师范学院教育科学研究所主编：《“伪知识”阶级》，《陶行知全集》第2卷，湖南教育出版社1985年版，第95页。

④ 华中师范学院教育科学研究所主编：《活的教育》，《陶行知全集》第1卷，湖南教育出版社1984年版，第181页。

都没有什么价值，与人生没有关系，那就是死的书籍。”①

智育内容是活的，那么培养出来的人才自然是活的。活的教育培养的是创造型人才。在他创设的育才学校以及之前的晓庄师范，设活动课程，大力提倡创造教育，根据学生不同的情形，确定适其特点的教学内容。时有人致函陶行知，主张“重视普通课之发展，与乙种学生需要相吻合”。陶行知认为，这无疑是按一种统一的模式培养人才，违背了人才成长的规律。所以，陶行知明确指出：“学当其才必不能拘于一格。”②发挥个人特长，提倡创造精神，彻底解放儿童的头脑、双手、嘴、空间和时间，实行因材施教，这样才能使“处处是创造之地，天天是创造之时，人人是创造之人”，我们才能“向着创造之路迈进”③。

其次，要“用书”而不是“吃书”。陶行知一贯主张培养学生思想、应用能力。在智育的内容方面，他有一个重要思想，即让学生“用书”，反对让学生“吃书”。他批评中国学校教育“只有吃的书，没有用的书，而吃的书中，多是一些缺少滋养料的零食与富有麻醉性的鸦片”。这些书学生“吃”了危害很大，“在这些书里讨生活的学生们，自然愈吃愈瘦，愈吃愈穷，愈吃愈不像人”④。陶行知建议“要少选吃的书，多选用的书”，认为“一个学校要想培养双手万能的学生，自然要多备用的书，少备吃的书，而吃的书中尤须肃清一切乌烟瘴气的书”⑤。他主张：要把工做好，首先需会“用书”。用的书没有了，就无法去做。用书有广阔的市场，“农人要用书，工人要用书，商人要用书，兵士要用书，医生要用书，律师要用书，画家要用书，教师要用书，音乐家要用书，戏剧家要用书，三百六十行，行行都要用书”⑥，所以，学生

---

① 华中师范学院教育科学研究所主编：《活的教育》，《陶行知全集》第1卷，湖南教育出版社1984年版，第182页。

② 华中师范学院教育科学研究所主编：《学当其才必不能拘于一格》，《陶行知全集》第5卷，湖南教育出版社1985年版，第584页。

③ 华中师范学院教育科学研究所主编：《创造宣言》，《陶行知全集》第3卷，湖南教育出版社1985年版，第484页。

④ 华中师范学院教育科学研究所主编：《怎样选书》，《陶行知全集》第2卷，湖南教育出版社1985年版，第473页。

⑤ 华中师范学院教育科学研究所主编：《怎样选书》，《陶行知全集》第2卷，湖南教育出版社1985年版，第473页。

⑥ 华中师范学院教育科学研究所主编：《“伪知识”阶级》，《陶行知全集》第2卷，湖南教育出版社1985年版，第95页。

更应学会用书。假如只知道吃饭，便成了饭桶；只知道读书，便成了有脚可以步行的活书架子。

为什么陶行知说“与其说‘读书’，不如说‘用书’”呢？这是因为书里边有真知识，也有伪知识。二者鱼龙混杂，注定是啃书一辈子仍不能辨别它的真伪。但是，如果“用它一下，书的本来面目便显了出来，真的便用得出去，伪的便用不出去，也如同真的锯子才能锯木头，真的锄头才能锄泥土，假的锯子、锄头一用到木头、泥土上去就知道它不行了”①。

第三，交给开发文化宝库的钥匙。如何使学生能适应变化中的社会需要？陶行知除了注意更新自己的知识结构，活到老，学到老之外，还提出了十分宝贵的“交给学生开发文化宝库的钥匙”的思想。他指出：“活的人才教育，不是灌输知识，而是将开发文化宝库的钥匙，尽我们知道的交给学生。”②因而，“交钥匙”是智育的根本内容。

陶行知所说的“文化钥匙”指的是什么？他说，“文化钥匙主要的有四把：即国文、数学、外国文、科学方法”③。国文是中国文化的载体，继承中国传统文化要从国文入手。数学“对于艺术部门之学生，只须达到足够处理日常生活程度以后，即可任其自由选择”④。外国文是外国文化的载体，“知识之前哨丰富之学术多在外国”⑤，因而，学生一定要会使用这把钥匙。1943 年秋，陶行知给育才之友陈鸿韬书赠题词时，强调说：“学习外国文好比是配一副万里眼镜。这种眼镜，每一位追求真理的青年都应该戴，而且应该自己磨。怎样磨呢？要风雨无阻，行住不停，天天磨，月月磨。磨它五年十载，总会成功。倘一曝十寒，时学时辍，到老无成。”⑥陶行知很强调科

---

① 华中师范学院教育科学研究所主编：《“伪知识”阶级》，《陶行知全集》第 2 卷，湖南教育出版社 1985 年版，第 94 页。

② 华中师范学院教育科学研究所主编：《育才二周岁前夜》，《陶行知全集》第 3 卷，湖南教育出版社 1985 年版，第 444 页。

③ 华中师范学院教育科学研究所主编：《育才二周岁前夜》，《陶行知全集》第 3 卷，湖南教育出版社 1985 年版，第 444 页。

④ 华中师范学院教育科学研究所主编：《育才二周岁前夜》，《陶行知全集》第 3 卷，湖南教育出版社 1985 年版，第 444 页。

⑤ 华中师范学院教育科学研究所主编：《育才二周岁前夜》，《陶行知全集》第 3 卷，湖南教育出版社 1985 年版，第 444 页。

⑥ 华中师范学院教育科学研究所主编：《学习外国文》，《陶行知全集》第 3 卷，湖南教育出版社 1985 年版，第 481 页。

学方法，认为科学方法对于正确掌握和应用文化科学知识至关重要。在《育才二周岁前夜》一文中，他以点石成金的故事阐明了掌握科学方法的重要意义。文中叙述说：一位徒弟看着道人点石成金。道人告诉徒弟说，你把这点成的金子搬去可以致富。徒弟摇头，说不要金子，而要他点石成金的那个指头。陶行知不无感慨地说："世上有多少被金子迷惑而忘了点金的指头！"他要求教育者"要在开锁上指点。如当作死读书，上起锈来，又失掉钥匙的效用了"①。

第四，培养学生的自动力。这是陶行知儿童教育的一贯主张。早在30年代初，他热情支持儿童自己创办的"儿童自动学校"，写诗赞扬"小孩自动教小孩"。他认为智育应培养学生具有独立思考、自觉作业、自动求知的能力。他根据多年来的教育实践，推导出一条很有意义的经验："生活、工作、学习倘使都能自动，则教育之收效定能事半功倍。"②他后来将"自动"的这一条宝贵经验广泛应用于育才学校的智育活动之中。他说："我们特别注意自动力之培养，使它贯彻于全部的生活工作学习之中。"③他在育才学校设置音乐指导委员会，委员们住在重庆，每月由一位指导员至校指导数日。委员在时，学生学得活泼；不在时仍能自动完成学习进程，丝毫不像传统学校"读书巴不得先生死，放牛巴不得牛发瘟"的境况，与此截然相反，是"先生不在学如在"。这一事实，使陶行知坚信儿童自动力培养的重要性。

三、智育的基本途径和方法

智育的基本途径和方法，在陶行知的教育思想中，与德育中"教人求真"的基本途径和方法，堪称是"异曲同工"。这一理论的提出，其理论基础主要有：一是从经验论、感觉论出发，在亲知的基础上，实现智者贯彻过程中的亲知、闻知、说知三结合。二是基础教育与专才教育齐头并进。

---

① 华中师范学院教育科学研究所主编：《育才二周岁前夜》，《陶行知全集》第3卷，湖南教育出版社1985年版，第445页。

② 华中师范学院教育科学研究所主编：《育才二周岁前夜》，《陶行知全集》第3卷，湖南教育出版社1985年版，第445页。

③ 华中师范学院教育科学研究所主编：《育才二周岁前夜》，《陶行知全集》第3卷，湖南教育出版社1985年版，第445页。

在智育过程中，陶行知主要实施了以下几种方法：

(一)教学做合一

教师传授文化知识，学生学习文化知识，必须遵循教学做合一的方法。教的法子依据学的法子，学的法子根据做的法子，“做”是智育的中心。

教学做合一消除了师生间的畛域，做先生的应一面教一面学；做学生的并非只学不教。教与学的本质是“学”，即实践，亦即“做”，故智育方法是教学做合一的。它要求人们在学习、工作、实践过程中，将手与脑、思想与生活、劳力与劳心结合起来。教学做合一是陶行知生活教育论的方法论，本书辟有专章，此处不赘述。

(二)自学与讨论合一

陶行知很早就注意到自学与讨论问题结合的智育方法。他说：“智育，注重自学。”但“独学寡闻，孤虑一失”。

陶行知主张将自学与“集会琢磨”有机地结合。他认为，个人的智慧、能力、经验是有限的，而集体的力量则是无可阻拦的。通过“集会琢磨”，可以补自学之不足，互济互利。他在《教育研究法》中指出，讨论切磋有三大益处：一是“可以交换知识”，二是“彼此可以鼓励”，三是“可以互益兴趣”①。为了使讨论收到圆满的效果，陶行知提出讨论切磋之“四戒”：一曰闲谈，二曰盲从，三曰成见，四曰武断。他主张讨论中的心态，应“忘己忘人”，“真理是循”，“独抒己见，不畏诽谤”。这样才能做到讨论既毕，其结果铭记于心，而且嗣后举行试办，“将其良者竭力推广，导人效则”②。

(三)质疑与创造合一

陶行知毕生最崇拜创造，然而通向创造宫殿的第一步台阶，便是质疑。质疑在智育的途径与方法中占有重要地位。他曾谈道：“学贵知疑：大疑则大进；小疑则小进；不疑则不进。”并明确地说：“这个疑字我当重用它。”③

所以，陶行知认定“教学生的法子，先要使他发生疑问；查出他疑难的

---

① 华中师范学院教育科学研究所主编：《教育研究法》，《陶行知全集》第 1 卷，湖南教育出版社 1984 年版，第 66 页。

② 华中师范学院教育科学研究所主编：《教育研究法》，《陶行知全集》第 1 卷，湖南教育出版社 1984 年版，第 67—68 页。

③ 华中师范学院教育科学研究所主编：《古庙敲钟录》，《陶行知全集》第 2 卷，湖南教育出版社 1985 年版，第 525 页。

地方，使他想种种方法，去解决这个问题”[①]，教师应在传授知识和技能时，严格遵循以下几个步骤：“第一，要使学生对于一个问题处在疑难的地位；第二，要使他审查所遇见的究竟是什么疑难；第三，要使他想办法解决，使他想出种种可以解决这疑难的方法；第四，要使他推测各种解决方法的效果；第五，要使他将那最有成效的方法试用出去；第六，要使他审查试用的效果，究竟能否解决这个疑难；第七，要使他印证，使他看这试用的法子，是否屡试屡验的。”[②]

在这段文字中，可见陶行知重“疑”字之一斑。他认为，有了疑问就是成功的一半。学生自学或听讲产生不了疑问，不仅表明学生消极被动，学而无益，不能创造，而且也说明教师治教无方，不能引导学生创造。疑难问题是学生追求真理、学习知识、创新革故的内驱力；有了它，教师勿须挥动教鞭，学生仍会自动前进。

陶行知把质疑与创造紧密地结合于一体，并以此作为他教学的基本途径与方法之一。他认为，只有在教学中使学生感到时时、处处、事事皆有疑，就能使他们时时是创造之时，处处是创造之地，人人是创造之人，每事皆可发明事理。

(四)调查观察与实验合一

陶行知认为，“欲求世界进化，非探觅新知识不为功。探觅新知识的方法亦有二：一曰观察：观察愈力，则物感愈众，天文等学之发明，俱赖于是；二曰试验：试验者，自设景况，产生结果，以为学理之佐证也”[③]。新理发明必赖于实验。因此，他主张“读万卷书，行万里路”，让学生到大自然中去观察、摸索；到社会中去经风雨，感受炎凉人世。在新安旅行团走完三万里路时，他以《三万歌》为题写了一首长诗盛赞此举。陶行知极为重视在学生中开展观察调查活动。非但如此，他还主张学生应具有实验的精神，以求得对于各种问题有彻底的解决，对于解决问题的原理和方法才有充分发现。

---

① 华中师范学院教育科学研究所主编：《新教育》，《陶行知全集》第 1 卷，湖南教育出版社 1984 年版，第 125 页。

② 华中师范学院教育科学研究所主编：《试验教育的实施》，《陶行知全集》第 1 卷，湖南教育出版社 1984 年版，第 111—112 页。

③ 华中师范学院教育科学研究所主编：《教育研究法》，《陶行知全集》第 1 卷，湖南教育出版社 1984 年版，第 67 页。

陶行知认为，实验是发明创造之母。尽管实验不一定有发明，但“发明必资乎试验”。中国以数千载之文明，却一朝落人之后，就是因为相传不绝的方法不是实验，而是“致知在格物”①。此外，实验还有鉴别作用，真知识、伪知识一试即明：有的在他邦为真知识，在我国能不能发生效用，亦必资乎实验。陶行知为了探得中国教育的生路，创设了很多蜚声中外的学校，创办的动机都无不是“试他一试”。

四、智育观的评价

作为一种反对沿袭陈法和仪型他国的教育思想，陶行知的智育观对中国现代教育产生了极为深远的影响。第一，陶行知的智育任务观，是对传统教育、洋化教育进行批判继承的结晶。西方古代著名哲学家苏格拉底明确提出“美德就是知识”②，此后相当长的一段时间受“知识即道德”的影响，智育的任务就是将“美德”当作知识传授给学生，德、智几乎混成一体。西方教育史上第一次明确提出智育、德育理论概念的教育家是斯宾塞。他关于通过智育培养谋生能力和独立运用思想与判断等，及通过各科教学培养智慧的见解，对资本主义的发展，有着巨大作用。但是，他关于智育的任务说到底是为资产阶级获取利润和享受舒适的生活服务的。这一点从他对工人、劳工受教育的态度看，便可一清二楚。陶行知吸取了斯宾塞智育思想的合理因素，构成了他的智育观。

就中国传统教育而言，从先秦到鸦片战争以前，知识教育完全裹在德育的重重襁褓之中，智育的根本任务是“明人伦”。鸦片战争以后，智育虽然逐渐受到重视，但仍是重书本，读死书、死读书、读书死，又滑向了另一个极端。针对传统教育的这些弊窦，陶行知提出了“以诚为本”，“养成学生思想及应用能力”的智育观，主张读活书、活读书、读书活。这是对传统教育的一次重大改革。他把养成学生生活能力，培养学生劳动技能，不做知识的奴隶等作为智育的任务，对于占有 80％以上农民居住在贫穷落后的农村的中国来说，也是符合中国国情的。

---

① 华中师范学院教育科学研究所主编：《试验主义之教育方法》，《陶行知全集》第 1 卷，湖南教育出版社 1984 年版，第 60 页。

② 北京大学哲学系外国哲学史教研室编译：《西方哲学原著选读》（上），商务印书馆 1981 年版，第 9 页。

第二，在智育的内容上，陶行知既吸收了西方课程设置的先进经验，也扬弃了中国传统智育中的陈腐的东西，形成了"活"的特色。他根据生活的内容来确定智育的内容，智育内容随社会生活前进、发展而不断变化。它既把西方现代科学文化摆到重要地位上，又防止演成"洋八股"教育；既强调学习书本知识，又要反对读死书；既要开展专门特殊教育，又要以一般文化知识作基础。"活"是陶行知智育内容的精髓。

可以说，陶行知智育思想既汲取了西方形式教育和实质教育之长而又避去了短处。形式教育的内容偏重发展学生的官能或能力，实质教育的内容则强调知识性。陶行知避免了形式教育论强调纯形式训练可使学生官能得到发展的片面性，也避免了实质教育将一般智力发展置于次要地位，过分强调课程和教材的实用性所带来的片面性。他不执于一端，而是把发展学生的能力与基础知识的教学看作是互为条件的统一过程，在智育内容安排上既不顾此失彼，也不是机械地平分秋色。

应该看到，陶行知在智育内容安排上，是受一个"活"字所支配的。它固然使陶行知的理论不致泥古而不化，但的确也有些难以把握。如书本知识应强调一个"活"字是不错，但哪些属活书，哪些是死书呢？"无字书"不可不读，这是天经地义的，但应适可而止。从陶行知的论著中可以看出，可能与他所处的时代有关，为了反对死读书、读死书、读书死，使他在矫枉之中强调"无字书"，似乎有"过正"之嫌。

第三，陶行知提出的智育的途径和方法，在中国教学论发展历程中，具有划时代的意义。譬如，他针对传统教育手脑分离、用手者不用脑、用脑者不用手，劳心者不劳力、劳力者不劳心的痛弊提出的教学做合一等方法，指明了智育途径和方法发展的方向，对中国教育产生了深刻的影响。无疑，教学做合一对于打破"读死书、死读书、读书死""教死书、死教书、教书死"的一潭死水，是有功劳的，迄今仍有其现实意义。当然，对于教学做合一方法论，我们应用时应注意领会其精髓实质，强调教学做三者的合一，强调教学不能脱离"做"。故可视此为总体原则，其具体方法可以是灵活多样的，大可不必生搬硬套。

第三节 陶行知的体育观

陶行知将健康的生活当作教育的出发点，全面关心学生的成长。在数十年的教育实验中，他倡导健康的生活，强调开展健康教育。从创办晓庄师范开始，他便始终将健康教育当作他生活教育理论的重要内容之一，把体育和卫生教育视为全面发展过程中不可缺少的一环。

一、体育的根本任务

在陶行知的整个教育思想中，向学生传授健身知识、技能，增强体质，培养自觉锻炼身体习惯的教育活动，占有十分重要的地位。他在《教育改进》一文中，把"强健活泼之体格"作为培养"健全人格"的一个重要组成部分。1925年，陶行知曾应邀到天津南开中学演讲，他以《学做一个人》为题，阐明了健康在"一个整个的人"中的重要意义。他认为，"做一个整个的人，有三种要素"，第一个要素就是"要有健康的身体——身体好，我们可以在物质的环境里站个稳固。诸君，要做一个八十岁的青年，可以担负很重的责任，别做一个十八岁的老翁"①。他将健康教育摆到了第一位。

照陶行知的理解，体育的根本任务主要包括以下三方面的内容：

其一，注重自强，养成健强之体魄。为了振兴中华、致富图强，为了拯救面临着亡国灭种、岌岌可危的中华民族，收复大好河山，彻底粉碎以日本帝国主义为首的侵略者吞并中国的妄想，陶行知提出要提高中华民族的健康水平和身体素质，"努力把年富力强的人民赶紧培植起来"，担起救国救民于水火的责任。为此，他主张"体育注重自强"，首先要养成学生"坚强之体魄"，要求学生们建立"健康之堡垒"。为达到"自强"的目的，要在学生中开展"普遍的军事训练，使人人有卫国的武力"，体育使国民"自强"的任务更显得重要："中华民族已经到了生死关头，我们要想起死回生整个的民族，须以最敏捷的手段，实施下列六大训练：（一）培养普遍的军事能力……"②在陶行知看来，要对他们进行"作战防御技术之操练，医药卫生救护之操练，交通工具之操练"，把他们培养成"保卫祖国，争取祖国独立自由平等的战士"。

所以，陶行知早期体育思想带有明显军事化的特点，以及鲜明的爱国

---

① 华中师范学院教育科学研究所主编：《学做一个人》，《陶行知全集》第1卷，湖南教育出版社1984年版，第595页。

② 华中师范学院教育科学研究所主编：《乡村工学团试验初步计划说明书》，《陶行知全集》第2卷，湖南教育出版社1985年版，第593页。

特色。

其二，健身，提高身体素质。他认为，体育应注重全面锻炼学生的身体，促进学生身体正常生长发育和内脏器官机能的发展，全面发展学生的速度、灵敏、力量、耐力等身体素质及人体的基本活动能力，提高学生身体对自然环境、生产劳动及生活、学习、工作的适应能力与抵抗疾病的能力。青少年时期的陶行知，十分注意体育锻炼。他经常对同学们说："健康之精神寓于健康之身体，休闲时间要多活动，锻炼体魄。"①在哥伦比亚大学留学时，他还曾写信给母亲，劝她游山健身。他说："山上空气清洁、益肺、通血脉，常游必壮。"②陶行知归国后，在任南京高师教务主任期间，在校推行德、智、体全面和谐发展的教育，对体育尤其重视。他在一次报告实施德智体的教育时说，"体育为德智二育基本"，没有体育，德、智就无从谈起，故教育应"以养成坚强之体魄，充实之精神为标准"③。为便于实现这一目标，陶行知还提出了以养护所以培养元气，锻炼所以操训筋骨，医治所以矫正体格的体育教育的具体目标。为此，他又要求开展体操、早操、课外活动、兵操、拳术，以及分食、诊疗预防等体育锻炼活动和健康教育。

通过体育锻炼、健康教育，实现健身的任务，根据人体生长发育的规律，陶行知主张从幼儿时期开始，便要注意身体锻炼和健康教育。在他看来，"儿童的健康比什么都要紧"，他号召从事幼儿教育工作的同志把儿童健康当作第一重要的事情，因为"培植康健的儿童"，也就是在"造成康健的民族"。因而应克服经济困难，首先"叫个个国民都有血色，有生气，有精神，都能抵抗疾病"，彻底甩掉"东亚病夫"的帽子④。

其三，掌握体育、卫生基本知识，提高锻炼身体的自觉性，养成良好的生活、卫生和锻炼习惯。身体是寓知识、智慧、力量之所，锻炼身体不仅仅是在校学习期间的重要任务，同样应活到老，锻炼到老，一刻也不能松劲。

---

① 安徽省陶行知教育思想研究会：《陶行知一生》，湖南教育出版社 1984 年版，第 34 页。

② 华中师范学院教育科学研究所主编：《劝母游山健身》，《陶行知全集》第 5 卷，湖南教育出版社 1985 年版，第 1 页。

③ 南京大学校庆办公室校史资料编辑部主编：《南京大学校史资料选辑》，南京大学校庆办公室校史资料编辑部 1982 年版。

④ 华中师范学院教育科学研究所主编：《山穷水尽》，《陶行知全集》第 5 卷，湖南教育出版社 1985 年版，第 145—146 页。

爱护身体，锻炼身体应该是我们的自觉行动，就像天天要洗脸天天要扫地一样，因为“这身体不属于自己，我们的生活是为整个民族乃至新人类所有。我们要以卫生教育与环境卫生来代替医生，造成健康的堡垒，使得一点一滴的生活力与创造力都不致浪费。尤其是每一个人自己要爱惜他的身体。这身体要留着、锻炼着，与民族和新人类的敌人拼。浪费自己的精力以致于夭折，便等于敌人之帮凶而成为民族与新人类之罪人”①。

养成良好的生活、卫生、锻炼习惯也非常重要。陶行知指出，中国人有得过且过的坏习气，生活、工作条件差，又不主动地去改造恶劣的环境，造成民族身体素质低劣。他们把占全时 1/3 的时间都呆在“猪槛马厩，望而生厌”的地方；有的人“囚首垢面，衣履乖张”，“多在湫隘卑湿之小屋中，既无日光，亦无(少)空气，又复椅桌之高低，不合人体，办公者更则随地吐痰，随时吸烟，于是办公室内之空气，污浊而不堪问”②。这直接导致办公者“近视者有之，驼背者有之，病肺者有之，患脑者有之”。由不好的卫生习惯引起的健康问题，影响人们的政治、经济生活，影响人们的精神面貌，无疑要影响到办公效率，“疾病时生，人无守日，而公事遂亦因之而减其效率”③。

为了养成学生良好的生活、卫生、锻炼的习惯，陶行知不仅以身示范，每天四五点钟起床，处理公事，天亮后参加寅会和体育活动，还明确要求全校师生每天问一问自己的身体有进步没有；他还亲自厘订了《育才十字诀》《怎样培养十六常能》《育才十二要》《育才卫生教育二十九事》《育才二十三常能》《育才学校之礼节与公约》等，以培养学生的良好习惯。在这些文献中，他要求学生会游泳、会急救、预防疲劳、隔绝蝇蚊、不要拉手，“饭后半小时内不得看书、运动、游泳”，“不随地吐痰”，“保持清洁”，“睡觉前必须刷牙”，“按时起床，安眠”等。

进行体育和健康教育，还必须让学生掌握体育、健康的基本知识。陶行知拟订的《育才卫生教育二十九事》《育才学校之礼节与公约》等文献中，

---

① 华中师范学院教育科学研究所主编：《从五周年看五十周年》，《陶行知全集》第 3 卷，湖南教育出版社 1985 年版，第 512 页。

② 华中师范学院教育科学研究所主编：《办公原则》，《陶行知全集》第 1 卷，湖南教育出版社 1984 年版，第 273 页。

③ 华中师范学院教育科学研究所主编：《办公原则》，《陶行知全集》第 1 卷，湖南教育出版社 1984 年版，第 273 页。

许多都是要求学生掌握的体育、健康知识。譬如，他要求学生做到劳逸结合："过分的用功，过分的紧张劳苦工作，也于一个人身体的健康有妨害。妨害着脑力的贫弱，妨害着体力的匮乏，甚至于大病，不但耽误了学习和工作，而且减损及于全生命的期限。"①因而，应该掌握预防疲劳的知识，"时时提示警觉，预防疲劳，不致使身体过分疲劳"②。

在陶行知看来，不同的时间、年龄，锻炼的内容也有不同，饭后不能搞剧烈活动——儿童锻炼也有一个"度"的问题。

二、体育的内容和途径

陶行知关于体育卫生内容的论述，从他发表的大量教育论著和他的大量的教育实践及实绩来看，是极其丰富的。陶行知通过重视体育、健康教育，并在教育实践中积极推行，形成了与生活教育相一致的广义的体育观，在体育、健康教育的思想上有贡献、内容上有革新，形式上有发展。

（一）开设体育课。中国的传统教育是重文轻武的教育，传统的"六艺"教育中虽包括有"射"、"御"等体育的因素，但到秦汉以后被戕害殆尽。民间的武术、摔跤、举石、气功虽广泛地存在着，但与学校体育、健康教育风马牛不相及。西方中世纪宗教统治了学校，认为"肉体是灵魂的监狱"，对学校体育、健康教育不甚重视。大约 18 世纪末到 19 世纪初，欧洲有些国家才将体育列为学校的必修科。中国则更晚。1904 年，中国实行近代学制，学校课程中才出现"体操科"（1922 年改称"体育科"）。所以，我国学校开设体育课的历史并不长，而陶行知不仅有倡导之功，并且通过大量的实验和实践予以推行，并以丰硕的成果展示于教育界，从而推动了中国体育、健康教育发展。

陶行知在学校开设体育课，可以 1939 年为界碑，划分为前后两个时期。后期育才学校的体育课比前期更为规范。

早在任南京高等师范学校教务科主任时，陶行知就在学校重视早操，设置了体操、兵操、拳术等课程。安徽公学为了养成学生"耐劳的筋骨，耐

① 华中师范学院教育科学研究所主编：《每天四问》，《陶行知全集》第 3 卷，湖南教育出版社 1985 年版，第 466 页。

② 华中师范学院教育科学研究所主编：《每天四问》，《陶行知全集》第 3 卷，湖南教育出版社 1985 年版，第 466 页。

饿的体肤，耐困乏的身”，学校开设了体育课、早操和课间操。

创办晓庄师范后，陶行知将体育、健康教育主张落实到教学活动中，当时开设的不以“体育”名之，但很重体育，设置的活动称为“体育游戏教学做”、“童子军教学做”、“农民娱乐教学做”、“卫生教学做”等。因为体育、健康教育与其他文化知识有些不同，国术指导员[①]既教，也学，重点是做；学生更是这样，“做”是重点，是中心，只有教与学的体育健康教育，不是中国需要的。育才学校十分强调师生的“健康生活”，专门聘有体育教师实施健康教育，其内容据帅昌书《育才学校的普通课程》[②]载，包括以下 13 种：1. 生理卫生，2. 心理卫生，3. 环境卫生与卫生环境之创造，4. 急救，5. 营养，6. 医药看护常识，7. 田径赛、球类，8. 国术，9. 游泳，10. 柔韧操、童军操，11. 爬山，12. 露营，13. 远足。这些课程，主要是在“生理卫生”与“体育课”中实施。

（二）坚持早锻炼。陶行知在南京高师时，就主张通过早锻炼“培养元气”，“操训筋骨”，因之早晨安排有早操和跑步等体育活动。可以说，从南京高师开始，陶行知办学几十年，一直都很重视早锻炼。南京安徽公学为了保证早锻炼井然有序，在操场四周钉木柱拉上铁丝，在四周标明纵横队列号次，各年级各班学生各居其位，便于清点人数。晓庄学生已养成良好锻炼习惯，每日寅会结束，即自觉参加早操或跑山（爬山）。育才学校早锻炼的内容更加丰富，集体做完早操之后，还有跑步、徒手体操、国术等锻炼活动，学生可以根据自己的运动兴味、身体素质，自行选择。育才学校的早锻炼有一条规定，要求学生做到的，教职员必须躬亲共做；为了收到提高身体素质和掌握体育运动技能技巧，育才学校早锻炼安排有教师指导。陶行知是执行这一规定的模范，他在育才学校时，坚持四五点钟起床，办公到参加寅会，寅会后与师生们一起参加早锻炼。

（三）开展课外体育活动。陶行知反对学校为准备会考挤掉课外体育活动，在《杀人的会考与创造的考成》一文中，他对学校教育出现这种现象表示了极大的愤懑，他谴责道，这种会考把儿童的“肉儿赶跑了，把血色赶跑了，甚至有些是把性命赶跑了”；由于实行会考，“体操不教了”，“所谓课

---

① 晓庄师范的体育健康教育教师称“国术指导员”，当时聘于振声、韩凌森担任此职。

② 《战时教育》第 6 卷，1940 年 8 月 1 日，第 1 期。

内课外的活动都不教了”[①]。课外活动的时间，成了“拼命读书”的时间。陶行知主张在课外活动时间内，一定应该名副其实地让体育、科技、文艺等活动占领。育才学校课外开展甩手榴弹、攀绳索、爬竹竿、跳高、跳远、跳绳等体育活动，有的孩子还动手架秋千、踢毽子。因育才学校有“会游泳——包括仰泳、俯泳等”的规定，有些孩子就利用课外活动时间到附近的温泉去学游泳。

（四）举行运动会。为了推动体育运动的开展，提高体育运动水平，交流体育、健康教育经验，陶行知主张选择适当时期召开运动会。在陶行知看来，运动会不是要赛出一个我胜你负，关键是要促进群众性体育运动的开展，增强体质，因而他组织召开的运动会是别开生面的。运动会名称是联村运动会，竞赛内容有：挑水，跑山，耕牛，武术。“选手”有农民和学生。目标是普及体育，练身强体，反对侵略和压迫。这一妙趣横生的运动会，陶行知在《萧场工学团一周纪念联合运动会歌》中，描绘得淋漓尽致：“有人送礼来，也愿拍拍球。踢的是毽子，打的是拳头；放的是风筝，砍的是斧头；挑的是粪桶，舞的是锄头；玩的是石担，攀的是山头。”[②]

育才学校保持和发扬了晓庄学校的体育传统，形成了每年召开全校性运动会的制度，平时经常举行各组之间的田径、球类等单项比赛，并经常有小型比赛。

（五）开展军事训练。国难当头，陶行知念念不忘国耻，试图通过发展学校体育，增强学生的身体素质，把他们培养成为抗战建国人才，共赴国难。在《乡村工学团试验初步计划说明书》中，陶行知强调在中华民族的生死关头，要以“最敏捷的手段”，实施“六大培养”。这“六大培养”的第一条就是“培养普遍的军事能力”，使人人有卫国的武力。陶行知在他创办的晓庄师范，进行了军事训练的实验。他曾给爱国将领、安徽同乡冯玉祥写信，要求派一军事家对晓庄学生进行军事训练，并要求通过军事训练，使学生学到真武艺，而不是“武八股”。为了检查军事训练的效果，陶行知趁晓庄学校建校二周年、三周年校庆之机，举行联村自卫团会操、联村救火演习和

① 华中师范学院教育科学研究所主编：《杀人的会考与创造的考成》，《陶行知全集》第 2 卷，湖南教育出版社 1985 年版，第 676 页。

② 华中师范学院教育科学研究所主编：《萧场工学团一周纪念联合运动会歌》，《陶行知全集》第 4 卷，湖南教育出版社 1985 年版，第 242—243 页。

国术表演。

1936年上半年，陶行知曾提出应使中学生普遍受军事训练，把他们培养成与日本帝国主义搏斗的勇士。他与一位省立中学校长谈话时，讲道："我们非常重视军事训练。不但是举行军事训练，并且整个学校要有军事管理，把整个学校的生活都军事化，使每个学生一天到晚都过兵士的生活"；还说："我对于整个学校的军事管理有些怀疑，这对于学生怕是太过紧张。我们所过生活要一张一弛才能合理……我虽不赞成整个学校都受军事管理，但我对于真的军事教育是赞成每个中学都要学。"①

陶行知重视开展军事训练。这不仅仅是因为军事训练同属于体育、健康教育的重要组成部分，同时还是处在特殊时期的中国，为了抗敌御侮所必不可少的。他倡导军事教育具有鲜明的时代特征。他要求学生通过军事训练，树立"鲜明的抗×救国目标"②，这是其一。其二，受过军事训练，应懂得"不可蛮干"。其三，"培养战斗的人生观，揭破战斗即人生的道理，使大家知道要在战斗中取得生命的意义与力量。"③

（六）生产劳动锻炼。体育脱胎于生产劳动，一经独立成为有别于母体的活动，就有生产劳动所不能取代的功用，但是不能否认开展生产劳动所能起到的锻炼身体的作用。在某种意义上说，二者殊途同归。

陶行知主张通过生产劳动锻炼学生身体，增强体质，其动因有三：第一，生产劳动的确有助于增进学生的身体健康，增强学生的体质；第二，他办学的目标是为乡村学校培养教师，因而必须适应乡村生活，这决定了他们必须具备"农夫的身手"，才能成为改造乡村的灵魂；第三，当时经济萧条，穷家子弟无资上学，生产劳动尚可得到一些补偿；育才学校还靠生产劳动自救，生产劳动能一举数得。所以，生产劳动也可视为陶行知倡导的发展学校体育、健康教育，增强学生体质的重要措施之一。

---

① 华中师范学院教育科学研究所主编：《和民族解放运动配合的中等教育》，《陶行知全集》第3卷，湖南教育出版社1985年版，第114页。

② 据邹韬奋回忆，在1936年左右，新闻检查机关有忌讳，许多触犯时讳的词语，不能见诸报端。如不许用"帝国主义"；各报遇着这个词，总写作"××主义"。读者看惯了，也就会心神领会。上海有许多地方为着"敦睦邦交"，只写"抗×救国"。在上海，这"抗"字下的"日"是不能明目张胆地写出来的。（参见邹韬奋《经历》）

③ 华中师范学院教育科学研究所主编：《和民族解放运动配合的中等教育》，《陶行知全集》第3卷，湖南教育出版社1985年版，第114页。

陶行知早年创办晓庄师范学校，旨趣是为了造就乡村学校的教师、校长和指导员。为此，晓庄师范学生训练有“三大要项”，其中首要的一项便是“农夫的身手”，其训练的方针是“生产力与武力合而为一”①。

将体育与生产劳动相结合，是时代赋予的伟大使命，陶行知作了可贵的尝试，创造了生动活泼的形式，使学生非但丝毫没有不堪其苦之感，相反，把它当作一种体育活动、健身活动，有助于增强学生的体质。

三、体育观的评价

陶行知一贯主张诸育并重。在国难深重、内忧外患之时，他从抗日救国、共赴国难的角度强调，学校教育应将体育卫生放到“第一位置”。他常以“健康第一”教导学生，认为“学生是学习人生之道的人，学以厚生则可；学以伤生是断断乎不可的”②。陶行知在南京晓庄师范时，把体育、卫生教育几乎提到了无以复加的高度，将“健康生活”作为生活教育的出发点。在育才学校的集体创造月中，他将“创造健康之堡垒”列入创造计划③。在育才学校的朝会上，陶行知作了《每天四问》的著名讲演。第一问，便是“我的身体有没有进步”。他提出了“健康第一”的口号，号召“大家都成为建立‘科学的健康堡垒’的主要的成员之一，健将之一，共同来保证‘健康第一’的胜利”④。这些与毛泽东早年重视体育有某些相近之处。毛泽东曾指出：“国力苶弱，武风不振，民族之体质，日趋轻细，此甚可忧之现象也。”⑤又说：“体者，载知识之车而寓道德之舍也。”没有身体，一切将无从谈起。所以，必须确认体育“于吾人实占第一之位置”。陶行知则主张，用“耐劳的筋骨，耐饿的体肤，耐困乏的身，去做他摇不动的基础”⑥。这一点，就国民

---

① 华中师范学院教育科学研究所主编：《晓庄学校之使命》，《陶行知全集》第5卷，湖南教育出版社1985年版，第178页。

② 华中师范学院教育科学研究所主编：《学问之要素》，《陶行知全集》第5卷，湖南教育出版社1985年版，第30页。

③ 华中师范学院教育科学研究所主编：《育才学校节略》，《陶行知全集》第3卷，湖南教育出版社1985年版，第509页。

④ 华中师范学院教育科学研究所主编：《每天四问》，《陶行知全集》第3卷，湖南教育出版社1985年版，第467页。

⑤ 毛泽东：《体育之研究》，《新青年》1917年4月。

⑥ 华中师范学院教育科学研究所主编：《南京安徽公学办学旨趣》，《陶行知全集》第1卷，湖南教育出版社1984年版，第502页。

身体素质孱弱而言，是极为符合当时抗战建国之需的。而且，对学校教育而言，陶行知提出“首重健康”的“厚生”，反对“伤生”的教育，是有益于学生身心健康发展的。陶行知也把体育当作对学生进行道德品质教育的手段。一方面，他提出体育应“配合救亡运动，培养保卫祖国，争取祖国独立自由平等的战士”；另一方面，他将体育与爱国情操的培养结合于一体，他说：“我们必定要努力把年富力强的人民赶紧的培植起来，使他们个个读书明理，并愿为国鞠躬尽瘁。”①因而体育与爱国教育联系起来了。他主张，应教育学生们明白：“这身体不属于自己，我们的生活是为整个民族乃至新人类所有……浪费自己的精力以至于夭折，便等于敌人之帮凶而成为民族与新人类之罪人。”②他在体育中，充分体现出了思想政治教育。他认为，体育有助于培养学生坚定的意志。学生在体育活动中，必须承受一定的生理负荷量，需要克服一定的困难，这对培养学生刻苦耐劳，坚韧不拔的意志品质，有一定的积极作用；在学校中经常开展形式多样的体育竞赛，在其中表现出的勇敢顽强、灵活机智、克敌制胜的进取精神，是以后参加工作不可缺少的品质。在竞赛中，不可避免地要正确处理个人与个人，个人与集体，集体与集体之间的种种关系，借此可培养团结友爱、互助合作的集体主义精神和集体荣誉感。从某种意义上说，这种在体育锻炼中培养学生爱国情操、坚强的意志和集体主义精神，比那种空洞无物、干巴抽象的说教更易收到实效。

在发展学校体育的途径、手段和措施方面，陶行知作了更多可贵的探索。他从实际出发，从学校工作需要出发，根据国际国内形势变化，因地制宜、因时制宜，提出了三条发展学校体育的重要途径，即：

一，体育和生产劳动相结合。学生在劳动中手脑并用，脑力与体力劳动结合起来，可收到在劳动中锻炼学生的体力、增强体质之效，同样有利于促进学生“体”的发展。因而生产劳动和体育在这个意义上说是“殊途同归”。另外，采取体育和生产劳动相结合发展学校体育，还有一种特殊意义，通过盖房修路、开荒种菜、喂猪养鱼、挑水烧饭，可帮学校渡过经济

① 华中师范学院教育科学研究所主编：《作十万新民　寿六旬王母》，《陶行知全集》第5卷，湖南教育出版社1985年版，第40—41页。

② 华中师范学院教育科学研究所主编：《从五周年看五十周年》，《陶行知全集》第3卷，湖南教育出版社1985年版，第512页。

难关。

二,体育与军事训练相结合。这是根据国际国内形势变化提出的。国难当头,必须增强人民体质,以共赴国难。在陶行知的体育思想中,体育被赋予了培养学生具有"普通的军事能力"和"卫国的武力"的途径。所以,在他创办的学校中的体育,如晓庄学校、育才学校等,都具有军事训练的基本特色。不容置疑,体育与军事训练结合,在当时的特殊境遇中,学生通过接受这种锻炼,不仅增强了体质,也掌握了时局十分需要的一些基本的军事技能。

三,体育与卫生工作相结合。为了增进学生身体健康,陶行知在学校卫生工作中,坚持以"预"为原则,体育就是这种"预"的原则的具体手段。他对学校卫生工作提出了"要以卫生教育与环境卫生来代替医生,造成健康的堡垒"①。他在《每天四问》中指出:"卫生的首要在预防疾病。卫生教育就在于教人预防疾病,减少疾病。卫生教育做得好,虽不能说可以做到百分之百不生病的效果,但至少是可以减少百分之九十的病痛。"②其体育卫生思想带有"预"的印记,对增强体质是殊途同归。

体育思想是陶行知教育学说的重要组成部分。他将体育作为振兴中华、救亡图存、抗战建国的重要手段,这与中国人民的解放事业是完全一致的。他提出的"健康第一"、"预防疾病"的体育、卫生教育主张,与发展学校体育,增强学生体质,不仅在当时具有重要意义,而且直到今天仍有着其重大的借鉴价值。

第四节 陶行知的美育观

陶行知将美育作为全面发展教育的重要组成部分。在他一生办教育的生涯中,将培养学生认识美、鉴赏美、爱好美和创造美的能力,摆到十分重要的地位。从美育的理论到实践,作了可贵的探索。

陶行知学识渊博,多才多艺,除了在教育、政治、外交、科学等方面有较

① 华中师范学院教育科学研究所主编:《从五周年看五十周年》,《陶行知全集》第3卷,湖南教育出版社1985年版,第512页。

② 华中师范学院教育科学研究所主编:《每天四问》,《陶行知全集》第3卷,湖南教育出版社1985年版,第466页。

深的造诣外，他还是一位享有盛名的大众诗人、艺术教育家。他性情风趣乐观，亦庄亦谐，具有独到的艺术鉴赏能力和美的创造能力。他对于音乐和戏曲的浓郁兴味，是中国现代教育界所共知的；他的近千首脍炙人口的诗歌、小说和寓言故事，是其美育思想的重要组成部分。

一、美育的根本任务

人类生活变化万端，审美活动是生活中不可或缺的一部分。爱美是人类所特有的高尚的综合性品质，不知如何热爱和向往美好，也就不知怎样去憎恨和铲除丑陋；不知如何辨别和区分文明高尚的情感，也就很容易与腐朽邪恶为伍。因而，在陶行知看来，美育是使学生做一个"整个的人"的重要要素之一。学校要造就身心和谐发展的"整个的人"，使之成为有崇高的理想、高尚的道德、丰富的知识和健美的体魄的"美"的人。

1924年，陶行知与同仁创办安徽公学。他为安徽公学厘定了三个办学目标，即：研究学问、改造环境、做人处事。其中第二点，所讲的便是美育的问题。他说："有进取性的人，要求改造。"接着又说："改造应当秉着美术的精神，去运用科学发明的结果，来支配环境，使环境现出和谐的气象。我们要有欣赏性的改造，不要有恐怖性鬼脸式的改造……改造环境，要有美术的精神。"①

创办晓庄师范时，陶行知明确地提出了美育的目标。他认为乡村师范应培养乡村儿童所敬爱的导师，这个导师应具备五个"要项"②，即：健康的体魄，农夫的身手，科学的头脑，艺术的兴味，改造社会的精神。其中"艺术的兴味"比安徽公学时提出的"改造环境"含义更为明确。

将美育提高到较高地位，这是美育的根本任务决定的：

（一）养成健全人格。美育和道德教育几乎可以说是一对连体孪生子。它们既互相包含又相对独立。美育和德育目标的某些一致性，决定了健全人格是美育的根本任务之一。陶行知在《教育改进》中指出，健全人格须包括"优美和乐之情"。这种情感的养成，必以美育辅之。

---

① 华中师范学院教育科学研究所主编：《南京安徽公学创学旨趣》，《陶行知全集》第1卷，湖南教育出版社1984年版，第502页。

② 华中师范学院教育科学研究所主编：《在湘湖师班教学做讨论会上的答问》，《陶行知全集》第2卷，湖南教育出版社1985年版，第163页。

（二）陶冶性情。久入兰室自成其芳。美好宜人的环境必然给人以心旷神怡的蓬勃鼓舞力量，龌龊的环境则会使人心灰意冷。陶行知十分重视环境的陶冶性情的作用，注意以美育陶冶学生的性情。他认为，优良的环境在当时就可以产出最优美的舆论。所以，陶行知每每办学，必择自然优雅的环境。如南京晓庄师范就是四面环山，群荫环抱，东面有栖霞，后边是幕府，劳山翠绿，长江奔腾，构成一幅生动的画面。这种诗一般的情境，对于学生良好性情的养成，有着春风化雨，润物细无声的奇妙功能。

美育陶冶性情的作用，是潜移默化的，又是不可替代的。故陶行知总是精心按美术原则为学生选择学习环境。他选择校址的要求，“一要雄壮，可以令人兴奋；二要美丽，可以令人欣赏；三要阔大，可以使人胸襟开拓，度量宽宏……”①这是他美育观的具体体现。

环境的自然天籁，固然不可多得，但陶行知更强调按美术的观点去改造环境。以办公室为例，陶行知认为，“所谓美者，固不应流于奢侈，金碧辉煌，矶珠满架，美则美矣，然失之奢。苟能布置适宜，错落有致，清雅幽静，几净窗明，亦能使人心怡目悦，恋恋而不肯去。次之，所办之事，亦宜有美术。表格，最贵整洁；信件，亦宜雅致。第三，办公室不仅为物质环境，同时仍有人的环境。若办公者囚首垢面，衣履乖张，虽玉堂椒房，亦使人不乐。第四，美术尚条理、重秩序，当作不作，不当作而作，皆不美。”②人必须与环境作斗争，按美育的原则去改良环境，使环境有益身心。

（三）启发人的心灵。陶行知认为，“美”具有一种特殊的功能，它是“最能启发人的心灵，也是厉害的迷魂汤”。他提倡用大众歌曲来启发大众的心灵，防止用假的大众歌曲来麻醉大众，“叫大众再睡睡，睡到亡国再起来”。为了启发人们纯洁的心灵，陶行知呼吁：“小众的靡靡之音应该走开，麻醉大众的歌曲是格外应该走开。”③启发人的心灵，就要求美育引导人们积极向上，歌曲应是前进的民族解放的战歌；音乐家应站在民族的联合战

① 华中师范学院教育科学研究所主编：《杭州大学之天然环境》，《陶行知全集》第5卷，湖南教育出版社1985年版，第21页。

② 华中师范学院教育科学研究所主编：《办公原则》，《陶行知全集》第1卷，湖南教育出版社1984年版，第273页。

③ 华中师范学院教育科学研究所主编：《大众歌曲与大众歌唱团》，《陶行知全集》第3卷，湖南教育出版社1985年版，第98、99、100页。

线上，替大众写乐谱，使“新的歌曲”“川流不息的出来”①。

（四）培养优良习惯。帮学生形成优良的习惯，是美育的重要任务之一。一个人应为美而活，“勇敢的活才是美的活”，“死也应为追求美而死”，“勇敢的死才是美的死”。“美的活着”就必须使学生有美的行为习惯，要通过优美的环境及艺术化校容培养学生美的语言和美的行为。培养学生美的语言行为习惯，必须在一点一滴的微不足道的小事上，用美去教导他们，用美的甘霖去滋养他们。譬如，他要求学生衣带整齐、冠履洁静——整洁美；不准随地吐痰——环境美；补衣之线、纽扣与原线原扣一致——朴素美；扣子对齐，脸手洗宿，衣、帽、鞋袜穿戴整齐——仪表美。这些，看来是一些小事，都反映了在美育方面的修养，也反映了一个人的精神状态。陶行知还将这些内容列入《乡村小学比赛表》之中，要求学生“有礼节”、“容貌服饰整洁”。这看起来是不足挂齿的事，陶行知却把它提到了重要地位，正好说明他对通过美育培养学生良好行为习惯的极端重视。

（五）培养鉴赏美的能力。不仅要教学生识别美与丑，还要使学生能够理解这个事物为什么美，美在哪里。他曾打比方说，公子王孙笔下的风花雪月，公主小姐手中的琥珀扇坠，美不美？他认为这些是少数人的玩物，粉黛味浓郁，无美可言。相反，他“一闻牛粪诗百篇”，认为“吃自己的饭，流自己的汗”才算是真的美的生活。他说：“做一桩事情，画幅图画，写一张字，如能自慰慰人就叫做美。一餐饭烧得好，能使自家吃得愉快舒服，也能够使人家愉快舒服，岂不是一种艺术吗？”②从这里不难看出，陶行知培养学生正确的审美观，教给一定的美的知识，提高学生美学鉴赏能力，都不是以自我为中心，美的价值的参照系统是广大人民大众。

（六）培养学生创造美的能力。我国幅员广阔，山河的壮丽，能激荡起仁人志士的博大情怀，能培养学生充分感受美的能力。但是，美更多的是社会的产物，通过人的创造加工，能够创造出优美动人的环境、生活、艺术等。陶行知重视创造美的能力的培养，有意识、有程序、有措施地教育学生表达生活中的美。如，美化校园，布置教室和会场；彼此互相砥砺，互相关

---

① 华中师范学院教育科学研究所主编：《大众歌曲与大众歌唱团》，《陶行知全集》第3卷，湖南教育出版社1985年版，第98、100页。

② 华中师范学院教育科学研究所主编：《在湘湖师范教学做讨论会上的答问》，《陶行知全集》第2卷，湖南教育出版社1985年版，第167页。

心，互相帮助；严守校风校纪；勤奋学习，刻苦训练。他注意通过日常生活的各个微小环节，教育学生去创造美。

二、美育的具体内容

在陶行知对美育内容的看法，可分作艺术、自然和社会等三个方面。其中，艺术美在其美育思想中所占的地位尤其重要。早在20年代，陶行知主持中华教育改进社时，在改进社内成立了美育组，主张学校应将音乐、图画、工艺等美育课程作为一门主课，陶冶学生的精神情操和品德。他创办晓庄学校，遂将他的美育思想付诸实施，在育才学校时根据学生的兴趣和特长设置专业，对艺术教育规律进行了全面的实践和探索，更强调艺术教育，强化了美育五大内容：

（一）戏剧。戏剧主要是通过作品中的人物的语言和行动来塑造艺术形象，通过视觉和听觉给观众以美的享受。它是对学生进行美感教育的重要内容。陶行知在晓庄学校成立了晓庄剧社，并与晓庄学校学生一起，自编、自导、自演戏剧，并到南京周围城镇乡村演出。社会各界给予了极高的评价。

育才开办后既置戏剧组，请章泯、水华任教。1942年，育才戏剧组首次在重庆公演五幕名剧《表》，轰动了整个山城；次年再度公演四幕剧《小主人》，又一次赢得了山城人民的盛赞。此外，还演出过四川方言剧《啷格办》《抽壮丁》，表演唱《茶馆小调》《古怪歌》《王大娘补缸》等，并经常深入乡村、矿山演出。1945年，育才学校和附近农民举行盛大的联欢会，演出了《拥军秧歌》《朱大嫂送鸡蛋》《兄妹开荒》等秧歌舞剧。学生在育才学戏剧基本知识，到城里去观摩学习，并通过在排练演出中学习戏剧，不仅学到了戏剧创作知识，表演技能，也提高了思想认识。

（二）音乐。音乐是通过复杂变化的旋律和节奏塑造音乐形象作用于听众的听觉器官的一种艺术形式。陶行知经常借音乐这一形式表达他的思想，抒发感情。他写了不少歌词，或者请老朋友赵元任谱曲，或者借用其他的曲子，有的成了流行歌曲不胫而走。他还为育才音乐组请来了贺绿汀、李凌、黎国荃等指导教师，具体进行音乐天才的培养教育工作。1940年底，音乐组在重庆举办“儿童音乐会”，周恩来、叶剑英、郭沫若、冯玉祥等著名人士莅临指导。会毕，周恩来同志称赞音乐组“为新中国培养出一群新的音乐人才”①。

（三）绘画。绘画是运用线条色影的排列组合作用于视觉器官的一种艺术形式。为了培养天才的幼苗，为抗战建国服务，育才学校设立了绘画组，聘请许士骐、王琦、陈烟桥担任教师。陶行知要求学生将课内和课外、书本知识和实践结合，教师既讲授绘画基础知识，又指导学生自学、练习和集体讨论，并经常组织学生参观、采访、调查、掌握大量的素材，将实践中收集的材料加以分析、研究、综合整理，创作出新作品。

育才学校绘画组还利用课余时间，广泛开展丰富多彩的专业性活动，成立了“绘画研究会”，经常举行“星期画展”，出版过木刻集《幼苗》。学生们学得主动积极。

（四）文学。这是陶行知对学生进行美感教育的重要内容。陶行知创办育才学校，成立文学组，聘请艾青、力扬、魏东明任教师。学生在教师的指导之下，开展对作家作品的研究，成立了“鲁迅研究会”，“佚名社”，出版了创作文集《雏燕草》。文学组经常举行诗歌朗诵会，并动手创作了很有生命力、感召力的戏曲、文学和诗歌等。

对文学艺术人才的培养，陶行知注意选择思想性、艺术性较高的作品作精神文化食粮，重视对作品的分析和朗读，将古圣寺外的半山坡的一片松林定名“普希金林”。这是一块文艺园地，文学组的同学经常在这里举行文学活动。大家坐在林荫之下，或朗诵诗歌，或唱歌，或讨论文学名著，形成了浓郁的艺术教育环境。

（五）舞蹈。陶行知把舞蹈作为美育的一个组成部分。在他看来，组织学生观赏和练习健康优美的舞蹈，不仅能够提高他们的审美能力，培养活泼开朗、勇敢乐观的精神，而且能够促进身体健康匀称地发展。因而，在晓庄时期，陶行知就十分重视舞蹈在学生全面发展中的作用，指导和组织学生观看和创造舞蹈。学生们表演锄头舞、镰刀舞，那种婀娜舞姿、生动活泼的造型，显示出艺术上的较深造诣。

三、美育的基本途径和方法

在美育的途径和措施方面，陶行知有大量的实践，进行了可贵的探索。

---

① 上海陶行知纪念馆主编：《人民教育家陶行知》，上海教育出版社 1984 年版，第 65 页。

晓庄以前，他更多地侧重于美育理论的研究与探索；从晓庄到育才学校成立以前，他更多的侧重于美育的途径和方法的探寻，在实施上的特色是不拘形式，生动活泼，如晚会、运动会、巡回演出等。育才开办后，形成了实施以如下四种为主的美育实施途径和方法：

（一）通过教学进行审美教育。陶行知晚年创办的育才学校，先后设置了音乐、戏剧、绘画、文学、自然、社会和舞蹈等七个专业组，其中有五个专业组是实施美育的教学组织。从重视文学艺术教育的意义上说，育才可以说是艺术学校。

音乐组。育才请来著名音乐家贺绿汀任教。该组除开普修课之外，其特修课有乐理（含音乐史、作曲等）、弹琴、视唱、练耳、欣赏等。师生将音乐理论应用于实践，创作了《太阳一出满天红》等 27 首具有民族风格、鼓舞人心的著名歌曲，并改编了一些弦乐。音乐组儿童仅入学一年半，就表现出音乐演奏方面超凡的技艺。

戏剧组。重视戏剧是陶行知创办学校的一大特色。晓庄学校虽未分专业组，但戏剧活动是遐迩皆知的。后来在育才学校设戏剧组，请来专业教师讲授戏剧基本知识、表演、道具，以及舞台艺术、戏剧欣赏等专业知识，鼓励学生用学到的知识去编写剧本、导演戏剧等。戏剧是陶行知宣传抗战、团结人民、打击敌人的武器。戏剧组学生经常到各地公演，演出用的道具布景设备等，全由学生自理。他们演出的许多剧目，在北碚、重庆公演时，轰动一时，饮誉山城。

绘画组。绘画是实施美育的重要途径。该组全面传授学生绘画基本知识，在注重培养学生正确表现人、物的形象、色彩、空间位置及其关系的能力，掌握构图，运用线条和着色等绘画的技能技巧的同时，重点培养学生创造能力和想象力，鼓励他们进行绘画创作。绘画组学生成立了“育才美术团”，建立“儿童美术馆”，举办过“抗敌儿童画展”。1942 年 1 月 12 日重庆《新华日报》发表了私立育才学校绘画组编《抗敌儿童画展特刊》，受到各界好评。

舞蹈组。育才学校舞蹈组一方面组织学生欣赏和练习健康优美的舞蹈，提高他们的审美能力，培养学生活泼开朗、勇敢乐观的性格，一方面培养为抗战建国服务的专门舞蹈人才。舞蹈组主任是著名舞蹈家戴爱莲，她带领全组学生创作并演出了许多深受群众欢迎的舞蹈节目。他们到西康、云南、贵州等地访问、学习、观察藏族、彝族的舞蹈，推出了一批生动活泼的文艺节目。

文学组。育才文学组请来著名评论家、散文家、诗人讲授诗歌、小说、散文、戏剧等基础知识，通过对文学作品的分析和欣赏，对学生进行审美教育。育才学校为文学组收藏了中外著名作家的作品，供学生阅读欣赏。为了借助语言的直观性，形象地传达作品的内容，帮助学生深刻地理解作品，以及提高对文学的欣赏力和语言表达力，育才文学组常借助表情朗诵的形式，举行诗歌朗诵会，朗诵古今中外名篇佳作。文学组学生还通过结社的形式，如组织“佚名社”、“榴火杜”、“浪花社”等，从事抗日文艺创作。

根据学生兴趣分成专业组，然后授之以艺术基本知识，这是陶行知艺术教育思想和审美教育的基本途径之一。这便于发挥学生的特长，系统而全面地传授美育知识。

（二）开展形式多样、丰富多彩的课外文艺活动。陶行知创办晓庄师范，为培养乡村人民所敬爱的儿童导师，提出的五项培养目标中便有“艺术的兴趣”一项，从晓庄到育才，陶行知就注意开展形式多样、生动活泼的课外文艺活动。在文艺晚会上，人人各献其艺，均须贡献节目，教师、校长概莫能外。有的吹、拉、弹、唱，有的演口技，有的演双簧等，形式多样。陶行知本人是演双簧和讲故事的高手。他性格诙谐，讲起故事来绘声绘色。他给学生讲的《“笼统哥”的故事》《螳螂吃丈夫》《法拉第吃书》等故事，给人们的印象极为深刻。

（三）通过大自然进行审美教育。他认为，千姿百态的自然景色，也能给人们以丰富的、美的享受。南京郊外的晓庄，依傍郁郁葱葱的劳山，濒临千古名胜燕子矶，鸟语不绝于耳，阵阵花香扑鼻，这样优美的自然环境，是对学生进行美育的良好场所。育才学校设置在重庆北碚，那儿有千年古刹——古圣寺。育才学校周围林木荫翳，嘉树青葱，盛暑清凉。这个环境对于学生性情培养、人格陶冶，良好的审美品质的形成，有人工不可替代之效。

学校的校园及周围的环境，是日常生活的重要组成部分，因而艺术化的校园对学生形成美的行为习惯、提高审美能力，是有积极作用的。在陶行知看来，一所学校的环境、形式、外在表现，直接影响着学生的生活、学习、思想面貌、精神状态和审美意识。所以，他在《育才二周岁前夜》中，提出要“创造艺术之环境”，他指出“我们要教整个的环境表示出艺术的精神，使形式与内容一致起来。这不是要把古庙制成一座新屋，老太婆敷粉擦胭脂涂嘴唇是怪难看的。但是阵有阵容，校有校容，有其内必形诸外，我们首要重艺术化的校容”①。

陶行知重视自然环境，还因为自然美景是艺术创作的源泉。它可给艺术创作增添丰富的创作素材和灵感，它可以丰富学生的知识，使学生认识自然美，欣赏自然美，开阔胸襟，陶冶性情，充实精神生活。

（四）通过日常生活给学生进行美感教育。陶行知主张通过生活去教育，使学生在生活中受教育，因而要打开学校的围墙，使学生走向生活，进行美感教育。在他看来，美育决不能只限于课堂内外的讲解和练习，必须注意保持与生活的广泛联系，使学生养成美化环境的技能与习惯。因而，在晓庄，学校与农村打成一片，学生与农民打成一片，学生通过参加一定的社会活动和生产劳动，在日常生活中吮吸到美的营养，通过劳动可以形成新的美学观念。另外，生活本身也包括着丰富的美的因素。受生活美的感染，学生可以体验人们精神面貌的美丑，进而形成正确的审美观点。

陶行知还明确要求在日常小事上培养学生的审美观点，养成学生按照美的要求改造生活环境的能力，什么东西应如何摆置才谐和美观，都要进行研究，将一切东西排起队来，人要排队，物要排队，草鞋、斗笠、扫帚、畚箕、锄头、文具、手巾、脸盆、桌椅等，都要排起队来，“静要排队；动要排队。排队而进；排队而出”，“通身以朴素之艺术精神贯彻之”②。

四、美育观评价

陶行知是一位人民教育家、大众诗人。就像他的教育思想和诗歌一样，他的美育观的人民性、大众色彩是非常浓的，人民性是其美育观的基本特色，也是他的美感教育的出发点和归宿。陶行知的美育观是他的教育思想的一部分。其美感教育与思想教育、情操培养、爱与恨的感情，是水乳交

---

① 华中师范学院教育科学研究所主编：《育才二周岁前夜》，《陶行知全集》第3卷，湖南教育出版社1985年版，第442页。

② 华中师范学院教育科学研究所主编：《育才二周岁前夜》，《陶行知全集》第3卷，湖南教育出版社1985年版，第442页。

融的。他在给陶宏、晓光的信中谈道:“脸和手要洗得干干净净;衣服、帽、鞋、袜都要穿戴得整整齐齐;话不在多,却要说得得体,说得好听。”①他是在教育下一代要有仪表美、心灵美、语言美,把美育与道德教育、日常生活紧密地结合在一块儿。他教育学生必须“桌凳抹干拭净,颈常洗,行动从容,胆大心细,脱落裂缝立刻补……爱惜衣服便是爱惜国力。这是每一个忠诚的国民应负的责任”②。虽然谈的是日常生活区区小事,阐述的却是朴素的和谐美、整体美及高尚的美德,给其美育思想打上了鲜明的伦理印记。

注意通过生活对学生进行美感教育,让学生深入到生活中去接受美感教育,是陶行知的一贯主张,也是其美育教育的主体特色。这与唯物主义美学家车尔尼雪夫斯基的“美是生活”的著名论断有一致性。车尔尼雪夫斯基指出:“美包含着一种可爱的、为我们的心所宝贵的东西……在人觉得可爱的一切东西中最有一般性的,他觉得世界上最可爱的就是生活……所以,这样一个定义:‘美是生活’;任何事物,凡是我们在那里面看得见依照我们的理解应当如此的生活,那就是美的;任何东西,凡是显示出生活或使我们想起生活的,那就是美的。”③正因为“美即生活”,故陶行知强调要深入生活,让学生在生活中进行美感教育,参与生活去优化生活,创造美的生活。

陶行知在美感教育的具体途径和方法方面,也作了大胆的尝试,可贵的探索。他主持中华教育改进社时,在社内成立美育组,主张把音乐、图画、工艺等美育课程作为一门主科,借以陶冶学生的精神情操和品德。可以这样说,陶行知是继蔡元培提出“五育”④的教育方针后,较早将美育思想付诸实施的教育家。到育才学校,则不仅设美育课程,而且设了几个专业组,为学生系统学习艺术方面的知识,提供了可靠保证。

---

① 华中师范学院教育科学研究所主编:《孟禄夫人送玩具》,《陶行知全集》第5卷,湖南教育出版社1985年版,第113页。

② 华中师范学院教育科学研究所主编:《爱惜衣服便是爱惜国力》,《陶行知全集》第5卷,湖南教育出版社1985年版,第736页。

③ 车尔尼雪夫斯基:《生活与美学》,人民文学出版社1959年版,第6页。

④ 蔡元培于1912年任南京临时政府教育总长,发表《对于教育方针之意见》,反对清末学部奏定的教育宗旨,认为“‘忠君’与共和政体不合,‘尊孔’与信仰自由相违”,提出军国民教育、实利教育、公民道德教育、世界观教育和美感教育的“五育”并举的教育方针。

考察陶行知的美学理论及其大量的美育实践，不难看出其鲜明的人民性。他的创作形式、语言，大多为人民群众所喜闻乐见，雅俗共赏。其美育的对象与目的，始终是为老百姓服务的。文艺为老百姓服务的根本方向，是他毕生创作和进行美育研究与探索的结晶。这说明，陶行知美感教育遵循的是一条与舞文弄墨、吟风诵月的小资产阶级知识分子截然不同的大众的道路。这与毛泽东同志《在延安文艺座谈会上的讲话》中所阐述的原则精神，是完全吻合的。

在倡导美育的许多具体措施上，陶行知不畏权贵、不畏人言，敢于反对传统的习惯势力。他是刘海粟提倡“模特儿”的热心支持者。他说：“纸抄纸，越抄越坏。”当时画人曾引起轩然大波，先是说画人精神要给画死的；五省联军总司令孙传芳因要“整顿风化”，劝刘海粟不要用“模特儿”。刘海粟解释说学校用“模特儿”，是为了解剖肌肉动作，是符合科学的方法，与“风化”问题风马牛不相及。孙传芳竟恼羞成怒，要通缉刘海粟，并勒令封闭了艺术学校。陶行知劝刘海粟说：“不要为这事去写辩驳的文章了，以逸代劳，不要管他。”①

据此可知，陶行知开展美感教育，坚持按美育自身的规律办事，遵循科学的方针，不阿谀奉迎。这是陶行知美感教育的可贵品质，也是陶行知伟大人格的生动写照。

第五节　陶行知的生产劳动教育观

生产劳动教育是培养学生劳动观点，形成劳动习惯，使之初步掌握一定的生产劳动技术知识和技能的教育。它是德、智、体、美、劳全面发展的一个重要组成部分。受“五四”时期实利教育思潮、职业教育思潮、工读教育思潮的影响，陶行知主张教育与生产劳动相结合，体力劳动与脑力劳动相结合，实行“手脑联盟”、“手脑并用”，把受教育者培养成为“有农夫的身手”、自食其力的劳动者。他创办南京晓庄师范，将文化知识与生产劳动教育紧密地结合在一起，以“在劳力上劳心，在劳心上劳力”为校训，进行了卓

① 北京市陶行知研究会编：《陶行知研究》，湖南教育出版社 1987 年版，第 253—254 页。

有成效的生产劳动教育实验。此后创立的各种教学组织形式，始终保持着“在劳力上劳心”的“晓庄特色”。

一、生产劳动教育的根本任务

考察陶行知的教育理论和实践，贯穿于其中的一根银线，是教育与生产劳动相结合的方针，他常常通过一定的生产劳动，使学生养成动手的习惯，掌握一定的生产技术，锻炼出健康的体魄。此外，在中国经济萧条，生民食不果腹之时，通过生产劳动在一定程度上也可以缓解办学经费短缺及学生入学费用的问题。因而这是一项“生产自救”的措施。

（一）树立“手脑并用”的劳动思想

陶行知认为，中国的传统教育造就了两种怪人，一种是用脑不用手，另一种是用手不用脑。为了改变这两种畸形人，使人成为完整的人，陶行知开了两帖处方，“药”的功用主要是解决“血脉不相联通”造成的“脑与手没有力量”的疾病，这第一帖药叫“脑化手”，患病服用者是劳心而不劳力者；另一帖是“手化脑”，服用者主要是农人、工人等劳力而不劳心者。陶行知认为，这第一服药可以治愈读书人的“软脚软手病”，第二服药能叫“笨头笨脑病”药到病除。

从人类文明史的角度考察，世界上贡献最大的只有头脑能指挥双手的人，而中国是用双手者没有动脑的要求，用脑的鄙视用双手的。农民年成不好，固然生活苦不堪言；年成好时生计仍然很苦，其中原因就是“他们的头脑不会去想”。针对这种痛疾，陶行知提出“中国教育革命的对策是使手脑联盟”。他还认为：“手脑联盟，则污秽的垃圾可以用来点灯烧饭，室人的氮气可以用做养人的肥田粉，煤黑油里可以取出几千种的颜料，一粒种子可以长成几百粒谷，无饭大家饿的穷国可以变成有饭大家吃的富社会。”①因而他把开展生产劳动教育当作实现手脑联盟的桥梁。通过实施教育与生产劳动相结合的教育，使学生将双手从长袖筒里伸出来，“左手拿着科学，右手开着机器生产、建设、创造”②。然后，因势利导，要学生用于开展

① 华中师范学院教育科学研究所主编：《教学做合一下之教科书》，《陶行知全集》第2卷，湖南教育出版社1985年版，第300页。

② 华中师范学院教育科学研究所主编：《教学做合一下之教科书》，《陶行知全集》第2卷，湖南教育出版社1985年版，第303页。

生产劳动，做科学的把戏，从而砸碎学生手上的枷锁，废除“不许动手，动手打手心”的戒规，使之“在头脑指挥之下用手使用机器制造，使用武器打仗，使用仪器从事发明”①。

实行手脑联盟要更新许多陈腐观念。教书不应是在教室里教死书、死教书、教书死才算是传授学问，教学生开展生产劳动同样是教书，并且是教意义更重大的活书；学生并不只是在教室或图书馆读死书、死读书、读书死才算读书，开展生产劳动同样是读书，且是读更重要的无字书。他认为，伪知识阶级宣传的“劳心者治人”的观点要打倒，过去把手叉在袖内的读书人，“现在的新学辈却因洋衣袖太狭叉不进去，所以换个方式叉在裤袋里”②。两尊读书人的塑像要重塑，取而代之的是用双手做工的农工合作的新形象。他赋诗云：“人生两件宝，双手与大脑。用脑不用手，快要被打倒。用手不用脑，饭也吃不饱。手脑都会用，才算是开天辟地的大好佬。”③这首诗集中地反映了陶行知的手脑联盟的思想。

(二)养成劳动观念和习惯

口耳相授的传统教育不可能养成劳动观念和习惯。只有从课堂走到生产劳动的实际，才能体会到劳动的重要，才能树立劳动观念，形成良好的劳动习惯。

陶行知主张青年一代要自立，自己的事情自己干，打破依赖思想。他曾以诗教人：“不做事，要吃饭；什么人？是氓蛋！做坏事，吃好饭；什么人，忘八蛋。”④表露出对不劳而获者深恶痛绝之情。他教育年青一代，自己的事切不可由人越俎代庖，勿做那贪图享乐的少爷小姐。

自立是养成劳动观念和形成良好的劳动习惯的前提。陶行知曾解释自立说：自立之义可由个人推到团体。小而言之，一家、一乡，大而言之，一国、一阶级，皆当努力尽他本身所应尽之责，而不该等候别人代劳。

---

① 华中师范学院教育科学研究所主编：《创造的儿童教育》，《陶行知全集》第 3 卷，湖南教育出版社 1985 年版，第 525 页。

② 华中师范学院教育科学研究所主编：《目前中国教育的两条路线》，《陶行知全集》第 2 卷，湖南教育出版社 1985 年版，第 597 页。

③ 华中师范学院教育科学研究所主编：《手脑相长歌》，《陶行知全集》第 4 卷，湖南教育出版社 1985 年版，第 173 页。

④ 华中师范学院教育科学研究所主编：《该骂不?》，《陶行知全集》第 4 卷，湖南教育出版社 1985 年版，第 81 页。

著名的《自立歌》敬告年青学生:“滴自己的汗,吃自己的饭,自己的事自己干,靠人、靠天、靠祖上,不算是好汉!”①他以为离开了自立,什么劳动观念、劳动习惯,都是无稽之谈。

陶行知认为,培养良好的劳动习惯,树立劳动观念,要从小事做起。小事做不来,大事便不做;小事不屑做,大事便不会做。是故晓庄师范“鸡毛蒜皮”的“小事”,全由学生自己做。该校除唯一的工友高大哥负责挑水等较重的活外,没有其他佣工,扫地、种菜、烧火、做饭,甚至建筑校舍、盖茅厕,均由学生自己干。他要求学校的种种生活事务和管理事务,都由学生分任去做;“什么文牍、会计、庶务、烧饭、种菜,都是要学生轮流学习的。全校只用一个校工担任挑水一类的事,其余一切操作,都列为正课,由学生躬亲从事”②。在教学活动中,种菜和烧饭的地位尤高。陶行知认为,师范生将来要到乡村工作,如不会种菜,准只吃白饭不可;如“不会烹饪,就要吃苦……不免饿得肚皮叫”。故他提出“不会种菜,不算学生”“不会烧饭,不得毕业”的口号。

一次,在湘湖师范教学做讨论会上,有人问他:“为什么天天要自己干扫地、抹桌、烧饭等工作?”他回答说:“扫地抹桌,是养成扫除肮脏的习惯。我们还可以把扫地抹桌的魄力,推出去扫除全国的、全世界上的、一切的肮脏东西!”③扫地抹桌是再平凡不过,不足挂齿的区区小事,但这微不足道的小事,可以培养出良好的劳动态度和习惯。

通过生产劳动,还能培养并增进对劳动人民的感情;放下学生的架子,脱下长袍马褂,与劳动人民沟通。不干民众的事,不仅不可能体会到劳动人民的悲欢喜怒,而且永远不可能产生对他们的真情实感。

为此,陶行知创办的晓庄师范,非但不请听差,还要求女师范生去干过去学生皆嗤之以鼻的倒马桶的事。他自己“一闻牛粪诗百篇,风花雪月都变节”,也要女学生通过倒马桶培养对劳动人民的感情。他强调说:“饭是

---

① 华中师范学院教育科学研究所主编:《自立歌》,《陶行知全集》第4卷,湖南教育出版社1985年版,第50页。

② 华中师范学院教育科学研究所主编:《试验乡村师范学校答客问》,《陶行知全集》第1卷,湖南教育出版社1984年版,第667页。

③ 华中师范学院教育科学研究所主编:《在湘湖师范教学做讨论会上的答问》,《陶行知全集》第2卷,湖南教育出版社1985年版,第167页。

很好吃，为什么马桶不好倒？当那女学生初来投考我们的学校，我先要问她一声，愿意不愿意倒马桶……虽然倒马桶不能救国，但它的进一步的意思很深。能倒马桶，小姐的架子打破了。”①

（三）锻炼健康的体魄

中国的传统学校，与社会、大自然之间相隔着一条永远难以逾越的鸿沟，学生从小学到大学，“十六年的教育一受下来，便等于一个吸了鸦片烟的烟虫：肩不能挑，手不能提，面黄肌瘦，弱不禁风”②。然后，再施以接踵而至、纷至沓来的月考、学期考、毕业考、会考、升学考，到大学毕业出来，肉掉了，皮黄了，血色没有了，“足也瘫了，手也瘫了，脑子也用坏了，身体的健康也没有了，大学毕业，就进棺材”③。这种脱离了生产劳动的教育，是杀人的教育！

学生学得文化知识，欲求对人类有所贡献，须有一副健康的体魄。杀生的教育不可能锻炼出健康的体魄。陶行知认为，捉鱼、打猎、做工、战斗，都可以叫人们“重生原始健壮的双手”和一副坚硬的脊梁骨。他在晓庄师范以“农夫的身手”等“五大要项”训练学生。他试图借此要求学生达到“农夫的身子”和“健康的体魄”等五大目标。为此，他为学生准备了荒地200亩，荒山数座，以及很少的经费，借以“还”给学生“健壮的双手”和“健康的体魄”。

人类早期的生产劳动与体育是水乳交融的。从锻炼身体的角度而言，二者可以说是异曲同工——都具有锻炼健壮体魄的功用。毫无疑问，适量的体力劳动，有助于增进学生的身体健康，增强学生的体质。陶行知在晓庄师范学校学校招生考试时，破天荒地将垦荒、修路、施肥作为考试项目；在联村运动会中，将挑柴、挑粪等作为比赛项目搬上逐鹿的赛场，均可说明陶行知开展生产劳动的动机是为了锻炼学生健康的体魄。

（四）缓解办学经费困难

毋庸讳言，陶行知开展生产劳动，有着直接的功利性目的。考察他办

---

① 华中师范学院教育科学研究所主编：《手脑相长》，《陶行知全集》第2卷，湖南教育出版社1985年版，第605—606页。

② 华中师范学院教育科学研究所主编：《传统教育与生活教育有什么区别》，《陶行知全集》第2卷，湖南教育出版社1985年版，第733页。

③ 华中师范学院教育科学研究所主编：《传统教育与生活教育有什么区别》，《陶行知全集》第2卷，湖南教育出版社1985年版，第733页。

学的时代，中国政治黑暗，经济萧条，战祸连年，衣食住行成为办学的重大困难。当时整个社会贫困难支，尽管陶行知是动员全社会支持办学的行家，但办学仅靠托钵化缘式的募捐，毕竟是杯水车薪，而且得不到保障。因此，陶行知不得不开展生产自救，解决办学经费严重不足的问题。

中国社会经济的凋敝，直接导致教育经费的严重短缺。晓庄师范学生王琳因经济拮据准备退学。陶行知决心开荒生产，喂猪种菜，共济时艰，保证青年学子不致中途辍学。后来，他创办山海工学团，明确提出办工学团的目的是“工以养生，学以明生，团以保生”。工学团把工场、学校、社会打成一片，实行生产劳动、文化学习和武装自卫合一的教育。“工”是为了生存，是“学”与“团”的基础。在育才学校时期，经济困难到了无法维持的地步，甚至连一天两顿稀饭都成了问题。当时真是祸不单行，物价飞涨，通货膨胀。另一方面，募捐也常常碰得鼻青脸肿。皖南事变后，国民党政府“赈委会”也中断了对育才的经济援助，育才学校已濒临绝境。陶行知学习陕甘宁边区开展生产自救的办法，带领育才师生开发光铁坡，使育才经济走出了低谷。

由此可见，生产劳动使学生炼得一身钢筋铁骨，培养了学生的劳动观念和劳动习惯；同时，也解决了经费困难。

二、生产劳动教育的具体内容

陶行知在给小先生承国英的信中说：“劳动即生活”，“生活即教育”，“社会即学校”。考察陶行知创办的学校，劳动在学校教育中占有相当重要的地位，可以说它是学校生活的基本内容。他向往并为之奋斗的健康生活、科学生活、艺术生活、改造社会的生活，都依赖于劳动生活。涵盖面十分广泛的劳动生活，在陶行知的教育思想中，是灵活多样的。他既注意到从实际出发，因地制宜；同时又兼顾到学生的年龄与个性差别，有益于学生身心健康。

陶行知生产劳动教育的具体内容，可概括为五个方面：

（一）开展生产劳动。从晓庄师范创办开始，生产劳动便是其生产劳动教育的主要内容。这在晓庄师范创办前，他在《试验乡村师范学校答客问》一文中已作了规定。他介绍未来的乡村师范，为学生“准备了田园二百亩”，用“最少数经费，供师生自造茅草屋居住”。在他看来，这是培养乡村教师、改造乡村和生产自救必不可少的“设备”。晓庄师范招考的内容，也包括了生产劳动。如1927年3月12日，上午试垦荒及施肥，下午修路。

育才学校因处于特殊时期，生产劳动也是学校工作和教学的重点，开荒种菜是经常性的教学活动；尤其是1943年11月20日开始的“印度周”，育才师生集中开荒一星期，割草、烧草、拣石子、挖土，样样都干。垦殖地点——北碚马家沱更是充满了野草的芬芳、泥土的香味、汗水的臭味和碘酒的气味。

（二）传授生产技术知识。陶行知重视苦干乐干，但反对蛮干瞎干，提倡科学种田，用科学思想、科学精神指导生产劳动。因而传授生产技术知识，是生产劳动教育的重要内容。他曾反复告诫乡村教师，一定要有“科学的头脑”，并深信乡村教师“应当用科学的方法去征服自然”①。在《中华教育改进社设立试验乡村师范学校第一院简章草案》中，陶行知规定生产技术知识课程有“科学的农业教学做”。他强调好的乡村教师必须有科学的头脑；他足迹所到之处，必须“三年使科学农业著效”，“十年能使荒山成林，废人生利”。因之，晓庄师范极重视科学知识的传授。他鼓励科学种田，经常举行农作物展览会，通过比较，传授先进经验。晓庄师范特地聘请了农事指导员邵仲香传授科学种田知识。为使人们相信科学，陶行知将各人种的山芋选来比赛，结果角逐出邵先生为“山芋总统”。于是，邵先生遂毫无保留地传授科学选种、栽插、培植管理知识。

陶行知曾写过一篇《科学的孩子》的文章，指出现在是一个科学的世界，科学的世界里应有一个中国。科学的中国要靠小孩子去创造。所以，中国的教育应指导孩子去“攀科学树”、“摘科学果子”。所以，在这种思想的指导下，从晓庄师范到育才学校，科学生产、劳动技术知识，都是教育的主要内容。

（三）分任院务教学做。院务是晓庄师范劳动教育的主要内容之一。分任院务教学做是第一院的课程，共6个学分。院务的内容有“烹饪教学做”、“会计教学做”、“庶务教学做”、“文牍教学做”、“洒扫整理教学做”、“缮写教学做”、“招待教学做”等，实际上包容了学生力能胜任的日常杂事，大

① 华中师范学院教育科学研究所主编：《我们的信条》，《陶行知全集》第1卷，湖南教育出版社1984年版，第652页。

到日常的卫生、校容整理、校景布置等，小到烧火做饭、扫地抹桌。

烹饪教学做在晓庄师范受到极度重视。晓庄师范要培养乡村儿童敬爱的导师，就必须有在乡村生活的本领；如果师范生不会做饭，将来连饭也吃不上。所以，晓庄师范学生不会烧饭，不予毕业。连校长陶行知也毫不例外地轮流烧菜做饭。一次，他一边看书，一边烧饭，饭没烧好，却产生出灵感来，写了一首自嘲诗“书呆子烧饭，一锅烧四样：生、焦、硬、烂”①。

根据晓庄师范分任院务教学做的实施情况看，它主要是包括基本生活、工作方面的体力劳动。

（四）建设学校，修筑宿舍。晓庄师范校址选在南京神策门外迈皋桥。此地开始只是数座荒山，一片凄凉。校址选好后，中华教育改进社准备了“最少数经费”，供师生们“自造”茅草屋。学校的一切用房，包括宿舍、图书馆、科学馆、教室、娱乐室、操室、温室、陈列所、医院、家属住宅等，都自行设计制造。学生招进来时，这里空空如也。陶行知对新生“训话”说，自己的宿舍自己建造，“谁的茅草屋没有造好，谁就要住在帐篷里……从院长起以及到学生，谁不造成茅草屋，谁就永久住在帐蓬里”，要求“个个人都要参加，都要动手。教师不但是教书，学生不但是读书，他们是到这里来共同创造一个学校”②，同时还明确提出了建设学校“美术的、卫生的、坚固的、合用的、省钱的”五条原则。

育才学校虽以千年古刹为依托，但许多生活需要的用房均由学生自己兴建。由于育才学校学生年龄多比晓庄师范小，不能自行营造一切用房，则强调要做一些力所能及的事情。如陶行知和小朋友们一起盖起了一座座“黄金世界”——厕所。他们发明了盖“黄金世界”最简便、适用的办法——埋四根柱子，上加一个顶，四周围起来便成。

（五）根据实际需要开展生产劳动。生活如同万花筒一般变化，学生生产劳动教育也应随之作出反应。生活中常出现一些难以预料、不可延误的生产劳动，而这些又是锻炼学生意志和毅力，培养他们良好习惯和主动精神的良机，因而，陶行知主张在前列“必修”课之外，必须根据实际情况安排

---

① 华中师范学院教育科学研究所主编：《初学烧饭》，《陶行知全集》第 4 卷，湖南教育出版社 1985 年版，第 57 页。

② 华中师范学院教育科学研究所主编：《试验乡村师范学校答客问》，《陶行知全集》第 1 卷，湖南教育出版社 1984 年版，第 669 页。

生产劳动。譬如，大雪纷飞，千沟万壑，银装素裹，师生们就拿起扫帚打扫路面上的积雪；乡村毒蛇成灾成祸，学校便传授捕蛇技术及治疗毒蛇咬伤的方法，并组织学生下乡捕蛇。1929 年 9 月、10 月，罕见的大旱侵扰着晓庄，满田禾稻半枯焦。不料铺天盖地的蝗虫又来威胁晓庄。陶行知紧急动员师生，自带扫帚、扁担、土筐、树枝，趁蝗虫的翅被露水浸湿不能起飞之机，全部消灭了蝗虫。陶行知生产劳动教育的内容全面而具体，形式灵活多样，为学校开展生产劳动教育，作了许多有益的探索。

三、生产劳动教育的基本途径和方法

陶行知在他创办的各种学校中，作了种种尝试，开辟出了贯彻生产劳动教育的基本途径，摸索到了一套颇为有效的方法。

（一）在各种教学活动中传授生产劳动基本知识。在陶行知创办的学校中，劳动生活与学校工作水乳交融，教学活动与生产劳动亦几近浑然一体。陶行知是一位反传统的教育家，其教学论与传统意义上的教师讲、学生听的口耳相授的办法截然不同。他将教学活动赋予以生产劳动的内涵，同时也传授生产劳动的技能及基本知识。譬如，研究鱼类，就在学校的池塘内养鱼，观察鱼的特性，分析它的生长、病死原因，制订出养鱼教学做计划，并请内行专家来现场指导。学生在教学活动中，既从事了养鱼的劳动，又学到了养鱼的知识。晓庄学校开展农业生产劳动教育，请来老农和农业专家教学生耕地、选种、播种、施肥、管理，又请来生物学专家与师生一同筹建生物室、仪器制造室等，通过实验，学生掌握了农作物的生长规律及其特性，学到了农作物病虫害研究及整治的方法。这样，学生既从事了农业生产劳动，也学到了农业生产劳动的技能及基本知识。

（二）在“做”中进行生产劳动教育。陶行知在一篇名为《教学做合一》的演讲中，开宗明义地指出，教学做合一是晓庄师范的校训，整个学校的基础就是立在这五个字上边。何谓“教学做合一”，他解释道：“事怎样做就怎样学，怎样学就怎样教；教的法子要根据学的法子，学的法子要根据做的法子。”[①]他曾多次强调“做”是三者的中心，学生要在做上学，教师要在做上

① 华中师范学院教育科学研究所主编：《教学做合一》，《陶行知全集》第 2 卷，湖南教育出版社 1985 年版，第 42 页。

教。他打比方说，种田这件事要在田里操作，它需要到田里学，在田里做，在田里教。仅在书本上学种田，不到田里去做，不可能掌握种田的真知。在这个教学活动中，教中有学和做，学中有教和做，做中亦孕含着教与学。三者是一件事，不可支离为三件事。所以，他所说的教学做之“做”，实已包含着生产劳动的内容。这在陶行知的论述中可找到许多佐证。他强调教学做三者中有一个公共的中心，这个中心就是“事”，也就是实际生活。把“事”做好，其中就包含有体力劳动。

（三）在文艺、体育活动中进行劳动教育。劳动教育体现在学校生活的各个方面。文艺生活、体育生活是学校实际生活的一个部分，它也是对学生进行劳动教育的途径之一。而且，以文艺、体育的形式，贯彻劳动教育，可使受教育者在娱乐中接受教育，掌握生产劳动技能，收到比较理想的效果。

在晓庄师范和育才学校，文艺生活、体育生活和生产劳动生活始终是密不可分的。生产劳动生活是艺术创作的源泉，艺术创作离开了劳动生活便成了无源之水。体育锻炼本来就与生产劳动是一对孪生子；晓庄和育才的体育锻炼，许多项目是直接取材于生产劳动，许多项目是源于劳动生活，然后加以改造翻新，创造出一种别有一番风味的体育比赛项目。另一方面，陶行知又将生产劳动教育贯彻落实到文艺生活、体育生活中。如，他要求绘画组师生通过线条和油彩再现自己的生产劳动、劳动人民的生活场景；要求音乐组师生通过节奏音响的变化，去表现火热的劳动生活；要求舞蹈组师生通过优美的舞姿，唤起人们对劳动生活的美好回味；要求戏剧组通过场景、音响、人物对话与行动，去表现劳动的场面；又要求文学组用语言文字，以劳动为题材去创作劳动人民喜闻乐见的文学作品。

在体育锻炼方面，晓庄师范主持召开的联村运动会，说明了体育活动与劳动教育不可支离的紧密关系。运动会上，运动员们表演了蓑衣舞、插秧舞，还列入了挑水、耕牛、挑粪等比赛项目，都是对学生进行劳动教育的生动活泼的好方式。

陶行知通过文艺活动、体育活动对学生进行劳动教育的思想，是他的劳动教育观区别于他人的甚有特色之处。它强化了学生的劳动意识，培养了学生热爱劳动、热爱生活的感情，使他们认识到参加劳动的必要性和重要性。此外，学生在一种愉悦、活泼的氛围中接受劳动教育，所收到的效益自然更为显著。

四、生产劳动教育观的评价

生产劳动教育是陶行知全面发展教育思想的重要内容，也是他的教育学说的不可缺少的组成部分之一。生产劳动教育在中国传统教育中，各个时期的地位并不相同。

唐代以前的儒者士人大多寄生于社会，很少从事实际操作和生产劳动，而禅宗却能跳出这一方式，将内修与劳作结合。自百丈禅师创设丛林制度，便决心改变比丘不自生产的传统教育方式，亲自率领僧徒，开垦山林农田，一面修行求证佛法，一面集体劳动，自耕自食。相传百丈禅师到晚年仍躬耕不息，弟子将他的劳作工具藏匿起来。他没工具，就“绝食”，一天不躬耕于田亩，一天就决不吃饭。此后禅门传诵百丈高风，便用“一日不作，一日不食”勉励后世。

清初提倡“习动”的教育家颜元，一反传统儒士的作法，认识到劳动在道德修养、学问、身体诸方面的作用，以为一人动则一人强，一国动则一国强，逐渐抛弃了那些空疏无用之学，提倡劳动。他说：“养身真善于习动，夙兴夜寐，振作精神，寻事去做，行之有事，并不困疲，日益精壮。但说静息将养，便日就惰弱。”①颜元这一思想，与他长期生活在农村有关。他虽未直接接受丛林制度的影响，但精神上却是一致的。

科举制度的甚嚣尘上，使舞文弄墨的文士的社会地位优越无比，而对体力劳动日渐鄙弃。禅宗自耕劳作和颜元“习动”教育思想的优良传统，清末民初之时已丧失殆尽。况且，禅宗与颜元的“劳作”，与现代意义上的生产劳动的含蕴差异颇大。他们的“习动”与“劳作”，不过是强调内修与劳作的结合。尽管这对改变传统的教育有重大意义，但他们没有也不可能把劳作与习动当作人的全面发展不可分割的部分来认识。

陶行知的生产劳动教育观的形成，明显受着“五四”时期的种种思潮影响。如，在实用主义思潮的影响下，习动和劳作又重新受到了重视，颜元与墨子重视躬亲实践的教育思想，这才在艺术界、教育界再度生辉。陶行知的生产劳动教育观的形成，与这种潮头不无关系，其关系更为直接的，还有

① 钟镂纂：《颜习斋先生言行录》卷下。

实利教育思潮、职业教育思潮及工读教育思潮。时黄炎培提倡职业教育，认为中国教育的出路在于教育与职业沟通；时蔡元培力倡工读教育、勤工俭学，发“劳工神圣”之先声。这些可视作陶行知劳动教育观形成的诱因和源头。陶行知继承了中国教育发展史上的这些优良传统，明确地把全面发展“做整个的人”当作教育培养目标，他将开展生产劳动教育作为达此目的的重要手段，从而将生产教育置于学校教育的重要地位。因此，他无论在论述劳动教育的深度、广度上，还是对劳动教育的作用、地位的认识方面，都远远超乎禅宗与颜元；而且他在进行劳动教育实践、创办基地进行探索时，又以墨子“以自苦为极”的吃苦耐劳精神自励，像墨家者流强调身教、践履那样，躬亲劳作。这既是对中国优良文化的弘扬，又是对黄炎培、蔡元培的职业教育、工读教育思想的实验、实践和发展。综观中国教育发展史，像陶行知这样的教育家并不多见。

陶行知将教育与生产劳动相结合的教育思想，与马克思主义教育理论基本是一致的。受“五四”时期实用（实利）、民主和科学职业教育、工读诸思潮的拍打与冲击，受早期共产党人如陈独秀、李大钊等人的影响，他的劳动教育思想与马克思主义教育思想有着必然的一致性。恩格斯曾经指出：“在社会主义社会中，劳动将和教育相结合，从而保证多方面的技术训练和科学教育的实践基础。”①因之陶行知的将教育与生产劳动相结合的教育思想，绝不是“偶然尝试”没有理论指导的怪物。

陶行知提出的“手脑联盟”、“手脑相长”的理论，不是他闭门造车杜撰出来的，有着现代科学依据。在留美期间，他曾撰《遗传论》一文，这是他关于生理解剖学方面唯一的一篇论文。从生理解剖的角度考察，“动手”在人类进行过程中起着重大作用。陶行知曾指出，人类的双手是帮助大脑的。当人类的双手获得自由时便开始工作。工作时要发表自己的见解，就要运用语言来交流思想。文字语言和生产工具都是双手在劳动中创造出来的。现代科学技术和心理实验表明，陶行知“手脑相长”理论是有科学根据的。人体运动的最高指挥部在大脑皮质，其中控制手的运动的部位所占的比例最大。加强手部的运动，在一定程度上可以提高整个大脑皮质的兴奋性，因而有利于大脑的工作效率的提高。由于手的运动量增大，频率提高，促

① 马克思、恩格斯：《马克思恩格斯全集》第23卷，人民出版社1961年版，第400页。

使大脑中支配手运动的神经细胞和接受手各种感觉的神经细胞亦随之明显增多。因而手的进化促进大脑更加发达。所以，陶行知提出的“手脑相长”、“手脑联盟”、“手脑双挥”与现代科学知识、生理解剖知识的原理，是相吻合的。

陶行知的教育与生产劳动相结合的思想和实践，在彼时彼地堪称是在荆棘丛生的教育荒园中实施。如此办学，正如他自己所言，是从盘古开天地，破天荒的第一次。在今天，他的生产劳动教育理论，对于全面地、正确地贯彻党的教育方针，培养全面发展的社会主义建设者，对于提高学校教育的质量，加强学校与社会的联系，以及加强学生思想政治教育工作，都不乏借鉴意义。

第一，必须提高学生的动手能力。过去，我们批判“满堂灌”、“注入式”、“关门办学”几十年，非但没有批倒，所办的教育仍然是“满堂灌”、“注入式”、“关门办学”，实施的还是陶行知所指出的“用手的不用脑，用脑的不用手”的手脑分离的错误教育。教师在黑板上教种田，学生在实验室里看做实验，不给动手的机会。学生走向社会，茫然一无所知；接触实际，惶惶然不知所措。因而要鼓励学生动手，给他们创造动手的机会。教师要在“做”上教，学生要在“做”上学，彻底打破过去口耳相授的陈旧教学范式。

第二，必须养成年轻一代自食其力，躬亲力行的精神。中国社会发展的事实告诉我们，必须不断提高受教育者和未来劳动者的素质，应在年青一代中提倡自食其力，躬亲力行，彻底打消依赖思想，保证学校培养出来的一代新人，首先应当是一个劳动者，铲除做“人上人”、“升官发财”的思想，从小实行自立、自治，不靠人，不靠天，不靠祖上，唯靠自己；另一方面，学校则应提供条件，将学校当作社会，首先使之在学校自食其力，躬亲力行，然后推及社会。

第三，必须培养学生热爱劳动，热爱劳动人民的思想感情和良好的劳动习惯。陶行知认为，嘴念的是劳动教育的书，耳听的是劳动教育的演讲，而平日所过的是双料少爷的生活，这断断乎不能算作劳动教育。受劳动教育，必须过劳动生活，这样才能培养出热爱劳动的情感，才能养成良好的劳动习惯，进而培养出热爱劳动人民的真情实感，而不是虚情假意。“一闻牛粪诗百篇”，在劳动生活中熏陶，经受劳动的洗礼，才能珍惜劳动成果，自觉抵制好逸恶劳腐朽思想的侵蚀，把自己锻炼成为一名合格的劳动者。

第十章 “终生教育”

终生教育是陶行知教育学说的一个重要思想。它以“生活教育”主张为理论基石，是“生活教育”理论的派生物。按照“生活教育”理论，教育不仅涉及人类生活的全部领域，也贯穿于人类生活的整个过程。教育应无限地向横向拓展，形成教育的“社会化”，也应无限地向纵向延伸，形成教育的“终生化”。“终生教育”思想的出现，是陶行知“生活教育”理论的重大发展和突破，亦是他教育学说日臻成熟和完善的明显标志。陶行知“终生教育”思想，是中国和世界教育思想宝库中的一份珍贵遗产。学习陶行知的“终生教育”思想，有助于人们加深对陶行知教育学说（特别是生活教育理论）的认识，也有助于人们真正了解陶行知在中国和世界教育史上的地位。

第一节 “终生教育”思想的形成与发展

一、产生背景

陶行知的“终生教育”思想，是他在反传统教育和洋化教育的斗争中，为适应近代中国社会政治、经济、文化发展的需要，通过充分借鉴中外古今教育思想的精华和总结自己教育实践的宝贵经验而提出来的。

1840 年以后，随着帝国主义列强侵略的日益加强，古老的中国由独立的封建社会逐渐沦为半殖民地半封建社会。民国以后，帝国主义列强，尤其是日本帝国主义，步步紧逼，虎视眈眈，中华民族面临着亡国灭种的空前危机。要救亡图存，就必须广泛地动员千百万民众，提高他们的思想政治觉悟，万众一心，同仇敌忾，共赴国难。而要做到这一点，就应该大力发展教育事业，扩大教育机会，使全中国的每一个老百姓，特别是幼儿和成人，都接受一定的教育，具备起码的文化水平，能够看书读报，了解国事，并且养成终生学习的习惯，与时俱进，这样他们才有可能在反帝反封建的斗争中发挥巨大的力量，去建立一个真正自由、民主、独立、富强的新中国。

然而，近代中国的教育（不论是传统的还是洋化的），都还不能满足这样的需要。旧教育是一种小众的贵族的教育，而不是人民大众的教育。有钱、有权者才能享受教育，无钱、无权者，则被拒之于门外。广大劳苦群众及其子女，只能在生活中受到教育。同时，它将人生划分为彼此分离毫不相关的三个阶段，即学龄前、学龄中及学龄后。这实际上将人生抛开了一大半，严重忽略了入学前的学习和离校后再学习的问题。换句话说，即只重学校教育，忽略学前教育和成人教育。这种教育的主要弊端是严重的形式化和划一化，脱离人民群众，脱离社会实际生活，难以适应近代中国社会政治、经济和文化发展的需要。陶行知的终生教育思想就是在这样一种历史背景下产生的。

陶行知的“终生教育”思想，是他批判地继承中外古今优秀教育遗产的产物。

一方面，它是对杜威“连续性”的教育观念的直接扬弃。杜威在达尔文“进化论”和詹姆士“心理学原则”的基础上，提出了教育是一个“连续性”过程的观点。他认为，“教育是经验的继续不断的改组或改造”①，经验的获得又总是和社会生活实践分不开的，因而，“教育是生活的过程，而不是将来生活的预备”②。既然教育是一个过程，那就不会是学校教育之前和之后的中断。陶行知创造性地发展了这一“连续性”的教育观点，将之转化为“终生教育”的思想。这是陶行知对杜威教育学说的继承与超越。

另一方面，它是对中国古代“活到老，学到老”思想的丰富和发展。两千年前，荀况在《荀子·法行》中指出：“少而不学，长无能也；老而不教，死无思也；有而不施，穷无与也。”欧阳修在《答李诩书》中也认为：“学之终身，有不能达者矣，于其所达，行之终身，有不能至者矣。”至于“活到老，学到老”一语，更是中国古代一句流传颇广、妇孺皆知的格言。陶行知立足于现代科学的高度，对之作了一番翻新，进一步形成了其“终生教育”思想。

更为关键的是，陶行知的“终生教育”思想是对自己长期教育实践宝贵经验的科学总结。如果把古今中外有关教育思想的精华视为“流”的话，陶

---

① 赵祥麟、王承绪编译：《杜威教育论著选》，华东师范大学出版社 1981 年版，第 159 页。

② 赵祥麟、王承绪编译：《杜威教育论著选》，华东师范大学出版社 1981 年版，第 4 页。

行知自己长期的教育实践就是其“终生教育”思想的“源”，不认识到这一点，就不可能真正认清他的“终生教育”思想的来源，也不可能真正弄清他的“终生教育”思想的涵义和实质。

终生教育思想是陶行知对自己长期教育实践宝贵经验的科学总结。1917 年，陶行知由美归国后，便致力于人民大众的教育普及事业。其间，他除了积极从事学校教育改革外，还对幼儿教育和成人教育作了许多科学实验和理论探索，得出了不少宝贵经验。在此基础上，他了解并认识到“终生教育”的重要性与必要性，从而在中国（也可以说是在世界）最早明确揭橥了“终生教育”的主张，这是他对中华民族乃至整个人类的一大贡献。

二、形成和发展过程

陶行知的“终生教育”思想经历了一个萌芽、形成和发展的过程。

1917 年至 1926 年，是“终生教育”思想的萌芽阶段。1918 年，陶行知在《生利主义之职业教育》中说：“生活主义包含万状，凡人生一切所需皆属之。其范围之广，实与教育等。”①这已看到了生活与教育相一致的方面，孕育着生活即教育思想的胚胎。这就为其“终生教育”思想的提出奠定了初步的理论基石。次年 7 月，他在一次题为《新教育》的演说中讲道：“照杜威先生说，教育是继续经验的改造（continuous reconstruction of experience）。我们个人受了周围的影响，常常有变化，或是变好，或是变坏。教育的作用，是使人天天改造，天天进步，天天往好的路上走；就是要用新的学理，新的方法，来改造学生的经验。”②并明确指出：“既然晓得教育是继续经验的改造，那么对于天然界和群界，自然受他的影响；天天变动，就是天天受教育，差不多从出世到老，与人生为始终的样子。”③显然，此时他已意识到教育是一个连续性的过程。“差不多从出世到老，与人生为始终。”尽管他此时还深受杜威实用主义教育的影响，但已开始萌发了自

---

① 华中师范学院教育科学研究所主编：《生利主义之职业教育》，《陶行知全集》第 1 卷，湖南教育出版社 1984 年版，第 78 页。

② 华中师范学院教育科学研究所主编：《新教育》，《陶行知全集》第 1 卷，湖南教育出版社 1984 年版，第 123 页。

③ 华中师范学院教育科学研究所主编：《新教育》，《陶行知全集》第 1 卷，湖南教育出版社 1984 年版，第 126 页。

己“终生教育”的思想。值得注意的是，早在20年代前后，他就意识到“终生教育”的问题，这的确是一个了不起的发现，是对世界教育的卓越贡献。

1927年至1935年，陶行知的“终生教育”思想逐渐得以形成。随着陶行知教育实践的进一步开展，他对传统教育和洋化教育的弊端认识得更加清楚了，开始感觉到杜威的实用主义教育学说虽然有反封建反传统的积极作用，但仍不能真正适合中国的具体国情和人民大众的现实需要，于是他在1927年创办晓庄师范学校，推行生活教育，并初步形成了其生活教育理论。生活教育是生活所原有、生活所自营、生活所必需的教育。它突破了人只是在一定的学龄阶段接受正规学校教育的“一次性教育”的观念。这样，他就在总结自己教育实践宝贵经验和充分借鉴中外古今有关教育思想精华的基础上，初步形成了“终生教育”思想。1934年2月，他在《生活教育》一文中指出：“生活教育与生俱来，与生同去。出世便是破蒙，进棺材才算毕业。”①同年3月，他在《从穷人教育想到穷国教育》一文中又说：“他是活到老，做到老，学到老，教到老，一直到进了棺材才算毕业。”②同年12月，他在一次题为《普及教育》的演讲中，批评现有的小学六年、中学六年、大学四年的教育制度实质上是一种“短命教育”，公开表明“我们所要干的是整个寿命的教育，不是短命的教育”，主张活到老，做到老，学到老③。次年3月，他在《中国普及教育方案商讨》一文中，进一步提出了“整个寿命现代化”的主张，他说：“整个寿命现代化，不仅是四个月、一年、二年、四年之义务教育。教育最重要的成就在使众人养成一种继续不断的共同求进的决心。我们要对众人养成的态度是：活到老；做到老；学到老。”④上述言论，已初步揭示出“终生教育”的本质涵义，即教育必须贯彻人生的始终，从出世到进棺材，人人都必须接受教育。不仅如此，陶行知还对教育必须贯彻人生始终的原因作了深刻分析，他指出，一方面由于“学问没有止境”，

---

① 华中师范学院教育科学研究所主编：《生活教育》，《陶行知全集》第2卷，湖南教育出版社1985年版，第634页。

② 华中师范学院教育科学研究所主编：《从穷人教育想到穷国教育》，《陶行知全集》第2卷，湖南教育出版社1985年版，第645页。

③ 华中师范学院教育科学研究所主编：《从穷人教育想到穷国教育》，《陶行知全集》第2卷，湖南教育出版社1985年版，第645页。

④ 华中师范学院教育科学研究所主编：《普及教育》，《陶行知全集》第2卷，湖南教育出版社1985年版，第762页。

“社会的进步”“没有止境”[①]，一个人的进步也没有止境；另一方面，又由于人只有“活到老，做到老，学到老”，才能做一个“与时代俱进”的“长久的现代人”，才能“保证川流不息的现代化”[②]。由此可见，早在二三十年代，陶行知对“终生教育”思想已作了相当全面而深刻的论述，只不过尚未正式使用“终生教育”这一概念而已。

40年代，陶行知的“终生教育”思想得到了丰富发展，并正式使用了“终生教育”的概念。抗日战争爆发后，陶行知进一步认识到，要想使教育更加适合眼下救亡斗争的需要，就必须扩大教育的对象，使每个年龄层次的人都能受教育。他认为：“从教育的对象说：不只着重青年教育，而且要顾到老年人和小孩子的教育。”[③]这与传统教育体制下只注重青年教育，忽略小孩子和老年人教育，只注意学校教育，而忽略家庭教育和社会教育，是截然不同的。这既是教育观念的变革，又是政治观念的更新。抗日战争结束后，为争取真正的民主、平等和自由，陶行知积极提倡“民主教育”，创办多种成人教育机构和中心，特别是社会大学和夜大学等。这一过程中，他的“终生教育”思想得到了初步发展。1945年5月，他发表了著名的《实施民主教育的提纲》，指出“无论老少，也应该受教育。生活教育很早就提出活到老、学到老”，并举例说：“生活教育运动中最老的学生为八十三岁之王老太太，她说：‘我也快进棺材了，还读什么书？’但经她的孙儿曾孙的鼓舞，她的热情也烧炽起来了。因为她的缘故，她的媳妇也得读书了。”[④]同年9月，他在《全民教育》一文中首次明确使用了“终生教育”这个概念，亦将之界定为“培养求知欲。学习为生活；生活为学习。只要活着就要学习。一旦养成学习习惯，个人就能终生进步不断”[⑤]。这是对他过去“终生教育”

---

① 华中师范学院教育科学研究所主编：《中国普及教育方案商讨》，《陶行知全集》第2卷，湖南教育出版社1985年版，第804页。

② 华中师范学院教育科学研究所主编：《攻破普及教育之难关》，《陶行知全集》第2卷，湖南教育出版社1985年版，第782页。

③ 华中师范学院教育科学研究所主编：《全面抗战与全面教育》，《陶行知全集》第3卷，湖南教育出版社1985年版，第328页。

④ 华中师范学院教育科学研究所主编：《实施民主教育的提纲》，《陶行知全集》第3卷，湖南教育出版社1985年版，第541页。

⑤ 华中师范学院教育科学研究所主编：《全民教育》，《陶行知全集》第3卷，湖南教育出版社1985年版，第554页。

思想的重新概括和明确表述，不仅表明了陶行知“终生教育”思想日趋成熟，也显示出其生活教育理论的日臻完善。同年12月，他还在《民主教育之普及》一文中进一步指出：“教人，好学，都是传染的，等到大家都传染了教人、好学的习惯，便教人、好学成了瘾，整个中华民族便成了一个教人、好学的民族，万万年的进步是得到了保证。古人云：学然后知不足。一个人感到不足，他便要向高处追，向深处追，是不会有止境了。因此民主教育不但可能做到全面普及，并且可能做到立体的普及。”①终生教育的实施，有助于教育从全面普及走向立体普及。这表明包括了“终生教育”思想在内的陶行知的“生活教育”理论，实质上是一种现代的“大教育观”。

第二节 “终生教育”的基本思想

作为生活教育理论的一个派生物，终生教育在总体上是受“生活教育”理论支配和制约的。同时，“终生教育”本身又具有相对的独立性，有它独特的涵义和思想内容，值得我们深入地学习和探讨。

一、“终生教育”的涵义

陶行知的“终生教育”包含以下两层基本意思：

1. 教育“与人生为始终”。

陶行知从“生活教育”的观点出发，认为“生活即教育”，生活与教育是同一过程，人生有多久，教育也应有多久，教育“差不多从出世到老，与人生为始终”。他反对传统观点，将人生划分为彼此分离毫不相关的三个阶段，即学龄前、学龄中和学龄后，认为这必然会导致只重视学校教育，而忽略学前教育和成人教育。他抨击现存的小学六年、中学六年、大学四年的教育制度实质上是一种“短命的教育”，也批评义务教育“不仅是四个月、一年、二年、四年”的事情。在他看来，教育不是在学校教育结束后就算完事的。它应贯穿于人生的全过程，包括贯穿于人的一生不同阶段的学前、小学、中学以及成人教育等，应是一种“整个寿命的教育”。他主张不同阶段的教育

① 华中师范学院教育科学研究所主编：《民主教育之普及》，《陶行知全集》第3卷，湖南教育出版社1985年版，第573页。

应从纵的方面相互连接，构成一个完整系列，使人们永远“与时代俱进”。

2.“家庭、店铺、工厂、机关、寺庙、民团、军队及现有学校做下层之教育场所”。

根据“生活教育”的观点，终身教育应是各种正规教育和非正规教育的总和。陶行知一贯重视家庭教育，认为家庭教育在人的发展中有重要地位。他指出：“婴孩期就必须奠定民主教育的基础。或许，目前处理这问题最好、最经济的办法是通过教父母兄弟姐妹，尤其是通过教母亲、姐妹及女仆来教婴儿。”①他还要求家庭教育应尊重儿童个性，注意培养儿童的创造力。陶行知也很重视社会教育。

从某种意义上说，他的“生活教育”理论就是一种广义的社会教育的理论。他是根据“社会即学校”的原则，倡导“动员社会上现有的一切可能动员的力量、学校及个人尽力为民众服务。庙宇、茶馆、监狱、兵营、商店、工厂、残废士兵医院、普通学校不上课时空出的教室，都应给识字小组及训练中心使用。八千万受过一段时间再教育的识字成人可以作为教师，帮助家人及邻居进步”②。在他看来，这些地方或机构实际上都是一种教育机构和渠道，都有教育意义，对人的发展都有重要影响。因此，他希望把各种正规的和非正规的教育机构和渠道，通过横向的连接，构成一个有机的整体，以促进人的全面和谐的发展。

概括起来，陶行知的“终生教育”思想，核心是强调教育的“终生化”与“一体化”，即在纵向上，要实现从零岁开始直到老年，包括学前教育、学校教育、成人教育三个层次的一体化；在横向上，要实现家庭教育、学校教育、社会教育三个方面的一体化，以克服现存教育体制的弱点，培养和造就适应社会需要的各种人才，适应近代中国社会政治、经济、文化发展的需要，保证“川流不息的现代化”。

二、“终生教育”的对象、内容与途径

“终生教育”是从“生活教育”理论派生出来的一种重要的教育思想，是

---

① 华中师范学院教育科学研究所主编：《全民教育》，《陶行知全集》第3卷，湖南教育出版社1985年版，第551—555页。

② 华中师范学院教育科学研究所主编：《全民教育》，《陶行知全集》第3卷，湖南教育出版社1985年版，第555页。

对“生活教育”理论的丰富和发展。它在对象、内容与途径等方面，既有与“生活教育”理论相一致的地方，又有其自身的特质。在对象方面，它既主张“不论宗教信仰、种族、财富及所属阶级有何不同，男孩与女孩机会均等，男子与女子机会均等，成人与儿童机会均等”①，又特别强调成人与儿童的教育问题，主张“无论老少，也应该受教育。生活教育很早就提出活到老，学到老”②。为此，陶行知不仅积极提倡，而且身体力行。这可以从他创办乡村幼稚园和社会大学等一系列教育实践中得到证明。与之相适应，在内容方面，特别强调以儿童和成人的生活为教育的中心，主张围绕着儿童和成人的生活来开展教育。“过什么生活便是受什么教育”，“过康健的生活便是受康健的教育；过科学的生活便是受科学的教育；过劳动的生活便是受劳动的教育；过艺术的生活便是受艺术的教育；过社会革命的生活便是受社会革命的教育”③，并着重指出：“我们要用前进的生活来引导落后的生活，要大家一起来过前进的生活，受前进的教育。”④总之，应以反帝反封建民族民主斗争的社会生活为幼儿和成人教育的中心内容。在途径方面，“终生教育”和生活教育虽然是互相包容的，但“终生教育”更加强调家庭教育和社会教育，把家庭教育和社会教育看成与学校教育同等重要，它主张对传统教育制度加以彻底改造。他尖锐地批评国民党政府教育部颁布的《实施义务教育暂行办法大纲》，纯粹是指学龄儿童的教育，没有改变成人教育与儿童教育各干各的不能打成一片的弊端。他主张“根据民主思想从根本上重建学校及学制，使民有、民治、民享的教育在中国蓬勃发展”⑤。他一方面提倡家庭教育和社会教育，另一方面又积极改造学校教育，以求让灵活机动、富有弹性的教育体制代替千篇一律、僵化不变的教育体制。

---

① 华中师范学院教育科学研究所主编：《全民教育》，《陶行知全集》第3卷，湖南教育出版社1985年版，第554页。

② 华中师范学院教育科学研究所主编：《实施民主教育的提纲》，《陶行知全集》第3卷，湖南教育出版社1985年版，第541页。

③ 华中师范学院教育科学研究所主编：《教学做合一下之教科书》，《陶行知全集》第2卷，湖南教育出版社1985年版，第288页。

④ 华中师范学院教育科学研究所主编：《生活教育之特质》，《陶行知全集》第3卷，湖南教育出版社1985年版，第27页。

⑤ 华中师范学院教育科学研究所主编：《全民教育》，《陶行知全集》第3卷，湖南教育出版社1985年版，第554页。

为使更多的幼儿和成人受教育，他还在教育实践中为“终生教育”提出和创造了一些崭新的教学组织形式与方式，其中主要有幼稚园、中心学校、工学团、旅行团、社会大学以及小先生制、传递先生制、自动进修制等。这些都丰富和发展了他的生活教育学说。

第三节　“终生教育”的评价

陶行知的“终生教育”思想，萌芽于20年代，形成于30年代，发展于40年代。它的出现，丰富和发展了“生活教育”理论，对近代中国教育的改革和发展产生了积极作用，成为世界教育宝库里一颗璀璨夺目的明珠。

一、丰富和发展了“生活教育”理论

陶行知“终生教育”思想的提出，标志着他的“生活教育”理论日臻成熟。他早期的“生活教育”理论主要由“生活即教育”、“社会即学校”、“教学做合一”等基本命题和若干范畴组成。“终生教育”思想提出后，极大地丰富了“生活教育”理论的内容。它主张教育是一个终生的全过程，“差不多从出世到老，与人生为始终”①，“与生俱来，与生同去，出世便是破蒙，进棺材才算毕业”②，又主张教育应包括各种正规的和非正规的教育的机构或形式。在重视学校教育的同时，不忽略学前教育和成人教育，在抓好学校教育的同时，又强调家庭教育和社会教育。这就使“生活教育”理论的“教育”概念，在时间和空间方面有了进一步延伸和扩大，使“生活即教育”、“社会即教育”的思想更为具体和丰富。总之，它是对“生活教育”理论的重大发展和突破。

二、推动了近代中国的教育改革和发展

近代中国的教育，只重视学校教育，忽略学前教育和成人教育，忽略家庭教育和社会教育，“终生教育”思想的提出，对于改变这种局面产生了巨

---

①　华中师范学院教育科学研究所主编：《新教育》，《陶行知全集》第1卷，湖南教育出版社1984年版，第126页。

②　华中师范学院教育科学研究所主编：《生活教育》，《陶行知全集》第2卷，湖南教育出版社1985年版，第634页。

大作用。具体说来，这主要体现在以下几个方面：第一，促进了成人教育的发展。成人教育是陶行知“终生教育”思想的主要组成部分。从20年代起，他就重视成人教育，把成人教育视为近代中国教育改革的突破口之一。他创办暑期学校，推行平民教育和乡村教育，是我国大规模的平民教育运动的首创者和主持人之一，为平民教育运动的开展呕心沥血，殚思竭虑，付出了极大的努力。40年代，为使广大工农受教育，他积极推行普及教育、国难教育、战时教育和全面教育。特别是在抗日战争胜利以后，为解决广大青年失学问题，他又倡办了社会大学，独创了成人教育的新的组织形式，还设想今后的社会大学要更为丰富多样，除了“无形的”社会大学之外，还应有夜大学、早晨大学、函授大学、新闻大学、旅行大学、电播大学，等等。这些主张和设想，不仅促进了近代中国成人教育的发展，就是在今天仍具有重要的理论价值和现实意义，值得引起人们的高度重视。第二，促进了学前教育的发展。陶行知是我国早期重视幼儿教育的教育家之一。在他的终生教育思想中，幼儿教育占有非常重要的位置。他在幼儿教育方面，从事过许多扎扎实实的实践和理论探讨。他把幼儿教育视为基础教育的基础，强调学生儿童的个性，重视培养儿童的创造力，主张对儿童实行“六大解放”（即解放儿童的眼睛、头脑、双手、嘴、空间和时间）。在儿童教育理论方面，有了重大建树，彻底改造了近代中国的学前教育，并为我国未来学前教育的发展指明了方向。第三，促进了学校教育的变革。陶行知一贯注重学校教育的改革。长期以来，他集中探讨了学校教育的阶级属性和服务对象，以及学校教育如何与社会生活实际紧密联系等问题。他主张教育系人民大众生活所原有，所自营，所必需，不能成为少数“小众”的专利品。无论贫富贵贱、男女老幼都有受教育的权利和机会，要建立更为灵活机动的新型学校教育体制，使人民大众及其子女能入学受教，强调学校教育的内容要以生活为中心，而不是以文字为中心；主张学校教育的方法和手段要多样化，要使学生自觉自动，学会学习，发展学生的创造力，而不是强迫灌输；他改变了传统的学校观念，提出了一种崭新的现代学校观等。所有这些对学校教育理论和实践的发展，为当代中国的教育改革提供了重要的理论借鉴。第四，促进了学校教育以外的教育形式的发展。陶行知把终生教育视为一个宏大的战略，它的实现要通过家庭教育、学校教育、社会教育诸方面的协力合作。为此，他在发展学校教育的同时，注重利用一切可以利用的因素，开展各种形式的社会教育。他主张凡有人的地方，就是教育的场所。在他看来，家庭、当铺、茶馆、轮船码头、博物馆、电影院、图书馆，甚至防空洞等，都可作为教学的课堂。他还主张利用广播、电影、幻灯等现代技术作为教育的手段，使终生教育在中国的每一个角落、每一个层面扎下根，并推广开来。他自己是这些主张的身体力行者，走到哪里，就在哪里开展教育，不拘形式灵活多变，他倡导在学校教育之外，实行各种形式的教育，对我国社会教育的发展产生了积极影响。

三、世界教育宝库里的一颗明珠

陶行知是现代终生教育的先驱。他的终生教育思想，不仅在中国教育思想史上，就是在世界教育思想史上，也是有突出的地位。长期以来，人们一般认为法国教育理论家保尔·郎格朗(Paul Lengrand)是现代终生教育的最早倡导者。认为“终生教育”这一概念是在他任联合国教科文组织秘书处成员时，于1965年召开的国际成人教育促进会议上所作题为《论终身教育》的报告里出现的，并认为“终生教育”的基本思想是在他于1970年出版的《终身教育引论》中首次阐发的。这种看法是不符合历史事实的。正如前面所述，陶行知早在20年代前后就已萌生了“终生教育”的思想，30年代已基本形成，40年代有了初步发展并已明确使用了“终生教育”的概念。他1945年发表的《全民教育》，原是一篇英文论著。在这篇英文论著中，“终生教育”被译为“Education for the whole life”意即“整个人生过程的教育”。这与今天通行的英文名词“life-long education”(“终生教育”)实际上就是一回事。陶行知的这篇《全民教育》的英文论著，由生活教育社刊行后，曾作为一份宣传材料，向西方有关民间援华组织和人士广为散发，其中的一个目的就是希望能得到国际友人的支持和赞助。由此可见，早在40年代中期，陶行知的“终生教育”思想就已开始传播到国外。郎格朗是否看过这篇英文论著，我们不得而知，但可以断定：陶行知对“终生教育”概念的使用和对这一思想的阐述，均早于郎格朗二十年左右的时间。如果说到其萌生，那就要早于郎格朗近半个世纪。当然，我们这样说，绝没有丝毫否认郎格朗的历史贡献的意思。事实上，郎格朗首次以专题论著的形式发表《终身教育引论》，系统论述“终生教育”理论，并利用他后来任联合国教科文组织终身教育科科长的身份，积极从事终身教育的理论指导和教育实践,使终身教育在60年代开始成为国际性的教育思潮,这都是值得后人称道的。我们的目的在于,澄清历史事实,把最早提出、阐述"终生教育"概念和思想的人与最早系统论述"终生教育"理论的人区别开来,分别确立他们在世界教育思想史上的历史地位。如果说,陶行知是世界上最早提出和阐述"终生教育"概念和思想的人,那么郎格朗就是第一个系统论述"终生教育"并使之开始成为国际性的教育思潮的人。他们都是世界终身教育思想发展史上具有里程碑意义的卓越人物。

当然,正如任何一种伟大的思想在提出之初都不可避免地存在某些不足一样,陶行知的终身教育思想自然也不是完美无缺的。从总体上看,陶行知还只是初步提出并阐述了"终生教育"的概念和思想,许多有价值的观点并没有充分展开,这就使得他的终身教育思想还没有一套比较严密完整的理论。之所以如此,这主要是由于近代中国是一个半殖民地半封建社会,现代的政治、经济、文化还未充分发育生长,历史赋予他那一代教育工作者的使命是以教育作为拯救民族危亡的武器,客观现实不允许让他有充分的时间去思考终身教育所有方面的问题,这是时代使然、环境使然,我们不能离开具体的历史条件和环境来对此加以苛求。列宁有句名言:"判断历史的功绩,不是根据历史活动家没有提供现代所要求的东西,而是根据他们比他们的前辈提供了新的东西。"[①]我们对待陶行知的终身教育思想,也应作如是观。

① 《评经济浪漫主义》,《列宁全集》第2卷,人民出版社1959年版,第150页。

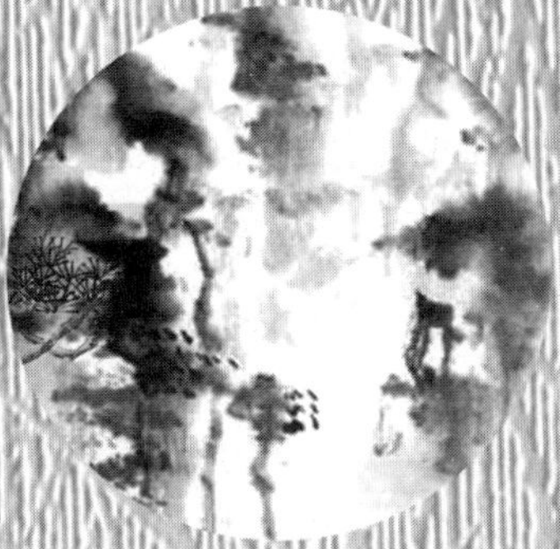

第四编

陶行知教育学说的评价与借鉴

陶行知是“五四”以后中国教育界最有影响的一位教育家。他毕生致力于中国教育生路的探索，对中国近现代教育的发展，作出了不朽贡献。他在长期的教育实践和革命活动中，坚持从中国的具体实际出发，通过批判地继承古今中外各种教育思想的精华和总结自己教育实践的经验，形成了一套颇有中国特色的较为完整的教育学说。

陶行知的教育学说，不仅在历史上起过积极作用，而且对我们今天的教育改革和实践仍具有重大的现实意义。陶行知强调教育与生活、学校与社会的密切联系，主张教育要为人民大众、为社会发展服务，力倡教学做合一，这有助于弥补学校教育容易出现的理论脱离实际的不足。他提倡尊重受教育者，把教育对象放在主体位置来对待，以民主精神处理师生关系和教学过程中的一系列问题，这些正是我们今天应该努力的方向和目标。他的民主教育、全民教育、全面教育和终身教育等具体主张，以及在儿童教育、女子教育、成人教育、乡村教育、师范教育、职业教育、高等教育、民族教育等方面的具体思想，对于我们发展教育事业具有启示意义。他提出的“教科农卫交携手”的教育发展模式和“政富教合一”的社会整体改革思想，以及他一切从国情和国力出发，正确对待外国和本国以前的经验的基本改革原则，等等，都同当前党中央关于教育体制改革决定的基本精神和有关措施相吻合，因此，完全应当把它们吸收到我们当前教育改革的理论和实践中来，使之在新的历史条件下得到坚持与发展。他所独创的生活教育理论，也为我们建设具有中国特色的社会主义教育学，提供了丰富的营养来源。总之，我们应该认真地学习陶行知，研究陶行知，继承陶行知，发展陶行知，使陶行知的思想、事业和精神得以发扬光大！

第十一章　陶行知在中国教育史上的作用和地位

陶行知穷毕生之力，寻觅中国教育的生路不辍；竭全身之智，探索符合中国国情的教育理论不止，对中国近现代教育的发展，作出了卓越的贡献。在长期的争取民主的实践活动和教育生涯中，陶行知筚路蓝缕，荟萃古今中外文化之精华，吸取诸家众流教育精蕴，形成了一套颇具中国特色的较为完整的教育理论体系，是中国教育的宝贵遗产，是中国近现代文化宝库中一颗璀璨的明珠。

第一节　对中国近现代教育的不朽贡献

“天行健，君子以自强不息。”在中国文化史、中国教育史上，古代便产生了能与苏格拉底、柏拉图、亚里士多德、卢梭等人比肩并立的教育家和哲学家，如孔子、孟子、荀子、朱熹、王阳明及颜元等。他们构建了精湛的教育思想体系，提出了博大的伦理化教育理论，对中国人的性格和智慧的形成，对中华民族宽容大度、自尊自信、爱好和平的气质，生生不已、蓬勃旺盛的创造力，和舟共济、齐心协力的凝聚力的形成，起到了奠基性作用，从而使华夏古树不息发新枝，使中华文化以独具特色的奇异风韵与魅力，永远屹立于世界民族之林。

然而，这些只是发生在遥远的古代。我们有光辉灿烂的过去，中华民族锻造了灿若群星，别有风采的古代知识分子群，他们的智慧使中华民族成为世界各国倾羡和仰慕的民族。但是近300年来，就在西方勇猛奋进的同时，一个残酷、无可辩驳的事实被推到中国人民面前——中华民族落伍了！但是，具有优良传统的中华民族，不会永远自甘落后、自暴自弃，它的英雄儿女继承和发扬勤劳勇敢精神，奋起拯救伟大的中华民族。一大批“先进的中国人”和优秀的知识分子，成为华夏新的黎明的伟大使者。就在中国教育走向现代化的历史转折点上，富于开辟、创新精神的教育家陶行知，这位近现代优秀知识分子的代表，他力图通过教育寻求使中华民族智慧之源泉永不枯竭，使中华民族的创造精神得以发扬光大。他为寻觅中国教育的曙光所作的艰苦努力，对于完成中国传统教育向现代化的创造性转换，起到了至关重要的作用。

一、为中国教育探寻到一条生路

陶行知以“为中国教育寻觅曙光，为中国教育探获生路”[①]为职志。他以为传统教育多限于“纸上作业”，与赵括谈兵异曲同工；教育如只是词汇的各种形式的组合、演绎，则永远不可能摆脱困惑，走出流沙。这种教育，或以“国粹”、“老八股”名之，或以“洋粹”、“新八股”称之。教育的改造正是要打倒老八股教育和新八股教育；教育的目的不再是制造书呆子、文凭迷和官僚绅士。

就受教育的对象而言，中国封建的传统教育，是小众教育。他在《生活教育之特质》一文中说：“少爷小姐有的是钱，大可以为读书而读书，这叫做小众教育。”[②]而广大劳苦大众受尽小众的压迫剥削，从来不给时间、金钱和机会思考一下生活、人生，有的却只教他们拼死拼活的生产做工，根本不可能受教育。总之，中国传统教育进入近代以后，不是走上了阳关道，而是走上了独木桥、死胡同。为了摆脱教育的困难，探寻到教育的生路，陶行知发表了向传统教育宣战并与之决裂的“宣言书”——《第一流的教育家》。他说：“想自立，想进步，就须胆量放大，将试验精神，向那未发明的新理贯射过去；不怕辛苦，不怕疲倦，不怕障碍，不怕失败，一心要把那教育的奥妙新理，一个个的发现出来……责任明白了，就放大胆量，单身匹马，大刀阔斧，做个边疆教育的先锋，把那边疆的门户，一扇一扇的都给它打开……总起来说，创造、开辟都要有胆量。在教育界，有胆量创造的人，即是创造的教育家；有胆量开辟的人，即是开辟的教育家，都是第一流的人物。”[③]当时

---

① 华中师范学院教育科学研究所主编：《为中国教育寻觅曙光》，《陶行知全集》第5卷，湖南教育出版社1985年版，第166页。

② 华中师范学院教育科学研究所主编：《生活教育之特质》，《陶行知全集》第3卷，湖南教育出版社1985年版，第26页。

③ 华中师范学院教育科学研究所主编：《第一流的教育家》，《陶行知全集》第1卷，湖南教育出版社1984年版，第113—114页。

教育界的名流、《时报·教育周刊·世界教育新思潮》主笔蒋梦麟说:"陶先生,你讲的一席话,我读了便觉精神提起来。这种话我久不听见了,可算是教育界福音。"[1]陶行知正是给中国教育界带来福音的教育家。

陶行知正是以他的"宣言书"中提倡的创造、开辟精神,探寻中国教育的生路的。陶行知与时俱进,探索不息。他呼唤出现"第一流教育家",他也按"第一流的教育家"设计自己。

陶行知对中国教育生路的探索,可简述如下:

第一,把学校教育与社会生活紧密结合起来,努力构建新的教育体系。

几千年来,中国的学校教育在官师合一、政教合一的重重襁褓中,不能动弹,失去了其主体性,使学校教育成为统治阶级得意的传声筒、独裁者的御用工具,奴才的训练基地,这些使得教育服务于社会、推动社会前进的功能,未能显现出来。陶行知继承五四新文化运动中新教育运动的成果,是"五四"时期改造传统的教育体制、教育理论和方法,介绍和引进西方教育理论、学校管理理论、教育实验理论这一波澜壮阔的新教育运动中的叱咤风云的人物。他将这一声势浩大的新文化运动比作"中国的文艺复兴",而他自己在其中担任的是"中国的教育复兴"的使者和主要发起人。

陶行知复兴中国教育的切入点,是官师合一、政教合一的传统学校教育的体制。他的总体思路是解开束缚学校的襁褓,为学校教育"松绑",砸碎学校的有形的或无形的围墙,将学校教育的范畴扩展到社会生活的最外延,使学校教育体制与社会生活的联系,从以前的"0"外化到与整个社会生活的变化、发展的节律完全重合或同步。这从陶行知创办的学校所开设的课程、教学的原则与方法、人才培养范式诸多方面,都不难体会出来。在加强学校与社会生活的联系的基础之上,陶行知在更广阔的层面上寻觅、构建新的教育体系。他将"社会即学校"扩而充之,摸到了构建新的教育体系的总体思路,即"生活即教育",要为教育"松绑",将教育的范畴推及社会生活的最外延,使新的教育体制与社会生活变化、发展完全一致,有什么样的生活,便有什么样的教育;有健康的生活,便有健康的教育;有前进的生活,便有前进的教育,使教育与生活结伴而行,俱进俱新,共存共荣。他毕生流

① 《时报·教育周刊·世界教育新思潮》第 9 号,1919 年 4 月 21 日。

离颠沛，奔走呼号，都是为了达其构建新的教育体系的目的。

第二，提倡并开展教育实验。

1919 年，陶行知发表《试验主义与新教育》一文，旗帜鲜明地提出：教育要有发明，发明必资乎试验。他反对在办教育上存在的五种弊端：一曰依赖天工，二曰沿袭陈法，三曰率任己意，四曰仪型他国，五曰偶尔尝试。他尤其反对仪型他国的拉“东洋车”和拉“西洋车”，也反对沿袭陈法搞陈腐封闭的老八股。他自己曾申说自己一生干了三件事，即：一，反对洋化教育；二，反对传统教育；三，在半封建半殖民地的国家争取建立自由平等的教育方法和为人民大众求解放的教育学说。综考陶行知所寻所负，他的自述与其实践，是完全一致的。

陶行知为反对“五种弊端”，完成“三件事”，开展了大量教育实验。从 1923 年辞去南京高师职务开始，直至 1946 年 7 月 25 日逝世，他先后创办过晓庄学校、自然学园、山海工学团、育才学校、社会大学等各种类型的学校及其他教育事业，都是试图从中国的实际出发所进行的创造性的“教育实验”。他批评按传统教育范式所办的学校说：“我们现在所有的学校，大概都是按着一定的格式办的，目的有规定、方法有规定。变通的余地既然很少，新理安能发现?”①因之在“实验出真理”思想指导下，他在极为艰难的环境中，进行了一系列卓有成绩的教育实验，为中国现代教育发展提供了十分宝贵的经验。

第三，推行普及教育，探寻全民族现代化的路径。

1935 年，陶行知根据世界教育发展趋势和中国的实际，制订了《中国普及教育方案商讨》，提出了普及教育的三个基本设想：“甲、整个民族现代化，不仅是学龄儿童及失学成人之普遍入学。乙、整个生活现代化，不仅是普遍识字或文盲之普遍消除。丙、整个寿命现代化，不仅是四个月、一年、二年、四年之义务教育。教育最重要的成就在使众人养成一种继续不断的共同求进的决心。”②欲求强，实现民族、生活、寿命的现代化，教育必须普及，全民族科学文化水平必须提高。他认为“教育是必须普及。但是老法

① 华中师范学院教育科学研究所主编：《实验教育的实施》，《陶行知全集》第 1 卷，湖南教育出版社 1984 年版，第 110 页。

② 华中师范学院教育科学研究所主编：《中国普及教育方案商讨》，《陶行知全集》第 2 卷，湖南教育出版社 1985 年版，第 804 页。

子决办不到，只好想新的法子来解决"[①]。采用新法子的要求和目的是"以最低费用，在短时间内，以最少的经费，实行免费的全民教育"。经过大量实验，他认为采用面向生活，结合生产劳动，即知即传、能者为师的办法，容易收到事半功倍之效。他设想义务教育运用识字的人教不识字的人，以成人教小孩，小孩教小孩，小孩教成人四种方式施行。如此回环交替进行，中国才能"保证川流不息的现代化"；人人"与时代俱进，才能做一个长久的现代人"[②]。

陶行知提出了普及教育的构想、原则和方法，并进行了大量实践，尽管他的目的远没有如愿以偿，尽管他的设想与社会有种种抵牾，但他普及教育的远见卓识，是符合教育发展节拍的，与全世界教育新思潮是一致的，值得重视。他普及教育的许多具体技术性方法，对于普及义务教育和扫除文盲，亦不乏现实意义。

陶行知以其"广博的知识"、"服务人民的热情"、"坚持到底的事业精神"，孜孜以求地探讨中国教育发展的道路，为中国人民的教育事业作出了卓越贡献。正如陆定一所言，陶行知"一生致力于救国事业、民主事业与教育事业，他在教育方面对人民的贡献，尤为巨大与不可磨灭"[③]。

二、创立了在中国教育思想史上占有重要地位的生活教育理论

中国古代，是以其文教勃兴、教育思想丰富繁茂著称于世的。但是，其总体特色是在"六经"之内做文章，或者"我注六经"，或者"六经注我"。自"六经"出，哲学家、教育家们阐述自己的教育思想，构建自己的教育思想体系，多囿于孔子定下的框架。虽渐次有墨、法、道、佛诸家教育思想与儒家分庭抗礼，但不久便或者消失于历史舞台，或者为儒、释、道合一思潮所同化。诚然，中国教育思想上虽然也出现过诸如李贽、何心隐等异端思想家，但在他们崭露头角之时，便殒命于统治者的刀斧之下。因此，中国纷繁的教育思想，只能看作是充分表达儒家政治伦理学说的教育思想；中国古代

① 华中师范学院教育科学研究所主编：《攻破普及教育之难关》，《陶行知全集》第2卷，湖南教育出版社1985年版，第782页。

② 华中师范学院教育科学研究所主编：《攻破普及教育之难关》，《陶行知全集》第2卷，湖南教育出版社1985年版，第783页。

③ 《悼人民教育家陶行知先生》，《解放日报》（延安），1946年8月12日。

丰富的哲学思想,已为学术界公认是儒家伦理哲学,其教育思想极而言之,可视为儒家的伦理教育思想。

到近现代,风气为之一变。中国传统教育受到了有史以来最强有力的对手——西方各种教育思潮的严峻挑战,传统的教育理想失落了,传统教育的价值体系崩溃了。一些贤哲拉“东洋车”,或“西洋车”,使东西方教育思想碰撞融合。他们为中国传统教育思想向现代教育思想转换,作了许多值得称道的努力。但是,由于他们多不问国情,或者说对中国国情的理解不无偏颇,在介绍、引进西方教育学说时,难免显得有些盲目。因而,西方的种种教育思潮在中国多成为一现昙花,充当了历史的匆匆过客。然而,陶行知则注意融汇古今中外教育思想,通过实验提出了生活教育理论,在教育界引起轩然大波。陶行知提出的生活教育理论,为中国教育改革提供了思想武器,也为我国教育思想的重新整合,提出了极有价值的思路。

陶行知创立的生活教育理论,是从半殖民地、半封建的中国国情出发,反对“沿袭陈法”的“老八股”和“仪型他国”的“洋八股”而提出的教育理论,生活教育反对以天理压迫人欲,反对通过礼教吃人,反对鄙弃儿童,反对施行死读书、读死书、读书死的教育。它的宗旨是为了提高全民族劳苦大众的文化科学水平,同大众实际生活紧密结合,为工农劳苦大众的翻身解放和民族解放服务。生活教育为生活所原有,为生活所自营,为生活所必需;无处无生活,便无处无教育;整个社会是人们生活的场所,同时又是人们受教育的场所,教育是人们生活中不可缺少的一部分,必须建立在生活之上。因而,他不是教人升官发财,做人上人,而是教人生活,具备生活能力、创造能力,做人中人。它提倡在劳力上劳心,反对离开劳力去劳心。生活教育理论与时代俱进,与生活俱进,在生活中不断丰富和完善,其特质是生活的、行动的、大众的、前进的、有历史联系的和世界的。

陶行知创立的生活教育学说,是从改革传统的教育方法开始的,渐次发展成为一个较完善的理论体系,他先提出以教学法代替教授法,其后进一步主张怎样学就怎样教,教的法子根据学的法子,学的法子根据做的法子。现代中国教育史上著名的教学法——教学做合一的教学方法论,就是这样形成的。教学做合一的方法论,是生活教育理论体系的基石之一。

生活教育理论的提出,引起了一场深刻革命。它要求教育必须紧密结合实际生活,提倡学生理论联系实际,到实际生活中去,到实践中去,使传统教育在这种新的教育理论面前“自惭形秽”，经过反思，重新组合。由于生活教育理论击中了传统教育的要害，提出了许多符合现代教育规律的主张，因此，至今仍有着强大的生命力，为当今教育改革的深化，提供了有益的理论借鉴。

三、培养了大批优秀人才

纵观陶行知一生的全部教育实践，不难发现他在极度困难的情况下，为中国人民的建设事业培养了一大批优秀人才。从南京晓庄师范到重庆社会大学，培养了数量众多、出类拔萃的人才。中国现代不少著名教育家是他的弟子，或者是聆听过他的教诲，或者是受过他的思想影响。读过他大量思想深邃、论述精到的教育论著，受他的伟大人格感召而走上教育工作岗位的，更是不计其数。

有人曾以晓庄师范为例，作过这样的统计：陶行知晓庄时期的学生在台湾的有 3 人，在国外的人数也不少；在国内的学生中有 90%参加了革命，为中国人民的解放事业作出了很大的贡献。他们中省部级以上的干部有几十人，地师级干部有上百人。还有许多在民主革命期间献出了宝贵的生命，仅在南京雨花台英勇就义的，就有 14 位烈士。

山海工学团在抗战爆发后暂时停辍，学员撤到上海，参加了抗日战争，其中不少人后来成为党的领导骨干。育才学校为抗战建国亦培养出一大批战士和新型的专门人才。据当事者回忆，“在解放前，育才学生连在重庆分校新老总共四百人左右，而到延安到各解放区和游击区的就占三分之一左右”①。在中美合作所牺牲的烈士达十多人。绘画组、艺术组、戏剧组的很多学生，成为新中国艺术园地的首批开拓者，其中不少人后来成为著名的音乐家、音乐指挥家、雕刻家、泥塑家、版画家及教授，还有一大批成为艺术教育家、作家和社会活动家。

由此可见，作为伟大的人民教育家陶行知，在国民党统治区白色恐怖的极度困难情形下，通过办教育事业，为中国革命和建设、中华民族的复兴，培养了大批有用之才。他为中华民族的解放事业和建设事业作出了卓

① 伍育人：《铁的事实，血的见证——从一份调查材料来看育才学校的性质》，《陶行知教育思想研究》第二辑，上海市陶行知教育思想研究会 1980 年 12 月编印。

越的贡献，永远名垂青史。

四、忠诚人民教育事业的光辉楷模

陶行知是一位当之无愧的伟大人民教育家、民主革命的战士。他为中华民族的解放事业和人民教育事业，鞠躬尽瘁，死而后已。他不仅给我们留下了一座现代中国教育的理论宝库，还给我们树立了忠诚人民教育事业的光辉楷模。他在教育实践活动中体现出来的崇高品德和高尚精神，正是我们教育工作者应当具备的基本素质。

陶行知作为一位伟大的人民教育家，其崇高品质和高尚精神，可以概括为如下四点：

第一，损己利人的高尚精神。陶行知本在高等学府执教，为民富国强，于1926年抛弃了大学教授的优裕生活，像洪水决了堤那样，向着平民阶层滚滚而来。他在当大学教授时，每月有300块大洋的薪俸，家里请佣工，老母亲能接到城里享享清福，“四个蟠桃”（即陶的四个儿子）也过上了“小贵族”的生活。可以肯定地说，如果他只顾个人升官发财，那么，不但可以保持高等地位，还可步步高升。可是，志在使中国平民都能接受教育的陶行知，心不在高官，志不在巨富，他先后以各种名义、理由辞却了武昌高等师范学校校长、河南和安徽的教育厅厅长等显赫官职，毫不犹豫地投向人民大众的怀抱，成为人民所敬爱的导师。

他鄙视“高等华人”的地位，自愿过着“不如老妈子”的生活。他走的是一条“步步下降”的生活之路。陶行知描述其“步步下降”道路说：“我回国时办大学，后来办中学，现在降级使用当小学校长，教小娃娃了。有人看到我的许多同学、同事和我的学生，因为善于趋炎附势，个个飞黄腾达，步步高升，不是面团团而为官商大亨，就是官至委员、部长、厅长，趾高气扬，别人也羡慕得很。说我没出息，才步步下降。”①陶行知“降”到哪儿去了呢？他自己说：“我是坚持为国家、为老百姓服务的精神，在任何情形下，就是只让我当一名小学校长，我也要贡献出一切力量来服务。”可见，他是“降”到了人民中间。促使他自觉地“步步下降”的动力，正是他的无私无畏、损己利人的为人民教育事业的献身精神。

---

① 戴伯韬：《陶行知的生平及其学说》，人民教育出版社1982年版，第118—119页。

第二，从实际出发的开辟创新精神。陶行知反对主观主义，也反对教条主义。他既不赶时髦去抄袭、照搬西方的教育，也不效靠苏联的教育，他是老老实实、脚踏实地地依据中国的具体情况，通过教育实验摸索经验，从实际出发去改革教育，并且通过改革教育去改造社会和征服自然。在他看来，发展中国教育必须从中国的实际出发，务必适合中国以农民占绝大多数的穷国的国情。他毕生在教育园地耕耘，在教育事业上探索、实践、创新与改革，最终形成生活教育理论体系。他的这种从实际出发的开辟创新精神，是留给我们的取之不尽、用之不竭的精神财富。

第三，"爱满天下"精心培育学生的园丁精神。陶行知疼爱学生，胜过他自己的亲生骨肉。他是天下少年儿童的慈父和真正的保护人。学生无资求学，他以笔润助其一臂之力；学生被捕，他尽力设法营救。他常以"爱满天下"自励，要把劳苦孩子培养成追求真理的小学生，自觉觉人的小先生，手脑双挥的小工人，反抗侵略的小战士，建邦立国的希望。陶行知的这种"爱"，是一种伟大而高尚的情感，而不是凡夫俗子的庸俗之爱。在生活上，陶行知给予学生无微不至的关怀，但在学习和治事上，又对他们要求一丝不苟。对学生的管理，其原则是：该自由的绝对自由，该严格的寸步不让。他在给育才全体同学的信中这样写道："孩子饿了要吃奶，但是母亲太瘦弱了，拧着奶头一滴两滴不再有，孩子哭了，母亲的心却是更难受呀！"育才困难时的陶行知，正是这样的一位母亲。有人劝他，一个人日夜操劳难以对付百多个嗷嗷待哺的嘴巴，规劝他不要抱着一块大石头游泳！他却情意深长地回答说："不！我是抱着爱人游泳哩！"对于学生，他首先是慈母。饿了，渴了，病倒了，或是受到别人的欺侮，都愿意找他，扑在他的怀里尽情倾诉。但对学生的道德要求，他是紧抓不放。如有同学损害了群众的一草一木，他就给以严厉的批评。他关心和爱护每一个学生，如同园丁一样，日夜为他们操劳。

第四，自觉觉人、严于解剖自己的自强精神。陶行知要求学生加强学习，保证川流不息地奔向现代化，他自己也曾准备用后半生精力来专攻一门科学。他认为这样才不致成为时代的落伍者。由于他勤奋钻研，他在诗歌、音乐、绘画、天文学等方面，有较深的造诣。他认为，只有先"学而不厌"，然后才能"诲人不倦"。这样才能带着学生去摘取现代文明的钥匙，去开启现代文明的宝库。

陶行知经常教育学生要服从真理，不可盲目崇拜权威。他开始信奉王阳明"知行"学说，把名字文濬更为知行。后来他发现王阳明把知识关系刚好搞颠倒了，又易名为行知。这说明他在实际中不断探索真理，善于自我批判，自我解剖，勇于改正自己的错误。再如，他早年曾受过"教育救国"论的影响，但中国社会发展的严酷的事实告诉他，只靠教育不仅救不了国，而且教育本身也难以自救。他抛弃了以前的错误观点，积极参加争取民主和自由的斗争，号召广大教师和青年学生和人民站在一起，去争取真正的民主，共同创造一个独立、自由、平等、富强的国家。

陶行知思想发展的历程，就是他自我解剖的进取的过程。正如他教导育才学校师生的那样："远征的战士，首先要有勇气对着自己的弱点开刀。"①他正是这样的一位襟怀坦荡、厚人薄己的远征战士。

第二节　陶行知与近代中国知识分子的道路

知识分子是以其精神产品换取报酬的脑力劳动者。它在任何阶级社会里都不作为单独的阶级存在，而是分别隶属于不同的阶级里的阶层。

古代社会由于社会物质财富的匮乏，不能给知识分子提供科技、学术、文化、艺术等方面活动的费用和报酬，他们很难完全凭借脑力劳动养家糊口。所以，那时的"士"——知识分子，多属于统治阶级中的一个阶层。除此而外，自食其力的知识分子，大多以塾师、医师等职业赖以谋生。这些没有委身投靠各级政府的知识分子，他们的环境恶劣，脑力劳动的条件十分艰苦，有"十儒九丐"之称，其社会地位可以想知。

鸦片战争后，直到五四新文化运动时期，由于帝国主义对中国主权和领土完整的威胁日益加剧，清廷又无力对付种种不测之变，中国知识分子作为一个整体和社会群体对国家问题的看法发生了根本转变，需要拯救的不再是儒家文化及其附属品——传统的政治制度，而是"中国"、"中华民族"这一实体。就在西方各种思潮涌进国门之时，知识界迅疾出现分化，形成各种派别，各自抱定自己的主义，开始寻求强国之路。

---

① 华中师范学院教育科学研究所主编:《从五周年看五十周年》,《陶行知全集》第3卷,湖南教育出版社1985年版,第510页。

一、近代中国知识分子的特定角色

国难当头，救亡为首务。知识界各自在设计救国方略。康、梁试图改变儒家学说，以接纳西学。而更多的知识分子由于直接受过西方文化教育或接受新思想影响，他们比康、梁更有民族主义和反帝思想，受传统的束缚也较小。为了变革求强，他们认为实行西化，哪怕要抛弃传统也在所不惜。他们认定，这是拯救中国的唯一路数。这一代学人所面临的选择，不是怎样引进西方思想，而是引进什么样的西方思想的问题。他们向往西方的民主政治，希冀借此反对和克服中国的专制和独裁。陈独秀认为儒家社会文化是导致中国衰亡的症结所在，是它倡导统治者实行专制主义和主张人民群众绝对服从的奴性，剥夺了个人的独立性。晏阳初认为中国民主根基很薄，但民主才是中国的出路；走民主之路犹如学骑自行车，跌跤是难免的，跌一二次跤后就上路了。路数种种，难以尽述。

陶行知在近代中国知识界扮演了一个什么角色呢？他在中国知识分子群中是中西文化教育理论的继承者和传播者。陶行知幼年生长在农村，家境清贫，使得陶行知饱经沧桑世故，深谙农家疾苦，多知鄙事。这决定了他代表知识分子的一部分，顽强地开辟"中国性、平民性"的文化教育路线。

从孩提时代开始，陶行知就在徽州这个文化名人辈出的地方，饱受中国传统文化的熏陶。徽籍的朱熹、江慎修、戴震等前贤哲人，给他以耳濡目染、潜移默化的影响。在这样一种特殊的文化氛围中，他很早就开始接受中国传统教育。同样在这里，他也受到了西方民主与科学的洗礼。他在徽州耶稣会主教英人唐进贤的崇一学堂，接触到了西方文化；在金陵大学学习时，他的数学、英文诸科成绩优异，名闻全校，而且在课余时间研究了基督教教义。

陶行知在美国留学期间，先学市政，进而转学教育。专业的转换，反映了改造社会思想的变化，由从政转而决心委身教育。他在伊利诺大学受到在那里上课的哥伦比亚大学教授考夫曼的影响较大。转入哥伦比亚大学师范学院以后，又受到著名教授杜威和孟禄的哲学思想、政治理论及教育思想的熏陶。这些决定了他在知识分子中扮演着一个特定角色。他试图通过教育来唤醒民众，以实现改造中国社会的宏愿。因此，他在从美国归国的旅途中，在轮船上和一些留学生交谈自己的抱负时，说他抱定"要使全国人民都有受教育的机会”的决心。自此以后，他就在教育园地辛勤地耕耘，朝着这个目标奋斗到最后一息。

从“五四”时期开始，中国知识分子对于“中国病”开出了种种处方，自信“药到病除”。胡适、陈序经等人主张“充分世界化”和“全盘西化”；与此同时主张文化“折衷”、“中国本位文化”的知识分子异军突起，随即知识分子之间展开了复古与反复古、非理性主义与理性主义之争。他们各是己是，攻人之非。陶行知与全盘西化派、文化复古派和文化折衷派有着明显不同。他认为“全盘西化”不合中国国情，将“文明国里的时髦物品，都装在东洋车里拉过来”的“仪型他国”的做法，叫我们这个古老和苦难的民族吃够了苦头。他在“回敬”胡适《秋柳答》的诗中，淋漓尽致地表达了这一思想。胡适《秋柳》诗云：“但见萧萧万叶摧，尚余垂柳拂人来。西风莫笑长条弱，待向西风舞一回。”陶行知以《秋柳答》抒怀，驳斥胡适道：“这是先生自写照，诬我献舞亦奇哉。君不见吾鞭但一指，任尔东风西风都滚开。”①

他不同于文化复古派与文化折衷派。复古派以为中国文化高踞万邦，故要“恢复中国固有的道德，这也就是修身、齐家、治国、平天下，忠孝、仁爱、信义、和平……的观念。”折衷派则离开物质生产奢谈“保存中国的优美文化”。陶行知则认为，西方文化不一定都好，中国文化不一定都坏。对中国文化的“缺点”、“窒塞”、“衰暗”之处，应当“补缀之”、“贯通之”、“改良之”、“光明之”，主张戒除不问国情照搬古人经验的食古不化的泥古态度，对“本国以前的经验，如有适用的，就保存他；如不适用，就除掉他。去与取，只问适不适，不问新和旧”②。所以，他认为复古与折衷都是不对的，应“以科学方法，揭国粹之真相”③。

在知识界，一大批知识分子的眼光集中到了教育上。即使如此，陶行知所走的也是特殊道路。在教育诸家中，晏阳初自在法为华工识字服务返国以后，开始时与陶行知在平民教育问题上有一些共识，并一度与陶行知

① 华中师范学院教育科学研究所主编：《秋柳答》，《陶行知全集》第 4 卷，湖南教育出版社 1985 年版，第 435—436 页。

② 华中师范学院教育科学研究所主编：《我们对于新学制草案应持之态度》，《陶行知全集》第 1 卷，湖南教育出版社 1984 年版，第 191 页。

③ 华中师范学院教育科学研究所主编：《民国十三年中国教育状况》，《陶行知全集》第 1 卷，湖南教育出版社 1984 年版，第 528 页。

一起为平民教育奔走呼号。但他的注意力更多地集中在成人教育和社会教育上面。梁漱溟在山东邹平进行了大量教育改革实验，摸索到了一套以儒家文化为指导进行乡村重建的路子。黄炎培试图以职业教育拯救凋零的社会经济，授予年青一代求职谋生的本领。陶行知与他们的路向不尽相同。他以学校教育为基地，力图将学校办成乡村改造的中心，将学生培养成乡村人民所敬爱的导师。儿童教育、成人教育以及终身教育在陶行知的教育思想中，都受到了重视。他曾说过，人的教育，“出生就算破蒙，进了棺材才算毕业”。但是，他不是顾此失彼，而是把儿童教育、成人教育、终身教育看作是一个环环相扣的过程，主张从幼儿教育抓起，实行普及义务教育，使他们从小便有动手的习惯，为文化素质、为职业教育做准备。这是他和其他教育家相比的独特之处。诚然，他后来创办重庆社会大学，由儿童教育推至成人教育，反映了他的思想发生了变化，但当时培养天才幼苗的育才学校依然是他经营的重点之一。

二、近代中国知识分子的演化轨迹

知识分子是人类社会生产发展到一定阶段的产物。中国古代社会由于生产力水准低下、生产规模的狭小及科学发展的缓慢，社会物质财富增长之慢，不能给从事科技、学术、文化、艺术等不直接创造物质财富的知识分子提供费用与报酬，以致知识分子陷入“十儒九丐”的可悲境地。于是，一大批知识分子跻身于统治集团，其余一部分以塾师、医师等职自食其力，终其一生。

1840 年鸦片战争以后，中国由封建社会一步一步地转变为半殖民地半封建的社会。在鸦片战争后的几十年内，西方资本主义国家由于科学技术的急剧进步和生产的迅速发展，知识分子的数量比以前扩大了许多倍，而中国却未曾因时局的变化和资本主义经济的产生而出现新型知识分子。传统的知识分子制造机器——科举制度仍在运转。大多数知识分子仍在一如既往地钟情于古代知识分子走过的老路，流连科举考试，醉心于一朝平步青云。同时还有一些睁着眼睛看世界的“先进的中国人”，他们虽属旧知识分子，但他们的行动和思想却深深打上了时代的烙印：他们具有高度的爱国热忱，为了救亡保种，奋力抵制外国殖民者的侵略，给中国社会增添活力——改革封建制度，他们又向西方寻求救国救民真理，推翻清朝反动统治,建成独立富强的国家——这是中国近代知识分子演化的第一阶段。

19世纪末爆发的戊戌维新运动,领导者便是知识分子。知识分子在维新运动的各个层面活动异常活跃。无论从这些知识分子的思想或是他们的言行来看,他们与上一阶段具有完全不同的特质,他们开始跳出封建士大夫的旧窠臼,带有资本主义倾向。知识分子发动和领导的维新变法,在中国思想文化发展史上,掀起了第一次资产阶级新文化同封建主义旧文化斗争的高潮,它启迪了人们向往民主,大兴西学。戊戌变法也是一场爱国运动,但它带有较大的局限。他们对旧政府仍有眷恋之情。他们依然寄望清政府实行自上而下的改革,没有号召人们起来推翻这个腐朽衰老、根本不代表人民的封建王朝。维新运动中的知识分子,带有新旧知识分子交替时期的某些特征,在他们身上表现出新旧混杂的复杂情形。维新运动失败了,许多知识分子被捕杀,但受维新运动启迪所产生的向往民主熟知西学的新型知识分子,却如雨后春笋一般产生。维新运动中的绝大多数改革措施,多退缩回去了,但留下的唯一纪念品——京师大学堂——代表着文化发展的方向,成为进入20世纪后兴办各式新学堂的旗帜。各类新式学堂的兴办和出国留学成为一时风尚,新式知识分子大量产生。在封建知识分子制造器中产生的旧知识分子,数量渐次减少,新知识分子形成壮观的阵容,成为不可阻挡之势。

新式知识分子涉足社会,立即以其敏锐的政治嗅觉,感受到帝国主义和封建势力的压迫,因而特别富于爱国激情,他们对于自己的祖国遭受凌辱和贫穷落后的处境,由忧虑变为改变这一处境的迫切要求。随着帝国主义分割中国的危机日益逼近,对清政府变法维新之希望完全破灭,他们深感亡国之祸迫在眉睫,便由改变国家遭受凌辱与贫穷落后处境的迫切要求,变成了推翻清朝专制统治的伟大革命——这是近代中国知识分子演进的第二阶段。

辛亥革命后,民族灾难与日俱深。各种社会矛盾纠集在一起,终于成为五四运动的导火索。知识分子面临着整个民族的生存危机,在民族解放与个性解放之间,他们自觉地加重了前者的砝码。他们普遍有一种“以天下为己任”的忧患意识,正直、有良知者在那种文化氛围中,很难在时代的使命面前无动于衷,也很难心平气和地从纯粹的求知欲望出发去著书立说，而是很明显地带有某种目的和功利要求。他们中更多的是出于救国救民的需要，大声疾呼中国需要个人的觉醒。

围绕着救国救民问题，“五四”知识分子前后开展了几次文化论争，复古主义文化思想受到了批判，科学与民主思想在文化教育领域得到较为广泛的传播，还直接推动了人格教育思潮、职业教育思潮及平民教育思潮等在中国的发展。在文化论争中，曾出现过中西文化优劣的讨论，有的还提出了一些贻笑大方的口号或者是绝对化的理论，显示出他们对于西方文化知之甚少，或是带有“本位文化”优于西方文化的文化定势的心态。见怪不怪，当时甚至有的误信西方文化与人类文化同类，不辨西方文化亦有其民族性局限。这场文化讨论与论争的种种局限，使得五四时期的先进人物和先进的知识分子在如何对待中国文化传统、如何对待外来文化方面，未能产生共识，因而也难以提出正确的意见和方案。这种难堪僵持的局面，使一些先进的知识分子对于唇枪舌剑、纸上作业、空谈义理，感到乏味。他们纷纷走向实际，走向乡村，深入社会去探求解决社会问题的答案。譬如，晏阳初从 1924 年到 1929 年，以长达 5 年的时间深入乡村调查，然后携其美国妻子雅丽及几个孩子来到河北定县，进行中国社会改革试验；陶行知举家来到南京郊外晓庄定居，进行中国社会改造、中国教育改造的实验。还有知识分子中出现的“博士下乡”等，都反映出中国现代先进的知识分子以其敏感睿智和吃苦耐劳的精神，深入实际，深入基层，去探讨、实验中国社会改革新路向的新动向。

五四运动对中国社会产生了深刻且久远的影响，使知识分子的性格与人格根据时代的要求进行了重塑。他们的自我需要比社会各个层面成员更高，既包含着个人的功利性需求，也蕴含着非功利的欲望——对真理的渴望和追求成为其自我需求的核心内容。同时，他们更富有勇气和胆量承担自己良知选择所必然产生的社会责任。譬如，陶行知以一介知识分子，为争取和平、民主和自由，将功名利禄乃至生命全抛到九霄云外，表现出一位有良心的知识分子的大无畏气慨和执着的追求。他立足于自己的教育本职，不附着于任何政治集团，维持着自己的独立身份；他虽不直接从政，但对现实政治有着严肃而深切的关注，时刻保持着清醒的、冷静的社会批判态度。

五四运动对于近现代知识分子演化与发展，功绩卓著，它突出地强调了知识分子的时代使命感,要求知识分子树立批判精神。五四运动以后许多知识分子的活动与学术探讨,多是继续五四新文化运动中知识分子未解决的问题和未能做完的课题。陶行知在政治、文化、外交、教育等方面的活动,显然是"五四"时未完成的推行科学与民主事业的继续。

三、陶行知——现代中国知识分子的杰出典范

综观陶行知毕生思想发展及其实践活动,他走的是一条现代中国知识分子所历经的曲折道路。他在几十年的教育生涯中,为提高国民素质所付出的巨大努力,为探寻符合中国国情的教育理论、体系而在教坛进行的辛勤耕耘;为实现科学与民主的伟大理想而作出的不懈斗争,将他自己铸塑成一尊伟大的人民教育家的光辉形象,成为现代中国知识分子的杰出典范。

(一)现代中国的一位伟大的爱国主义者。

作为教育名家的陶行知,虽然不是我们意念中奋战疆场的杰出抗倭英雄,也不是浴血前线的反帝兵士,但是,陶行知就在他平凡的教育生涯中,干出了惊天地泣鬼神的事业,为中国人民的解放事业立下了不朽的功勋。

幼时家境清贫,陶行知便经常参加体力劳动,养成了热爱劳动人民的品质。在歙县崇一学堂学习时,他就立下了"我是一个中国人,要为中国作出一些贡献"的宏大志向。进杭州广济医学堂学习时,因学校歧视非基督徒的学生,刺伤了他的爱国之心,遂一气之下愤而退学。辛亥革命爆发后,陶行知正在金陵大学文科学习,他闻得辛亥炮声,深感中国振兴有望,积极参加辛亥革命徽州地方起义和学校中的革命活动,宣传爱国思想,发动同学募爱国捐。

1914 年,陶行知赴美留学。其间,他时时系念祖国。由于报国心切,修业年限刚满,便踏上了归程。他后来对留学生活反思说:"我本来是一个中国的平民。无奈十几年的学校生活,渐渐的把我向外国的贵族的方向转移。"又说:"好在我的中国性、平民性是很丰富的。我的同事都说我是一个'最中国'的留学生。经过一番觉悟,我就像黄河决了堤,向那中国的平民的路上奔流回来了。"①

---

① 华中师范学院教育科学研究所主编:《创造一个四通八达的社会》,《陶行知全集》第 5 卷,湖南教育出版社 1985 年版,第 55 页。

归国后,为探索救国救民的道路,陶行知放弃了一切“功名利禄”,把自己的一切维系在民族解放事业上。九一八事变后,中国民族危机加深,他自觉地把教育与爱国的民族解放斗争结合于一体,积极投身并呼吁全社会行动起来,参与抗日救亡斗争。1936年5月,陶行知与宋庆龄、何香凝、沈钧儒、邹韬奋等在上海发起成立“全国各界救国联合会”,在“救国会”做了大量的工作。同年7月,他受该会的重托,以国民外交使节的身份出国,宣传中国人民抗日救国主张,动员海外侨胞支持中国人民的抗日斗争。当他闻悉“七君子”被国民党政府以“危害民国罪”逮捕,他立即动员杜威、爱因斯坦、罗素等著名学者致电蒋介石,营救抗日救国的斗士。七七抗战以后,他举办抗战教育与国难教育,不遗余力动员全国一切力量共赴国难。抗日战争以后,不怕乌黑的枪口对着自己的胸膛,领导人民起来反对内战,反对法西斯独裁统治和国民党政府反人民的内战政策,以战斗的姿态迎接独立、和平、民主、光明的中国的到来。陶行知的实践活动,是一位爱国知识分子的缩影。

(二)致力于提高民主素质的人民教育家。

1917年,陶行知在归国的轮船上就曾对同行的留学生们讲,他自己一生最大的愿望就是“要使全国人民都有受教育的机会”。他毕生的教育实践说明,他忠实地履行了自己的诺言。为实现这一宏愿,陶行知走出了高等学府的深深庭院,于1923年和朱其慧、王伯秋等组织平民教育促进会,以爱国为民的精神,奔走呼号于河北、北京、河南、内蒙古、江苏、浙江、安徽、山东、江西和湖北等十多个省市,足迹遍及大江南北、长城内外。他的劳苦奔波,取得了显著效果。他在《平民教育概论》中信心百倍地说,平民教育自1923年“十月开始推行,离现在为时不过九个月,已推行到二十省区,读本会《平民千字课》的人民已有五十万人”①。为提高幅员辽阔、贫苦落后民族人民的文化素质,他摸索到了许多符合国情的穷办法,如“小先生制”、“即知即传”等,为我们在一个一穷二白的国家推行普及义务教育提供了良多借鉴,比起那些“少了洋马桶就拉不出屎”的教育家所提出的洋化教育理论来,陶行知的教育思想、教育原则和方法,则更便于在中国推行,并

---

① 华中师范学院教育科学研究所主编:《平民教育概论》,《陶行知全集》第1卷,湖南教育出版社1984年版,第489页。

产生绩效。

陶行知亡命日本返国后，思想发生了很大转变。他召集晓庄同人编辑《儿童科学丛书》，自己亲自撰稿，致力于科学普及事业，要叫全国人民呼吸到现代科学的空气，思考现代问题，就是拾煤碴子的儿童、在锅台边转的老妈子也不例外。他的这一思想是前一时期教育思想的延续，是五四新文化运动中科学与民主思想的继承和发展。为了普及科学技术知识，陶行知带领儿童"玩科学的把戏"。他的思想和教育实践的发展，与时代的脉搏、人民的需求息息相关。他时时刻刻站在时代的前沿，将时代的预示与要求及时地变成自己的行动。

陶行知毕生的教育实践活动说明，他是一位全心全意为劳苦大众，为提高全民文化素质奋斗不息，不断追求真理、追求光明和进步的伟大人民教育家。

(三)教育理论的探索者。

陶行知数十年如一日，一刻不脱离教育工作和办学实践，通过开展教育运动和教学活动及教育改造实验，认真总结教育工作的经验，创造性地提出了生活教育理论，丰富了中国现代教育理论宝库，是中国教育理论宝库中的一颗璀璨的珍珠。

早在1928年，陶行知就以磅礴的气势，写出了一篇题为《"伪知识"阶级》的文章，提出为文须贵自得，反对无经验、无实践、无实验而空喊口号。他自己曾留学美国，深知教育经验与实验对于教育原理发明和发现的重要作用，归国后他一面开展教育实验，深入探讨教育发展的规律，一面宣传教育实验的重要性和总结教育实验的经验教训。在他看来，中国数千年以文教兴邦立国，以文明古国著称于世，但教育理论对于人类文明史贡献甚少，而西方进步极为敏捷，贡献颇大，关键原因是中国满足于"格物致知"，格物不成，转而格心，严重缺乏实验精神，而欧美的进步则"以有试验方法故"。他指出："欲教育之刷新，非实行试验方法不为功。"[①]他还断言："非试验的教育方法，不足以达救国之目的也。"[②]中国教育要进步，经济要腾飞，教育

---

① 华中师范学院教育科学研究所主编：《试验主义之教育方法》，《陶行知全集》第1卷，湖南教育出版社1984年版，第62页。

② 华中师范学院教育科学研究所主编：《试验主义之教育方法》，《陶行知全集》第1卷，湖南教育出版社1984年版，第62页。

界必须闯出“急起直追以试验自矢者”。自1927年3月15日他创办的第一所实验学校——晓庄试验乡村师范开学，一直到他生命的最后一息，他始终寄身于教育实验，试图探得教育之新知，并“将试验结果随时介绍全国，俾多数之学校可以共向此途进展”①。

陶行知所进行的教育实验，大体可以归纳为四个类型：晓庄师范学校、山海工学团、育才学校和社会大学。这与其说是四个不同类型的教学组织形式，毋宁说是他的“生活教育”理论的四个实验基地，是他研究和发明生活教育理论的“实验室”。正如他所言：“有试验的精神，然后对于教育问题，才有彻底的解决；对于教育原理，才有充量的发现。”②他对教育过程中的每一难题，对教育理论的每一贡献，都可以说得益于教育实验。他的教育思想的形成和发展，无不来源于教育实验，与他创办的四种类型的教学组织形式，有着极为密切的关系。

陶行知是现代爱国知识分子的光辉典范，又是反对“洋化教育”、“传统教育”的旗手③。之所以被全社会一致肯定“在教育方面对人民的贡献尤为巨大与不可磨灭”④，主要是因为他对教育理论的研究和探索，不是脱离教育实际去搞书斋式的阐发和研究，而是时刻“泡”在教育调查和教育实验中，从中觅得教育自身发展的规律，提出真知灼见。他每出一论，皆不同凡响，其原因就在于此。他给我们留下的500余万言诗文，记录了他的希望、追求、理想、战斗的历程，是他对教育理论探索的足迹。500余万言宏文，字字珠玑，闪耀着伟大的爱国主义的光辉，宇里行间洋溢着一位民主斗士为中华民族的繁荣富强百折不挠的斗争精神；500余万言连缀而成为具有中国特色的教育理论，记录着一位人民教育家为中国新教育寻寻觅觅所作的巨大努力。正如张劲夫所言：《陶行知全集》数百万言，是陶行知教育探索的结晶，是具有历史价值和科学价值的重要文献，是中国近代教育史上的一座宝库，是我们优秀的民族文化遗产之一⑤。

---

① 华中师范学院教育科学研究所主编：《中华教育改进社十四年度之进行方针》，《陶行知全集》第3卷，湖南教育出版社1985年版，第673页。

② 华中师范学院教育科学研究所主编：《在孟禄与中国教育界同人饯别会上的讲话》，《陶行知全集》第1卷，湖南教育出版社1984年版，第173页。

③ 林伯渠：《向陶行知先生学习》，延安《解放日报》，1946年8月11日。

④ 《陆定一同志代表中共中央所致的悼词》，延安《解放日报》，1946年8月12日。

⑤ 张劲夫：《中国近代教育史上的一座宝库》，《行知研究》1986年第2期。

今天，我们学习和研究陶行知的教育思想，对于我们学习他勇于革新、勇于创造、损己利人、乐育青年的伟大人格，抛弃陈腐的教育范式，促进教育科学研究、教育体制改革和生产力的发展，有着极大的现实意义和深远的历史意义。

第十二章　陶行知教育学说的现实意义

陶行知在半个多世纪以前创立的生活教育学说，不仅对我国新民主主义的革命教育发挥过积极的历史作用，而且对于今天我国社会主义教育事业的发展，仍有重要的现实意义。我们应该珍惜这份宝贵的教育遗产，充分发掘其合理因素，为建立具有中国特色的社会主义教育体系服务。

第一节　生活教育是我国社会主义教育理论体系的重要营养来源

建立具有中国特色的社会主义教育理论体系，是目前我国教育事业改革与发展的迫切需要。要建立这样一个教育理论体系，除了要总结1949年以来发展教育事业的新鲜经验以外，还必须从中外古今教育家的思想中去吸取营养，而陶行知的生活教育学说，无疑地应作为重要的营养来源。

作为一种与现代社会生活相适应的教育理论，生活教育在许多方面都反映了教育发展的客观规律，蕴含着不少合理因素，它的现代大教育观、主体教育论、生活课程论、实践教学法和终身教育论等，为我国社会主义教育理论体系提供了丰富的思想养分。

一、“生活即教育、社会即学校”——现代大教育观

生活教育的基本主张是“生活即教育，社会即学校”，认为生活含有教育的意义和作用，教育应以生活为中心，通过生活来进行，生活决定教育，教育改造生活，整个的生活要有整个的教育，而且，“到处是生活，即到处是教育；整个的社会是生活的场所，亦即教育之场所”①。主张冲破学校与社会之间的“高墙”，把学校的一切伸延到大社会乃至大自然中去，促进“封闭

① 华中师范学院教育科学研究所主编：《生活教育》，《陶行知全集》第2卷，湖南教育出版社1985年版，第631页。

式”的教育逐步向“开放式”的教育转变，使学校与社会、教育与生活密切结合，培养真正适合社会需要的各种人才，让教育真正成为推动社会进步的力量。这种把教育深深植根于整个人类社会生活的教育观，无疑是对传统的把教育与学校完全等同的“小教育观”的彻底否定。它是一种与现代社会生活相适应并为之服务的新型的现代大教育观。这种教育观，从横向上看，打通了学校教育与家庭教育、社会教育，使社会成为一所新型的“大学校”。从纵向上看，将个体受教育的时限从短暂的学校教育阶段延展到个体的终生，主张个体的生活教育就是个体的终身教育，其核心是社会化的教育和终身化的教育，而这两点正是现代大教育的基本特征。我们认为，在建立具有中国特色的社会主义教育理论体系时，应该充分地吸取和发展陶行知“生活即教育、社会即学校”的现代大教育观。

二、培养“真善美的活人”——主体教育论

针对传统教育的弊端，陶行知从反帝反封建、争取民族解放国家富强的总任务出发，把社会发展的客观需要与受教育者的特点结合起来，把社会发展与人的发展统一起来，提出了培养“真善美的活人”这一主张。培养“真善美的活人”，包含有两层涵义：一是受教育者在德、智、体、美、劳几方面的和谐发展，用陶行知的话说，要做一个“真善美的活人”必须具有“康健的体魄、农夫的身手、科学的头脑、艺术的兴趣和改造社会的精神”；一是具有主体意识、独立个性、开拓精神和创造才能的“活人”。为了培养这种“真善美的活人”，他非常重视受教育者在教育中的主体地位和作用，重视学生的个性全面发展，潜能的充分发挥和主体性的提高，强调“心、脑、手并用。学政治、学经济、学文化相结合。健康、科学、劳动、艺术及民主将构成和谐的生活”①。由此可见，培养“真善美的活人”，既是陶行知生活教育学说的教育目的论，又是一种具有现代理论特质的“主体教育论”，是一种以人为中心的、民主的、全面的教育。它符合弘扬人的主体性、提高人的素质的现代教育的发展趋势，可以为具有中国特色的社会主义教育理论体系提供有益的思想营养。

---

① 华中师范学院教育科学研究所主编：《全民教育》，《陶行知全集》第3卷，湖南教育出版社1985年版，第554页。

三、“教育以生活为中心”——生活课程论

传统教育以文字和书本为中心内容，这些文字和书本主要记载寓剥削阶级统治术于其中的社会历史知识、圣人之言和祖先遗教之类的剥削阶级意识形态以及相应的文化知识，绝少有科学的内容和与生产有联系的内容，严重脱离人民大众的社会生活实际，旨在培养统治集团所需要的统治人才和驯服的民众。陶行知有鉴于此，针锋相对地提出了“教育以生活为中心”的主张，认为生活的一切方面都应成为教育的内容。说得更明确一些，人民大众改造社会、征服自然的一切方面都是教育的内容。“过什么生活，便是受什么教育”，“要想受什么教育，便须过什么生活”①。教育内容必须根据社会生活的需要来安排。他把社会生活划分为健康的、劳动的、科学的、艺术的和改造社会的五方面，并相应提出康健的、劳动的、科学的、艺术的和改造社会的五种教育内容。他并不一概否定文字和书本的作用，但他认为文字和书本只是工具，是人们社会生活实践的工具。工具是给人用的，文字和书本也是给人用的。所以，他主张“用书”而不主张“读书”，反对“读死书、死读书、读书死”。陶行知的这种独特的“生活课程论”，固然容易忽视知识的逻辑顺序，产生某些负面效应，但它对于纠正传统教育只重文字和书本不重社会生活实际的严重弊病，加强教育与生活的联系，使教育更好地满足社会需要，是有重要的积极作用的。目前，因受传统教育思想的影响较深，我们现在的课程论还有浓厚的书本中心的倾向，忽视生活的教育作用，忽视在生活中进行教育，忽视教育与生活的内在联系，陶行知的“生活课程论”正可弥补其不足，使之逐步合理而科学。

四、“教学做合一”——实践教学法

“教学做合一”是陶行知生活教育的教学论。陶行知认为，传统教育方法将教、学、做分作三项不同的事情是不对的，教学做不是三件事，而是一件事。他以“做”为中心，把教与学统一起来，主张“教的方法根据学的方法；学的方法根据做的方法。事怎样做便怎样学，怎样学便怎样教。教与

① 华中师范学院教育科学研究所主编：《生活教育》，《陶行知全集》第2卷，湖南教育出版社1985年版，第634页。

学都以做为中心。在做上教的是先生，要做上学的是学生”[①]。先生拿做来教，乃是真教；学生拿做来学，乃是真学。教与学不能分离开来。他还指出，这种“做”不同于狭义的“做”，而是“包涵广泛意味的生活实践的意思”[②]，是人类生活中一切有意义的活动。具体说来，“做是发明，是创造，是实验，是建设，是生产，是破坏，是奋斗，是探寻出路”，还包括文艺等精神活动[③]。

这种“做”也不是盲行盲动，而是在劳力上劳心。它具有行动、思想、新价值的产生三个特征。在他看来，这种“做”不排斥传统的讲授、谈话、练习、考试等方法，它只要求将这些具体方法统一在实践上，要求教与学都要与实践相结合，从实践中去追求真知识。

“教学做合一”的目的在于培养在劳力上劳心、手脑双挥的人，它克服了传统教育重教而不重学、重知而不重行、重教师主导作用而忽视学生主体作用的不足，有助于加强教与学的结合，学与用的结合，教育与生产劳动的结合，劳力与劳心的结合，知识分子与工农群众的结合，理论与实际的结合，促进人的智力、体力和谐发展。可以断言，这种“实践教学法”将会极大地丰富我们现有的教学论思想，将教学论发展到一个崭新的阶段。

五、“教育与人生为始终”——终身教育论

传统教育将人生划分为彼此分离毫不相关的三个阶段，即学龄前、学龄中和学龄后，而且它在学龄中（即通常所谓的学校教育阶段），又有初、中、高阶段的划分，每一阶段皆有毕业的时期，逐级上升。

这实际上将人生抛开了一大半，严重忽略了入学前和离校后的学习和再学习的问题。换句话说，即重视学校教育，忽视学前教育和成人教育。这种教育的主要弊端是严重的形式化和划一化，脱离人民大众的实际社会生活，难以适应现代社会发展的需要。

---

① 华中师范学院教育科学研究所主编：《教学做合一下之教科书》，《陶行知全集》第2卷，湖南教育出版社1985年版，第289页。

② 华中师范学院教育科学研究所主编：《教育生活漫忆》，《陶行知全集》第3卷，湖南教育出版社1985年版，第623页。

③ 华中师范学院教育科学研究所主编：《教学做合一下之教科书》，《陶行知全集》第2卷，湖南教育出版社1985年版，第289—290页。

陶行知批评这种单一的教育制度是“短命的教育”。在他看来，教育不是在学校教育结束后就算完事的。它应贯穿于人生的全过程，包括贯穿于人的一生不同阶段的学前、小学、中学、大学以及继续教育等，应是一种“整个寿命的教育”①。他从“生活教育”的观点出发，认为“生活即教育”，生活与教育是同一过程，人生有多久，教育也应有多久，教育“差不多从出世到老，与人生为始终”②。他说：“生活教育与生俱来，与生同去。出世便是破蒙，进棺材才算毕业。”③又说：“教育最重要的成就在使众人养成一种继续不断的共同求进的决心。我们要对众人养成的态度是：活到老；做到老；学到老。”④只有推行“终生教育。培养求知欲。学习为生活；生活为学习。只要活着就要学习”⑤，“与时代俱进，才能做一个长久的现代人”⑥。

值得注意的是，陶行知“教育与人生为始终”的思想，早在20世纪20年代前后就提出来了，这比现在人们公认的世界上最早一位提出终身教育思想的人——法国教育理论家保尔·郎格朗(Paul lengrand)要早40多年！我们完全可以说，陶行知是现代终身教育理论的先驱。他的终身教育思想，不仅在中国教育思想史上，而且在世界教育思想史上，都占有突出的地位，是对世界教育理论发展的划时代的贡献，值得我们很好地学习和借鉴。

当然，以上所述只是陶行知教育学说的一部分精华，还不能完全反映其全貌。要建立具有中国特色的社会主义教育理论体系，尚需要对陶行知教育学说进行更为深入地发掘和探讨。

---

①　华中师范学院教育科学研究所主编：《普及教育》，《陶行知全集》第2卷，湖南教育出版社1985年版，第762页。

②　华中师范学院教育科学研究所主编：《新教育》，《陶行知全集》第1卷，湖南教育出版社1984年版，第126页。

③　华中师范学院教育科学研究所主编：《生活教育》，《陶行知全集》第2卷，湖南教育出版社1985年版，第634页。

④　华中师范学院教育科学研究所主编：《中国普及教育方案商讨》，《陶行知全集》第2卷，湖南教育出版社1985年版，第804页。

⑤　华中师范学院教育科学研究所主编：《全民教育》，《陶行知全集》第3卷，湖南教育出版社1985年版，第554页。

⑥　华中师范学院教育科学研究所主编：《攻破普及教育之难关》，《陶行知全集》第2卷，湖南教育出版社1985年版，第782页。

第二节 生活教育能为当前教育改革提供有益的理论借鉴

陶行知教育学说不同于许多一般教育家的理论之处，在于它在本质上是一种实践（行动）的教育学说，具有很强的操作性。它不仅在理论方面具有现实意义，更重要的是，它在实践方面具有现实意义。它既是具有中国特色的社会主义教育理论体系的重要营养来源，又能为当前我国的教育改革与发展提供有益的理论借鉴。我们认为，为了搞好我国的教育改革与发展，我们在坚持以马克思主义教育思想为指导原则的同时，还应充分学习和借鉴陶行知的生活教育理论和实践。具体说来，陶行知教育学说的以下几个方面尤其值得重视和吸取。

一、借鉴陶行知“教育立国”的思想，充分认识到教育在社会主义现代化建设中的地位和作用

陶行知一贯重视教育的地位和作用。早在金陵大学时期，他就在其大学毕业论文《共和精义》中系统阐明了教育与建设共和国家的关系：“人民贫，非教育莫与富之；人民愚，非教育莫与智之；党见，非教育不除；精忠，非教育不出……教育实建设共和最要之手续，舍教育则共和之险不可避，共和之国不可建，即建亦必终归于劣败。”①留学美国期间，他在1916年2月16日致哥伦比亚大学师范学院院长J. E. 罗素的信中也表明：“我坚信没有真正的公共教育就不可能有真正的共和国。”②回国后不久，1918年10月，他就在南京高师教育研究会上指出：“夫国之盛衰，视乎教育。”③1921年10月，他在《师范教育之新趋势》一文中，明确地提出“教育是立国的根本”这一观点④，把教育的地位和作用提到一个空前的高度来认识。1925年

① 华中师范学院教育科学研究所主编：《共和精义》，《陶行知全集》第1卷，湖南教育出版社1984年版，第51页。

② 参见周洪宇译：《陶行知致J. E. 罗素函》，载南京大学《高教研究与探索》1991年第2期，第70页。

③ 华中师范学院教育科学研究所主编：《在南京高师教育研究会上的演讲》，《陶行知全集》第1卷，湖南教育出版社1984年版，第74页。

④ 华中师范学院教育科学研究所主编：《师范教育之新趋势》，《陶行知全集》第1卷，湖南教育出版社1984年版，第166页。

8月，他在中华教育改进社第四届年会上讨论中国教育政策时指出："国家运用教育以达立国之目的。"[①]特别值得注意的是，他在1926年11月演讲"我们的信条"时，公开宣布"我们深信教育是国家万年根本大计"[②]。这些都充分反映出他对教育在国家发展中的地位和作用极为重视。

我们今天正在进行着一场前无古人的伟大事业。要搞好社会主义现代化建设，就必须充分认识到教育的地位和作用。在这方面，陶行知不仅以他的远见卓识给我们以启迪，还以他的不懈努力给我们以表率。我们要学习和借鉴陶行知的"教育立国"思想，牢牢树立"社会主义建设必须依靠教育"的观念，采取切实措施（如增加教育经费、提高教师政治经济地位等），保障教育在社会主义现代化建设中的战略地位。

二、借鉴陶行知"生活即教育"思想，使教育与社会生活更加紧密地结合起来

陶行知的"生活即教育"思想，强调生活与教育的一致性，认为生活含有教育的意义和作用，教育应以生活为中心，通过生活来进行，教育决定于生活又反过来促进生活的发展，主张教育要与社会生活相联系，教育要与生产劳动相结合，教育要为人民大众服务。这种思想在实质上与马克思主义教育思想是一致的。从某种意义上说，它属于马克思主义教育思想的范畴。它的思想内核，已被党的教育理论所吸收，并融合和体现在党的一系列方针政策之中，成为党的教育理论的一个重要组成部分。

"生活即教育"思想启示我们，教育必须为社会主义建设服务，为人民大众过进步的物质文化和精神文化生活服务。因此，任何脱离社会主义建设实际，脱离人民大众物质文化、精神文化生活需要的教育，都在改革之列。

社会主义教育事业的改革与发展，首先必须与社会主义经济建设（或曰"物质文明建设"）的需要相适应。根据其需要，改革旧的教育体制、教育结构、教育思想、教育内容、教育方法等，中心是围绕着一个怎样适应社会

---

① 华中师范学院教育科学研究所主编：《中国教育政策之商榷》，《陶行知全集》第1卷，湖南教育出版社1984年版，第555页。

② 华中师范学院教育科学研究所主编：《我们的信条》，《陶行知全集》第1卷，湖南教育出版社1984年版，第651页。

主义建设需要去培养合格人才的问题。目前，教育工作中存在的突出问题是：高等教育缺乏严密的计划，培养出来的人，在适应两个文明建设方面还存在着某些学用不能一致的问题；中等教育结构单一，中等技术学校和职业教育长期被忽视，普通中学的学生学与用脱节；初等教育尚未普及，文盲还不少；等等。凡此种种，都是教育与生活严重脱节的现象。当然，这些问题的存在和产生的原因是多方面的，但其中很重要的一点，就是我们过去对教育与生活的关系认识不足，从而导致教育与生活、学与用脱节。因此，解决这些问题首先要做的一件重要事情，就是重新认识教育与生活的关系，牢牢树立"教育必须为社会主义建设服务"的观念。

其次，我们的教育改革与发展还必须为社会主义精神文明建设服务。我国虽然已经建立起社会主义制度，但从国际国内环境来看，资本主义的生活方式乃至封建的迷信的落后的生活方式，还有可能影响着人们特别是青年一代。特别是目前正处在新的历史条件下，国际政治风云变幻，国内外敌对势力正千方百计地与我们争夺青少年。面对着这种严峻的国际国内形势，我们必须保持清醒的头脑和高度的警惕，加强思想政治工作，努力把学校办成社会主义精神文明建设的基地。当前，学校尤其要强调坚持四项基本原则，反对来自"左"或右的干扰，勇于顶住社会上的种种不良之风，通过各种活动，推动社会风气的改变，使学校真正成为培养社会主义现代化事业的建设者和接班人的阵地。

三、借鉴陶行知"社会即学校"思想，构建一个多层次、多形式、开放的大教育体系

陶行知的"社会即学校"思想，主张社会含有学校的意味，学校含有社会的意味；到处是生活，即到处是教育；整个的社会是生活的场所，亦即教育之场所；整个的社会活动，就是教育的范围；运用社会的力量，使学校进步，动员学校的力量，帮助社会进步。这种思想的一个突出特征是始终从整个社会着眼来考虑教育问题，一切以社会实践为依归，强调学校与社会的密切联系，在积极改造现有学校教育的同时，努力把社会办成一所全民的大学校。

从"社会即学校"的观点出发，我们应根据社会发展的需要，开展大规模的教育活动，不仅要使现有各级各类学校与社会息息相通，而且要促进社会成员受教育。从工人、农民、解放军战士到机关干部、待业青年等都要

受教育，还要大办幼儿教育、成人教育、继续教育（“回归教育”），使广大社会成员都成为有理想、有道德、有文化、守纪律的劳动者，用现代化科学知识武装头脑，做好本职工作。教育的形式不拘一格，应根据各自的具体情况，采取多种形式。各行各业不仅可以办从幼儿园到大学的全日制学校，也可办各种各样的半日制学校；可以办脱产学习的正规学校，也可以办不脱产的业余学校；可以办长期的培训学校，也可以办各种各样的短训班；还可以办广播电视大学、函授大学、刊授大学、自修大学等。通过这些教育活动和办学形式，形成一个既包括家庭教育、学前教育，也包括初、中、高等的普通学校教育和职业技术教育，还包括电大、函授、刊授、自修等多种形式的职后成人教育和老年教育的现代大教育体系。

四、借鉴陶行知“全面教育”思想，培养德、智、体、美、劳全面发展的人才

“全面教育”是生活教育的重要观点。陶行知明确指出：“全面教育。心、脑、手并用。学政治、学经济、学文化相结合。健康、科学、劳动、艺术及民主将构成和谐的生活。”①他把德、智、体、美、劳视为不可分离的整体，主张培养德才兼备、“手脑双挥”，有生活力、创造力，“善于征服自然，改造社会”的能人。这种全面发展的教育思想与马克思的全面发展教育思想可谓异曲同工。

陶行知这种全面发展的教育思想对于今天我们培养社会主义现代化建设人才是有借鉴价值的。在过去一段时期里，由于种种原因，我们的教育工作中存在着只重智育，忽视德育、体育、美育和生产劳动的现象。培养出来的一些人，或是政治上不合格，或是身体不好、毫无艺术情趣，这样的人难以胜任社会主义现代化建设的需要。近年来，由于我们重新明确了学校教育工作的政治方向，狠抓了学生的政治思想工作，重视了教育与生产劳动相结合，组织学生积极参加火热的社会实践，开展了形式多样、内容丰富的文艺活动，这种状况有了很大改变，但还不能说问题已经全部解决，这就需要我们进一步贯彻落实全面发展的教育方针，像陶行知那样，重视人的德、智、体、美、劳的全面发展，强调情操与知识并重的教育。“智识与品

---

① 华中师范学院教育科学研究所主编：《全民教育》，《陶行知全集》第3卷，湖南教育出版社1985年版，第554页。

行分不开，思想与行为分不开，课内与课外分不开，做人做事与读书分不开，即教育与训育分不开。”①通过这种整体教育与全面要求，培养全面发展的具有独立个性的社会主义现代化事业的建设者与接班人。

五、借鉴陶行知“教学做合一”思想，加强理论联系实际

陶行知把教学做视为一件事，以“做”（实践）为中心，把教与学统一起来，主张“事怎样做便怎样学，怎样学就怎样教。教与学都以做为中心。在做上教的是先生，在做上学的是学生”②。陶行知提倡教学做合一的基本精神是强调教与学、学与用、知与行的结合，这与我们党提倡的理论联系实际的原则可以说就是一回事。尽管陶行知当年提倡的教学做合一的内容和具体做法于今天不尽适用，但其原则精神仍可借鉴。

为了纠正目前学校教育工作中理论脱离实际的倾向，培养解决实际问题的能力，各级各类学校都应根据自己的情况去贯彻教学做合一的原则。“在一般的干部或科技人员、教学人员，就应该干什么，学什么；做什么，学什么；边工作边学习，在工作学习中提高自己的工作能力。职业学校及中等专业学校特别要重视教学做合一。在初等教育和普通中学中，系统地学习各种科学文化知识时也要注意理论与实际结合，否则不仅不能提高教学质量，也影响今后学习专业的成绩，因为他们学习普通科学文化知识的目的，还是为了将来的‘做’。在各类专门的高等院校里，实行理论与实践的教学做，有利于培养各种专门人才独立工作的能力。在各种业余学校补习班或专门技术训练中，则按照不同情况有所侧重，有的侧重文化知识的学习或复习提高（这里当然也有做，比如独立地完成作业提高解题能力等），有的即以做为中心。只有如此，才能真正学到科学技能，才能学到熟练的技术。”③总而言之，按照各自不同的情况，有所侧重地开展教学做，有助于加强理论联系实际，培养学生解决实际问题的能力。

---

① 华中师范学院教育科学研究所主编：《晓庄三岁敬告同志书》，《陶行知全集》第2卷，湖南教育出版社1985年版，第210页。

② 华中师范学院教育科学研究所主编：《教学做合一下之教科书》，《陶行知全集》第2卷，湖南教育出版社1985年版，第289页。

③ 何祚：《认真研究与借鉴陶行知教育思想，建立具有中国特色的社会主义教育科学体系》，载《行知研究》总第11期（1984年5月）。

六、借鉴陶行知的"小先生制"，加快扫盲速度，提高中华民族的基本素质

"小先生制"是陶行知独创的一种普及教育的方式和形式。它是由小孩作教师，"负着普及教育之使命"。它不是"把一个班小学生交给一个小先生去领导"，不是用小孩去代替传统班级的教师，也不是关在学校内由"大同学教小同学"，"他的职务是教人去教人"。一个小先生教会两个人识字，这两个人又去教其他不识字的人。这样，像滚雪球一样，不断地"教人去教人"，普及教育的力量就越来越多，越来越大①。陶行知创立"小先生制"的目的，在于尽快普及教育，以实现其"教育为公"、"文化为公"的伟大抱负。

我们认为，陶行知的"小先生制"特别适用于目前我国的扫盲工作。由于我国人口太多，底子太薄，解放以后虽然大力发展普通教育事业，但到1982年全国人口普查时文盲、半文盲还有两亿三千多万人，占全国总人数的1/4。而且新的文盲仍在继续产生(特别是农村妇女)。据不完全统计，我国15岁以上文盲、半文盲占同龄人口的35%，比1988年世界文盲比例高出10%。我国文盲、半文盲的人数，占世界文盲总数的1/4。我国是世界上的"文盲大国"。文盲的增加，新文盲的出现，对民族生存竞争构成严重威胁，拖了社会主义现代化建设的后腿。在扫盲工作中，如果仍走传统路线，靠少数人去进行，那是绝难奏效的。只有运用"小先生制"，才有可能比较迅速地完成扫盲任务。

从中国的国情和国力出发，大走群众路线，用穷办法来办教育，过去在老解放区运用"小先生制"来扫盲，曾经收到明显效果。历史已经证明这条路子是可行的。现在我们的条件比当年好得多了，可以而且应该取得更好的成绩。只要我们把现有的两亿多在校学生精心组织起来，利用假期或其他比较空闲的时间参加扫盲，肯定会取得比当年更好的效果。

七、借鉴陶行知"乡村教育"思想，深化农村教育改革

陶行知非常重视农村教育问题。他认为中国是著名的农业国，农民占

① 华中师范学院教育科学研究所主编：《怎样指导小先生》，《陶行知全集》第2卷，湖南教育出版社1985年版，第656—657页。

全国人口总数的85%。“中国的乡村教育关系全世界五分之一的人民。”但是,中国现在的乡村教育走错了路,“他教人离开乡下向城里跑”,“他教农夫子弟变成书呆子”,完全不能适应乡村生活的需要。为了“使乡村教育适应中国乡村生活的需要”,他建议让教育与农业、与科学、与银行、与卫生、与交通等“伟大势力”携手,共谋改造之策①。他还提出以乡村学校作为改造乡村生活的中心,以乡村教师作为改造乡村生活的灵魂,以乡村自治作为改造乡村的组织保证,不仅要“农业、教育、科学”等携手并进,而且要“把政治、经济、教育打成一片”,通过这些来造就中国乡村“新生命”,进而“造成中华民国的伟大的新生命”。

陶行知的上述乡村教育思想对于我们目前深化农村教育改革极有启示作用。我们要进一步提高对农村教育改革重要性和必要性的认识,把它放在中国和世界未来发展的位置上来思考。同时,要努力解决农村教育与农村经济发展需要相适应的问题,使之与农村的生活、劳动相结合,这就是说,除了文化教育之外,还要大力发展职业技术教育,而且要把农村教育与农业、科学、卫生、交通、银行等部门紧密结合,进一步总结和推广近年来在教育改革中产生的各种新鲜经验(如安徽的“农科教多位一体”、山东平度县的“三教统筹”、四川合川县的“政富教合一”和广汉市的“创业教育”、山西柳林县前元庄的“村校一体”等),用科学技术等伟大力量来从根本上改变我国农村贫穷落后的面貌。

八、借鉴陶行知“师范教育”思想,大力发展师范教育

陶行知第一个把师范教育与民族的前途和国家的命运紧密联系起来,称“教育是立国的根本”,而师范教育乃“国家托命”之所在,“师范教育可以兴邦,也可以促国之亡”②。他比较全面地论述了师范教育的任务和作用,提出“教育界要什么人才就该培养什么人才”,师范教育要为教育界培养教育行政人员、各种指导员、各种学校校长、职员和各种教员,并由此而提出学校“要什么教员就该培养什么教员”、“教育界的人才要什么就该教他什

① 华中师范学院教育科学研究所主编:《中国乡村教育之根本改造》,《陶行知全集》第1卷,湖南教育出版社1984年版,第653—654页。

② 华中师范学院教育科学研究所主编:《师范教育之彻底改革——致石民佣、费锡胤等》,《陶行知全集》第5卷,湖南教育出版社1985年版,第161—162页。

么”、“谁在那里教就教谁”三条原则，并且从师范教育自身特点出发，对培养什么样的人和怎样培养都提出新的见解。他还主张以乡村师范作为改造乡村生活的中心，以乡村教师作为改造乡村生活的灵魂，以乡村自治作为改造乡村的组织保证，等等。

陶行知“师范教育”方面的理论，有很多内容值得我们参考。我们要把师范教育的地位和作用提高到振兴中华的高度来认识，大力发展各级各类师范教育，根据社会主义现代化建设的需要，调整师范教育的教学内容和教学方法，更好地体现出师范学校的特点和优点，把中等师范教育的重点转向基层，面向广大农村，以培养更多适应农村教育需要的教师，采取有力措施，加强对农村民办教师的培训，以提高农村教育的质量。各级各类师范学校，都要特别注重培养师范生忠诚党的教育事业、懂得教育规律、掌握丰富的专业知识和技能、具有为人师表的高尚品德。此外，我们还要千方百计地提高人民教师的社会地位和经济待遇，使全社会形成一种尊师重教的良好风气。

九、借鉴陶行知“政富教合一”思想，把教育与政治、经济打成一片，进行社会整体改造

陶行知的生活教育学说，既是一种现代教育理论，又是一种社会整体改造理论。1929 年，他就明确提出了“教育就是社会改造”的观点，认为“办学和改造社会是一件事，不是两件事。改造社会而不从办学入手，便不能改造人的内心；不能改造人的内心，便不是彻骨的改造社会。反过来说，办学而不包含社会改造的使命，便是没有目的，没有意义，没有生气。所以教育就是社会改造”①。次年，他又进一步提出：“我们既承认‘社会即学校’，那么，社会的中心问题便成了学校的中心问题。这中心问题就是政治经济问题。晓庄所办之自卫团、妇女工学处，现在向省政府建议设置之试验乡以及十九年度计划中之生产事业，都是想把政治、经济、教育打成一片，做个政富教合一的小试验。”他还明确指出：“政富教合一的根本观念是要将政富教三件事合而为一。”如何使它们合起来呢？“要叫他们在‘遂民

---

①　华中师范学院教育科学研究所主编：《地方教育与乡村改造》，《陶行知全集》第 2 卷，湖南教育出版社 1985 年版，第 128 页。

之欲达民之情’上合起来”,“在教育的立场上说,我们所负的使命:(一)是教民造富;(二)是教民均富;(三)是教民用富;(四)是教民知富;(五)是教民拿民权以遂民生而保民族”①。

从“政富教合一”的观点出发,我们必须把教育、政治、经济三个方面作为一个整体来考虑,不能孤立地进行某一方面的改革。在制定教育改革方案或推行教育改革过程中,都不能忽视政治、经济方面的因素,应该把教育改革与政治改革、经济改革有机地联系在一起,成龙配套地进行,使三者相互推动、共同发展。一句话,要树立社会整体改革的观念,使我国社会主义事业的各项改革得以稳步、协调、顺利地进行。

十、借鉴陶行知坚持从国情和国力出发,正确对待中外古今教育经验的基本改革原则,建立具有中国特色的社会主义教育体系

我们开展教育改革的基本出发点和终极目的,是为了建立具有中国特色的社会主义教育体系。在这方面,陶行知以其亲身实践,给我们作出了光辉榜样,值得我们很好地学习和借鉴。

陶行知在其长期的教育实践中,始终坚持从中国的国情和国力出发,正确对待中外古今教育经验。他批判地继承了中外古今许多有益的教育经验,既反对“沿袭陈法”的不适应时代的封建传统教育,但又不是虚无主义地反对其固有的优点;既反对“仪型他国”的不切合国情的“拉洋车”洋化教育,但又不是笼而统之地排斥外来有用的东西。他主张对于“外国的经验,如有适用的,采取他;如有不适用的,就回避他。本国以前的经验,如有适用的,就保存他;如不适用,就除掉他。去与取,只问适不适,不问新和旧”②。一切以是否切合中国的具体实际为依归。他还认为:“我们深信一个国家的教育,无论在制度上、内容上、方法上不应常靠着稗贩和因袭,而应该准照那国家的需要和精神,去谋适合,谋创造。同时我们又认定这个国家,如果是现代的国家,如果是现代世界的一个国家,那么他的教育,便

① 华中师范学院教育科学研究所主编:《晓庄三岁敬告同志书》,《陶行知全集》第2卷,湖南教育出版社1985年版,第211—212页。

② 华中师范学院教育科学研究所主编:《我们对于新学制草案应持之态度》,《陶行知全集》第1卷,湖南教育出版社1984年版,第191页。

不能不顺应着时代和世界的教育趋势,而随伴着竞进。”①这就是说,教育既要考虑本国的具体情况和实际需要(“国情”),又要顺应时代和世界的发展趋势(“世情”),坚持民族性和时代性的统一,“国情”和“世情”的统一。陶行知本人创立的生活教育学说,就是以海纳巨川、吞吐百家的博大胸襟和恢弘气度,博采古今中外诸家之长而熔铸成的。它既符合世界进步潮流又适合中国国情,具有鲜明的中国特色、中国作风和中国气派。

我们今天从事教育改革,需要很好地学习和发扬这种“古为今用”、“洋为中用”的科学精神,借鉴陶行知从中国实际出发,正确对待中外古今教育经验的基本改革原则,反对传统、陈腐的观念和全盘西化的主张,正确处理传统教育与现代教育、中国教育与外国教育之间的关系,并在实践中借鉴生活教育学说,总结 1949 年以来发展教育事业的新鲜经验,建立具有中国特色的社会主义教育体系。

最后,需要说明一点,任何一个教育家的思想和实践都有他的历史局限性,陶行知当然也不能例外。因此,我们对待陶行知的教育学说,要从实际出发,创造性地加以运用,而不能停留在简单模仿陶行知的想法和做法的水准上。陶行知的教育学说,在许多方面都反映了教育发展的客观规律,并且与马克思主义教育思想基本上是一致的,因此,它的许多基本原理和方法,具有普遍借鉴的意义,但由于所处的时代和环境不同,其若干具体做法业已过时。我们今天应根据新的情况来加以取舍,并力求有所发展和创造。只有这样,才符合陶行知教育学说本身的精神,使生活教育适应时代,推动时代,更好地为建立具有中国特色的社会主义教育体系服务。

① 华中师范学院教育科学研究所主编:《〈新教育评论〉创刊缘起》,《陶行知全集》第1卷,湖南教育出版社 1984 年版,第 568 页。

主要参考资料

1. 华中师范学院教育科学研究所主编:《陶行知全集》(1—6 卷),湖南教育出版社 1984、1985 年版。

2. 董宝良主编、喻本伐和周洪宇选编:《陶行知教育论著选》,人民教育出版社 1991 年版。

3. 上海市陶行知研究会、上海市陶行知纪念馆和上海师范大学陶研会编:《陶行知佚文集》,四川教育出版社 1989 年版。

4. 胡晓风等编:《生活教育文选》,四川教育出版社 1988 年版。

5. 陶行知主编:《生活教育》(1—3 卷),上海书店 1981 年影印本。

6. 中央教育科学研究所教育理论研究室编:《陶行知年谱稿》,教育科学出版社 1982 年版。

7. 朱泽甫:《陶行知年谱》,安徽教育出版社 1985 年版。

8. 戴伯韬:《陶行知的生平及其学说》,人民教育出版社 1982 年版。

9. 方与严:《生活教育简述》,江苏省陶行知研究会 1987 年编印。

10. 唐振宗:《生活教育》,生活、读书、新知上海联合发行所 1949 年版。

11. 潘开沛:《陶行知教育思想的批判》,大众书店 1952 年版。

12. 丁丁等编著:《陶行知教育思想十二讲》,安徽教育出版社 1986 年版。

13. 叶上雄主编:《生活教育十讲》,四川教育出版社 1989 年版。

14. 胡国枢著:《生活教育理论——陶行知教育思想研究》,浙江教育出版社 1991 年版。

15. 安徽省陶行知教育思想研究会主编:《行知研究》1980 年至 1991 年各期。

16. 华中师范大学陶行知研究中心、科研处编:《陶行知研究论文汇编》(第一辑),1989 年印。

17. [日]斋藤秋男:《陶行知生活教育理论的形成》,明治图书出版公司 1983 年版。

18. [美]朱宕潜:《新兴国家的教育型:陶行知在中国的工作,1917—

1946年》,台湾台南高昌印刷公司1966年版。

19.[加]许美德、[法]巴士蒂合编:《中外比较教育史》,上海人民出版社1990年版。

20.《马克思恩格斯全集》,人民出版社1961年版。

21.《马克思恩格斯选集》,人民出版社1972年版。

22.《马克思恩格斯论教育》,人民教育出版社1958年版。

23.《列宁全集》,人民出版社1959年版。

24.《列宁选集》,人民出版社1960年版。

25.《毛泽东选集》合订本,人民出版社1967年版。

26.高平叔编:《蔡元培教育文选》,人民教育出版社1980年版。

27.中华职业教育社编:《黄炎培教育文选》,上海教育出版社1985年版。

28.赵祥麟、王承绪编译:《杜威教育论著选》,华东师范大学出版社1981年版。

29.[美]约翰·杜威著、王承绪译:《民本主义与教育》,人民教育出版社1990年版。

30.中国教育史研究会编:《杜威、赫尔巴特教育思想研究》,山东教育出版社1985年版。

31.舒新城编:《中国近代教育史资料》(上、中、下),人民教育出版社1961年版。

32.陈学恂主编:《中国近代教育史教学参考资料》(上、中、下),人民教育出版社1986、1987年版。

33.李桂林主编:《中国现代教育史教学参考资料》,人民教育出版社1987年版。

34.毛礼锐、沈灌群主编:《中国教育通史》(第5卷),山东教育出版社1988年版。

35.高奇主编:《中国现代教育史》,北京师范大学出版社1985年版。

36.陈元晖:《中国现代教育史》,人民教育出版社1979年版。

37.华东师范大学教育系、教科所编:《中国现代教育史》,华东师范大学出版社1983年版。

38.郭齐家:《中国教育思想史》,教育科学出版社1987年版。

后　记

本书系国家教育科学"七五"规划重点科研项目"陶行知教育思想系列研究"的研究成果之一。在编写过程中,得到全国教育科学规范领导小组负责人张健及办公室王卫国同志的指导,得到课题组负责人、原华中师范大学校长章开沅教授、华中师范大学副校长邓宗琦教授以及校科研处、教育科学研究所的支持和帮助,并参阅了学术界、教育界有关陶行知的研究成果,在此一并致谢。

本书由董宝良任主编、周洪宇任副主编,参加编写的有:董宝良(绪论、第一、二章)、周洪宇(第三、四、六、十二章)、喻本伐(第五章)、余子侠(第七章和第八章第一至五节)、熊贤君(第八章第六节、第九、十一章)、黄瑞彩(第八章第七节、第十章)。最后由董宝良、周洪宇统改全书、定稿。限于水平,本书的错漏之处在所难免,尚祈陶行知研究方面的专家和广大读者不吝赐教。

本书首版于1993年,是国内较有影响力的陶行知研究著作,并获得了1995年首届全国高校人文社会科学研究优秀成果一等奖。适逢陶行知研究100周年之际,华中师范大学出版社组织出版"陶行知学文库"丛书,对改革开放以来华中师范大学开展陶行知研究的成果进行系统梳理与总结。本书作为系列丛书中的一本进行再版,有助于陶行知研究作为一门专门学问的发展与丰富,同时冀盼进一步提升陶行知研究在国内外的学术引领力、影响力和辐射力。

编　者

2020年9月于华中师范大学教育学院